中华现代学术名著丛书

中国法制史概要

陈顾远 著

2019年·北京

图书在版编目(CIP)数据

中国法制史概要/陈顾远著. —北京:商务印书馆,2011(2019.9 重印)
(中华现代学术名著丛书)
ISBN 978-7-100-08420-8

Ⅰ.①中… Ⅱ.①陈… Ⅲ.①法制史—中国
Ⅳ.①D929

中国版本图书馆 CIP 数据核字(2011)第 122013 号

权利保留,侵权必究。

本书据中国台湾三民书局 1977 年五版排印

中华现代学术名著丛书
中国法制史概要
陈顾远 著

商 务 印 书 馆 出 版
(北京王府井大街36号 邮政编码100710)
商 务 印 书 馆 发 行
北 京 通 州 皇 家 印 刷 厂 印 刷
ISBN 978-7-100-08420-8

2011 年 11 月第 1 版　　开本 880×1240　1/32
2019 年 9 月北京第 3 次印刷　印张 12 7/8　插页 1
定价:39.00 元

陈 顾 远

(1895—1981)

出版说明

百年前,张之洞尝劝学曰:"世运之明晦,人才之盛衰,其表在政,其里在学。"是时,国势颓危,列强环伺,传统频遭质疑,西学新知亟亟而入。一时间,中西学并立,文史哲分家,经济、政治、社会等新学科勃兴,令国人乱花迷眼。然而,淆乱之中,自有元气淋漓之象。中华现代学术之转型正是完成于这一混沌时期,于切磋琢磨、交锋碰撞中不断前行,涌现了一大批学术名家与经典之作。而学术与思想之新变,亦带动了社会各领域的全面转型,为中华复兴奠定了坚实基础。

时至今日,中华现代学术已走过百余年,其间百家林立、论辩蜂起,沉浮消长瞬息万变,情势之复杂自不待言。温故而知新,述往事而思来者。"中华现代学术名著丛书"之编纂,其意正在于此,冀辨章学术,考镜源流,收纳各学科学派名家名作,以展现中华传统文化之新变,探求中华现代学术之根基。

"中华现代学术名著丛书"收录上自晚清下至20世纪80年代末中国大陆及港澳台地区、海外华人学者的原创学术名著(包括外文著作),以人文社会科学为主体兼及其他,涵盖文学、历史、哲学、政治、经济、法律和社会学等众多学科。

出版说明

出版"中华现代学术名著丛书",为本馆一大夙愿。自1897年始创起,本馆以"昌明教育,开启民智"为己任,有幸首刊了中华现代学术史上诸多开山之著、扛鼎之作;于中华现代学术之建立与变迁而言,既为参与者,也是见证者。作为对前人出版成绩与文化理念的承续,本馆倾力谋划,经学界通人擘画,并得国家出版基金支持,终以此丛书呈现于读者面前。唯望无论多少年,皆能傲立于书架,并希冀其能与"汉译世界学术名著丛书"共相辉映。如此宏愿,难免汲深绠短之忧,诚盼专家学者和广大读者共襄助之。

商务印书馆编辑部

2010年12月

凡 例

一、"中华现代学术名著丛书"收录晚清以迄20世纪80年代末,为中华学人所著,成就斐然、泽被学林之学术著作。入选著作以名著为主,酌量选录名篇合集。

二、入选著作内容、编次一仍其旧,唯各书卷首冠以作者照片、手迹等。卷末附作者学术年表和题解文章,诚邀专家学者撰写而成,意在介绍作者学术成就,著作成书背景、学术价值及版本流变等情况。

三、入选著作率以原刊或作者修订、校阅本为底本,参校他本,正其讹误。前人引书,时有省略更改,倘不失原意,则不以原书文字改动引文;如确需校改,则出脚注说明版本依据,以"编者注"或"校者注"形式说明。

四、作者自有其文字风格,各时代均有其语言习惯,故不按现行用法、写法及表现手法改动原文;原书专名(人名、地名、术语)及译名与今不统一者,亦不作改动。如确系作者笔误、排印舛误、数据计算与外文拼写错误等,则予径改。

五、原书为直(横)排繁体者,除个别特殊情况,均改作横排简体。其中原书无标点或仅有简单断句者,一律改为新式标点,专名号从略。

六、除特殊情况外,原书篇后注移作脚注,双行夹注改为单行夹注。文献著录则从其原貌,稍加统一。

七、原书因年代久远而字迹模糊或纸页残缺者,据所缺字数用"□"表示;字数难以确定者,则用"(下缺)"表示。

目　次

序 ………………………………………………… 陈顾远 1
《中国法制史》1934 年版序 …………………………………… 5

第一编　总论

第一章　开宗明义 ……………………………………… 9

一、认识论 …………………………………………………… 10
（甲）我国向时所称之"法制"含义 ………………………… 10
（乙）东瀛学者所称之"法制"含义 ………………………… 11
（丙）法制机构所称之"法制"含义 ………………………… 11
（丁）立法机关所称之"法制"含义 ………………………… 11

二、目的论 …………………………………………………… 12
（甲）中国法制史与综合法学 ……………………………… 13
（乙）中国法制史与中国法系 ……………………………… 14
（丙）中国法制史与现行法制 ……………………………… 15
（丁）中国法制史与中国学人 ……………………………… 15

三、方法论 …………………………………………………… 16
（甲）史所疑者不应信以为史 ……………………………… 17
（乙）朝代兴亡不应断以为史 ……………………………… 19
（丙）或种标准不应据以为史 ……………………………… 20

（丁）依个人主观不应擅以为史 …………………… 21
第二章　探源索流 ……………………………………… 24
　一、从变法上以言其变 ………………………………… 24
　　（甲）关于变法中之变者 ……………………………… 25
　　（乙）关于变法中之不变者 …………………………… 29
　二、从律统上以言其变 ………………………………… 31
　　（甲）关于律统之首次变化者 ………………………… 32
　　（乙）关于律统之再次变化者 ………………………… 33
　　（丙）关于律统之三次变化者 ………………………… 35
　三、从法学上以言其变 ………………………………… 37
　　（甲）法学之盛限于战国 ……………………………… 37
　　（乙）律家之著仅在汉魏 ……………………………… 39
　　（丙）律学之衰始于东晋 ……………………………… 41
第三章　固有法系 ……………………………………… 44
　一、中国固有法系之存在 ……………………………… 45
　　（甲）就时间而言 ……………………………………… 45
　　（乙）就空间而言 ……………………………………… 47
　二、中国固有法系之形成 ……………………………… 48
　　（甲）中国固有法系源于神权而无宗教化色彩 ……… 49
　　（乙）中国固有法系源于天意而有自然法精神 ……… 52
　三、中国固有法系之特征 ……………………………… 54
　　（甲）礼教中心 ………………………………………… 54
　　（乙）义务本位 ………………………………………… 55
　　（丙）家族观点 ………………………………………… 56
　　（丁）保育设施 ………………………………………… 56

（戊）崇尚仁恕 …………………………………… 57
　　　（己）减轻讼累 …………………………………… 58
　　　（庚）灵活其法 …………………………………… 58
　　　（辛）审断有责 …………………………………… 59
　第四章　重要典籍 …………………………………………… 60
　　一、较有成文性之典籍——"律""令""典" ……… 61
　　　（甲）秦汉以后之"律"的表现 ………………… 62
　　　（乙）秦汉以后之"令"的表现 ………………… 66
　　　（丙）秦汉以后之"典"的表现 ………………… 71
　　二、具有命令性之典籍——"敕""格""式" ……… 72
　　　（甲）关于历代之"敕"的表现 ………………… 72
　　　（乙）关于历代之"格"的表现 ………………… 75
　　　（丙）关于历代之"式"的表现 ………………… 79
　　三、富有伸缩性之典籍——"科""比""例" ……… 80
　　　（甲）自汉以后之"科"的表现 ………………… 81
　　　（乙）自汉以后之"比"的表现 ………………… 84
　　　（丙）自汉以后之"例"的表现 ………………… 86

第二编　各论

　第一章　组织法规 …………………………………………… 95
　　一、关于行政组织者 ……………………………………… 98
　　　（甲）机要组织 …………………………………… 99
　　　（乙）事务组织 ………………………………… 103
　　　（丙）地方组织 ………………………………… 104
　　二、关于兵事组织者 …………………………………… 107
　　　（甲）军队之编制 ……………………………… 108

(乙)兵役之征调 ………………………………… 112
　三、关于司法组织者 ……………………………… 114
　　(甲)中央之司法组织 ……………………………… 115
　　(乙)地方之司法组织 ……………………………… 121
　四、关于监察组织者 ……………………………… 125
　　(甲)御史 …………………………………………… 125
　　(乙)谏职 …………………………………………… 126

第二章　人事法规 ………………………………………… 129
　一、育才 …………………………………………… 129
　　(甲)京师学 ………………………………………… 130
　　(乙)地方学 ………………………………………… 134
　二、选举 …………………………………………… 136
　　(甲)荐举 …………………………………………… 137
　　(乙)制举 …………………………………………… 138
　　(丙)保举 …………………………………………… 140
　三、考试 …………………………………………… 141
　　(甲)学校与考试制度 ……………………………… 142
　　(乙)科举与考试制度 ……………………………… 144
　　(丙)选官与考试制度 ……………………………… 148

第三章　刑事法规 ………………………………………… 152
　一、诉审 …………………………………………… 152
　　(甲)越诉与直诉——法院之审级 ………………… 154
　　(乙)听诉与断狱——法官之责任 ………………… 158
　　(丙)囚系与刑讯——拘拷之沿革 ………………… 162

二、刑名 …………………………………………………… 167
　（甲）五刑为名之变迁 ……………………………… 168
　（乙）死刑方法之变迁 ……………………………… 173
　（丙）体刑内容之变迁 ……………………………… 177
　（丁）流刑遣刑之变迁 ……………………………… 185
　（戊）徒刑作刑之变迁 ……………………………… 188
　（己）赎刑罚刑之变迁 ……………………………… 191
三、罪刑 …………………………………………………… 196
　（甲）罪之认定 ……………………………………… 196
　（乙）刑之加重 ……………………………………… 202
　（丙）刑之减轻 ……………………………………… 205
四、肆赦 …………………………………………………… 210
　（甲）缓刑 …………………………………………… 211
　（乙）赦典 …………………………………………… 216

第四章　家族制度 …………………………………………… 219
一、从政事法上论家族制度 …………………………… 222
　（甲）何以言视家户为编组之单位 ………………… 222
　（乙）何以言家户为政令之所托 …………………… 224
　（丙）何以言使家长具公法上之责任 ……………… 227
　（丁）何以言拟国家为家族而扩大 ………………… 228
二、从民事法上论家族制度 …………………………… 230
　（甲）何以言就亲属关系方面求出家族制度之显著表现 …… 231
　（乙）何以言就婚姻关系方面求出家族制度之显著表现 …… 233
　（丙）何以言就同居关系方面求出家族制度之显著表现 …… 235
　（丁）何以言就继承关系方面求出家族制度之显著表现 …… 237

三、从刑事法上论家族制度 ······················· 239
　　（甲）何以言就刑名上为家族制度之探索 ············· 239
　　（乙）何以言就坐罪上为家族制度之探索 ············· 241
　　（丙）何以言就科刑上为家族制度之探索 ············· 243
　　（丁）何以言就宥赦上为家族制度之探索 ············· 246

第五章　婚姻制度 ······························· 251

一、婚姻制度之前期——婚源 ······················· 253
　　（甲）怀母之说 ······························· 254
　　（乙）感生之说 ······························· 254
　　（丙）杂交之说 ······························· 255

二、婚姻制度之开始——婚俗 ······················· 256
　　（甲）由群婚而趋于偶婚之习俗 ··················· 256
　　（乙）由内婚而趋于外婚之习俗 ··················· 259
　　（丙）由掠夺婚而趋于有偿婚之习俗 ··············· 260

三、婚姻制度之确定——婚礼 ······················· 262
　　（甲）配偶人数之确定 ························· 263
　　（乙）婚姻范围之确定 ························· 264
　　（丙）嫁娶方式之确定 ························· 265

四、婚姻制度之保障——婚律 ······················· 268
　　（甲）关于配偶问题者 ························· 269
　　（乙）关于故障问题者 ························· 270
　　（丙）关于程序问题者 ························· 271

第六章　食货制度 ······························· 274

一、田土之制 ································· 275
　　（甲）民田 ································· 276

    （乙）官田 ·································· 281

    （丙）屯田 ·································· 284

  二、赋税之制 ·································· 286

    （甲）田赋 ·································· 286

    （乙）丁役 ·································· 291

    （丙）杂税 ·································· 294

  三、财货之制 ·································· 297

    （甲）筦榷 ·································· 298

    （乙）均平 ·································· 303

    （丙）关市 ·································· 304

  四、钱币之制 ·································· 307

    （甲）钱法 ·································· 307

    （乙）钞法 ·································· 313

第三编　后论

第一章　礼刑合一 ·································· 319

  一、法与刑 ·································· 319

    （甲）法的本义为"刑"而原于"兵" ············· 320

    （乙）法的别义为"常"而归于"律" ············· 322

  二、法与礼 ·································· 324

    （甲）礼肇于"俗"而生于"祭" ················ 324

    （乙）礼别于"仪"而归于"法" ················ 327

  三、刑与礼 ·································· 329

    （甲）儒家崇礼而视法为末节时代 ················ 330

    （乙）儒家谈法而谋以礼正律时代 ················ 331

（丙）儒家战胜而律沦为小道时代 ………………… 333
第二章　今古相通 ……………………………………… 335
　一、宪法之治 ………………………………………… 336
　　（甲）单一与统一 …………………………………… 337
　　（乙）五院与各部 …………………………………… 339
　二、五权之用 ………………………………………… 341
　　（甲）立法权 ………………………………………… 341
　　（乙）行政权 ………………………………………… 342
　　（丙）司法权 ………………………………………… 345
　　（丁）考试权 ………………………………………… 346
　　（戊）监察权 ………………………………………… 349
　三、民刑之法 ………………………………………… 350
　　（甲）民事法 ………………………………………… 350
　　（乙）刑事法 ………………………………………… 352
　四、财经之道 ………………………………………… 353
　　（甲）地政与税政 …………………………………… 354
　　（乙）资本与货币 …………………………………… 355

陈顾远先生学术年表 ……………………………… 段秋关 357
不可不读的《中国法制史概要》 ………………… 段秋关 363

序

曩为商务印书馆写中国法制史一书,迄今三十余年矣。虽在海外已有译本,但资料仍嫌不足,有待补充。且此书为余三十余岁之作,尚在"文章写我而非我写文章"时代,人每感其难读,其或然欤!经三十年来教学之结果,如关于中国固有法系之整体认识,儒家法学之影响中国法制,礼刑合一之时代进展次序,以及现行法制之探本溯源于古,皆后起之义而非此书所备者。若因临时触发灵机,致有启悟之处亦恒见之,如中国往昔何以不容有民法观念之存在,礼中之道德性与法律性究以何种标准为其分野,以及中国文化与中国法制之连锁性,往昔刑讯在当日法制上之必然性,或亦可成一家之言,仍非此书所及者。他如徒刑得名之源委,条例为称之沿革,汉之科比问题,晋之故事问题,类此专题尝有专文发表,更非此书之体例及篇幅所能容纳者。因此,遂有志于重编此书,预定以五卷陆续问世:总论,一也;政事法,二也;民事法,三也;刑事法,四也;民国法制,五也。终因公务繁伙,课务忙碌,律务纷扰,编务琐碎,家务俗务莫能排除;虽马齿日渐加长,仍未着手编写。苟天假以年,当必有成也。

今夏,三民书局刘振强先生约为写中国法制史概要一书,并预送部分稿费。适值翌日为余六十八岁生辰,亲朋祝贺,例求吉祥,遂忘"老而戒得"之训,存"善财难舍"之心,遂即允之。初约定九月底交稿,因气候特别燠热,思虑不能集中,而半数以上之新增资料,亦不能以"概要"之故,卒然舍去,遂一再展期始告完成。然仍因非素志之是在,并受"概要"为名之限制,在民事方面之宗法制度,丧服制度,继承制度,钱债制度,依然未及详论,姑则为后备之兵,有待异日补充焉。本书列编三,列章十二,分别叙其要义如下:

任何事物之汇而成类,必有其总体相之可言,否则百戏杂陈,无体相矣。盖不求其总,难得其全;不窥其全,难明其统,事理然也。况法制之为类浩繁,更不能不提纲挈领以论之,作总论编第一。汇而成类之事物既非一种,当必有其各别相之观察,否则徒有其表,不知其实矣。盖各者总之反,专者全之分,识其大体有尚于总于全,深其内容有尚于各于专,法则然也。惟为篇幅所限,虽以各论为称,实为选论性质,作各论编第二。关于事物之叙述无论求全求专,必应有其重点所在,有其价值所属,更为治法律史学者所应具之态度;否则惟夸祖宗之富贵,莫解自己之贫寒,有何益哉?惟本书结论非限一端,遂以后论为称,作后论编第三。

总论编为章有四:研究中国法制史首须对法制之命名有其认识,次须对史绩之温习有其目的,并须对治史之学问有其方法。三者阙一,皆失其道,循路而进,此为其始,作开宗明义章第一。时代演变,事之常也,历史叙述,莫非变也。中国法制之史的变动,最重要者为变法之变,律统之变,法学之变。就此三变,以概其余,作探源索流章第二。中国法系为世界各大法系之一,其存在、其形成、其特征、皆与中国文化有关。外人或有误解,国人应知底蕴,作固有法系章第三。政事民事或归于礼,刑典刑书代有其文,"律令典"具有成文性也,"敕格式"具有命令性也,"科比例"具有伸缩性也。虽历代典籍,不尽于此,大体则已备之,作重要典籍章第四。

各论编为章有六:政事之要,首为组织,除皇权外,安内以行政为主,驳外以兵事居先,司法组织所以处理讼狱也,监察组织所以纠弹官吏也。举此四事,以例其余,作组织法规章第一。组织之运用,端赖人事之健全。人非生而即能,须教而育之有道,士非居而即达,须选而举之有方,然无论选士与选官,皆以考试方法为最公平。过去立政素习于此,虽在今日仍为重要,作人事法规章第二。中国法制向以刑事占主要部分,诉审有其体系,刑名有其章则,论罪科刑有其所见,肆囚赦罪有其所本。虽不必尽合于今,要为旧日之急,作刑事法规章第三。民事系以家族制度为核心,亲属继承等事亦附见之。且家族制度对于政事法之影响既甚广泛,对于刑事法之支配更为深刻,国家联而为称,即知其然。如舍家族制度不论,自无由洞悉往昔法制之背景何在,作家族制度章第四。家族组织配偶为本,而亦男女之情合于礼义者也。由原始之婚源,进入自然之婚俗,继以婚礼而确定之,复以婚律而保障之,君子之道遂造端乎!夫妇矣。配偶为人伦之始,为家族之原,为国家社会之基石,作婚姻制度章第五。国以财政为其命脉,民以经济为其血液,举凡田土问题,赋税问题,财货问题,钱币问题,皆与国计民生极有关系。往昔之食货制度,亦即今日之财经立法,古之所重今之所贵,作食货制度章第六。

后论编为章有二:中国法系之体躯,法家所创造也;中国法系之生命,儒家所赋与也。法家尚霸道,重刑治;刑之始也为兵,刑之变也为律,有其因焉,有其果焉。儒家尚王道,崇礼治;礼之始也为仪,礼之变也为法,有其源焉,有其流焉。儒法之争,王霸之争,实即礼刑之争;终因儒家法学获胜,奠定礼刑合一之局。从其演变经过而观,不啻中国法制之史的缩影,作礼刑合一章第一。鉴往而知来,温故以求新,法律史学之研究,非为过去标榜,实为现在借鉴,并为将来取法。今之所行者"宪法"之治,五权之用,虽为新制,究有所承,立"国"精神及立政纲领始终不变者此耳。今之所为者,民刑之法,财经之道,虽系新献,仍有其本,过去成效之保留于今后者采之,过去弊害之警惕于现代者去之,研究法律史学之有价值者是耳。以古观今而知其变,以今观古而守其成,作今古相通章第二。

  本书写作缘起,及三编十二章大旨,粗如前述之后,尚有不能已于言者:无三民书局之约稿,新作不知何日问世,而刘振强先生精心校勘,力避鱼鲁之误,并为读者代谢之。余妻梅晴岚女士及余儿大为为余抄写,每至深夜,劳碌亦甚。虽有夫妻父子之亲,相助皆属分内之事。但夫妻相敬如宾,仍应以礼相遇,不能不致谢意。谢其母而不提其子,当非其母之所愿,故附笔及之,此在中国史上或有其例,而在中国法制史上则未之闻也。

陈 顾 远

1963 年除夕之夜

自序于台北杭州南路双晴书屋

《中国法制史》1934 年版序

为社会生活之轨范,经国家权力之认定,并具有强制之性质者,曰法;为社会生活之形象,经国家公众之维持,并具有规律之基础者,曰制。条其本末,系其终始,阐明其因袭变革之关系者,是为法制之史的观察,曰法制史。现行法制乃法制史的体系下之后一阶段;欲通其变,挈其要,发其微,存其真,则必以法制史之研核,为主要出发点。世固有喜言法律思想或哲学而轻法制史者,不知法律思想或哲学虽能影响于现行法制,第不必皆然,更不必皆能为有效的影响。苟须推定现行法律之实际的效验,完成现行法制之灵活的运用,则当以经验为可贵,不当专尚学理也。盖历史之进展,有若水波之相推,其起灭皆非偶然,在法制方面则尤著。过去法制不特为现行法制之直接渊源,抑且为现行法制之有效镜鉴。然则法制史在学术上之地位果何如耶?

我国大学文法课程中,向有《中国法制史》之目,实则往往仅备一格而已。其由文法科共开此课者,则注重"史"的研究,使法科生随习之;其由法科独开此课者,则又列入选修门,使法科生选习之:是仍为否认法制之史的价值之见解。办学者既轻其事,教学者益懈其责,修学者至于虚应故事,而心不在焉。因此,国内除少数法学耆宿外,无有从事于《中国法制史》之著述,而学校所备以为课本者,每多译自东瀛之作。学术原无国境,译本亦何所嫌?然以中国人于中国大学中,研究《中国法制史》,竟以译本为主,终觉未安。况中国法系居世界法系之一,其发扬光大,责在国人,外人偶一为之,亦所谓"代大匠斲"者也。

虽然,关于中国法制之史的编述,固极难也!如何搜集材料,如何存信存疑,在在皆成问题。且法制史为专门史之一,与通史关连甚密。于今,我国尚无完善之通史,而作者乃欲先成《中国法制史》,其不能完善,固无待言。但在我国大学中,既不能不有《中国法制史》之课程,且应为一重要之课程,则国人修习政法者,岂可畏难而自馁?是书之作,知其难而勉为之,读者宜有以教我也。

陈 顾 远

序于金陵

民国二十三年(1934)六月十六日

第一编 总论

第一章　开宗明义

　　国内学者所著之中国法制史,范围至不确定。有采广义者,如康宝忠,丁元普,林咏荣诸人之著作是也。有采狭义者,如程树德,朱方,徐道邻,戴炎辉诸人之著作是也。然广至何种程度,狭至何种界限,各家选材,亦难一致。例如山西大学发行之《中国法制史》,虽系采取狭义,以历代之法典为限,竟将法家思想与之同列,则狭而广矣。拙著之《中国法制史》(上海商务印书馆出版,1934年),虽将政治制度经济制度一并列入,但皆本组织法规及财经立法之见地而为观察,则广而狭矣。至如沈家本之《历代刑法考》,杨鸿烈之《中国法律发达史》,徐朝阳之《中国诉讼法溯源》,洪钧培之《中国国际公法》,及拙著《中国国际法溯源》,皆不失为中国法制史内容之一部,惟未标其名而已! 中国法制史之范围所以有广有狭者,实因"法制"两字之解释各异,遂即影响史之疆界;又因学者研究之目的不同,遂即转换史之领域;愚则认为与其失之于狭而不备,涉猎难周,无宁失之于广而有余,采择较易。顾无论如何,中国法制史之叙述与中国法制史料之搜集,截然两事,不容混淆,故研究中国法制史者,除应备具认识论、目的论以外,尤须注意方法论;否则正史中之典志均在,别史中之纪录甚全,类书中之资料亦备,何必由吾人为葫芦之依样而画乎? 兹就认识论、目的论、方法论分别述之:

一、认识论

认识论即本质论之谓，对于"法制"两字之连用，究作如何解释也。今人虽谓"法制"为法律制度之简称，但采广义者，则认为"法律"与"制度"合而言之曰"法制"；我国古昔，"法"固为讼狱之准绳，"制"固为政化之规范，实则两字连用仍有其例；或以"法"为制度之统称，《礼记》所谓"谨修其法而审行之"是；或以"制"为成法之解释，《左传·隐公元年》"今京不度，非制也"是。故今人对"法制"两字连用，采取广义，虽与向之"法制"为称不甚扣合，要非无据。采狭义者则认法律制度指法律方面之制度而言，如法典编纂与形式，法庭组织与诉讼，以及法律存在背景与精神等事，简称之曰法制。然而我国过去，"法"之本义为"刑"而归于"律"，与政事法民事法所在之"礼"为对立，故法司曰秋曹或刑曹，法官曰刑官，法典曰刑书。是"法制"两字连用采取狭义，亦只能与向日限于一部分之"法制"含义相合耳。但"礼"之所表现者，应归于法制范围之内，实乃今人一致之主张，且在客观现象上亦不容不如此耳。

除"法律制度"简称"法制"之解释，见仁见智各有立场外，对于"法制"两字连用，成为一种专门名词，则古今中日为说亦繁，大别之，有下列各种见解：

（甲）我国向时所称之"法制"含义　《吕氏春秋·孟秋记》"是月也，命有司，修法制"；注"禁令也"。实则《礼记·月令》亦云"命有司，修法制，缮囹圄，具桎梏"；而《管子·君臣上》"法制有常则民不偷"；《史记·老庄申韩列传》"于是韩非疾治国不务修明法制"；《汉书·路温舒传》"省法制，宽刑罚"；《后汉书·仲长统传》"君子用法制而至于化,小人用法制而至于乱",皆系同一意义而以禁令为解。盖我国向之所谓法,偏重于刑,"法制"无非刑罚之制云尔。依此古义而定中国法制史之范围,则所谓中国法制史者,实际上不外"中国刑法史"或"中国刑制史"矣。

(乙)**东瀛学者所称之"法制"含义**　东瀛学者,以法律制度与政治制度、经济制度为彼此对立之名词,遂简称曰"法制"。虽对刑事制度不能有所否认,而实重视礼治方面之民事制度。于是宗族制度,家庭制度,亲属制度,婚姻制度,继承制度,社会制度诸事,皆成为中国法制史之主要内容。是"法制"为名较我国向所用者为广,除"禁令"外,尚有"法度"之一部分在内。"法"与"律"字连用,采其本义为"刑"也;"法"与"度"字连用,采其别意为"常"也。不仅今日之民事法见之于礼,为法度之一,即今日之政事法亦然。《汉书·刑法志》"周道衰,法度堕";又《东方朔传》"非法度之政不得入焉";又《师丹传》"号令不定,法度失理";又《谷永传》"皆承天顺道,遵先祖法度",可证。依此新义而定中国法制史之范围,则所谓中国法制史者,除刑事制度外,实际上不外中国法度史或中国礼制史矣。

(丙)**法制机构所称之"法制"含义**　民国成立后,北政府之国务院置有法制局,北伐告成后,国民政府亦一度置有法制局,而各省政府并或有法制室之设置。按法制局之职务系拟定法律命令案,审定各高级机构之法律命令案,审定国家礼制案,调查编译各国之法制,并保管法律命令之正本等事。以法制局所用之"法制"意义,而定中国法制史之范围,则所谓中国法制史者,在实际上,就狭义言之,不外中国法典史,就广义言之,不外中国政制史矣。

(丁)**立法机关所称之"法制"含义**　北政府之新旧国会,及立法院在训政与行宪期间,各委员会中均有法制委员会之设置。行宪以前,法制委员会之权责甚为广泛,凡法律制度及不属于外交、财政、经济、军事等委员会之案件,皆由法制委员会审查之。故为立法机关之首要委员会,相当于"一般委员会"或"普通委员会"之地位。今则名列各委员会之末,以审查司法、考试、监察三院之议案为主,而关于内政、外交、国防、交通、财政、经济等部门之组织法案,则与各有关委员会联席审查之。故其地位,无异官制官规委员会而已;依法制委员会所用"法制"之意义,以定中国法制史之范围,则所谓中国法制史者,在实际上,就广义言之,不外中国立法史,就狭义言之,不外中国官制官规史矣。

据上所述,"法制"为名之解释各有所见,合而用之,乃得其全。故拙著《中国法制史》序内,对中国法制史立一界说曰"为社会生活之轨范,经国家权力之认定,并具有强制之性质者曰法;为社会生活之形象,经国家公众之维持,并具有规律之基础者曰制。条其本末,系其终始,阐明其因袭变革之关系者,是为中国法制之史的观察"。然如采取狭义,关于中国法制史之意义,山西大学发行之《中国法制史》称曰"法制史者,记述国家赓续维持社会秩序之法律制度,而明其兴废,递嬗之迹象,藉以识别现代立法之良否,并作将来立法之资鉴者也。如是记载中国历代法制之沿革者,谓之中国法制史"。其他各家尚未见其对中国法制史立有界说,姑录此以示例。惟如在中国法制史之意义中涉及目的论者,则非纯粹本质论之认识也。

二、目的论

目的论即价值论之谓,对于中国法制史之研究,毕竟抱有何种目的,而其价值究如何也。曩时学校对中国法制史课程仅备一格,且列之为选修,于是办学者既轻其事,教学者益懈其责,修学者至于虚应故事,凑足学分而心不在焉。追后,改为法律学系必修课目,声价仍未提高,终因高等文官考试,对应考法学者,废中国通史不考,以中国法制史代之,从而成为求取功名必由之门径,遂使治中国法制史之学者扬眉而吐气矣。功令之重视中国法制史诚有必要,而研究中国法制史之目的,如仅以猎官求进为限,则中国法制史之价值尚何可言?

除以应付高等考试为目的,及治史学者应具有之一般目的外,对于中国法制史之研究,学者固各有所见,守其一端,合言之,有下列各种观察:

(甲)中国法制史与综合法学 此系研究法制史之主要目的,不以中国法制史为限,而中国法制史之研究,亦同样具此目的焉。关于法学之基本研究应所注意之点,向有两派主张。一派认为应自法律哲学入门,盖理论为事实之母,远景乃前进之光,如无至善之鹄,即失循由之道;故对法律之哲理能有充分了解,自可提玄钩要,得其精粹。否则百货杂陈,万花在筒,茫无头绪,莫知适从矣。依此种旨趣研究法学,称曰理论法学,其所用之方法为演绎法,不仅法律哲学为其基础课程,即法理学、法律思想史亦应及之。对之而有造诣者,得称之为法律学家。一派认为应自法律史学入门,盖前事不忘,后事之师,翻陈固可出新,温故亦能知新。若仅凭理论,不重实际,无非海市蜃楼,虚无所有,虽灿烂夺目,不过昙花一现而已!依此种旨趣研究法学,称曰经验法学,其所用之方法为归纳法,不仅法制史为其主要课程,即罗马法、英美法亦应及之。对之而有造诣者得称之为法律专家。然无论为理论法学或经验法学,专其一途而有成就,固可取得法律学家、法律专家之王位,但不能接受法律通家之皇冠。法律通家为综合法学之杰出人物,有理论法学、经验法学之长而无其偏,则法制史自必为其必备之知识焉。盖理论诚为事实之母,经验亦为理论之基,理论而不见诸事实,乃空论也,乃幻想也;经验而无理论领导,乃陈物也,乃僵石也。况理论与事实往往交错而不可分,由理论而养成经验,由事实而产生理论,史例甚多,不必详举。法律学家、法律专家之造诣甚深者,必将能叩综合法学之门,而为法律通家之待选者,其对法制史之研究能不重视乎?

(乙)**中国法制史与中国法系**　中国固有法系有其卓尔不群之精神,独树一帜于世界各大法系之林中。欲探求中国固有法系之真相,中国法制史之研究实属必要,未有不知中国法制史而能了解中国固有法系者也。惟以清末变法,改采西制,中国固有法系之地位一落千丈,故在抗战前夕,居正(1876—1951)、洪澜友诸人,在《中华法学杂志》提倡"建立中国本位新法系",居正且有专文行世。意在将中国固有法系中不合时代而成为僵石者去之,将其仍有价值而得适用者保留之,发扬之,光大之。无论世界日趋大同,法律走向统一,旧日之法系观念已有改变,应否建立中国本位新法系或有研讨余地。欧美法学在事实上已成天之骄子,我国清末变法亦随同之,迄今在学术上、在政策上、在条文上仍为此种势力所笼罩,而不得自拔,能否断然建立中国新法系,尤有困难。然建立中国本位新法系乃一种目的,应否能否尚在其次,首须对中国固有法系有其深切之了解,必须精心探讨之,始足为功,非仅限于理想方面之号召也。况欧美法学诚然有其优点,依样有其缺点,纵不建立中国本位新法系,自封其步,但中国固有法系之价值,为我国传统文化之结晶,正可补救欧美法学之缺漏,而系一剂良药,则亦不可自贬。是故研究中国法制史,而使向为中国本位之固有法系,仍能融合世界各大法系之优点,成为良好之世界法制,为人类社会所共享,岂非更善?

（丙）**中国法制史与现行法制**　关于本点,另在后论第二章论及。我国变法虽受西法影响,但万变仍有其宗,文化并未骤改,民俗依然如故,故欲推求现行法制之实际效果,完成现行法制之灵活运用,自当以史实为贵,不应专尚学理。盖历史之进展有如水波之相推,其起灭皆非偶然,现行法制不过法制史体系下之后一阶段而已!过去法制不特为现行法制之直接渊源,且为现行法制之有效鉴镜,数典不能忘祖,饮水更须思源。是故欲通其变,挈其要,发其微,存其真,亦必以法制史之研究为主要出发点焉。盖吾人之厘定现行法制,非仅以新为贵,实有革新之道,此即旧之不能用而非革之不可也。或已有之成法久废,而与时代需要渐相接近,亦可视其为新而回复之。至于旧制之成效昭著者自当保留之,往例之弊端显明者自当避免之;虽曰运用之妙存乎一心,实则有鉴于往,始知其来。然则研究中国法制史之目的与其价值又如何耶?

（丁）**中国法制史与中国学人**　最近欧美学者对于东方文史之研究,蔚为风气;东瀛学者更以研究汉学著名,而中国法制史课程之为名,亦始见于日本也。然则国人之研究法律者,应有中国法制史之知识,以垦殖自己之园地,责无旁贷也。清末民初之际,所用《中国法制史》一书,诸多译自日本著作,学问本无国界,译本亦何所嫌。然以中国学人在中国固有法系之园地,对于中国学校之中国学生,为中国法制史之研究,竟以译本为主,终觉未安。不特对中国固有法系之传统法制失去信心,且并探讨之精神而无之,此实今日我国法学家所应自振自勉者也。况外人研究我国法制,每向国人询问究竟,修习法律者如对本国法制史迹,瞠目莫对,则亦见其学之浅矣。倘外人对我国过去法制,有其误解,亦须国人之修习法律者为之匡正,免致以讹传讹,湮灭中国法制之真面目。至于中国法制在史迹上之有效表现,每足补救西洋法制在运用上之无策善后,则在学问之研究上,持自己固有之法宝与国际学者争荣誉之席次,亦较入主他人学说,而求出人头地。较为省力,犹余事焉。

据上所述,则中国法制史之价值可知,虽学者采取之目的不必皆备,但有其一,亦足以为用矣。

三、方法论

方法论即研究论之谓,对于中国法制之史实史料,如何使之而化为史也。中国法制史,史学也,亦法学也,对于过去法制之史实史料,必须兼备史学、法学之知识,采用科学方法处理之,乃可成为中国法制之史的观察。盖有现代法学知识者或对史学无其修养,有现代史学知识者或对法学无其了解,其所运用之科学方法亦即偏而不全,如何取材取事,如何存信存疑,在在均成问题矣。且既为中国过去之史实史料,而六经皆史也,五礼有法也,则经学礼制均须有其涉猎,降而如目录学、版本学亦为搜集资料认定事实应有之知识。况中国法制史为专门史,与中国通史关连甚密,迄今我国尚无完善之中国通史著作,则研究中国法制史之成效,自难达于理想。惟如兼有史学、法学两种知识而本于科学方法为之,或免于散珠在盘之无其体系,瑕瑜并见之无其组织,对于中国法制史之治学理想,虽不中不远矣。

研究中国法制史应采之方法,固如上述。若再具体而言,过去各种史籍记载之史实,是否皆无所误,传述之事迹是否皆属非伪,应与任何种史之始页同有鉴别之要,已有问题;即其记载传述皆为信史,仍不能以备有其事为贵,而以知其纲领为宜,依朝代而断代为史,依或种标准或个人主观而为演变阶段,皆失客观治史之旨趣。于此,在治中国法制史之消极方面,不无慎为遵守之法则在焉。质言之,有下列各种法则:

(甲)史所疑者不应信以为史 一曰推测之辞不可为信,史事之记载与史事之观察,治史学者首须明辨。前者确有证据,故可信其真实;后者出于推测,不过一家之言。倘再属于荒谬之论,武断之语,据而言制,则更大误。《史记》首篇五帝本纪始于黄帝,清张照称其因汉武帝好神仙,神仙家言并托之黄帝,故迁据古史,著黄帝事实,实失孔子之旨。而迁亦自谓"百家言黄帝,其文不雅驯,荐绅先生难言之……余并论次,择其言尤雅者,故著为本纪书首",不敢自有所信更明。然则《管子·任法篇》所谓"故黄帝之治也,置法而不变,使民安其法者也;"书钞引太史公素王妙论所谓"黄帝设五法,布之天下";淮南子泛论训所谓"黄帝治天下,法令明而不暗;"以及群辅录所述黄帝七辅之一"风后受金法,"《汉书·胡建传》所引黄帝李法"壁垒已定,穿窬不繇路,是谓奸人,奸人者杀;"不皆成为中国法制起源之确史耶?其然,岂其然乎?甚至如路史及通鉴前编所载,伏羲以龙纪官,称法官曰白龙氏;神农氏以火纪官,称法官曰西火氏;黄帝以云纪官,称法官曰白云氏;有官必有法,故能明刑政云,岂能显然可信也欤?不特此也,近人又每根据白虎通及易系辞等之所述,伏羲作结绳而为纲罟,以佃以渔;因夫妇,正五行,始定人道;即认渔牧法,婚姻法创始于兹。神农教民耕稼,日中为市;即认田赋法,商事法成立其时。黄帝重门击柝,以待暴客,遂认为警察法之始;为弧为矢,并征蚩尤,遂认为军事法之与;范金为货，创造书契，遂认为货币法、契约法之首见。此种推测之辞，果真可采，则有巢氏教民构木为巢而有建筑法，轩辕氏以布帛为币而有楮钞法，伯益作虞，焚山泽，驱禽兽而有森林法，不皆尽文明之大观，为华夏之光荣耶？前人治史，既已出于武断，今人言制，曷可再为煊染？荀子云"信信，信也；疑疑，亦信也；"治法制史者，颇可用以自勉。

二曰设法之辞不可为据　周、秦两代，距古较近，学者记尧舜以后之事似属可信；然因儒家托古改制，故神其绩，遂多设法之辞。孔子祖述尧舜，正与农家之宗神农，道家之称黄帝，墨家之法夏禹，为同一旨趣，各求其所本耳。尧典所称"克明俊德，以亲九族；九族既睦，平章百姓；百姓昭明，协和万邦，"纯然儒家之中心理想。舜典所称之五典、五礼、五刑、五品、五教，又与儒派末流五行说为似。而舜时职官，若百揆、司空、司徒、士、虞、秩宗、典乐、纳言等更非其时所能完备如是。且如《尚书》、《论语》、《孟子》并同称尧舜禅让之制，以为圣德之美，然刘知几史通疑古篇首有所疑焉矣，推而如所谓"尧能单均刑法以仪民"，舜"同律度量衡，"自未见其可信；谓法制之定于尧舜者，仍应待考。改制不仅托古于唐、虞，即孟子之三代井田论，依然托古之说；王制学记之周代学制，仍为设法之辞。即否认孔子之托古改制说，其所极端崇拜之周礼，又岂真为周公致太平之作耶？纵全部非汉人伪造，亦假托周公之名而为之也。为说固诋改制，史事依样托古，非慎密考核，亦莫适从。于是同一法制，不特各家记载难同，往往解释亦异。例如周代乡制，《周礼》与《尚书·大传》所说，即不一致。又如与乡制有关之兵制，古今文家所说既异，而古文家关于出赋之法，所据之司马法，仍有两说。更如王制言爵亦与《孟子》不同，而王制所述，《白虎通》固视为周制，郑玄则称其为殷制。类此之例，不尽一一举之。吾人于此，苟确有可疑为设法之辞者，即不能仍为真实之据，惟有割爱或存疑而已。

三曰传说之辞不可为证。古代史料，孔子既有夏殷文献不足之感，太史公亦有自殷以前不可得而谱之叹，足见知周前之载籍，在周时已甚缺乏，何况秦火以后，远溯太古乎？是三坟五典之书，李法政典之籍，自难信其即有。诸家所言，除显然推测之辞，或隐然设法之辞外，纵有所本，大都不外传说。传说固不能武断其伪，亦不能确信其真；至于传说之起于推测及设法者，则伪之甚矣。例如律始皋陶之说，《吕氏春秋》谓"皋陶造律"；《左传·昭十四年》引夏书曰"昏墨贼杀，皋陶之刑也；"以及《汉书·张敏传》"皋陶造法律，原其本意皆欲禁民为非；"史游急就篇"皋陶造狱法律存"；文子"皋陶暗而为大理，天下无虐刑。"是周、秦、汉、晋之人皆有此种主张，而《尚书》又特有皋陶谟一篇，煊染其事。然皋陶是否即为其时之人，抑为部落或种族之称，不可得而知。即有其人，是否如《国语》及《通鉴》前编所称造律在尧之时，抑如《竹书纪年》、《路史后记》所称造律在舜之时，抑事实上更在尧舜之后，甚或如沈家本（1840—1913）律令考谓皋陶仅以律名，而非即是律创始者；皆不可得而明。但皋陶与律之传说，必有相当之因，惟不知其果为何情，自不能确信为实也。

然谓其传说皆非，亦未敢武断。不过传说究异于载籍，苟无地下之证据，终觉真伪莫决，结果惟有存疑已耳。苟必以传说之材料为可宝贵，断然舍去，似非所忍，亦应另为搜集成编，题曰中国法制传说史，则传信传疑两得之矣。

（乙）朝代兴亡不应断以为史 我国向日史例，虽极复杂，但自班固以来，断代为史之法列于正宗，于是一姓兴亡之事迹，遂成今人治中国普通史或专门史划分阶段之普通标准。然"史之状,如流水然,抽刀断之,不可得断;今之为史者,强分为古代、中世、近世,犹恐不能得正当标准。而况可以一朝代兴亡为之划分耶?"是故对专门史之制作,尤其中国法制史,若一律横断为书,则实莫能会通古今,得知源委,明事物之沿革,序法制之变迁也。世之治中国法制史者,往往纯然依朝代而横断之,曰三代之法之制如何,曰两汉之法之制若何,曰魏、晋之法之制若何,曰南北朝之法之制若何……。详则不啻搬运史料,徒觉繁复取厌;简则亦难提要钩要。无由知其源委。其次,亦往往依朝代横断后而再纵断之,此固可使一代之法律制度,使其条理表现于笔端,然更莫解于《书》、《志》、《通》、《典》之抄录,仍非真史也。盖关于中国法制之经过,纵认为不能绝对漠视朝代关系,以言其变迁,然历代法制彼此相因之点,密密相接,如环无端,实居其大部分,三代不同礼而王,五伯不同法而伯,亦不过概言之耳。试以刑律为例:魏李悝集诸国刑典,而造法经;商鞅受之以相秦,萧何益之作律九章。魏命陈群等增改九章而为魏律十八篇;晋命贾充等就汉九章增定晋律二十篇。晋亡国后,南北分立,南朝宋、齐、梁、陈,律制一本于晋,颇少重要改革,难为变迁之言。北朝为律虽非魏晋之旧,而北魏律依然源出汉律,北齐律更仍以北魏律为蓝本,系统相承莫可为疑,即北周律似自有其特色,但亦仿自大诰体例,无何创作。隋则依北齐律制,并折衷魏晋之法,以定其制;唐则增损隋律,并集历代之大成,以立其范。于是五代、宋、辽、金、元、明、清,皆莫远离唐律之范围。然则依朝代而横断之,究不知其一代之别于他代者果何在耶?

(丙)或种标准不应据以为史　世人尝有根据或种见解,划分中国史之时代,若随而定中国法制史之经过段落,今日仍难成为至论。学者中,有确定中国社会发达之过程矣,有标明中国政治进展之顺序矣,皆不以朝代兴亡为据,独有其见焉。然在中国史之分期,未能有统一的认识以前,见仁见智,各有不同,则中国法制之经过段落,究何依采亦莫所适从。例如以封建时代言,或则限于西周之世,是其时巡狩朝觐之制,赏罚黜陟之事,固封建制度之下法制也。或则展及战国之始,是其时遇会誓盟之礼,刑鼎仆区之法,亦皆封建制度下之法制也。或则延自清代之末,是三千年来之中国法制,又无一而非封建制度下之事例也。他如或以西周至春秋为贵族统治时代,以后迄于清世,则为王权时代;或以汉唐为贵族政治时代,以后迄于清世,则为独裁政治时代;两种分期显然有异,苟必依之,则一种法制之成立,究为王权下之产物,抑为贵族制下之表现,实亦莫由决焉。凡类于此种新例者,诚优于断代为史,然无精密观察,与非常之识力,仍然一家之言而已!况如是之史的分期法,在普通史尚无定则,亦只见于各种专门史之为例,纵作者各有所是,莫能置议,而不必即认为系中国法制史分期之标准也。中国法制史之范围既极广泛,偏于经济制度者,固可依中国社会发达之过程,论其历史演进之迹;偏于政治制度者,固可依中国政治进展之顺序,述其事实变迁之由;但惜不能一概容纳于某一特定之新例下耳。

(丁)依个人主观不应擅以为史 从法制本身之性质方面,求其变迁之阶段,固较别以王朝,或羼以特例,在意义上较为适宜;然如何而能善达此一目的,则尚有问题也。尝见人分中国法制史为八个时代,藉明中国法制之演变。曰法制萌芽时代,谓伏羲始别八卦,以变化天下法则,神农之化如神,法省而不烦也。曰法制生长时代,谓黄帝定居中夏,百度咸兴,法令不暗,辅正不阿也。曰法制成立时代；谓唐虞之际，敷政施教，象以典刑，而为万世法程也。曰法制发达时代，谓夏后以洪范为天下大法，有典有则，贻厥子孙；伊尹作肆命徂后，以述汤之政制法度；以及文王受命首改法度，周礼所载后世是宗，故有周之治所以独隆也。曰法制变革时代，谓春秋管子治齐，作内政而寄军令，师周法以变通之；战国，吴子以法治楚魏，申商以法强秦韩，其主张法治，皆以变更政制为亟也。曰法制修明时代，谓秦有其法，汉立其制，由两晋，经六朝而至唐，皆有修明之法制也。曰法制进化时代，谓北宋神宗时，由王安石议，行新法，改制度也。曰法制颠沛时代，谓明代对法制既无所创见，清末仿欧制而窃其皮毛；民国肇基，编订临时约法，一误于袁氏称帝，再误于曹锟贿选，伪制宪章，法纪沦亡也。曰法制完成时代，谓国民政府成立，一切法令次第颁布，法制完成则有望于此也。如此分期，殊难为法！盖既陷于伪籍陈说之为据，且又囿于一蠡一斑之断取；而所谓生长也，发达也，成立也，修明也，进化也，完成也，更无特殊确定之解释，用以分中国法制经过之阶段，究不知其显然有异之点果何在耶？其次又有人分中国法制史为五个时期，而以法典编纂之时代为准。曰创造时期，谓虞、夏、商、周为中国法制草创之时也。曰因革时期，谓秦、汉、晋、隋，为中国法制发达之时也。曰完成时期，谓唐代法律，上承周、秦、汉、晋，下启宋、元、明、清也。曰沿袭时期，谓宋、元、明、清虽代有法典编纂，然皆不出唐律之范围也。曰变动时期，谓清末欧风东渐，三千年来之伦理主义法制化，不无动摇，并进而产生亘古未有之中华民国法制是也。然此只限于狭义的中国法制史之分期，若移而用于广义的中国法制史方面，则不免有推敲焉。

据上所述，除史疑问题应为慎重处理外，与其采时代研究法而失之棼,无宁采问题研究法而得之专。苟以为问题研究法偏而不全,必须划分中国法制经过之阶段,则第一阶段暂起于殷而终于战国,可称曰创始期。其中包括殷之部落时代,西周之封建时代,春秋之霸政时代,苟以后于殷以上发现真确史料,亦可推而远之。若战国者,则此一期蜕变于次期之过程耳。

第二阶段应起于秦,而终于南北朝,可称曰发达期。秦创统一之制,并用商鞅之法;汉晋虽有兴革,依然一系相承,直至陈并于隋,始觉有断。然同时北魏乘五胡之乱,据有中原,修律改制,虽亦求源于汉,但不直接效法魏、晋,遂立"北支"一系,隋唐承之,迄于明、清,多守旧制。故南北朝者,则亦此一期蜕变于次期之过程耳。

第三阶段姑起于隋而终于清,可称曰确定期。唐代法制,固集两汉、魏、晋之大成,而为宋、金、元、明之矩矱,但其开始之功则应归之于隋,不得以隋之传祚甚短,而认其仅为承上也。宋、元、明、清既显然宗承唐代之法制,自不得因朝代之异,而称其另为一因袭之时代也。至于清末之数十年,则又此一期蜕变于次期之过程耳。

第四阶段则自民国起,或自清末壬寅年(1902年)起,可称曰变革期,盖一变中国旧日法制之面目与精神,而与世界各国以俱新也。

虽然,如此分期之办法,不过为备一格,谓其妥善,则吾岂敢!盖未能将中国史之分期,使某种标准成为定案,仅从法制本身之性质上,求其变迁之阶段,稍一不慎,即难免于肤廓之讥。况广义中国法制史,内容广大无限,每一阶段是否皆能包括之,亦成问题。至于中国史之有无欧史之显著段落,尤其中国法制史有无此种现象,学者尚在争论之中,亦有考虑余地。故愚虽分其阶段为四,而仍莫解吾疑者即此故也。

第二章 探源索流

法制之以史称者,无往而非述其变也,亦即探源索流之工作也。虽然,变之道伙矣。井田变为阡陌,龟贝变为铜钱,民兵变为募兵,今又变为征兵,以及科举之兴衰如何,刑名之因革如何,固皆莫逃于变之范围,且为治中国法制史者取材之焦点,但舍一法一制之变,而就整个的中国法制史言之,其变仍有三种,此并非别于各种法制之变而独立,实乃各种法制变之所本也。即"变法"之变,"律统"之变,"法学"之变是也。其中,关于法学,似与法制史之叙述无何等重要关系,应略;但此至多可排斥关于法律思想部分于叙述范围外,若夫实际从事于法学研究之法家,则实莫能舍之。盖如详知法学之盛衰,即不难明瞭法律之兴替,更不难洞悉法律之精神,则其变动之影响,自亦为中国法制史之要端也。兹依此三事分别及之:

一、从变法上以言其变

关于变法之变,无论成功失败,皆有历史上之奇迹。盖成功则开展将来之局面,失败亦留示彪炳之事业,而为后世深思者在焉。惟太平天国仅为割占局面,其新法新制皆违背中国传统文化,乃奇特之昙花一现，故不取之。然过去法制既在中国法系之下，任何变动均莫离乎其宗，最大变动之中仍有不变者在焉。是故从变法中之变而言"变"，所以观其异也；从变法中之不变而言"变"，所以比其同也。变法中之不变者一事，虽涉及中国法制之质的问题，但在叙述最大变动之变法，仍不妨丽以明之。

（甲）关于变法中之变者　中国法制之最大变动，唐不与焉。唐之法制，虽上集秦、汉、魏、晋之大成，下树宋元明清之圭臬，此不过中国法制之确成阶段，其精神则仍秦汉之续耳。秦汉以前，周是否因于殷礼，殷是否因于夏礼，固须待考；然殷以前之史料尚甚缺乏，为简便计，惟有暂以前于秦者为一段落。秦变法后，祚不及百年，而其法于因革确成之中，延至二千余年始衰，恐亦非商鞅秦皇之所及料也。清末变法，参取欧西法制精神，虽在当时未能有成，实开民国后新法制之先河，亦如秦之变法有待于汉之承补矣。故秦代变法与清末变法，乃中国法制史上最显著之两大变动，顾在秦代与清末之间，若王莽之变法，若宋世之变法，皆有辉煌灿烂之表现，构成空前惊后之事业，以今追往，诚为先觉，其在中国法制之最大变动上，自有相当价值，未可专以成败计之。据此，得知中国法制之最大变动，不外秦也，莽也，北宋也，清末也；四者而已，试以现代之观念比附为说：秦使天下定于一，自须以法律为工具，故其变法之精神，似倾向于法治主义。莽欲耕者有其田，自须除强梁之兼并，故其变法之精神，似倾向于社会主义。宋望兵食足而兴，自须求法度之所需，故其变法之精神，似倾向于国家主义。清恐革命莫能止，自须假立宪而和缓，故其变法之精神，似倾向于民治主义。纵不谓然，要必各有特点，莫能尽同。

一曰秦代变法，结束封建制度，使中国之律统有所创立也。自商鞅承李悝之学以相秦,强国不法其故,利民不循其礼,徙木示信,弃灰被刑,李斯秉政益重其说,秦遂得以成统一之业,表现其唯法为治之精神。盖土地私有,非法无以维持秩序,帝王独裁,非法无以显示尊严,亦当然也。汉虽以秦为暴,而终承其法规,刑酷律繁,狱苦吏苛,诚所谓杂霸之治;而萧何、曹参、晁错等,皆用其道以规划天下,遂使两汉成数百年有秩序之发展。且递次传其系统二千余年,是又不能不归功于秦之变法也。所惜者,商鞅之变法谓"民不可与虑始而可与乐成,论至德者不私于俗,成大功者不谋于众,"不免以法治与君治相混,两千年来君主专制制度之形成,儒家固须负其责,法家亦难辞其咎也。

二曰王莽变法,偏于经济革命,使中国之法制一现异彩也。王莽变法之主旨,不外以政治力量行经济革命之事耳。盖贫富悬殊,自秦已然,诚如王莽所谓"秦为无道,厚富税以自供奉,罢民力以极欲。……是以兼并起,贪鄙生,强者规田以千数,弱者曾无立锥之居。又置奴婢之市,与牛马同阑……汉氏减轻田租,三十而税一,常有更赋,罢癃咸出,而豪民侵凌,分田劫假,厥名三十税一,实什税五也,父子夫妇终年耕芸,所得不足以自存;故富者犬马余,菽粟骄而为邪,贫者不厌糟糠,穷而为奸,俱陷于辜,刑用不错"云云。汉儒若董仲舒、师单等,先后主张平均地权,限民名田,皆阻于朝贵,而无若何效力;至莽则直然更名王下田曰王田,限八口之家田不得过一井,更名天下奴婢曰私属,不得卖买。旋又屡明六筦之令,每一筦令下设有科条防禁,使酒盐铁铸皆归国营,并管理名山大泽之富源。且设五均之官,行赊贷之法,所以齐众庶,抑兼并也。然莽之败,终以泥古过深,短于步骤,既迷信周礼,又醉心于井田,且复效法秦皇,刑杀为威,禁民不得挟铜炭,禁民不得挟弩铠。于是法禁烦苛,不得举手,力作所得,不足以给贡税;奸吏因以愁民,民穷悉起为盗。故秦之变法而成功者势也,莽之变法而失败者骤也。兼以莽仅锐意于制作,讼狱既不暇省,宰缺数年不补,且制度未定,吏皆失禄,更非变法改制之本,与其谓莽失败于法治,无宁谓其失败于非法治。但如变法之重于经济改革,在中国法制史上究放一异彩,使中国在西元九年即已有经济革命之变法,不其懿欤。

三曰宋世变法,实施社会政策,使中国之法制再留奇绩也。宋承藩镇暴敛之后,豪强兼并,田赋不均,情势等于西汉;仁宗与民休息,税虽轻而国用又感不足,百政莫举,其秉治实近姑息。神宗励新图治,王安石进而佐之。对政则以富国理财强兵重能为策,对民则以利农抑商防止兼并是务,而其一贯之者,倾于法而已。盖其理财也,并非万民以富国,乃系惠民以足国,正其所谓"因天下之力,以生天下之财,以供天下之费,"民不加赋,而天下之用饶矣。青苗法系防贫者举息于豪门,并补常平法之缺,使官薄其息而民救其乏。募役法系防止民时有夺,失其稼穑,故以免役钱代,解除向日困敝;且凡有产业物力,而旧无役者,当出钱以助役,其乡村朴德之穷氓,则宽优之。均输法、市易法系权制兼并,均济贫乏,抑豪商之垄断,通天下之财货,在昔毁其与民争利,值今无异节制资本。至于整理土地,则有方田均税之法,藉以杜民之巧,绝吏之奸;助民生产,则有浚河清汴之事,藉以治水兴利,赐惠农田。凡此,皆今日所认之急务,而当时受诋之资料也。其治兵也,亦非有重骄兵之天下,实欲防止兵种之恶化,安石所谓"倘不能理兵稍复古制,则中国无富强之理"是也。保甲法系始于邻里守望相助,除盗为旨,而终于民渐习兵,并以免税而代正军上番,则民兵成而募兵减,显然寓兵于农耳。保马法虽毙者须偿,有病于民,但保甲有马,可以习战御盗,既练民兵,则亦不能无马。至于王雱发议之军器监设置,则又所以重军实精兵械云。其改革学制也,罢明经诸科,改经义论策;并复古制,兴学校,立三舍之法定其等级,行专科之制,各有教授。凡此,皆不尽适合于实用,而群僚亦或予以攻击也。故其变法,尤非王莽之徒重制作,而无规律,如募役新法之办法既具,揭示一月,民无异辞,乃著为令,且又颁其法于天下,是并与秦之变法民莫能议有异。虽然,安石固偏重于法矣,惜未能澈底实行其道,致种其失败之一因,盖既谓"合天下之众者财,理天下之财者法,守天下法者吏也,"而又谓"吏不良则有法而莫守,法不善则有财而莫理;"则何不使吏必守以法,吏之不良,亦法之所未尽也。安石囿于儒家"徒法不足以自行"之说,亦认为"得其人而行之,则为大利,非其人而行之,则为大害;"于是吕惠卿辈之行新法,适足为旧派"人治"之借口,推翻其所变者。远而大者既未能注意,乃在相位时,复置京城逻卒,察谤时政者,尤失之末矣。然而安石之变法,功虽未成,后世言政者且以安石为戒,而新政之精神则实振往古,惊后世,在中国法制史上固有其光荣地位,与显著成绩。不过从兹以降,直至清末,握政者均以苟安为计,莫敢公然言变,不可谓非受此次失败之影响也。

四曰清末变法,毅然兼采西制,使中国之法律开其新端也。清末变法,其思想远承于黄梨洲明夷待访录之鼓吹,其行动爆发于康有为之第一次变法,其结果继续于民国成立,而最后由中国国民党为唯一新法制之创始。但在一次变法以前,清室渐知重视洋务,然当时目的不过羡欧美之船坚炮利,源非根本之图,而旧派则已以奇技淫巧,用夷变夏目之矣。康有为上书清廷言变法,虽于戊戌见用,且废八股,开学堂,维新之诏日数十下,但不为旧派所容,酿成戊戌政变,随洋务而起之时务,终亦归于结束。义和团事件后,民族革命之说深入人心,清室为敷衍民意计,遂有第二次之变法,并有预备立宪之表示。一九〇二年设修订法律馆,派沈家本总纂,徐谦、董康(1867—1947)襄理其事;以法律编订不易,先将大清律例加以修正,称曰大清现行刑律,于宣统元年(1908年)正式颁布,盖属于过渡之办法耳。迨后起草之刑律草案,主编纂之事者,认为道德与法制应各使独立,国家与家族应严为区别;然旧派则坚持明刑弼教之说,对刑律草案大为攻击。张之洞(1837—1909)既以无"无夫奸治罪"之规定,指其蔑弃礼教;劳乃宣更以无"干犯名义,""单丁留养,""亲属相奸,""相盗,""相殴,""亲属故杀卑幼,""妻殴夫,""夫殴妻,""无夫奸,"及"子孙违犯教令"各款,指其违于伦常;而御史刘珍年更上书反对停止刑讯。虽经沈家本等辩驳,终将草案重行修正。且由法部附加暂行章程五条,即对于皇室罪,内乱罪,外患罪而加重之,对于无夫奸而处刑,并卑幼对尊亲属不得施行正当防卫是。此草案于宣统二年(1910年)十二月公布,即暂行新刑律也。但关于立宪之制,仅于一九〇八年宣布实行立宪,以九年为期;一九一〇年设立资政院,又设立正式内阁,但资政院议长则为钦派之亲贵溥伦,而内阁皆为皇族所据,蔑视民权民生之真相揭露无余,而革命兴矣。然其暂行新刑律,与大清现行刑律之牵涉民事部分,而为北政府大理院裁判之所据者,则最后延至国民政府北伐成功后,始失其效;且新法律亦有参照其精神者在,故吾人认为一九〇二年修订法律馆成立之际,为中国新法统之始页,或非误也。

(乙)关于变法中之不变者 一曰法虽变,但有一中心势力未变也;质言之,每一变动均与儒家有其关系是。秦之变法首为商鞅,而鞅则在采用霸道以前,固曾以帝道王道说秦孝公者也;次有李斯，而斯之学固出儒家荀卿之门者也。孔子之正名主义，荀子之定分主义，实与法家之综核名实相孚。自秦以后，儒说大盛，虽对秦之重刑尚暴，非所称许，而律统既立，未再反对者，或此故欤？莽之变法，根据周礼；起居应对均以周公自拟，群臣颂德亦以周公为比，周公者儒家所公认为文武而后第一人也。经古文家刘歆为其国师，太玄法言作者扬雄为其大夫，推崇古文经传备至，儒生颇多受其网罗。然既为经今文家所不喜，而又严法重刑，亦失儒家中心主张，故莽之不成功者，除井田等制非时势所能容许外，或此故欤？宋之变法，以王安石为核心。安石之改革政治固倾向于唯法主义，后世儒者或且列彼于法家而攻击之，但安石之变法方案，则在实行周礼遗制，道必尊先王，言必称孔孟；其万言书中，亦以"饶之以财，约之以礼，裁之以法"三事并举。且向神宗曰"刑名法制非治之本，是为吏事，非王道也"，是安石原亦儒家之流也。即不谓然，安石亦系"惧富强之说，必为儒家所排击，于是附会经义，以钳儒者之口，"是仍与儒家思想有关系也。然因其施政也急于见功，致倾向于法家，其理财亦在于足国，又同化于法家；于是为通儒反对而不予以支援，终莫能竟其功。安石既推崇先王，而又被诋其以周礼乱宋者，或此故欤？清末变法，倡始者，以康有为为著；康治公羊学倡春秋三世说，以清末为"据乱世"，故主张君主立宪，欲实现其"小康世"之理想，最后始达于"大同世"，则固一经今文家也。庚子以后，迄于清亡，其修订法律，旧派仍坚持儒家传统见解，主张礼教与法制合而为一，终不能不兼顾之。明刑弼教之说虽见摇于沈家本诸人，而律义究未能绝对立新除旧者，或此故欤？然则治中国法制史学者，苟不注意儒家之思想及其势力，自亦莫能明其最大变动成败之主因何在也。

二曰法虽变,但关于历史上之势力未变也;质言之,每一变动诚异于前代,实则其所变者仍多少有其渊源是。秦商鞅之变法,根据李悝之法经,而李悝法经又集春秋战国各诸侯国法之大成也。汉王莽之变法,其六筦之令,实不外汉武帝榷盐铁之续,而井田则亦或出于古代之旧制也。宋王安石之变法,自谓稍复古制,其青苗法更系变更常平法,保甲亦系仿自宋初之乡兵制,市易法又系直取汉之平准法,而撷取桑弘羊之绪余耳。清末之变法,虽政治制度饱受欧西之影响,但法律方面,则仍于旧系统中蜕化为新,可断言耳。

二、从律统上以言其变

中国法制之在昔,除礼之外,以律为主,几与现代国家必须有其宪章同然。律虽不必皆在每代中占优胜之地位,然其蜿蜒起伏之路线,自秦以后未尝断也。蜀吴重视科条,元代只有条格,亦不过为临时之备用,且或取以充律而已!宋虽以敕代律,顾律仍在形式上处于敕之后备地位,即其所谓刑统者是。至于汉之比,唐之敕格,明之条例,清之例,在实际上固皆破律之精神,在法律上则又皆视其为辅律之不及耳。故欲定中国法制之系统,惟有以律为代表焉。他如魏晋之经义断狱,实出汉制之书;三国之各立科条,仍系汉法之承;宋齐梁陈之令,更皆以晋令为本;隋唐两宋之格式,或又以魏制是宗。降而如唐之以敕入格,并系宋元格之所始;格汇以敕,并系五代及宋敕之自出;同时,唐宋之敕,则亦明清例之先导也。其间同各有其系统,但与律之起伏路线,颇相吻合;仅述律统之变迁,整个法统之变迁,自可得其过半矣。

(甲)关于律统之首次变化者 自秦以迄于晋,虽秦汉魏晋相互之间,递次有所宗承,然秦汉律则又同宗法经,魏晋律则亦同承汉律,实此一期中之特色,称以律统两承时期,或非大误。何以云然?

一曰秦汉两律之间,虽有系承,而又皆同宗法经也。商鞅传法经以相秦,改法为律,当系改法经之盗法、贼法、囚法、捕法、杂法、具法,而以律名之,此为律统之首先建立者。虽如"令民为什伍而相收司连坐,不告奸者腰斩,告奸者与斩敌首同赏,匿奸者与降敌同罚,民有二男以上不分异者倍其赋;"以及"内刻刀锯之刑,外深铁钺之诛,步过六尺者有罚,弃灰于道者被刑。"或系鞅之所创,不必即为法经之书,但其所依据之精神,则为法经无疑。始皇定天下"法令由一统",二世用赵高,"更为法律,"沛公至咸阳,萧何独先入收秦丞相御史律令藏之。于是由萧何就法经增户、兴、厩三篇,作律九章,即以名之。然秦律固亦沿法经之旧,且汉律亦有直采于秦者,故《汉志》直谓"相国萧何,据摭秦法,取其宜于时者,作律九章"是也。总之,秦汉两律虽相环接,且各有其兴革,而两律骨干之所寄者,则皆李悝之法经也。

二曰魏晋两律之间,虽有系承,而又皆宗汉律也。魏虽不满汉律,然陈群等之魏律十八篇,仍采汉律而为之,其劫略律,请赇律,偿赃律,系自汉之盗律中分出,诈伪律,毁亡律,系自贼律中分出;告劾律,系自囚律中分出;惊事律,系自兴律中分出;系讯律、断狱律,系自囚兴两律分出;至于汉律中之具律,改为刑名律列于篇首;捕律、户律仍旧;厩律改称邮驿令,置于正律之外,兴律改为擅兴律,以其具律、盗律中关于擅之部分入之,并增以免坐律云。晋律仍系就汉之九章增定,典其事者,贾充等十四人。改具律为刑名、法例;析囚律为告劾、系讯、断狱;存盗律而另分请赇、诈伪、水火、毁亡;因事类为卫宫、违制;撰周官为诸侯;并加以关市律,共二十篇。其与魏律异者,复汉之厩律,以厩牧称,而无囚律、劫略、惊事、偿赃、免坐等五律,并增以法例、卫宫、水火、关市、违制、诸侯等六律。总之,魏晋两律虽相继绪,且各有其特质,而两律所取以为蓝本者,则皆汉律也。

(乙)关于律统之再次变化者 晋氏失驭,南北分立,律亦分为两支并行。南承晋旧,北参汉律。魏分东西,齐周是续,其律仍不相同。隋定天下,依然两立律统。此又与南北朝以前之法律有其所异。称以律统分支时期,或非大误。何以云然?

一曰南朝律与北朝律,两立系统也。刘宋南齐皆沿用晋律。宋书隋志遂未见其另颁新律之事,而《南齐书·孔稚圭传》更谓江左相承,用晋世张杜律,其沿袭晋律可知;即晋令亦然。梁武帝虽令蔡法度等定律,但仍系增损晋律而成,故梁律之异于晋律者,去一诸侯律,增一仓库律而已。陈受梁禅,范杲等制律令,篇目条纲一依梁法,虽其特长在重清议,而对晋律之增损,究多在文字之间。陈并于隋,南支之律统遂斩,于是传世三百年之晋律亦随之而告终结。北朝魏律为北支诸律之嚆矢。其律之篇目,除无晋之诸侯律,而增一斗律外,余皆无多更改,其有采自晋律之点,自难否认;然在实质上则仍承袭汉律也。盖北魏律以崔浩、高允所定者为主,崔浩长于汉律,《史记·索隐》尚引其汉律序文;高允史称其好《春秋》、《公羊》,盖治董仲舒、应劭、公羊决狱之学者,则其源于汉律甚显。且以传记考之,如许彦传之"不道",显祖纪之"大不敬,"窦瑾传之"咒诅,"古弼传"巫蛊,"世祖纪之"疑狱以经义决"等等皆汉制也。是汉律之精神,更直接延续于北魏,而又为唐、宋、明、清律之太祖也。

二曰北齐律与北周律,各成支派也。北齐律承北魏律之旧,纂修得宜,胜过前代,北周律莫能与比,故隋文帝代周而有天下,遂宗齐律,废周律焉。盖北齐律虽以北魏律为蓝本,但其部分科条,校正古今,所增损十有七八,其参与修订者,如李铉、崔昂等共数十人,史称科条简要,自非偶然。律分十二篇,名例、禁卫、婚户、擅兴、违制、诈伪、斗讼、贼盗、捕断、毁损、厩牧、杂是也。北周律比于齐律,烦而不当,其文仿周之大诰,其制则杂取周礼。为篇二十有五,与北魏律名实皆同者,刑名、法例、宫卫、违制、贼犯、诈伪、断狱、毁亡、告劾、系讯、请赇、水火等共十二律;名异实似者,改厩产仍以晋律之厩牧称,并改擅兴为兴缮,盗劫为劫盗,斗律为斗竞,杂律为杂犯,捕断为逃捕等共六律;又析北魏律之户律为婚姻、户禁,析关市为市廛,津关等共四律;此外因刺取周礼诸文,除恢复晋律诸侯之旧,又特设祀享,朝会等共三律;古今杂揉,不可为训,故与南支之法系同归于亡。

三曰隋律有二,文帝之开皇律与炀帝之大业律,前后对立也。开皇律虽系由裴政等,采魏晋刑典,下至齐梁,沿革轻重,取其折衷,然据《隋志》云,"隋律多采后齐之制,而颇有损益,则以北齐律为蓝本可知也。"试观其篇目分合,即可寻其损益之迹:无兆齐律之违制而有职制,无厩牧而有厩库,删毁损而分捕断为捕亡、断狱,婚户亦改为户婚,禁卫改为卫禁,余皆所同。至于刑名虽有增减,仍沿其五等之旧,十恶虽异其目,仍守其不赦之习,皆可取以为据。大业律由牛弘等制之,与北周律同为奇峰突起之作,较北齐律开皇律为轻,且不立十恶名目,而篇目则益为十八。与两律相同者四,名例、擅兴、诈伪、杂律;与北齐律相同者二,违制、厩牧;与开皇律相同者二,捕亡、断狱;与两律名皆有异,而同为后魏律者一,斗律;与两律绝对相反,而同于汉魏六朝律者二,分贼盗为贼律、盗律;仅同于六朝律者四,宫卫、请赇、告劾、关市;独同于梁律者一,仓库;略近于北周律者二,户律、婚律。大业律至唐武德元年即废,唐之所宗承乃开皇律;故北齐律及开皇律,与汉律相较,又可称为后代法典上之世祖也。

(丙)关于律统之三次变化者 唐承隋祚,法制确立,除唐之外,五代辽金皆受唐律支配;宋元似有减色,但明清则仍复唐之旧,不过律之面目稍改变耳。自唐以后,称律统一贯时期,或非大误。何以云然?

一曰五代辽金,皆沿用唐律也。高祖代隋,即诏刘文静等因隋开皇律令而损益之,故篇目一准开皇律之旧,刑名之制亦略同,后虽屡经修改,皆莫离开皇律之范围。然因长孙无忌等律疏之佐,其精神则倍胜于前代,遂开中国法典方面之新纪元;且以六典之设,不特为明清会典之所自昉,并因其纪述职官及典章制度,又不啻一完备之行政法典。五代六十年,一皆沿唐之律;后梁虽颁行大梁新定律令格式,后唐虽颁行同光刑律统类,顾其律皆唐之旧,至多不过整理而已;即后周之刑统,亦只"伸画一之规,"别无创作,后晋后汉更无论矣。其号称镇而仍奉中央之年号者,沿用唐律益无所疑。辽初,汉人断以律令,实唐律也;圣宗时,译南京所进律文,契丹人犯十恶者依汉律,契丹人与汉人相殴致死者,尽依汉律科断,皆见辽史,汉律云者,亦唐律也。即兴宗之重熙条例,仍系参合唐律与契丹法而成也。金,天眷三年,复取河南地,乃诏其民,约所用之刑法,皆从律文,见金史;律文者辽之汉律,即唐律也。虽世宗有大定重修制条,章宗有泰和律令敕条格式,而律之篇目一如唐律,内容更少有变易也。

二曰两宋及元,亦莫远唐律也。宋之初兴,沿用后周刑统,史有明文,是唐律之势力显然延续至宋。建隆四年窦仪重定刑统,实亦全部为唐律也;宋史固有新定律云云,则不外指一折杖法而言耳。虽曰宋以敕为重,且每朝有编敕之举,然至少在神宗以前,律所不载者,听之于敕,非完全变其律也。试观真宗、咸平编敕,准律分十二门,总十一卷,即可知唐律之犹有其地位焉。神宗虽以"敕"代"律",但不过事实上律之未能见用,亦非律之本身有所改也。故终宋之世,苟只言律,与五代辽金,同莫远离唐律之范围。元起漠北,法失其正,然最初百官断理狱讼,循用金律,而金律则固饱具唐律之精神也。其后至元新格,为目二十,大体同于唐律者,名例、卫禁、职制、户婚、盗贼、诈伪、杂犯、捕亡、斗殴九篇;与唐律异者,祭令、学规、军律、食货、大恶、奸匪、诉讼、杀伤、禁令、恤刑、反正十一篇,其八议十恶之条,及官当之制等,则仍沿唐律而未废也。

三曰明清两代,更直承唐律也。明初,丞相李善长等,言"历代之律,皆以汉九章为宗,至唐始集其成,今制宜遵唐旧,"太祖从其言;见明志。知明律系准唐律之旧而损益之也。吴元年,李善长所修订之律,其编制系以六部为依归,除名例置于最后外,所谓吏律、户律、礼律、兵律、刑律、工律是也。六年刘惟谦复详定之,篇目则又一准于唐。二十二年最后修订,仍以六部为纲。而以旧律各目分属其下,故内容十之七八,无改唐律也。计名例为首;吏律第二,其下分为职制、公式(自职制中分出);户律第三,其下户役、田宅、婚姻(此三篇系分户婚),仓库(自厩库中分出),课程(唐散见各律),钱债,市廛(此二篇自杂律中分出);礼律第四,其下祀祭、仪制;兵律第五,其下宫卫、军政(即擅兴),关津(自卫禁中分出),厩牧、邮驿(自职制中分出);刑律第六,其下盗贼、人命、斗殴、骂詈、诉讼(自斗讼中分出),受赃(自职制中分出),诈伪、犯奸(自杂律中分出),杂犯、捕亡、断狱;工律第七,其下营造(自兴擅中分出),

河防(自杂律中分出);故古律至是一大变其面目矣。清律屡经校订,其篇目一仍明律,其内容所损益者亦微;唐律之精神依然保存未失也。即清末第二次变法所修订之大清现行刑律,亦仅删去六部之纲,而以名例与职制公式等并列,未见其有何最大之出入。然则明清律虽在形式上异于唐律,实亦莫能有改唐律之旧;则唐律与汉律,北齐律相较,又可称为后代法典上之高祖矣。

三、从法学上以言其变

中国法学,似以所谓法家者流,承其正统,实则概言之耳。法家之能否独立,姑置不论;而从事律学者不必限于法家,则为定谳。汉、魏言法制者多宗吕刑,吕刑系周穆王命吕侯为司寇而作,载在尚书,或系经过儒家之润色而然,此一有关律事之要典,非涉及法家可知。又《周礼》一书,不问而知与儒家有关,但后世讴歌成周盛制者,设官分职莫不取材于此,刑法上三宥三赦及八议之制,更皆托始于此;是周礼亦显然非法家言法制之书也。且自商鞅言法,自身不免车裂之刑,李斯言法,三族不免连坐之诛,世论非之,垂为深戒,故秦亡以后,在中国史上,颇少有纯粹之法家,更少有由纯粹法家所作之法令。有之,则为儒家法学,及历代参与律事者之律家而已!总之,法学之盛限于战国,律家之著仅在汉魏,律学之衰始于东晋,则为莫可否认之变化也。夫既缺乏纯粹之法家,纵有继者又皆限于刑名法术之徒;法学之范围之未能扩大,法律形式之未早确成,或此故欤?

(甲)法学之盛限于战国　明刑饬法,正罪定罚,在中国必甚早,但进而在法理上之探讨,条文上之整理,则盛于战国。自兹以后,言法者莫超乎特殊问题之范围,讲律者惟囿于李悝法经之领域。故纯正法学之在中国,严格言之,后代未曾有也。似此,战国期间,称为法学最盛时期,当非大误。用再分项明之:

一曰法理探讨,战国为最著也。春秋以前,学在王官;秦之"若欲有学法令,以吏为师",或即有仿于古也欤?故不必问法家者流,是否出于理官,而当王官守职之际,绝不容法家问世,则可断言。降而至春秋,郑铸刑书,叔向犹以"议事以制,不为刑辟"是疑;晋铸刑鼎,仲尼并以"民在鼎矣,何以尊贵"为叹。对于法令之公布尚非公认也。然既有此种反常之事例迭出,王官之学亦失其独占势力,于是应世所需,法学大彰。管仲、商鞅、尹文、慎到、申不害、韩非等人相继而起,为法学鼓吹,称盛一时。如曰"法者编著之图籍,设之于官府,而布之于百姓;"此言法之公开性也。如曰"法行于世,则贫贱者不敢怨富贵,富贵者不敢凌贫贱,愚弱者不敢冀智勇,智勇者不敢鄙愚弱";"刑无等级,自卿相将军以至大夫庶人,有不从王令,犯国禁,乱上制者,罪死不赦"此言法之平等性也。如曰"释法术而心治,尧不能正一国,去规矩而妄意度,奚仲不能成一轮";今"为人君者,弃法而好行私,谓之乱";此言法之客观性也。如曰"故治民无常,惟治为法,法与时转则治,治与世宜则有功";"治世不一道,便国不法古,故汤武不循古而王,夏殷不易礼而亡",此言法之进化性也。如曰"赏莫如厚而信,使民利之,罚莫如重而必,使民畏之;法莫如一而故,使民知之";此言法之统一性也。如曰"法虽不善,犹愈于无法,所以一人心也",此言法之安定性也。如曰"言无二贵,法不两适,故言行而不轨于法者,必禁";"有敢剟定法令损益一字以上,罪死不赦";"宪既布,有不行宪者,谓之不从令,罪死不赦";此言法之强制性也。凡此,较诸今日欧西之法学殊无多让,惜其所说,皆偏重于法律之形式方面,而疏忽于法律目的方面,故以"法而不议"为一重要信条;其结果遂并儒家保姆政治下之"民之所好好之,民之所恶恶之"精神亦未有也。虽曰,"不为爱民亏其法,法爱于民,""不为君欲变其令,令尊于君,"但终一纸空言,徒使君主专制之局赖以成立,正如法家所自承认"国皆有法,而无使法必行之法"焉。且因其主张"明主之治国也,使民以法禁而不以廉止",益使暴主得以严刑峻法,重刑立威。秦最用之,亡亦最速,斯又儒家保姆政治之见用。而法家所以终秦之世未能再兴。中国法制史上之新局面,自秦开始后,必待清末,始再转变者,岂徒然哉。

二曰,律文整理,战国集其成也。春秋各国渐皆公布刑书,郑之邓析亦有竹刑之私造,是律事之兴不自战国始焉。但撰次诸国法,整之为法典,而奠后世刑律之基础者,则推魏人李悝法经之六篇。据《晋书·刑法志》云"悝撰次诸国法,著法经,以为王者之政,莫急于盗贼,故其律始于盗贼,须劾捕,故著纲(即囚)捕二篇;其轻狡越城博戏,假借不廉,淫侈逾制,以为杂律一篇;又以其律具其加减(即具),是故所著六篇而已"。其作虽为私人之刑法草案,然商鞅受之以相秦,萧何增之为九章,唐律中或且全数入之,实中国成文法典之始祖也。不过法经仅属罪名之制。后世宗之而莫能改,兼以法学自汉以来,不再进步,遂使二千余年中之法典,仅以刑律为代表矣。

(乙)律家之著仅在汉魏　《汉书·艺文志》所录法十家,二百一十七篇,除晁错三十篇外,似皆出自战国时代;然汉以后,虽无纯粹之法家,律家则亦甚盛。《隋书·经籍志》所录,有晁错新书,崔实正论,刘劭法论,刘广正论,阮武正论,桓范世要论,陈融要言等。

《唐书·艺文志》并录,董仲舒春秋决狱,李文博治道集,李敬玄正论,杜佑管氏指略等,虽皆以法家列,实多律家也。且除一二唐人外,中以汉、魏、晋初之人占其多数,至无著作而精于律者,更不胜指。然自东晋以后,仅求诸此,亦不可得,故称斯际为律家显著时期,当非大误。用再分项明之。

一曰两汉律家,世修其业也。士之学习法令辟禁,以吏为师,乃秦之制;萧何即由秦吏而兴,以律为著,曹参、晁错又摭拾其余波;观于路温舒所谓"秦有十失,共一尚在,治狱之吏是",可知汉人重视律学如何。故崔祖思称"汉来治律有家,子孙并世其业,聚徒讲授至数百人;故张、于二氏絷誉文宣之世,陈郭两族,流称武明之朝"。华峤《后汉书》谓"郭氏家世掌法,凡为廷尉者七人;河南吴氏三世廷尉为法名家;沛国陈氏亦三世明法;长杜锺氏门生千有余人,魏之锺繇、锺会皆继其父业"云。兹就其最著者略为考之:在西汉,有南阳杜氏,杜周起于文墨小吏,致位三公,认为法以当"时"为是,不拘其旧;其子延年亦精于法律,时有小杜律之名。泰山郑氏,兄郑昌、弟郑弘,皆明经,通法律政事,为后世所述。东海于氏,于公为郡决曹,决狱平,罹文法者,于公所决皆不恨;其子于定国少学法于父,为廷尉,民自以无冤。在西汉,有颍川郭氏、郭弘习小杜律,断狱至三十年,用法平,为弘所决者,退无怨情;其子躬少传父业,讲授徒众常数百人,为廷尉,奏谳法科多所生全;躬子晊亦名法律,政有名迹;躬弟子镇少修家业,称著一时;镇子贺、祯、皆以能法律而至廷尉;镇弟子僖,僖子鸿均以习家业显。河南吴氏,吴雄以明法律,断狱平,起自孤宦,致位司徒;子诉孙恭,皆法律名家,位至廷尉。沛国陈氏,陈成曾以律令为尚书,因王莽而去职,收敛其家律令书文皆壁藏之;孙躬为廷尉,躬子宠习家业,为鲍昱撰辞讼比七卷,决事科条皆以事类相从,昱奏上之,其后公府奉以为法,及代郭躬为廷尉,对于律令,多所建白;宠子忠明习法律备位机密。上决事比二十三条,以省请谳之敝。其他见于两汉书各传者不下数十人,无待详举。同时亦从事解律工作,若叔孙宣,郭令卿、马融、郑玄等,各为章句,十有余家,共七百七十三万二千二百余言,益增律学之盛。总之,汉世律家大都各有渊源,或则家世相传,或则教授生徒,故知律者伙,并不视为小道。独惜其类多以比附为目的,循吏则偏于情,酷吏则严于威,律家虽多,而未必皆能尽律之义也。

二曰魏晋律家,尚称其盛也。两汉律学昌明,顾无定说,解释律文,各有章句。魏受汉禅,下诏但用郑氏章句,不得杂用余家;而律条至魏亦有删繁削芜之势。其时称为最著之律家,有参与修订魏律之刘劭,不特在正始中,执经讲学,撰述法论人物志之类百余篇;并在当政时作都官考课七十二条,说略一篇,是更于刑律之外,而为有关典制之条文矣。劭之外,若刘廙、丁仪,共论刑礼皆传于后,晋自文帝秉政,犹患前代律令,本注繁杂,且以独取郑氏章句,又为偏党,乃命贾充定律令,羊祜、杜预等皆参与其事。武帝时律成,杜预为之注解,并奏称"今所注皆网罗法意,格之以名分,使用之者执名例以审取舍,伸绳墨之直,去析薪之理也"。其后明法掾张斐又注律,而表上之,详见《晋书·刑法志》。故终晋之世,律分两派,即杜预一派,张斐一派是也。此两派为晋代律学之正宗,其他若刘颂之上疏论律令,主张"律法断罪,皆当以律法令正文,若无正文,依附名例断之;其正文名例所不及皆勿论;法吏以上所执不同得为异议"云云,亦卓论也。

(丙)**律学之衰始于东晋** 东晋以后,胡族称强,阀阅阶级乘时而盛,清谈相尚,不重名法;且治乱无关于心,帝王非其所贵,益无求于律令,律学之衰盖自此始。经唐之后,帝王之权力益增,更无人敢妄言法令者,且唐尚词章,宋尚道学,明尚制艺,清则异族入国,人皆逃于考据,是又士各有其所趋,律学直沦于小道矣。试观《唐书·艺文志》所录法家类十五家,十五部一百六十六卷;《宋志》则仅为十部九十九卷;《明志》则直以"前代艺文志列名法诸家,然寥寥无几,备数而已",遂总附之于杂家;可知其盛衰兴替之经过焉。故东晋以后,迄于清末,称为律学衰微时期,当亦非大误也。用再分项明之:

一曰自东晋至宋初,律学虽衰,尚可例示也。晋律经杜、张两家之注释后,历代相沿,均未离其范围。盖在当时以"论经礼者谓之俗生,说法理者名为俗吏";此或杜、张律之问世最久,而无人再为章句欤。顾在北朝,虽著名律家无汉、魏之盛,但因修明律学之故,尚有一二可述。最著者为封述,东魏之麟趾格,既出于其手;北齐之修律,述亦参加之;且明解律令,议断平允,深为时人所称焉。其在北齐,因"法令明审,科条简要,又敕仕门之子弟常讲习之,齐人多晓法律,盖由此也"。隋开皇律成,并置博士弟子员,似亦重视律学,然谓之明"律"则可,未足以言学也。唐兴,《唐律疏义》官家所订,人皆莫能置议一辞,沿其所定而遵守之,即为已足。故求如汉、陈宠之以法律授徒,常数百人;晋、熊远之奏请更立条制,一任诸法,不得以情破法;均不可多得矣。宋兴,敕重于律,律学更微;惟在王安石时,尚一振作之。于贡举,则诸科之不能改试进士者,试以律令刑统大义,断案中格即取;选人任子,试律令始出官;凡进士第一人以下悉试法;于学校,则在太学增置律学教授四员,并供给其各种刑书;而安石亦以反对赦免称于时也。此种关于律之讲求,虽仍统之于官,不能自由发展,但尚知律事之重要,惜亦随王安石之新法而并去矣。

　　二曰自南宋至清末,律学已微,沦为小道也。宋自南渡后,国势日蹙,凡儒士学者,皆趋于性理之探讨,倾向语录之著作,古籍既多散佚,且亦不尚搜求;观于《唐志》所录之古律,不下数十种,《宋志》则自唐以前,尽付缺如,即知之焉。明兴,太祖虽亦重律,不过视为明刑弼教之用,故一经手订之后,子孙即莫能议,臣工士子更难讲求矣。清亦同然。因之,纪文达编纂《四库全书》,直称"刑为盛世所不能废,而亦盛世所不尚,所录略存梗概,不求备也";宜其对政书类法令之属,仅收二部存目亦仅收五部而已!于是法家之学固早衰微,律家之盛亦难恢复,律例比附一让刑名恶幕主持之。而上焉者,亦惟君主以"例"破坏法律,欲求汉魏臣工之法制奏议,已觉寥寥无几,更难望及士子之论法立学,承汉魏之旧也。此种衰局,直至清末变法,始见转机,顾其经过已千百年矣。

第三章　固有法系

　　学者尝谓世界法系,为十有六;若埃及法系,巴比伦法系,希腊法系,犹太法系,克勒特法系,寺院法系,则已归于消灭;若罗马法系,日耳曼法系,海法系,则成为混血儿而尚残存;若中国法系,印度法系,日本法系,斯拉夫法系,穆哈默德法系,则为纯粹存在之法系;若欧陆法系,英美法系,则为新创造之法系。学者或又谓世界法系,大别有五,即印度法系,回回法系,罗马法系,英吉利法系,中国法系是也。然无论如何设说,中国法系皆居其一。夫一法系之所以成立,必有其一帜独树之特质,与卓尔不群之精神,虽彼此或有相类之点,但彼此绝无尽同之事。例如印度法系之特色,在以阶级制度为其背景;回回法系之特色,在以可兰经典为其依附;欧陆法系之特色,在以罗马法为其基础,而重视法典编纂,与创作性;英国法系之特色,在以习惯法为其法源,而重视前例解释,与保守性。中国法系既非附属于任何法系,而有其超然独立之地位,亦必先知其造因何来及特征所在,然后始可以语此。学者中虽有认为今后宜注意中国法系之如何重新创造,俾免于为印度法系及回回法系衰微之续,但中国法系之原有造因及特征,仍未可一笔抹杀,尤其治中国法制史者限于体例,莫能厌故而求新也。中国法系之进步迟缓,固自有其原因,中国法系之特殊精神,则又另一问题。况数千年来,中华民族永为中国法系下之法制所支配,民族精神亦必息息与之相关；即云创造中国法系之新生命,恐未必皆能革除向日之特征,而成为绝对簇新之法系也。愚本此义,进而略述数千年来中国固有法制之存在,形成及特征问题。

一、中国固有法系之存在

从表面上言之,法律对于一般文化之建立和发展,虽有其极大作用,然而法律毕竟为文化一部分,在一个民族生活单位,文化所指示的整个趋势之下,亦不能反其道而行。倘非如此性质之法律,其法律亦即不能扶持其文化。甚或摧残固有文化,自非合于人民需要之法律矣。因而每一社会,每一民族团体,有某种文化,形成某种法律。立法者并非凭自己之意识创造某种法律,乃凭自己之智慧,选择某种法律为民族所需要,为社会所期望而已！各法系之分布于全世界,无非表明民族文化之不同也。是故论及中国固有法系之基础所在,即不能不提及中国文化,由中国固有文化而为中国法系之观察,乃为探本追源之论。中国文化如何影响于中国固有法系,而中国固有法系如何对中国文化起其反应,详见以下两节,兹先就时间空间方面,说明为中国固有法系基础之中国文化与中国法系之存在关系。

（甲）就时间而言　中国文化为世界上最早创造的文化之一,并非由他处移殖而来,乃系创自本土者。过去学者认为中国文化出于外来,为说颇多,莫衷一是。然皆不免有两个普遍疏忽：一系将种族播迁问题与民族形成问题混为一谈,竟以中国文化非创自本土；一系将外来文化之一种支流误认为中国文化之主流。中国文化创自本土，不特英人洛斯（G. Ross）、罗素（Russel）、韦尔斯（H. G. Wells）、法人罗苏弥（L. Rossomy）等承认，且自从辽宁沙锅屯、山东城子崖、山西荆村西阴村、河南仰韶村、甘肃齐家坪等地，有关于新石器时代器物之发掘，而推知当时居民生活方式，更为中国文化独立发展之有力证据。在此期间，如系一散漫而毫无组织之生活，当然无任何法律可言。然至迟在苗黎时代，根据《尚书·吕刑》所云，"苗民弗用灵，制以刑，惟作五虐之刑曰法；杀戮无辜，爰始淫为劓刵椓黥"；可知五刑之用早在尧舜以前。迨尧舜有史时代，依《尚书》所载"象以典刑，流宥五刑，鞭作官刑，扑作教刑，金作赎刑"，而舜除命契作司徒敬敷五教外，并命皋陶作士以典五刑。自此种事实得认为中国固有法系之开始，而其与中国文化显然发生关系，已早在五千年左右。即以尧为计，其即位在西元前二三五七年，距今亦有四千三百二十年历史。倘再退后若干年，认为春秋时代，郑国铸刑书，晋国铸刑鼎，将刑事法向人民公布，关闭秘密法时代之门，而来计算其时间：一系在西元前五三三年，距今为二千四百九十七年，一系在西元前五一二年，距今亦有二千四百七十六年。更退而以李悝撰次诸国法，著法经六篇为中国有成文刑事法法典之首，以之为计，时在周威烈王十九年，当西元前四〇七年，距今仍有二千三百七十一年。此皆不言，仅以历代律统之建立开始而言，即周显王十年，秦孝公四年，商鞅受李悝法经以相秦，是年乃西元前三五九年，马其顿腓列王第二即位之时，距今依然有二千三百二十二年之历史。可知中国固有法系由其创始至于建立，最晚距今为二千三百余年，推而上之，可有五千年之久，虽然不及中国文化整体延绵之时间，但在世界各法系中，则仍具有悠久之历史。此亦由于过去中国文化之坚立不拔，外夷侵入中国，甚至据中国全土而有之。

依然承受中国文化,自亦维持中国法系。即以辽论,虽其设制有南面北面之不同,而仍不舍唐律之采用,其南面政制一如中国之旧,即可知之。

(乙)就空间而言 中国文化之本质,一方面具有天下一家之情调,一方面富有和平共处之精神,"送往迎来,嘉善而矜不能",以柔远人。"继绝世,举废国,治乱持危,朝聘以时,厚往以薄来,"以怀诸侯。所以中国文化虽发扬于本土,而在国家兴盛时,环我而在之民族,皆自动吸收中国文化,沐浴其中。此即所谓"以德服人,衷心服而诚服也"。纵有时利用武力,为帝国之建立,但文化仍系自然发展,不专凭借武力而为文化的侵略。所以陶恩培(Arnold Toynbee)曰"一个大帝国的建立,往往是文化衰落的象征"。此在欧洲有其例,但不能适用于中国文化方面。例如汉、唐两大帝国之建立,中国文化不特未曾衰落,且更显著。盖汉唐之征伐,乃安抚其民,而非利其土地,如能降服,自可宽容;甚至用和亲政策,与其修好,绝不使用暴力,以怨报怨。即在法律上如唐律规定化外人相犯条:"化外人同类自相犯者各依本俗法,异类相犯者以法律论",此虽不合现在法理,但中国人不愿强使外族承受中国文物,可认为是一种宽宏大度。其所以能聚各族于一炉,逐渐形成一个伟大民族,为固有文化加以新血液,正因帝国之建立有助于文化之发展,此为中国文化特异处,与他族迥乎不同。既然如此,故中国固有法系之力量,一方面经久在中国本土树立数千年卓尔不群之精神,一方面亦或先后发展于域外各地。但中国文化既无侵略性,而文化之被外族吸收又未尝以武力随其后,而法律总多少具有若干硬性,尤其刑事法为然,于是中国法系在域外之使用地域,遂比较中国文化其他部分为狭。然屈指计之,依然东至朝鲜、日本、琉球,西至西域各地,南至中南半岛,而北方各族在中国建立朝代者,如辽、金、元、清,则早在其南下以前,多少采用汉法以治汉人矣。其中朝鲜及其以前之高勾丽、新罗、百济,不特采用中国法系,并为日本宗承中国法系之桥梁。日本在明治维新以前,采用汉法,更为显著,如近江朝廷律令,大宝律等皆是。琉球向无刑书,乃于乾隆四十年参酌清律及自己旧有之例,编成"科律",施用于全岛。安南宗承中国法系自汉已然,而以黎氏一朝律令,更形成中国法系发展于最南部之一个国家。唐在盛时,所设北庭都护府,治北庭,安西都护府,治龟兹,可见西域各地亦曾承受中国法系。又设安北都护府,治金山,单于都护府,治云中,并可证明塞北各部分,并曾承受中国法系无疑。此又为中国法系在东亚各地有其特别光荣之例证。

二、中国固有法系之形成

因中国文化之创立延续,乃逐渐而有中国固有法系之形成,否则中国固有法系即无其使命是在矣。然从中国法系方面,求其与中国文化之关系,可素描焉,可透视焉。素描结果,得知中国法系受中国文化熏陶,而表现于外之特征,显然与其它法系有其异致。透视结果,兼知中国法系与中国文化融和为一体,而蕴藏于内之本质,随之而使中国法系之特征有所附丽。凡研究中国法系者,莫不注意中国法系之特征,但对于中国法系之本质,往往不顾深求,最多认为本质所在,既为中国文化,则中国法系之本质,亦即中国法系之特征。诚然中国法系为中国文化部分之表现,如无中国文化,根本即无中国法系。然而一个法系除具有文化方面之通性外,并具有法律方面之特性。此特性,虽仍受一般文化之影响,究与非法律部分之文化有其区分,并与受他方文化影响而成立之其他法系,在本质上有其异致。中国固有法系之法律,一方面无论刑或礼之起源皆在四千年前,且经过神权阶段,然而并未留有宗教化色彩;一方面迅速跃过神权法时代,即与自然法发生不解之缘;一切均系以中国文化为其园地而如此。因无宗教化法律,早即重视"人情",因有自然法灵魂,早即重视"天理",国人今日仍以天理人情国法并称,可知此种意念之深,而天理与人情则系与礼有关焉。

(甲)中国固有法系源于神权而无宗教化色彩　吾人知初民社会皆受神权支配,此因为民智未开,对于自然力不免受其慑伏,至少亦发生一种被动之惊异。因而各民族文化之发育,无不经过神权阶段,所以初民社会之氏族,莫不各有其神,于是族长一面为政治上统治者,一面即全族主祀者,显然逐渐创立各种宗教而延续之。然而亦有因其它种种原因,其初期文化虽为神权空气所笼罩,但以后则未带有强烈之宗教气氛。依前所述,法律既为文化之一部分,因而每一法系之首页,若必从初民社会时代写起,普遍皆受有神权洗礼,此乃人类进化史上之公例,任何文化原始创制,皆难免也。例如最古发生之埃及法系,其早期法律与宗教关联甚密,往往不能区分。如三千数百年前创立之希伯来法系,始终处于宗教化中,而摩西(Moses)之十诫,称其为教条也可,称其为法律也可。如近三千年前成立之印度法系,婆罗门教徒所奉之马努法典(Laws of Manu)①亦以神权为说。四个阶级之划分,以婆罗门(Brahman)的教徒居首,战士次之,工人又次之,奴隶最下。其后约在两千年

---

① 今译为摩奴法典。

前之亚溯迦王(King Asoka)即位,以佛教为国教,有诏令四十条刻于石柱,可称其为佛教化之法律。中国文化起源甚古,当然不能否定其经过神权阶段,据古代史籍传说,各部族均各有其神,并有共同之神曰天,或上帝,因而中国古代社会之组织,不特兵刑合一,而且政教合一,族长酋长握祭祀战事刑罚三权于一身,凡"先圣之后,各姓之后,皆任其使,而供其职"。主祀人物男称"觋",女称"巫",此种巫觋政治,即系一种神权政治。尧舜时代设官分职,重在理民,似乎澄清此一空气,然孔子称大禹"致孝乎鬼神",殷人尚鬼更为事实,不仅巫咸为巫,并有人疑及伊尹亦为觋;而周人曾经承其余绪,以土谷两神"社稷"为国家称谓。社乃后土之神,用以配天,稷乃谷神,周人自认稷为其始祖,亦配天。因而可称中国自殷以前,在文化表现上,含有宗教方面之色彩极为浓厚。其为中国固有法系的两大骨干——刑与礼,即在此环境中露出头角。

(1)以最初专为刑而用之"法"字言,过去有几个写法,或写作廌,或写作佱,胡适之先生认为由佱字演变而为灋字,其实并非如此。灋字从水,从廌去。说文云"刑也,平之如水,从水;廌所以触不直者去之,从廌去"。廌即解廌,据《说文》云"兽也,似山牛一角,古者决狱,令触不直。"此乃古人决定是非曲直,必须假名于神,而以廌为神物,颇与他族最古审判投之激流而不沉,是为直,炙之热火而不支,是为曲,为极相类似之作法。

(2)以较后而出现之"礼"字言,从示,从曲,从豆,或从丰,皆与神权有关。初无一定仪文,但在神道设教情形下,终有一种表示诚敬之仪式发生,礼之胚胎遂即隐藏于此。继之,设教而主祀之巫觋,为其权威之建立与维持,遂不免以祸福的说法为祭仪的确定,表示依其所示祭仪而行者得福,不然者得祸;既有祸福结果,即有是非选择。此种确定之祭仪,乃礼之来源,而始于古代祭仪,遂与神权有其密切连系,不可分离。《说文》云"礼者履也,所以祀神致福也",即此故耳。

为中国法系最早来源之刑与礼,既皆从神权气氛中孕育而成,但其发展滋生,竟脱离宗教色彩,又何故耶?总括言之,当然由于中国文化,不在宗教方面特别发展,法律自亦随之而不能宗教化矣。中国文化所以不走向宗教途径者,此因华夏民族与其文化,出自多元,而彼此胸襟阔大,对于所会合之各族文化,兼容并收,仍任各族之信仰同存,因而产生多神现象,自然不能形成宗教;法律比较有统一性,自不能将各族的信仰规定于法律之内,且多神并存,亦不成其为宗教矣。然而对于共同信仰之天神,何以在中国法系上仍未留有宗教化色彩?此有数个重要原因:

第一、为华夏文化摇篮之中原一带,在地理上系一片平原,举目四望,天无涯,地无边;在气候上系春夏秋冬,四时分明,秩序井然。初民对于自然虽有所惊异畏惧,但不如他族之甚。最初对于天神固然是赫赫在上,如有其人,所谓天威天罚天讨天诛等等,显然为直接的天意政治。然既称天为"帝"为"上帝",即多少含有几分人情味,即难认为离开人世,另有一宗教上之天国存在,天神亦系与其他多神同处,非可独自称尊也。

第二、视天神之主宰,以君主为其对象。《书经》伊尹告太甲曰"呜呼,天难谌,命靡常,常厥德,保厥位,厥德匪常,九有以亡";召公告成王曰"呜呼,皇天上帝改厥元子"。天子只是上帝之代理人,并非上帝之代表者。故欧洲古代之君主等以"朕即上帝"为说,假宗教之名,树立自己权威,无形中抬高宗教地位,在中国亦不存在。

第三、迨后民智渐开,更倾向于人事之磨炼,无需乎以宗教维持一切,于是抽象的天意观念,渐露头角,将具有意识的人格神,蜕变而为人事上之自然神。当虞夏时代,即有此种观念,天叙有典,天秩有礼云云即是。不过当时仍与直接的天意政治观念同时存在,逐渐而取得最后胜利。先秦诸子,只有墨家尊天明鬼,具有宗教情调,然其主要目的仅在以"尚同"而齐民,"兼爱"而兼利。因而刑罚之为用也,即非为神而系为人矣。此之天也,并非直接支配政治之天,更非直接管理人民之天,亦不能构成一个以上帝为主之"精神王国"。

第四、祭仪在西周变成划分封建等级的标准,"天子祭天地,诸侯祭山川,大夫祭五祀,士祭其先";又"王用享于西山,小人弗克"。祭之本身有等级焉。天地只有天子致祭,鲁以周公之后,特别许其祭天,成为荣典。后世,惟限于皇帝祭天地,谁若郑重其事的祭天地,则等于谋王篡位。天既为天子所专祀,而成为天子个人之宗教,对于一般人断绝天人两种人格者心灵上之交感,以天为主之宗教不能形成,更为显然。

(乙)中国固有法系源于天意而有自然法精神　就法律及法学之普遍趋势而言,神权法说与受其洗礼之法律发生在先,自然法说与因之而成之法律发生在后,分析法学派之理论与实例,又在其次,再经演进,而至现代之社会法学派与社会本位之法律。就中国情形而言,最早当然为神权法,继之而有抽象的天意政治之自然法,法家兴起,秦用其说,俨然分析法学派在中国出现。从法学及法律进展次序观之,颇与一般情形相似。然其不同者,自然法观念发生特早,而又在法家失败后仍然支配中国法系的法律,未即告衰。盖因为抽象之天意观念,对天不外乎《诗经》所说"维天之载,无声无臭,仪刑文王,万邦作孚";文王以天为则,而取信于万邦是也。亦即箕子所陈之洪范九畴,虽托言天赐于禹,实为治天下之大法,其目有九,包罗甚广,于是人格化之神,一变而为哲学上之自然论,即"天道"观念是也。所谓"不识不知,顺帝之则",所谓"天生烝民,有物有则,民之秉彝,好是懿德",皆系此义。尤其《易经》中所称之天,均非有意识之人格神,而为阴阳变化之自然规律。故曰"夫圣人者与天地合其德,与日月合其明,与四时合其序,与鬼神合其吉凶。先天而天弗违,后天而奉天时。天且弗违而况于人乎,况于鬼神乎?"此虽推崇圣哲,但天人浑一之道即见于此。圣人为谁?不外先知先觉者,而能知自然规律所在,为"人定法"之所本。然而西洋学者曾攻击自然法学派,谓此种普遍不变之原理,应为客观存在,乃系真理,人多少有其主观,如何而能知之?倘谓系由直觉知之,当系可以意会而不可以言传,他人又何能知之?结果所谓自然法者,仍系学者脑髓之武断而已!然在中国过去所谓天道天则天典天秩等等,虽系先知先觉者所领悟,殊非学者之武断。此乃出于"以先知觉后知,以先觉觉后觉"所得之共同结果,有如《诗经》所说"永言思孝,孝思维则",众皆言孝,孝即成为永久法则,并非何人能单独创造出自然法也。何况"天听自我民听,天视自我民视,天明畏自我民明威",民意即天意遂成为千古不移之论。现代,社会法学派虽极称盛,仍有学者主张重兴自然法学说,实则我国过去之自然法观念,已经含有社会法意念在内,并非纯然学者脑海中之产物。儒家固系中华民族中之正统思想,其所以能取得此一地位,正因其能代表全民族之思想,于法系中输入自然法观念,并以天人合一为说,即此故耳。其实在其它各家依然有此种观念在内;老子之人法地,地法天,天法道,道法自然,不必言及;墨子虽以天为有意识,而"尚同""兼爱""非攻"等理论之本身,仍为自然法之性质。即以法家之管子为言,亦不否认、自然法为用,因而有人遂以管子思想含有儒法两家思想在内。惟其如此,儒家所主张之礼刑合一,所称许之明刑弼教,乃能实现。盖礼教皆系宗承自然法而存在耳。

三、中国固有法系之特征

中国固有文化无庸否认为农业社会文化,然无论如何,终系本于中华民族精神而表现之文化。虽莫离乎农业社会的基础,然在文化本身上,则始终把握人文主义、民本思想而不曾松懈一步。因而中国法系于"国法"之外,而仍同时重视"天理",重视"人情",以表现其特征。此特征不能完全以今日眼光批评其优劣,盖为适合当时之需要而产生耳。于是有人曰,任何法系之法律,并无根本优劣之不同,所不同者,仅为时代及地域而已!且如本于人之所以为人的意义所在,国家之所以立及民族所以成的精神所在,则中国固有法系实为历万古而不应变也。然后一个民族生活单位之文化,一个自成体系之法律,乃有其灵魂,乃有其使命。兹将中国法系之特征,作一简单描写,此仅认识非评价焉。

(甲)礼教中心 为中国法系中心思想之儒家学说,最重视礼教,此可用"出礼入刑"及"明刑弼教"两语简单表示之。盖儒家认为"道之以政,齐之以刑,民免而无耻,道之以德,齐之以礼,有耻且格",德与礼为致王道之本,皆能自动遵礼而行,自可不用刑罚。故《易》曰"讼则凶",孔子亦谓"听讼吾犹人也,必也使无讼乎",乃儒家之最高理想是在。然而事实上,国家社会不能无法,亦不能刑措不用,于是儒家认为第二步不得已的办法,遂为"出礼入刑"之主张,使法律为道德而服役;孔子家语曰:"化之弗变,得之弗从,伤义以败俗,于是乎用刑矣";大戴礼曰:"礼度,德法也……。刑法者所以威不行德法者也",《清通志·刑法略》曰"德礼之所不格,则刑以治之",均系此义。其用刑之道,亦非为刑而用刑,乃"士制百姓于刑之中,以教只德"是。兼以法家创立律统,秦汉已成为既定事实,后儒亦深入律中,使法律礼教化。因而儒家承认刑罚之存在,又不外以"明刑弼教"为目的矣。因而过去儒家与法家之争,王道与霸道之争,无非礼与刑之争而已。自汉以后,法家衰而儒家盛,礼刑合而为一,刑之所禁必为礼之所不容,礼之所许,亦必为刑之所不禁,此即《礼记》所谓"礼者禁于将然之前,法者禁于已然之后"。礼以德教为主,法以刑教为务,四维八德均可于刑律内求得其迹,法律与道德充分显示其同质异态之体相。

（乙）**义务本位** 礼教之本在于人伦,所谓天下达道有五,若君臣、父子、夫妇、兄弟、朋友之交。彼此间互有其情分,各有其义务。礼即实践道德上义所当为之一种任务,望其自动行焉。刑乃以法律强制其实现义所当为之任务,故法字既有"逼"之意思,强制实现此一义务,律字之解释,亦即成为"范天下之不一而归于一"矣。此与罗马法系以权利为本位,迥乎不同。以权利为本位无异以个人为本位,特别重视人与物之关系;以义务为本位,则系以社会为本位,特别重视人与人之关系。今日世界法学趋势,已进入社会本位时代,有人称为新义务本位时代。中国固有法系之义务本位,因其非如埃及、希伯来、印度等法系之宗教化,既有教会之势力存在;而君权又受天道观念及民本思想之限制,其非片面之义务可知。因而此种义务本位,自易接近今日之社会本位理论,不似他族最早在法律上所采之义务本位,完全不合现代时宜。

（丙）**家族观点**　中国向以家族为社会组织单位,文化方面受家族制度影响极深。在宗法关系上,本于尊祖之道而敬宗,本于敬宗之道而收族;使家有所系身有所向,构成宗族团体,为社会重心,今日各地之宗亲会,犹其绪也。在治国要道上,"身修而后家齐,家齐而后国治,国治而后天下平";"天下之本在国,国之本在家,家之本在身";其修身目的在于齐家。齐家乃治国平天下之本源,非可忽视者也。在天则系统上,如易家八卦云"家人,女正位乎内,男正位乎外,男女正,天下之大义也;家人有严君焉,父母之谓也,父父、子子、兄兄、弟弟、夫夫、妇妇,而家道正,正家而天下正"。在哲理运用上,如《中庸》云"君子之道造端乎夫妇,及其至也察乎天地。"因而数千年间中国之社会组织,个人之地位不显,家族之观点居先,中国法系之精神遂与此种现象有所呼应。举凡政事法方面之组织所本,政令所托;民事法方面之婚姻关系,继承问题;刑事法方面之出罪入罪,科刑免罚等等,莫不含有家族之观点在内。其事甚繁,将另及之,兹从略。

（丁）**保育设施**　此乃本于民本思想而建立之法律,有人称为抑强扶弱法律,实则对于社会安宁之保卫,亦极注意也。例如像田地方面之禁止强梁兼并,商业方面之严防私人资本集中,而以笼权政策,贸易国营为法令之所本。律中并严治官吏犯罪,而防其扰民。唐、明、清律且禁止假势请托,不许亲贵入仕,禁止长官援引私人,禁止官吏租住民房,禁止为现任官立碑;凡此,皆系抑强之法律。反而言之,如清律之保护囚徒,清例之负债人果属贫困可折扣偿还,以及历代各律女子之从坐,不与男子同刑,又不失为保护弱者之法律。以外,在保育之另一方面,乃其对于刑律所采之态度,有如《书经》云"刑期于无刑",孔子家语云"圣人之设防也,贵其不用也;制五刑而不用,所以为至治"是。所以中国法系之刑律,为儒家所用,遂认为刑罚系对犯罪所施行之保育手段,而保护国家社会之安宁,不以报复为目的。既如此矣,因而唐、明、清律,对于乡邻遇盗或杀人,告而不救助者;或追捕罪人,力不能制,向道路行人求助,有力而不助者;知谋反大逆而不告发者;仍皆分别治罪,完全是根据此一观念而然。

(戊) 崇尚仁恕　仁道恕道在中国固有道德中占有重要地位,法律上亦极端表现之。幼弱、老耄、愚蠢犯罪,或免其刑,或减其刑,或赦其罪,称为"三纵"。不识、遗忘、过失往往减轻其刑,称做"三宥"。凡此,皆仁道之宣示。八议中之议贤、议能、议勤、议亲亦可认为与仁爱之道有关。尤其本于劝人为善之信条,凡犯罪知悔,往往许其改过自新,为恕道之表现,此有自首与觉举两种情形可证:

(1)《书经》康诰曰"既道极厥辜,时乃不可杀",此为自首减刑之始。汉律称为"自告",魏新律始称自首。唐律,自首不限于本人,凡子孙不应告言父祖,告而属实,父祖同自首法。又自首不限于经官司为之,凡盗或诈取人财物,而于财主首露者与向官司自首有同一效力。"自首者原其罪,其轻罪虽发,而首重罪者,免其重罪,即因问所劾之事而别言他罪者亦如之。"总之,儒家主诛心之论,犯罪人现已知悔,自不必再严其刑。

(2)觉举乃唐律对于官吏公务失错,许其自首而免罪之称,唐以后称为检举。"凡公事失错自觉举者,原其罪;应连坐者,一人自觉举,余人亦原之;但断罪失察已行决者不用此律"。觉举限于罪之未发而言,故径免其罪,所以未有"自首知人之将告而自首者减二等"之情形。明清律同。

(己)减轻讼累 古称"争财曰讼,争罪曰狱",民事与刑事观念源有其区别也。惟刑事治罪既认为不得已而为之,则民事相争,自亦调解为尚,如归法司办理,则一变而为刑事性质,如违律婚姻之治罪是也。凡涉及婚姻、田土、钱债等事,除宗族亲友调解外,乡里亦得处理,甚至于轻微之刑事案件亦然,仅在告官后,不得再行私自了结耳。明,并在乡间设申明亭,以布告理曲者姓名,藉收社会制裁之效;其有推毁申明亭之行为者,则以刑治之。如调解不成,始行告官,无形中使讼案减少,而为今日乡镇调解制度之先声。如调解不成,归官处理,虽法无明文,令无禁制,但律文有一概括规定"诸不应为而为者",则受笞刑。此虽有其流弊,但理曲者则不得不服从乡里之调解,更有助于讼累之减轻,得以息事宁人。说者并认为古代之杖、笞两刑,除作为附加刑者外,虽系身体刑,有违现代保障人权及保护人身之观念,但经杖笞之后,立即恢复自由,较诸现代之徒刑拘役,荒时废业,免于讼累者多矣。因之,非重罪,不处流,徒之刑,并无数个月之徒刑及数十日之拘役存在,依过去时代而论,亦未尝非减轻讼累之一道云。

(庚)灵活其法 本于中国文化而表现之事物,既具有中庸之德,且具有极大之伸缩性,而在法律方面,则尽其灵活运用之妙。或谓"中国国情数千年不变,拘守成法,故步自封",殊不尽然。谓中国过去未由农业社会变为工业社会,诚如此矣,然在农业社会之内,依然有其变化。不特法家如商鞅谓"是以圣人苟可以强国,不法其故;苟可以利民,不循其礼";韩非谓"法与时转则治,法与世宜则有功"。即儒家孔子亦主张"齐一变至于鲁,鲁一变至于道";所谓中庸仍为"君子而时中"也。首在礼之方面,有一原则,"礼者事之宜也,协诸议而协,虽先王未之有,可以义起也"。次在律之方面，虽为历代刑书之正统，精心制之，以奠定法律之安定性；然因其不易变更，且条文有限，正如宋神宗所谓"天下之情无穷，律不足以周事情"，于是历代在律以外既有各种成文形式之刑书，并有种种之判例。凡后主所是者固不必即疏之为令，而在汉代之比附律令，奇请它比，亦尽其变化之能事。且由两汉迄于六朝并以经义折狱，董仲舒、应劭均有此类著作，将自然法或其条理法适用于极点。观黄霸断三男共娶一女而争二子案，隽不疑断太子真伪案即知。晋律并用张杜两家律注，各求其宜，而比附断事，直至隋兴，未曾少衰。唐宋君主权力日增，虽严禁臣士妄自比附，然除事实上仍有比附外，而君主临时之"敕"，则占重要地位。唐并以经久可行之敕，编而为"格"，五代及宋，敕并取律之地位而代之。五代及宋又均有所谓"指挥"，系刑部大理临时而发，等于今日之解释例。其最显著者，尚有南宋之断例，元之条格，明清之例，皆系律外之判例性质。所以中国法系并非如欧陆法系以成文法为主，同时兼有英美法之精神。其在适用上，有律者不用例，有例者不得比附律文以闻。总之，一方面尊重法律之安定性，一方面又具有法律灵活运用之功效。

（辛）**审断有责**　法官断狱，有"出"有"入"，或纵或宽，均负相当责任，此乃慎重刑狱之当然结果。秦治狱不直者筑长城；汉出罪为故纵，入罪为故不直，轻者免官，重者弃市。唐故意出入人罪若出入全罪时，以全罪论，由轻入重时，以所剩论；过失出入人罪时，失于入各减三等，失于出，各减五等。宋法尚宽仁，重视失入，轻视失出；明律规定与唐律大同小异。同时各律对于法官将犯人淹禁不决亦课以责任。自汉迄唐，固已注意法官迅速定谳，然其责任尚不明显。自宋迄元，确定其决狱听讼之时限，责任乃渐建立。自明迄清，律文对此设有专条，逾限不决，即可处法官以笞刑。凡此，皆足为今日之参证，不失为补救现行法制下时弊之良方也。

第四章　重要典籍

　　法家之学固自战国而兴,律家之称亦以汉代为盛,然春秋诸国既已各有其法,西周一代且为王者之制,进而考焉,事极烦重;况先王议事以制,不为刑辟,礼有所失,始入乎刑;后世受儒家影响,多本斯义,则中国向之所谓礼者,又何尝非一广义之法乎?盖往昔除刑律外,法多归之以礼,尤以民事准绳,非礼莫求。例如因冠礼而知成年之制,因昏礼而知婚姻之事,因丧礼而知亲系与亲等,因祭礼而知宗仰与伦常。且除嘉礼、凶礼、吉礼之外,在昔并以宾礼亲邦国,以军礼同邦国,是又涉及外交军事方面之法制。观于周礼之述制度,而以礼称,各代之改物立仪,史皆归于礼书或礼志,即可知矣。且自秦而后,天子之言曰制,君主之命曰法,故诏也,敕也,诰也,制书也;甚如汉之策书也,诫敕也,唐之制诰也,清之谕旨也,以及明清之诰敕也;或则纯为法制之所本,或则有关法制之改变,或则出自法制之沿袭,又无往而非法制之表现也。舍此不论,但就狭义之法制表现言之,仍极杂糅而费探考。汉魏六朝,律令之外又有科比;魏分东西,律令之外复创格式;唐则律令格式并列,敕已露其头角;宋则敕令格式同举,律竟置之于外;元以条格为主,更无完备之律;明清虽皆有律,而又并重其例;此种变化因代而异,执其一端自难毕举。且有时,格入于律,东魏初唐皆如是行之;有时例同于敕,明清两代皆如是行之;晋则科令时有所合,北齐则别条权格,与律并行；唐始有典，而以前之关于典者，则或入之于令；明无格式，而关于格式之事者，则又入之于令律，名目分歧，义例不严，汇而考之，亦极烦琐。虽曰，往昔之律令典籍存留于今日者，为数甚少，然其名既确见于史籍，其文又散见于传志，其事更被引于子集，量既多而不尽一，量复少而又丛杂，宜学者之以治中国法制史为难事也！

一、较有成文性之典籍——"律""令""典"

历代之成文法与不成文法，名目非尽一致，且常变幻多端，较为确定而一致者，惟律、令、典三事耳。律、令、典，在大体上属于成文法典，而不直以成文法典称之者，一则律或另易其名，再则令或各别其制，三则律令或与格式合为法典，四则例或附于律后而以律例并称；是历代之成文法典，其内容不尽皆相承也。律以正罪名，称始于秦汉，令以存事制，似重于魏晋，典以述组织，创于唐而继于明清；先于秦汉者，似尚无如此固定之名称，亦有可得而述者在焉。盖春秋以前，有法而无典也。史书所引黄帝之李法，夏之政典，固绝对不可信；即《左传·昭六年》所载晋叔向语"夏有乱政，而作禹刑；殷有乱政而作汤刑"，同一不可为信。禹刑汤刑之是否有其条文，抑或仅为惯例，仍莫得而明之。周行封建，秘密为法，议事以制，不为刑辟；法之公布固非所愿，亦非所需。然《汉志》既有周法九篇之目，《管子》又有"周郑之礼移，则周律废矣"之纪，《左传》亦屡言作九刑，逸周书并明言正刑书；周礼更详"悬法""布宪"之制，且有六典八法八则八成之示，并专国法国令治令之掌；故沈氏《律令考》谓周代律令之书,今不传耳,不得云未有也。不过周礼之本身,纵非刘歆等伪作,亦绝非周公所作或其议而未行之书;其记载是否真能证明成周有其律令之书,实一先决问题。至九刑云云,或确有之,当亦刑之汇示,非即成文之刑法法典也。春秋,各国皆有法,或亦有其书,惟经传所载如齐有轨里连乡之法,晋有被庐之法,楚有茅门之法,仆区之法;今仅存其名,无由知其实,且即有书,恐亦非法典性质,不过一事一罪之条例而已!

降至春秋以后,始有法而有典也。《左传》载文公六年,晋赵盾"始为国政,制事典、正法罪、辟刑狱、董逋逃、由质要、治旧洿、本秩礼、续常职、出滞淹、既成,以授太傅汤子与太师贾佗,使行诸晋国以为常法"。其中之"正法罪"一语,注谓"准状治罪,为将来之法,若今之造律令也";云则成文法典之始当在此际,惟仍非公布者耳。其最初公布成文法典者,为郑子产铸刑书;晋赵鞅铸刑鼎,颇似罗马法之十二铜表法。至于邓析所造之竹刑,不过私作刑书,未可认为郑之法典,又当别论。他如《史记·屈原传》谓"怀王使屈原造为宪令,"似楚亦有法兼令也。降至战国末叶,法家极盛,各国成文法与公布法,当不在少,此李悝所以能撰次诸国法,而著法经也。法经因系悝私人之作,而商君受之以相秦,萧何益之为九章,故有人直谓中国之有成文法典自李悝法经始;盖以其法经为集其大成者耳。实则为合史实计,自应以赵盾之刑书为首,即不然,亦宜以郑刑书,晋刑鼎当之。

(甲)秦汉以后之"律"的表现 隋唐之前,律最烦多。正律之外,既有副律或杂律,且每代律文,往往在千条以上。魏晋以降即注意于削减,至隋唐仅存五百条,明清更在五百条以下。即有变例,亦多出自季世,此或晋叔向所谓"国家将亡必多制"之验欤?然而事实证明,并非如是也。律文虽日趋于简,而历代则恒于律外,另辟其途。隋大业律原系嫌开皇律刑之重而修订,但炀帝则又下令各地,凡窃盗以上,罪无轻重,不待闻奏即斩。且籍没之罚,九族之诛,镮裂枭首之刑,相继而行,律何有乎?即在唐宋,律仍为格式敕条所掩,元更无律之备;而律之名称并在五代两宋易于刑统,视为无关重要者矣。明兴,律正其名,且无别立之律,顾所谓例者,复从而入之;清且以律例合称,条文之繁亦极可观,此治中国法制史者之应为注意也,兹试分而言之。

一曰自隋以前,律之条数繁多,正律之外,或更有副律也。商鞅受法经以相秦,改法为律,其类仍六。汉初入关,约法三章,后以不足御奸,乃由萧何增以户、兴、厩之"事律",合称九章。九章为汉之正律,六朝之末,其本尚存。此外更有叔孙通益律所不及傍章十八篇;傍章即汉仪也。因"礼仪与律令同录,藏于理官,"故云:实一副律也。武帝即位,更定法令,张汤作越宫律二十七篇,赵禹作朝律六篇,即唐律卫禁、职制两律之所本。合九章律傍章共六十篇,以令入之,凡三百五十九章,大辟四百九条,千八百八十二事,其繁远过汉初;而所谓尉律、酎酒律、上计律、钱律、田律、田租税律、大乐律等杂律,或尚不在内也。魏兴,新律十八篇,虽仍承奏汉之弊,法制苛碎;然较汉律,或如《晋志》所谓"于正律九篇为增,于傍章,科令为省矣。"但若留律,据魏律序略谓别为之,则魏于正律之外,依然有杂律焉。至于魏律之佚,亦必甚久,《隋志》、《唐志》均未见录可知。晋兴,律二十篇,仍系患前代律令烦杂,科纲太密而作。据《晋志》云,共六百二十条,二万七千六百五十七言。其律,北宋犹存,金元之乱遂归散佚。南朝,宋齐无订律之事,梁增损晋律仍二十篇,虽游辞费句无取于实录者悉除之,但前王之律,后王之令,因循创附,兼容并收,而适变之文既载一家为本,复用众家为附;故定罪则增至二千五百二十九条,实则本于王植之旧本而为之耳。陈律,《隋志》言其三十卷,并谓采酌前代,条流冗杂,纲目虽多,博而非要,他皆未见揭载,大抵用梁法,形式稍变而已。《隋·经籍志》《唐·艺文志》皆录范泉等陈律九卷,盖在隋时,已散佚不全矣。北魏,修律五次;崔浩定刑名,凡三百九十条;崔浩诛,胡方回、游雅改定律制凡二十篇,三百七十条;其后又增律七十九章,高允修律时,共为八百三十二章。北魏律之佚文,今尚可在魏书志传中得其大略也。魏分东西,东魏则于麟趾阁议定新制,颁于国内,共十五篇,省府以之决疑,州郡用为治本,曰麟趾格,或麟趾新制,北齐受禅之初犹沿用之,是又律而不以律名也。北齐,律十二篇,屡有删定,计凡九百四十九条,其律虽佚,但可从唐律及北齐书、祖珽传、苏琼传等,参照而得其概。北周,赵肃等造律,保定三年奏颁,凡二十五篇,定罪一千五百三十七条,史称其比于齐律,烦而不当云。此为北周之大律,武帝灭北齐后,又为刑书要制以督齐民,宣帝又为刑经圣制,以威群下;是又副律而不以律名也。

二曰自隋以后,律之条数减少,惟其地位渐贬,更多不以律名之也。隋兴,文帝定律两次,开皇元年,高颎等所定者,既已大减旧代之刑;三年,因览刑部奏断狱数犹至万条,以为律尚严密,故人多陷罪,又敕苏威、牛弘等删定,即开皇律;据《隋书·刑法志》,"除死罪八十一条,流罪一百五十四条,徒杖千余条,定留惟五百条"。炀帝生杀任情,然其由牛弘等所造之大业律,篇虽十八,条仍五百,且五刑之内,降从轻典者二百余条,其枷杖决罚讯囚之制,并轻于旧云。唐入隋京,仿汉初约法三章,与民约法十二条。后诏裴寂等定律令,篇目一准开皇律,除苛细五十三条,又加入新格五十三条,故仍为五百条,称为武德律者是。太宗即位后,命长孙无忌、房玄龄等更加厘定,是为贞观律。高宗时又再颁行并为"律疏"称永徽律,开元二十五年所公布者,即今所传之唐律也。唐之刑书共有四,曰律、令、格、式;凡邦国之政必从事于令、格、式,其有所违,及人之为恶而入于罪戾者,一断以律;然因格式出自诏敕之积,而诏敕又多变更法令,故其律虽简而其法实繁,且律为格所迫,亦多等诸具文,宣宗自喜刑名,遂又命张戣,将刑律分类为门,而附以格敕,称之曰大中刑律统类,此又后周、北宋刑统之所本也。五代格式虽多删定,律则一仍唐旧,盖编敕之事风行,实无上律之必要。后梁之新定格式律令,律并目录一十三卷,是沿唐律之旧可知;后唐之同光刑律统类十三卷,是沿唐大中刑律统类之旧可知;后周之刑统二十一卷,亦不过变律之称谓而已!宋初,沿用唐律,参以后唐同光刑律统类;建隆四年,因周刑统科条法繁,或有未明,遂重定刑统,计三十卷,削出令式宣敕一百九条,增入制敕十五条,又录律内余条,准此者凡四十四条,附于名例之次而颁行焉。但至神宗时,以律不足以周事情,凡律所不载,一断以敕;于是敕遂取律而代之,律则存于"敕令格式"之外矣。辽定律于兴宗重熙五年,名曰重熙条例,计五百四十七条;二十九年新条制颁行,全部共七百八十九条;其后随时改订,计自清宁元年至大安三年,共增数百条,合前有千余条之多;此亦律而不以律名也。金熙宗所颁皇统制,完颜亮所颁续降制书,皆律也。迨金世宗大定二十二年,颁大定重修制条,计有十二卷,一千一百九十条,则又将律令格式合而称之也。金章宗泰和元年,颁泰和律令敕条格式,凡十二篇,削不宜于时者四十七条,增时用之制百四十九条,略有所损益者二百八十三条,余百二十六条悉如旧;又分一为二为四者六条,共五百六十三条,为三十卷;律之名义与地位,始稍稍恢复之矣。元初,沿用金律,世祖至元八年禁行金泰和律可知。灭宋,疆理混一,虽定新律,号曰至元新格,实即《明史·刑法志》所谓"元制,取所行一时之例,为条格而已!"故即认其为一种正式法典,亦系以格名而非以律名之。成宗大德三年,曾命何荣祖等更定律令,似近律书,但书虽上亦终未颁布也。

三曰自明之始,律之名称恢复,条数更减,但例又附入也。明重唐律,首复古制。且以"法贵简当,使人易晓,若条绪繁多,或一事两端,可轻可重,吏得因缘为奸,非法意也";于是李善长等首次定律,律仅二百八十五条,并经太祖之亲自酌议而成。盖本"网密则水无大鱼,法密则国无全民"之意耳。迨洪武六年又命刘惟谦详定大明律,次年书成,采用旧律二百八十八条,续律一百二十八条,旧令改律三十六条,因事制律三十一条,掇唐律以补遗百二十三条,合六百有六条。九年,以律条犹有未当者,又厘正十有三条。二十二年,复以比年条例,增损不一,以致断狱失当,又修订之;三十年始颁天下,为卷三十,为条四百六十,即确定之明律也。然其后,因律起例,因律生例,律虽简要而例竟无穷矣。清,顺治三年颁行大清律,内容形式一准于明,惟为条四百五十八,则更简焉。康熙朝,屡有修改皆未颁行。雍正三年颁行大清律集解,凡三十卷,条文又减至四百三十有六。乾隆朝,规定五年一小修,七年一大修,所谓修者,纂入新例而已!故律文直至清末,仍为四百三十六条,光绪朝,其大清现行刑律复删去律文四十七条,仅存三百八十九条;而例则与时并增,卷数亦多于前;乾隆五年颁行之大清律例者,即系指律与例之合并而言耳。(历代各律之篇目见第二章,故从略)

(乙)秦汉以后之"令"的表现　令之演变,大体可别为三:汉魏之令,多为律之辅,有近于今日之补充条例,似无成文之"令典"也。两晋南朝,令有正则,确合于"设范立制"之义,隋唐并继续之。然自唐后,律既不显,令亦莫彰,宋虽以敕令格式并列,然仍为敕所掩,明虽勉强造令,然不待明终而即佚亡;及清,更无令之可言矣。意者关于事例,或入之于典,关于罚则,或见之于例欤? 兹再分而及之:

一曰秦汉及魏,令以辅律也。据《史记·秦始皇纪》,二世尊用赵高,申法令;则秦当必有令;盖令之为言,告也,古即有之耳。汉高祖入关约法三章,或即认为有令之意。汉令最繁,令甲以下三百余篇,令甲者对令乙、令丙而言,盖令有先后,故以甲、乙、丙为篇次也。文帝、景帝时皆修正一次;然始于何人,则无可考。愚以为汉初之令,当系律之补充,观于《汉书·宣帝纪注》"天子诏所增损,不在律上者为令",《史记·杜周传》"前主所是著为律,后主所是疏为令,"其或然欤? 试观《汉书·刑法志》班固所论者,"汉兴之初……大辟尚有夷三族之令;令曰'当三族者,皆先黥劓斩左右趾,笞杀之;枭其首,菹其骨肉于市;'其诽谤詈诅者,又先断舌;故谓之具五刑。高后元年乃除三族罪袄言令。……孝景后三年,其著令年八十以上,八岁以下,及孕者未乳,当鞫系者颂系之。……成帝鸿嘉元年定令,年未满七岁,贼斗杀人及犯殊死者,上请廷尉以闻,得减死合于三赦幼弱老眊之人……"云云,当有可信。纵不然,令在汉代,或兼用以存事制,且最初亦绝非此也。据程树德"中国法制史"①载汉令之可考者,有功令、金布令、宫卫令、秩禄令、品令、祠令、祀令、斋令、公令、狱令、篚令、水令、田令、任子令,以及廷尉挈

---

① 即《九朝律考》,简化字新版,商务印书馆2010年。

令、光禄挈令、乐浪挈令等。魏武以藩国,未便有改汉制,既定甲子科,复有各种单行之令,步战令、船战令、军策令、军令、内诫令、官令、褒赏令、选举令、明罚令等。魏修订律十八篇时,又定州郡令四十五篇;尚书官令、军中令合百八十余篇。其序略并谓"除废律取其可用为科者,以为邮驿令;……上言变事,以为变事令,"则魏令亦杂。按魏令之含义,或非"后主所是疏为令"者可比;当与《御览》引杜预律序"律以正罪名,令以存事制",唐六典"律以正刑定罪,令以设范立制,"有同义矣。惟惜尚无统一之"令典",且似囿于官吏惩戒法及军法之范围,自不可与两晋南朝隋、唐之令同语矣。

二曰两晋南朝隋唐,令有专典也。令之最完备而可稽者,始推晋令,据《晋志》"……其余未宜除者,若军事田农酤酒,未得皆深入心,权设其法,太平当除,故不入律,悉以为令,施行制度,以此设教;违令有罪则入律;"是令之存事制,而为刑律法典外之一大法典也可知。计晋令共二千三百零六条,九万八千六百四十三言;《唐志》犹录晋令四十卷,则在唐时固存;宋礼志,《御览》皆盛引之,是宋初仍未散佚也。令亦为贾充撰,其篇目,若户、学、贡士、宫品、吏员、俸廪、服制、祠、户调、佃、复除、关市、捕亡、狱官、鞭杖、医药疾病、丧葬、杂、(上中下)门下散骑中书、尚书、台秘书、王公侯、军吏员、选吏、选将、选杂士、宫卫、赎、军战、水军战、军法、杂法等共四十卷,见《唐六典·注》。刘宋、南齐皆承用晋令,至梁陈始各有令三十卷。梁令篇目,亦详《唐六典·注》。陈令与其律同,不详篇目;惟《隋书·礼仪志》,皆载有梁、陈服制令之全文,而《通典》,亦揭有梁陈官品令之全目也。北魏在穆帝时,每以军令从事,民乘宽政,多以违命得罪死者以万计。太祖道武帝定中原,约定科令,大崇简易,兆庶欣焉。世祖太武帝命崔浩定令,后命游雅成之;但至北齐即已佚失,史遂失其篇名。高祖孝文帝、宣武帝屡定新令,皆未成功;但职员令及品令则似单独颁布,其原文至南宋始佚。北齐新令五十卷,见《隋·经籍志》,《唐志》止存八卷,散佚亦早。齐定律时,又有所谓权令二卷,与律并行,盖不可为定法者,别制之耳;见《隋志》。北周之令,《隋志》、《唐志》于南北朝诸律令中,而独阙之,似未造令;然《唐六典·注》,"后周命赵肃、拓跋迪造令,"且《隋志·食货志》亦载有周令之文句,是周亦有其令,不过佚之久矣。隋有开皇令,大业令各三十卷。开皇令据《唐六典·注》,官品上下,诸省台职员、诸寺职员、东宫职员、行台诸监职员、诸州郡县镇戍职员、命妇品员、祠、户、学、选举、封爵俸廪、考课、宫卫军防、衣服、卤簿上下、仪制、公式上下、田、赋役、仓库厩牧、关市、假宁、狱官、丧葬、杂是也。唐兴,令在武德中由裴寂等,与律同撰;至贞观初,又由房玄龄等刊定,计令二十有七,分三十卷,一千五百余条,与律格式同为唐之正式法典。律令者,尊卑贵贱之等级,国家之制度也,凡断罪者,一依律,律无正文者则行令,故令之在后,亦与律同其命运,而受格式及敕条之排斥矣。至于唐令之纲目,缺于开皇令者,为行台诸监职员、学、封爵俸廪、假宁;增于开皇令者,医疾、营缮等;并将开皇令之宫卫军防、仓库厩牧,各分立之;余除将诸省台职员改为三师三公台省职员,诸寺职员改为寺监职员,诸卫职员改为卫府职员,东宫职员改为东宫王府职员,诸州郡县镇戍职员改为州县镇戍狱渎关津职员,命妇职员改为内外命妇职员外,皆同。其书至宋尚存。但唐代之令,其中尤有武德令、贞观令、永徽令、开元令之别;今皆不可详考,惟知贞观令为一千五百四十六条,开元令在宋仍存耳。后梁,承唐之旧,定令三十卷,在其新定格式律令中;通考多载梁令,是南宋犹存也,后唐后晋均沿唐令;后汉后周亦然；周世宗之刑统当有以旧令改律之事。

三曰自宋以后,令为末节也。宋初,依然用唐令,无自制之"令典"。真宗时别为仪制令一卷,仁宗时又以仪制令及关于制度之在敕者五百余条,悉附旧令之后,号曰附令敕。嘉祐初,因韩琦言,内外吏兵奉禄无著令,乃各类次为禄令；三司以驿料名数,著为驿令,旋又别为续附令敕三卷。神宗时,以敕令格式并列,称为"禁于已然之谓令,……自品官以下至断狱三十五门,约束禁止者,皆为令。"然敕与令之混杂,在实际上仍多未能分也。盖当元丰编修敕令时,旧载敕者曾多移之于令,即为一例。至于《宋·艺文志》所载熙宁新定诸军直禄令二卷；熙宁新定皇亲禄令十卷,则又神宗确定敕令格式名称以前之事耳。宋南渡后,高宗有绍兴重修敕令格式,孝宗有乾道重修敕令格式,有淳熙新编敕令格式,宁宗有庆元重行敕令格式,理宗有淳祐敕令格式,令之修改,或不免也。惟在孝宗时,以敕令格式散漫,官不暇遍阅,吏因得以容奸,令敕令所分门类,编为一书,曰淳熙条法事类,则又前此法令之未有也。辽初,对汉人断以律令,令亦唐令也。金世宗所集之军前权宜条理,及大定五年所颁布之续行条理,当亦与令相近。章宗,泰和律令敕条格式中,令颇完备,除官品令,职员令外,有祠、户、学、选举、封爵、封赠、宫卫、军防、仪制、衣服、公式、禄、仓库、夜、田、赋役、关市、捕亡、赏、医疾、假宁、狱官、杂、释道、营缮、河防、服制各令。元,无令,但至元新格中,有禁令、祭令,则关于此两事之令,已入于格矣。详载《元史·刑法志》,不赘。明在洪武元年,即为大明令,颁行天下,后始造律。令共一百四十五条,吏令二十,户令二十四,礼令十七,兵令十一,刑令七十一,工令二是也。焦竑国史《经籍志》,虽列大明令一卷,而《明史·艺文志》不录,则在当时即已佚散,惟东瀛尚有刻本耳。据此,则明之虽有令而非所重也可知。清未特定有令,盖既未能承明之续,且又有例,并有则例,令之特殊作用皆失,自无别设令之需要矣。

(丙)秦汉以后之"典"的表现 《周礼·天官》大冢宰掌建邦之六典,秋官大司寇掌建邦之三典;三典者,刑新国用轻典,刑平国用中典,刑乱国用重典,乃系关于刑之三典,后世多本其说而定刑之轻重,至于六典,则系六官之典与之有别。故知典之云者,在记职官,唐之六典仿此而作也。然在唐前,虽无典之名,但有典之意者亦未尝无之。缙绅之士所撰录之职官记事,固系私人之作,不足言典,但如东汉应劭删定律令以为汉仪,据称"撰具律本章句,尚书旧事,廷尉板令,决事比例,司徒都目,五曹诏书,及春秋折狱凡二百五十篇,蠲去复重为之节文;又集议驳三十篇以类相从,凡八十二事,"献帝善之,于是旧事存焉。又如北魏孝文帝作职员令,诏曰"六职备于九经,九列炳于汉晋,务必有恒,人守其职;此百秩虽陈,事典未叙,自八元树位,躬加省览,远依往籍,近采时宜。作职员令二十一卷;"是典而以令出之矣。唐之修六典,始于玄宗开元十年,帝手写六条,曰理典、教典、礼典、政典、刑典、事典、交集贤院,经岁无规制;乃命孙季良等参撰,始以令式象《周礼·六官》为制,十余年后书成。此盖近于今日行政法法典之编纂,与律令格式相辅而行;《唐志》、《宋志》所载六典三十卷,即此也。五代及宋,官家无典之作,元文宗天历二年,著经世大典,共十篇。关于君事者四,帝号、帝训、帝制、帝系,由蒙古局治之;关于臣事者六,治典、赋典、礼典、政典、宪典、工典,由蒙汉官分治之;见魏源《元史新编》。说者谓其略与令文相近,愚并以为元未定令,即以令入于典也。明有会典,成于孝宗弘治十五年,凡一百八十卷,《四库全书》采之;但世宗嘉靖八年,续修五十三卷;神宗万历四年,又继修二百二十二卷云。清因之,康熙、雍正、乾隆、嘉庆、光绪,纂辑五次,卷各不同。康、雍所编,以官统事,以事隶官,盖与明令相近;乾隆以后,始以事例别录,使典与例各别。如《光绪会典》,典一百卷,事例则一千二百二十卷云。

二、具有命令性之典籍——"敕""格""式"

唐之刑书,律令之外有格式;宋之刑书,敕令之外有格式,是敕、格、式三者,在中国之法典史上,亦占有重要之地位也。盖数千年来,法制基础皆建于君主命令之上,故谓法律效力优于命令,在向日概未尝闻。修法订令,君王所主,仅用之以御臣民,自身则不受其拘束;于是律外有刑,令外有罚,只须出自诏敕,法令皆为所破,固不仅唐宋然也。不过以前敕、格、式,虽有其意,尚未公然成为典籍之一,一切在表面上,皆以较有永久性及普遍性之律令是尚。至唐,首趋重于由敕所汇成之格式,宋更以敕列于刑书之首,律则置诸闲散,元则重视条格,并无律令;此敕、格、式之最盛时期也。明、清以律为本,然同时并列以例,仍不免为其续耳。

(甲)关于历代之"敕"的表现　敕之最大变迁有三:唐代之"敕",贵在编"格",实质上虽其效力或在律上,而形式上究不过为律之辅;敕固两经编纂成册,最后则皆入于格矣。五代及宋仁宗以前,编敕之事风行,几有取律而代之势,然律犹有其独立地位,敕尚未取得形式上独高一切之资格。神宗以后,直以敕代律,终宋之世未有所改。至在唐前,则无敕之名而有敕之意;在宋后,则无敕之

典而有敕之实;合而述之:

一曰唐宋以前,有敕之意也。敕为刑书之一,固始于宋,然在前代,敕既为君主命令之一,则其有变迁律令效力,自属当然。例如魏承汉祚,修律十八,意在统一法条,删芜削繁;然若谋反大逆,临时捕治,或污潴,或枭首,夷其三族,皆不载于法令,而意悍然行之。虽曰严绝恶迹,不得不然,实则破坏法律,与唐、宋之敕等也。晋、熊远曰"若开塞随宜,权宜制物,此是人君之所得行,非臣子所宜专用;主者唯当征文据法,以事为断耳";则唯君主之可破坏法律,一语道破之矣。又如隋炀帝造大业律,五刑降从轻典者二百余条,其枷杖决罚讯囚之制,亦轻于旧律;然在其后,既敕天下,窃盗已上,罪无轻重不待闻奏皆斩,又诏为盗者籍没其家;复行诛九族并辗裂枭首之刑,或磔而射之,命公卿以下脔啖其肉;仍皆非律之所具,而充分含有敕之意也。至于各代之对于重罪,法官不能决定,往往申请议处,其所下之诏令,大抵在实质上皆当于唐、宋之所谓敕,固不必一一述焉。

二曰唐代之敕,用以编格也。唐以律令格式并称,而格式——尤其为格——则汇集敕而成者也。故格之修订也,实不外编纂敕之可存者,使有永久性耳,盖其中亦有仅对特定之人而发,或特定之例而发者,且或事非久要,恩出一时,以及前后差殊,书写错误者;故必整理以取舍之。其入于格,则援引施用,更成定章矣。敕既为格式之渊源,又属君主之命令,故敕不仅以制敕称,且以格敕连称,并能直接变更律令之规定。例如唐律自开元重为颁行后,仅至天宝,屡即以敕变更之;既敕官吏准律应犯枉法赃十五匹合绞者,自今以后,特加至二十匹;又敕流贬人多在道逗留,自今左降官情罪稍重者,日驰十驿以上;并敕律凡赎铜者,如情愿纳钱,每斤一百二十文……等等,皆使律义时有更改;律文时成空设,固不待宋而敕始重也。其异于宋者,敕皆以编诸格律为究竟,非独立于令格式之上而已,然唐亦有编敕之事,如玄宗时之格后长行敕六卷,宪宗时所编之开元格后敕三十卷,文宗时所编之太和格后敕五十卷,皆是。不过唐之编敕,仅系临时之汇订,形式上视为与格有同等效力;故开成详定格成后,开元格后敕与太和格后敕皆作废矣。惟大中刑法总要格后敕,因系杂敕性质,自未能正式入于格耳。总之,在唐一代,实际上虽"有敕者不依格式,有格式者不依律令",但形式上敕终处于律令格式之外,非直捷取律而代之。既有异于前代,而亦不同于后,此或亦唐之在中国法制史上承秦汉启宋元之又一关键也欤?

三曰五代、宋初,重在编敕也。五代各朝,无暇定律,编敕之事遂盛。后唐愍帝朝有清泰编敕,后晋高祖朝有天福编敕,而天福元年更曾下诏一切遵后唐明宗朝敕,不得更易,则敕之效力可知。后周广顺元年,并将晋、汉及其国初,事关刑法敕条二十六件,附于广顺类敕之后,曰大周续编敕,于是总敕之外有散敕,旧敕之外有新敕;而敕之在法典上取得独立地位,亦自五代始。宋沿五代余风,除最初参用五代各编敕外,每帝皆有编敕之举,故在神宗熙宁初,遂有编敕所之设。太祖朝,有建隆编敕四卷,一百有六条,系窦仪上,诏与新定刑统三十卷并颁天下。太宗朝有太平兴国编敕,增至十五卷;又苏易简淳化编敕,更倍之。真宗朝,因敕增至万八千五百五十有五条,诏柴成务等芟其繁乱,定可为敕者二百八十有六条,准律分十二门,总十一卷,曰咸平编敕;大中、祥符间又命陈彭年增三十卷,千三百七十四条,曰大中祥符编敕,又有丁谓农田敕五卷,与敕兼行。仁宗朝,因天禧以后,敕增至六千余条,乃损祥符敕百有余条,并以农田敕合入之,曰天圣编敕;然因敕之随时皆有,久又丛聚,于是继而又有庆历编敕,删定后,又增五百条,别为总例一卷;有嘉祐编敕,因由庆历四年至嘉祐二年,敕又增至四千余条,至是删定,仍存千八百三十四条。神宗朝,有熙宁编敕,盖其在元丰敕令格式名目确定之前也。总之,宋法制因唐律令格式而随时损益,故重编敕耳。此外一司一路一州一县,又别有敕;仁宗时,曾修一司敕二千三百十有七条,一路敕千八百二十有七条,一州一县敕千四百五十有一条,见《宋志》。

四曰宋神宗后,以敕代律也。宋初编敕,不过与刑统相辅而行,至少在形式上,用补律之不足;迨敕之量日增,仅用敕已不胜其烦,更难再守以律,事实上,人亦只知有敕,而不知有律也。此种局势既成,莫可遏止,神宗遂断然以律不足以周事情,凡律所不载者,一断以敕,乃更其目曰敕令格式,而律遂存于敕之外,无所用矣。元丰年,敕令格式成书,凡二千有六卷,并谓"禁于未然之谓敕;……凡入笞杖徒流死,自名例以下至断狱十有二门,丽刑名轻重者,皆为敕"是。自元丰敕令格式之后,少有单独编敕之事,惟所修者皆重于敕耳。盖以敕令格式统名之矣。哲宗朝有元祐敕令格式,高宗、孝宗、宁宗、理宗皆有修纂敕令格式之事,惟所修者皆重于敕也。以敕令格式,代替律令格式,金亦受其影响。泰和律令敕条格式,虽以律令列首,而敕终未除外,其中之新定敕条三卷,所谓制敕九十五条,榷货八十五条,番部三十九条皆是。元重视条格,故无敕之名;明清,律之外有例,故亦无敕之名;实则在内容上亦相差无几;不过在形式上,敕则偏于奖誉褒嘉之用而已!

(乙)关于历代之"格"的表现　格者,百官有司之所常行之事也,据此,格之为法,颇似今日之行政法及官吏惩戒法,实则难尽拟耳。格在唐前，以及宋世，或系如此；但在唐时，格兼为敕之所托，其效力直在律上，元无完备之律，仅有条格，是更取律之名而代之，其真正之含义固因时而变也。兹再分而论之：

一曰唐以前，格辅律令也。史称张苍定章程，当为格之肇始，是汉初已有格之意矣。晋定律令，其"常事品式章程，各还其府为故事"，共三十卷；以故事之名言，似近于比，以内容之质言，纵不可纯认为格，亦惟兼认有式，盖晋之故事乃后代格式之合耳。格之名最早见于史者，为东魏之麟趾格，且以之作律，为非律之正统，或所以名为格也。隋于律令之外，有开皇格；《刘炫传》"……于是立格，州县佐史，三年而代之；九品妻无得再醮"云云，是确为一行政法规之条款也。唐初，诏裴寂等制五十三条格，增入隋开皇律中；观高祖武德七年诏曰"有隋之世，虽云厘革，然而损益不定，疏舛尚多，品式章程罕能甄备"；则此五十三条格之制，自亦为行政法规无疑。

二曰唐之世，格出于敕也。唐太宗时，首以律、令、格、式，列为四种刑书，盖删武德以来敕三千余件，定留七百条，以为格耳。夫格之渊源既出于敕，而敕也者，有时为关于改律之事，有时为关于立政之事，有时为关于人民共同遵守之事，有时为关于百官有司常行之事，格之范围遂不能永限于行政法规也自甚显然。不过在"编录当时制敕，永为法则，以为故事"之见解上，尚与晋之故事相近，非即宋之编敕也。唐格系以尚书省诸曹为之目，贞观初格仅为七卷，贞观后格则为十八卷，诸曹之常务但留本司者，别为留司格一卷，此皆房玄龄等删定也。高宗时，长孙无忌等又订永徽留司格十八卷，散颁格七卷。武后时，裴居道删武德以后至于垂拱诏敕为新格二卷，藏于有司，曰垂拱留司格六卷，韦安石又续其后，至于神龙为散颁格七卷。睿宗即位，岑义等又著太极格十卷。玄宗时，卢怀慎等著开元前格十卷,李林甫等著开元新格十卷,宋璟等著开元后格十卷;凡所损益数千条,皆以尚书省二十四司为篇目。文宗时,狄兼謩订开成详定格,所存而有效者,惟开元前后两格与之并行而已!唐各朝修格之勤,不亚于宋各朝云编敕者,以格系编自帝王随时所下之敕命,敕之前后互见,或相矛盾,或失时效,自不可免,此所以每隔多年,格必修订一次也。试观《旧唐书·刑法志》所载,当开元时,旧格式律令及敕,总七千二十六条,则除律五百条,令千余条外,皆为格式及敕可知,而以前修格时删去之敕数尚不计也。故唐代之敕,其势力在实际上已过于律,不过寄其形式于格,于是格遂公然夺律之席矣。虽以后在宣宗朝。始以历朝诏敕,对律多所更改,应用甚为不便,乃分类为门,附以格敕,即所谓大中刑律统类是;无非使格敕在形式上附于律下,而实质上仍莫改格敕之优越地位也。至于五代,后梁有格十卷,系新删定者,载于其新定格式律令中;后唐除沿用唐之开成格外,又有天成长定格;后晋后汉皆参用开成格;后周则入格于其刑统;其他五代时之十国,亦有自订条格者,如宋志有江南格令条八十卷,崇文总目有伪吴删定格令五十卷是也。

三曰宋之世,格与敕分也。宋承五代之续,敕有独立地位,不必表现于格中,格之地位遂逊于唐。神宗以"敕"易"律",且将前朝各敕,多数移之于令,而非入之于格,敕与格之特种关系既断,格之地位正如敕令格式之所序矣。盖格之云者,"设于此以待彼之谓格,……命官之等十有七,吏庶人之赏等七十有七,又有倍全分厘之级,凡五等;有等级高下者皆为格",见《宋志》神宗诏。是格之在宋,仍回复于行政法规之性质可知。故在神宗以前,仅有太祖之开宝长定格,神宗以后,历朝修订敕令格式之际,格或略有损益,而求如唐代之每朝修格，则未之闻。虽《宋志》载有诠曹格敕十四卷，中书省官制事目格百二十卷，六曹格子十卷，要皆由于汇录，非正式之法典也。但关于配役之事，曾屡修订其格，乃一例外。神宗元丰刑部格，诸编配人有不移不放及移放条限；徽宗政和编配格，有情重、稍重、情轻、稍轻四等，以分配所流之远近。南宋孝宗，修订政和编配格，情重则仿旧刺面，用不移不放之格；其次稍重，则止刺额角，用配及十年之格；其次稍轻，则与免黥刺，用不刺面役满放还之格；其次最轻，则降为居役，别立年限纵免之格；此皆见诸史而可考者也。金、泰和律令敕条格式中，有六部格式三十卷，是又以格式合并称之矣。

  四曰元之世，格为正统也。格之意义，至元而又一变，其所谓条格者，即作为律之用耳。唐高祖曾以五十三条格入隋开皇律，元在至元八年以前，循用金律，亦以条格为辅。元史世祖纪，中统三年二月辛卯，始定中外官俸，命大司农姚枢，讲定条格；至元元年八月乙巳，立诸路行中书省，诏新立条格，又颁陕西等处行中书条格。迨至元八年禁行金律，始有至元新格之颁行，仍系用以支配官吏及汉人者，非律之正也。成宗大德三年三月甲午，虽命何显祖等更定律令，但终未颁行之。武宗时，中书省上言"国家地广民众，古所未有，累朝格例，前后不一，执法之吏，轻重任意；请以太祖以来，所行政令九千余条，删除繁冗，使归于一，编为定制"，从之。可知元之条格，亦集自敕令也。仁宗时，又以格例条书，有关于风纪者，类集成书，曰风宪宏纲，但未颁行。英宗时，复命儒臣宰执取至元新格等书而加损益，据《英宗纪》云"至治三年二月格例成，定凡二千五百三十九条，内断例七百一十七条，格千一百五十一。诏赦九十四，令类五百七十七，名曰大元通制，颁行天下"。《刑法志》云"其书之大纲有三,一曰诏制,二曰条格,三曰断例……大概纂集世祖以来法制事例而已",是虽以"纲"或"制"为名,仍莫离乎条格之领域也。迨顺宗至正四年,又命更定法令,六年颁行至正条格,系就大元通制而损益之,亦格也。降至明、清,格除入于律者外,且因有条例或则例之在,自亦别无所谓格者耳。

(丙)关于历代之"式"的表现　式本有"法"之意,有"制"之解;故《唐书·刑法志》曰"格者,百官有司之所常行之事也;式者,其所常守之法也"。据此,则古代之品式章程,魏代之款缝,晋代之故事,陈之百官簿状,皆有式之意,惟不以式名耳。式之首为法典上名称者,始于西魏之大统式,但此式之为义,则有近于东魏麟趾格之格焉。其后唐、宋之式,名虽有宗于此,而含义实与格有异也,兹再分而述之。

一曰魏周之式,同于条格也。魏大统元年,周文帝为魏安定郡公,以戎役屡兴,民吏劳弊,乃命所司,斟酌古今,参考变通,可以益国利民便时适治者,为二十四条新制,奏魏帝行之;七年,奏行十二条制,恐百官不勉于职事,又下令申明之;十年,魏帝以文帝前后所上三十六条新制,方为中兴永式,乃命尚书苏绰更损益为五卷,颁于天下;于是搜简贤才,以为牧守令,皆依新制而违焉。《隋·经籍志》所谓周大统式三卷,即此,盖成于西魏之世,而创于北周文帝之手也。则此之所谓式者,义颇重焉。

二曰隋唐之式,成为定典也。隋,"律令格式并行",见《隋书·经籍志》;又《北史·苏威传》"隋承战争之后,宪章踳驳,帝令朝臣厘改旧法,为一代通典,律令格式,多威所定,世以为能",更可推知隋之有式,惟内容如何,莫可详考云。唐之式,据《唐志》,有武德式十四卷,贞观式三十三卷,永徽式十四卷,垂拱式二十卷,删垂拱式二十卷,开元式二十卷;盖因高祖、太宗、高宗、武后、玄宗,每次编纂而有是称也。武后之垂拱式,系由裴居道等增删,加入计帐及勾帐二式,议者称为详密。唐之式,凡三十三篇,与格同,以尚书省刑曹及秘书、太常、司农、光禄、太仆、太府、少府、及监门、宿卫、计帐为其篇目;其源亦多出自敕令,故在实际上之地位,次于格而高于律,其在开成详定格等中,或亦兼有式之成分耳。五代,除后梁有删定之式二十卷外,余则皆用唐式。

三曰宋世之式,在存体制也。神宗修订敕令格式,式凡五卷,诏称"设于此以待彼之谓格,使彼效之之谓式;表奏帐籍关牒符檄之类,……有体制模楷者皆为式",则其意可知矣。式之增损,在元丰以后,每随敕令格式之修订而修订之,与格正同,然宋之式,仍可根据《宋志》而考焉。在元丰以前,如支赐式、官马俸马草料式、随酒式、将作监式、熙宁新定孝赠式、熙宁新定节式、熙宁新定时服式、熙宁详定诸邑人厨料式、熙宁新修凡女道士给赐式、熙宁葬式等皆是,顾仍以神宗朝居多也。金,亦有式,与格并之。元、明、清、一反于前,式无独立地位。

三、富有伸缩性之典籍——"科""比""例"

中国法制之形式的表现,除律、令、典、敕、格、式以外,其类仍繁。古代师出以律,或以言折敌之罪,或集将士而戒之,所称为誓者,均有关于罪刑之记载;其次礼将祭而号令百官,诸侯相会以言辞而约信,所称为誓者,亦有关于法则之表现。至于诰,则又用以敷政,与誓之用以训戒并立;观于尚书诸誓诸诰,即可知焉。北周宇文氏摹古甚殷,曾命苏绰为大诰,其律、令皆仿自大诰体也。明太祖患民狃元习,徇私灭公,罪戾日滋,乃采辑官民过犯条为大诰,载峻令,刊布中外。洪武三十年,并命刑官取大诰条目,撮其要略,附载于律后。其条目有十,即,揽纳户、安保过付、诡寄田粮、民人经该不解物、洒派抛荒田土、倚法为奸、空引偷车、黥刺在逃、官吏长解卖囚、寰中士大夫不为君用是;盖"作大诰以示民,使知趋吉避凶之道"也;其在律诰之成以前,尝又定宦官禁令,以治宦官;作铁榜,诫功臣;后诏谓"凡榜文禁例悉除之",或即指此也欤?类此之例,历代当不在少,盖又各成其为特别法条之表现也。然如科、比、例三者,虽非如律、令、典之永久存在,而亦非誓、诰、榜之散见各代,至少与敕、格、式有同等地位,故汇而论之。

（甲）自汉以后之"科"的表现　科之为义,断也;释名云"科、课也,课其不如法者,罪责之也"。故在原则上,依律而断罪之谓科,律之外,无科也。然在古代罪刑既非法定,律书亦非完备,舍律而科之事恒有,科条云云,亦成为法令上一独立之名词矣。汉有科也,吴蜀因之,梁陈承之,隋唐以降,科在法典上失其地位,然有科之意者,仍可得而寻焉。兹再分而论之:

一曰两汉之科,有独立地位也。汉在律令之外,科为重要之目;"一律两科,"既见于《冯野王传》;"轻侮之比,浸以繁滋,至有四五百科,"又见于《张敏传》;而"武帝设逋匿之科,著知纵之律",复见于《晋书·刑法志》;则知汉科之为义矣。魏律十八篇,系将汉之傍章、科、令删而入之;故从魏律序略中,可略得汉律之一斑。序略谓科有持质,非盗事,故分盗律为劫略律而入之;科有登闻道辞,故分囚律为告劾律而入之;科有考事报谳,故别为系讯律而入之;科有使者验赂,事类假借不廉等等,故别为请赇律而入之;科有擅作修舍事,与兴律之擅兴徭役等事为近,故别为兴擅律而入之;科有平庸坐赃事,与盗律之还赃畀主近似,故别为偿赃律而入之云云,其所谓科者,皆汉世之科也。《晋志》并称魏"除异子之科,使父子无异财也;……改投书弃市之科,所以轻刑也",亦指汉之科文而言耳。

二曰三国之科,有条格意义也。汉末,魏武帝辅政,以藩国难改汉制,乃定甲子科,犯钦左右趾者,易以木械,是时乏铁,故易以木焉。又嫌汉律太重,故令依律论者,听得科半,使从半减也;则科之不仅立于律外,且有临时改律之义矣。魏受汉禅,始由陈群、刘劭等删约旧科,傍采汉律,定新律十八篇;汉时之科多入律中,故曰魏律十八篇于正律九篇为增,于旁章科令为省云。至于《魏志·徐邈传》之科禁酒;《常林传》注之科禁内学及兵书,科禁长吏擅去官,按其事迹,或在魏初,或在锺繇为相国之时,其科必非魏律颁行后特有者,当与甲子科同其类耳。蜀,诸葛亮之为治"吏不容奸,人怀自厉",一本法家之言;且承汉续,不容改制,亦惟重于科条之制定,故与伊籍、法正、刘巴、李严等,共造蜀科;蜀科之制,由此五人焉。即吴,亦在嘉禾三年,由孙登表定科令,甚得止奸之要;盖皆以无律而代之以科也。

三曰六朝之科,梁、陈有法典也。魏以汉科皆入律,晋犹嫌其科网之密,故晋代或无独立之科。且杜张注律,明其体用;尤以张裴所谓"五刑不简正于五罚,五罚不服正于五过,意善功恶,以金赎之。故律制生罪,不过十四等;死刑不过三;徒加不过六;囚加不过五,累作不过十一岁;累笞不过千二百;刑等不过一年;金等不过四两;月赎不计日,日作不拘月;岁数不疑闻。不以加至死,并死不复加;不可累者,故有并数;不可并数,乃累其加。以加论者,但得其加；与加同者，连得其本"云云，将法内之科极端注明，自难再有汉时"一律两科"之事。若夫帝王于律外重刑，有科之意者，又当别论。刘宋有民杀长吏加重之科，但仍律令内之事也。至梁，乃"取故事之宜于时者为梁科"，见《隋书·经籍志·刑法篇》，梁科四十卷，系蔡法度与梁律令同时删定者；其本至于隋、唐即已散失不全。陈亦有科三十卷，系范泉等撰；《隋志》、《唐志》皆录之，是在唐时仍存。故知六朝之中，尚有成文之科也。

四曰北支法系，科仅有其意也。近代法统，直承北朝，《隋志》称齐律科条简要，则向之所谓科者，已入于律可知。且自唐后，敕已形成重要地位，或编入格，或自编之，或以条格为名，科皆容纳其中。明、清无敕格之名，而又有例，科亦不容别存。故成文之科，自陈失政，即不再显，然非成文之科，而有科之意者，为例正多，不容续述。姑言其要，藉以明焉。《北魏书》称"太祖既定中原，患前代刑网峻密，乃令三公郎王德，除其法之酷切于民者。约定科令，大崇简易"；"世宗永平元年秋七月，诏尚书检枷杖大小违制之由，科其罪失"；以及"贼律杀人有首从之科……，首有沾刑之科"等等，皆北魏科之可考者。又《北史·封述传》"其名法、科、条、皆述所删定"，则东魏于麟趾新格外，或亦有科，未可知也。《隋志》又称"齐文宣时，军国多事，政刑不一，决狱定罪，罕依律文相承，谓之变法从事"，此亦充分有科之意。故其令太守各设棒以诛属请之使；与夫"供御囚""放生"等等之名目，皆科也。即在北周宣帝时，"上书字误者，科其罪，鞭杖皆百二十为度，名曰天杖，其后又加至二百四十"，亦科也。大抵季世多虐政，法不遵其律，律外而科之事，自所难免。然如宋初所定之折杖法，徽宗所定之编配格，仍皆同时含有科之意义。又如《宋志》所载"仁宗天圣七年编敕；配隶之属六十有三,大辟而下奏听旨者七十有一,凡此皆在律令外者";"庆历……配隶之属总八十有一,大辟而下奏听旨者总六十有四,凡此又在编敕之外者";"嘉祐……配隶增三十,大辟而下奏听旨者增四十有六";苟必名之,亦即科云。甚如现代,在刑法以外之各种紧急治罪法,及行政法规中之罚则,依然有科之意也。

(乙)自汉以后之"比"的表现　汉科之外,又有比,比之为义固繁,但汉之所谓比,不外以例相比况也;易词以言,律无专条,取其相近者比拟用之耳。后世之所谓比附,即汉之比,故与例同而又异也。因中国向之罪刑,非采法定主义,律无正条,仍须比附为罪,此比之自民国而始完全被革除也。兹再分而论之:

一曰两汉魏初,比为正则也。据《汉书·刑法志》,高祖七年"诏廷尉所不能决,谨具为奏,传所当比律令以闻";是为汉代有比之始。至武帝以后,"奸猾巧法,转相比况,禁罔浸密……,死罪决事比,万三千四百七十二事;……是以郡国承用者驳,或罪同而论异,奸吏因缘为市,所欲活则传生议,所欲陷则予死比"。迨宣帝时,于定国为廷尉,上死罪决事比三千四百七十二条,乃比之经其整理,故有减耳。东汉章帝时,司徒鲍昱,因司徒辞讼久者,至十数年,比例轻重,非其事类,错杂难知;奏定辞讼七卷,决事都目八卷,以齐同法令,息遏人讼,亦即比也。安帝时,尚书陈忠又奏三十二条为决事比;事皆施行。但汉比虽屡经主法者整饬之,而"决事集为令甲以下三百余篇,及司徒鲍公撰嫁娶辞讼决,为法比都目,凡九百六卷,世有增损;集类为篇,结事为章,一章之中,或事过数十,事类虽同,轻重乖异……。盗律有贼伤之例,贼律有盗章之文,兴律有上狱之法,厩律有逮捕之事,若此之比,错糅无常";故汉之比,亦如唐之格,宋之敕,而破律矣。魏在未改律之前,亦然。

二曰自晋迄隋,比犹存在也。汉代之律令科比,经魏一度删定后,又复由晋改纂之,故自汉之亡,比之名目即不复存。然晋律行世数百余年,杜张之注同有效力。张裴所谓"都城人众中走马杀人当为贼,贼之似也;过失似贼,戏似斗,斗而杀伤傍人又似误;盗伤缚守似强盗;呵人取财似受赇;因辞所连似告劾;诸勿听理似故纵;持质似恐猲;如此之比,皆为无常之格也",亦即比耳。至于《隋志》称北齐"大理明法,上下比附,欲出则附轻议,欲入则附从重法;奸吏因之舞文出没",则正与汉武以后,无何少异。又《旧唐书·刑法志》载"旧律多比附断事,乃稍难解,科条极多,数至三千;隋日再定,惟留五百,以事类相似者,比附科断;今日所停,即是参取隋律修易,条章既少,极成省便";更知隋之前,律条至千数以上者,比之加入故也。

三曰自唐以后,轻视比附也。唐后律文缩减,倘遇事变,非律所备时,则亦有尚于比;所谓出罪,举重以明轻,入罪,举轻以明重是也。观于唐太宗之谓侍臣"律通比附,条例太多";宋孝宗之诏称"狱重事也,稽者有律,当者有比,疑者有谳";而宋神宗熙宁三年,中书上刑名未安者五,其中亦主张强劫盗情状轻重不一,应为从情轻之人,别立刑如前代斩右趾之比;则唐宋之有比亦甚明显。惟因君主之权力日渐扩大,格、敕效力之日超律上,故多不许臣工妄为比附,此又比之所以未如两汉盛也。即偶有之,不外,君主宽仁,则循吏多而比从宽;君主暴虐,则酷吏盛而比从严。《宋志》称"徽宗时,刑法已峻,虽尝裁定笞杖之制,而有司犹从重比",即为一例。因不许臣工之妄为比附,故唐太宗初则罪失出而不罪失入,终则命失出入者皆如律。宋仁宗不许失入人罪者迁官任法吏,举之者皆罚金也。然臣工虽不得比附,君主则仍得而比附之。宋时,对于情重法轻,情轻法重,尝有取旨之令;于是断狱轻重,比例归一,此又所以优于汉比之一筹也。明、清亦然,《明史·刑法志》载"有司辄引比律,致罪有轻重者以故入论,罪无正条,则引律比附定拟罪名,达部议定奏闻;若辄断决,致罪有出入者,以故失论",可以知矣。要之,汉高祖之比律令以闻,乃比之肇始;后世不善用之,司法者任意为比,所失更大。自唐以后,君主集权不许臣工妄为比附,明清更正式返于汉之初制。虽其间不无此善于彼之较,而终皆未能使比不复有之,此又向日中国法制之一特征也。至于唐之应酬赏功,一依于式,式无正文者,举例以比附之,宋之断例,明之例以外之案,似皆可归于比,然既以例名,亦惟有以例称之耳。

（丙）自汉以后之"例"的表现　例之为义,比也,类也颇似于比。且比系以律文之比附为重,例则以已有之成事为主,是其所异。然皆不外据彼事以为此事之标准,得互训之,此或汉重视比,而后世重视例,两名不并立之故也欤;虽然,自唐以前,虽有例而无例之专名;唐及五代,例渐露其头角,为宋明例之所本;宋则北宋轻例而南宋重之,明清则律例并称,顾例之为言,亦与唐宋微有异矣。兹再分而论之。

一曰两汉六朝,例无专名也。两汉以比为重,例当入之于比,外比而无例也。然如经义断狱,系取已有之故事为法,而非即是比附律文,则其为例可知。有如隽不疑收缚卫太子,即以春秋匿瞶违命出奔之事为例是也。他如史称吕步舒决淮南狱,以春秋谊专断;儿宽以古法义佐张汤决疑狱;公孙弘以春秋之义绳臣下;皆取决于古例。至于董仲舒作春秋折狱二百三十二事,应劭亦撰有春秋决狱,而皆上之,是又例之汇而成书者,惟不以例名耳。此风延至南北朝而未绝,北魏道武帝太平真君六年,"诏诸有疑狱,皆付中书,以经义量决"而高允亦以经义断诸疑事,三十余载,内外称平。故虽律无正条,仍可以春秋之例,断狱治罪也。至于例之为名,首与法律发生关系者,则始于晋律系统下之法例律,北齐律系统下之名例律。然如魏律序所谓"集罪例以为刑名,冠于篇首",则魏之刑名律已以罪例视之矣。而晋律"改旧律为刑名法例",则又不外张裴所谓"取法以例,求其名也。"此固皆重视例,不过发凡以言例,乃律之范围以内事,后世承之而莫改,与例之为例显然有别。但例之名所自出,似应推及自此耳。

二曰唐及五代,例渐与起也。唐,式无正文,举例比附,例必待举,其非确定可知。且在高宗之际,详刑少卿赵仁本撰《法例》三卷,引以断狱,时议亦为折衷;高宗则以律令格式,天下通规,条章备举,轨躅昭然,临时遵行,自不能尽,何为更须作例,致使触绪多疑,速宜改辙不得更然;自是法例遂废不用。唐之不重例,甚为显然。但例之为事,则亦自唐而起;况其所谓敕者,法官遇类似之事,辄得援用,不必再查成宪,实即明清两代例之先导者。中唐以后直至五代,尚书省,刑部,大理寺等,对于法律条文,更尝临时发布一种指令,称之曰指挥,久而遂发生一种支配力,是又宋例之先导者。周世宗编刑统时,诏中所谓"自来有宣命指挥公事……州县见诸施行,亦不在编集之数";即指例而言。

三曰两宋之例,各有轻重也。北宋不重例,与唐正同,所以然者,其故有二:一则敕为刑书之首,固可以破律,倘以例为重,则不免用例破敕矣。例如神宗时,司马光上言,"民有斗杀者,皆当论死,不应妄作情理可悯奏裁,刑部即引旧例贷之;凡律令敕式,或不尽载,有司引例以决;今斗杀当死,自有正条,而刑部承例免死决配,是斗杀条律无所用也";足见一斑。同时神宗亦下诏曰"诸州鞫讯强盗,情理无可悯,刑名无疑虑,而辄奏请,许刑部举驳,重行朝典,不得用例破条"。即在南宋高宗绍兴二十六年,乃下诏:"凡一切都省指挥,应查照敕令看详,可削则削,毋与敕令混淆";是皆防止例之破法,而不以例为贵也。一则自神宗变法以后,法制新旧不一,轮流相代,重例即无以自固其说。《宋志》言"哲宗亲政,不专用元祐近例,稍复熙宁、元丰之制,自是用法,以后冲前,改更纷然"。又徽宗"崇熙元年,臣僚言有司所守者法,法所不载者,然后用例;今引例破法,非理也;乃令各曹取前后所用例,以类编修,与法妨者悉去之。群下诏追复元丰法制,凡元祐条例悉毁之";此又北宋不能重例之一最大原因也。南宋,例渐有取敕而代之势。高宗虽不许以例混淆敕令,然因南渡刑典散佚,胥吏省记之例亦并用之;而秦桧专政,率用都堂批状,指挥行事,杂入吏部续降条册之中,修书者有所畏忌,尝不敢删削,至与成法并立。孝宗以后,因自绍兴至乾道,续降指挥无虑数千,牴牾难以考据,故有乾道敕令格式之编;以后数次编纂皆同其因。理宗时,又言庆元敕令格式之行,已二十九年,前后指挥殊非一事,或旧法概括未尽,文意未明,须用续降参酌者,或旧法原无,而后因事立为成法者,或已有旧法,而续降不必引用者,或一时权宜不可为常法者,条目滋繁,无所遵守;故有淳祐敕令格式之编。是皆以例入敕,与唐之以敕入格颇类;盖是时之敕,非尽君主之诏令,大半为都省之指挥矣。例之除编于法者外,其不及编入者,则亦不能不相当承认之,孝宗乾道二年,刑部上乾道新编特旨断例;淳熙初,更诏刑部许用乾道刑名断例,司勋许用获盗推赏例并乾道经置条例事指挥皆是。惟此外则不得引例而已。宁宗时,亦颁有开禧刑名断例,故例之地位,自南宋而确定焉。

元重视条格,其大元通制,除诏制及条格外,断例占有七百十有七条。则其有例也甚明,故条格又以格例称。《明史·刑法志》谓"元制所取行一时之例为条格",则元之条格更全部为例矣。

四曰明清之例,与律并行也。明遵唐旧,不惮三次编律,且以律为太祖手订,子孙守之,而莫敢议,故无唐宋之格敕显然与律为敌也。然破明律之精神者,既有一时权宜之条例,并因律不可改,又有与律并行之例。一时权宜之条例,除洪武二十二年取比年所增,以类附入于律外,二十五年刑部言律条与律例不同者,宜更定,太祖即以定律不可改,不从;成祖亦诏法司问囚,一依大明律拟议,毋妄引榜文条例为深文;宪宗更命谳囚者一依正律,尽革所有条例。然条例颁行,并未因是而止。如成祖之徒流罪条例;宣宗之贵州土人断罪例;英宗之严诬告反坐例、枉法赃充军例、盗掠银矿新例;景帝之复义女不孝旧例;宪宗之讳盗罪例,挟诈得财罪例;孝宗之亲属相奸罪例、老幼废疾犯罪充军例;武宗之子弟劫父兄罪例;世宗之伪茶谪戍例;穆宗之买休卖休例,神宗之广东盗珠罪例;省刑条例;不胜枚举。旧例纵革,新例继起,故实际上凡有效之例,莫不与律并行也。至其与律公然并行之例而可言者,以赎罪例及问刑条例为甚。明自太祖时,即设有赎罪事例,所以济律之重,盖律得收赎者,无敢损益,而限于律不得伸者,则寓之于赎例焉。赎例既系因时权宜,遂亦先后互异,且由太祖开其端,子孙仿之而例特繁。计在成祖时,有京仓纳米赎罪例,赎钞例;宣宗时,有宣德赎罪例;英宗时,有纳草赎罪例;景帝时,有输作赎罪例,运砖赎罪例;宪宗时,有罪囚纳马赎罪例,罪囚纳豆赎罪例,妇人犯法赎罪例;世宗时,又屡定赎罪条例;皆与律并行之。顾赎罪条例者,在表面上仍不过一时权宜之条例,尚非即以之视为刑书之一;有之,则自问刑条例之加入律中始。当孝宗弘治中,去律时已百年,用法者日弛,刑部尚书彭韶等遂以"洪武末定大明律后……累朝遵用,其法外遗奸,列圣因时推广之而有例,例以辅律,非以破律也"为奏。于是取历年问刑条例经久可行者二百九十七条,通行内外遵行。世宗嘉靖七年,王应鹏请编入正德间新增问刑条例四十四款,胡世宁请断狱新例,皆不许。然在二十八年则增订之,增为二百四十九条;三十四年又增入九事,从何鳌之请也。但此时,律与例尚各独立,迨神宗万历二年,又将律例合并颁行,首大明律,次问刑条例,附以嘉靖三十三年后未经补辑之各种条例;十三年,舒化等并辑嘉靖三十四年后一切诏令,及宗藩条例、军政条例,捕盗格条、漕运议单与刑名有关者,律为正文,例为附注,共三百八十二条。思宗时,仍拟更定问刑条例,因兵戎时起,卒未果行。清承明旧,律例并行;顺治十七年,首以顺治四年后所颁各例,并盛京定例,刑部定例,分别增入律中。康熙十八年现行则例成,颁布之。雍正三年颁行《大清律集解》,律后附例八百二十四条,分为三项。曰原例,系累朝旧例;曰增例,系康熙年间增入;曰钦定例,系特旨及内外臣条奏核准者。然例虽编入于律,而后之所增,与时俱进,至乾隆五年颁行《大清律例》时,例已增至一千四百十二条,原例等目统删去之。乾隆二十六年,例之经删除者外,又增出四百三十二条,共一千四百五十六条;同治九年,更增至一千九百九十二条,并章程一百余条,合计不下二千余条。此外在乾隆八年,尚有督捕则例一百三条,于《大清律例》外别为一集,分上下两卷;以及近于行政法之吏、户、礼、兵、刑、工部则例,近于惩戒法之处分则例;是又律外之单行例也。

统观上述,律在中国法制史上,虽立于正统之地位;而在汉受制于比,在蜀吴受制于科,在唐受制于格,在五代及宋受制于敕,在明清又受制于例，其能卓然发展其效力，盖仅矣！所以然者，法为君主一人之所立，纵不然，亦出自一二臣工之操纵，尽可另立名目以弁髦之。且认为法令之作，应准乎礼以为出入，明刑即所以弼教。凡与五伦相涉者，皆宜屈法以伸情；故即贤良者，对法亦不认为有必要矣。至于魏分东西，格既起于东魏，式又兴之西魏，隋唐于律令之外，有格式者，此其因也。唐以格为重，而实由敕操纵之，此固五代及宋敕之所由始，宋以敕为主，而竟以例影响之，此又元明及清例之所从起；凡此，皆中国法制史上最要之线索，亦不可不深知也。

第二编 各论

第一章　组织法规

　　近代各国宪法，首必标明国体或政体，实即国的组织制度或政的组织制度之谓也。国体分类，通常以主权为标准，政体分类，通常以统治权为标准；其问题颇复杂，且不必尽能适用于中国之过去。愚以为在中国法制史上言国的组织，莫若重视其单纯的形态如何；言政的组织，莫若重视其政治的势力如何；似近之矣。

　　就国的组织制度之演进言：中国之为单一国家，至秦即已大定，然在秦以前，则为封建，在周以前，则为部落。关于古代中国部落国家之真相究为如何，固难求于信史，但就传说考之，亦可得其一二。《左传》"禹会诸侯于涂山，执玉帛者万国"，《荀子》"古有万国，今有十数"；《吕览》"当禹之时，天下万国；至于汤而三千余国"；其所谓国者，皆邃古自然发生之部落，并非如《墨子》所谓"古者天子之始封诸侯也万有余"；而认为封建制度自昔已然。是故尧、舜、禹、汤，亦不过各部落之共主，处于元后的地位，诸部落各皆有其群后资格，并非统一于一版图之内。元后地位之取得，或出于同族部落间之公推，或出于对异族部落之威服，故即儒家所盛称之禅让制度为有，囚尧偃朱之传说为假，亦必属于前者，而与后世契丹之"由八部大人中，推一大人统八部，三年一代"无异。尧让舜，舜让禹，何以必询于"四岳"；舜禹又何必待诸侯之朝觐狱讼讴歌而后为共主？以"四岳"，"诸侯"皆当时具有群后资格之部落也。且吾人观于《国语》"自幕至于瞽叟无违命",则舜原自一部落之长;《尚书》"虞宾在位",及周初蓟陈两部落以褒封而被承认,则尧舜虽皆禅位,其子孙依然一部落之长;更知所禅让者非后世之"天下",乃元后之地位也。武王克殷,灭国五十,既立其威于群后;并以褒封名义,承认各旧部落以示惠;且进而封新国,以齐为首,其中兄弟之国十余,同姓之国数十,使其错综于旧部落间,以监视之,而旧国数百,更多为新封诸侯之附庸。此外,又以宗法制度维持与同姓国间之连络;以族外婚姻制度,增加与异姓国间之情感;以巡狩朝觐会同命卿等制度,确保天子与诸侯间之主从关系。于是周室以王畿千里管其枢纽,形成一内部极有系统之封建国家。秦灭六国,废除封建,统一之局奠定,然有时亦不无例外之表现。汉灭楚后,封建郡县兼行;景帝立,用晁错谋,削诸侯地,七国之乱作。平后,乃令诸侯王不得复治国,天子置吏守之,王国等于郡,侯国等于县,再成纯粹之单一国家。唐时,虽有封爵而皆等于汉之关内侯。虽有租调之禄而实无其国;元时,诸王后妃公主固各有其食邑,但赋不得私征,必受于有司之手;明代,太祖封诸子三十九人,各设官属,傅相,置卫兵,然不得干预政事;清初,亦有三藩之封,而地方仍系统于中央,且不久亦归撤去,此皆不能以封建国家之色彩是许也。至于辛亥革命,变君主国而为共和国,则又系从国家组织之分子上,使前后有所异矣。

就政的组织制度之演进者:大体而观,自周之衰,为寡头政体,自宋之兴,为专制政体,自清之亡为立宪政体,似可分为三个段落。但据实言之,则变化多端。盖周代以前,巫觋政治为主,族民政治为之辅也。殷人尚鬼,盛见于传说,而安阳甲骨文字皆其占卜所用;则不仅巫咸之确为巫觋,即伊尹亦莫离巫觋之疑矣。周虽旧邦，其命惟新，然其礼治仍始于祭，并以土谷两神之社稷称谓，用以代表国家，是又巫觋政治之余意也。然巫觋虽为部落中之尊者，如有大故，仍必询及于族民。盘庚"王命众悉至于庭"；孟子称太王将迁歧，"属其耆老而告之"；此或近于希腊各市府之全民会议欤？秦世以前，方伯政治居先，世卿政治继其后也。周创封建制度，非皆总其权于天子，并有其统属之策，则方伯之设是也。据王制云"千里之外设方伯，……分天下以为左右，曰二伯。"公羊隐五年"三公者何？天子之相也，自陕而东者，周公主之；自陕而西者，召公主之，一相处于内"，与王制之二伯甚合；而《左传·僖四年》亦有"管仲告楚人之辞曰'昔召康公命我先君大公曰，五侯九伯，汝实征之'"，又与王制之州伯相合。故知方伯之制，纵非如王制所述，要必有所本也。况在厉王后，召周二相共行政治，号曰共和，尤为方伯政治之积极表现。春秋、齐桓、晋文相继而兴，其所号召之伯政，依然以尊周攘夷为策，则固一州之伯之旧也。然同时各国之内政，则又渐移于世卿之手，洎战国时，卿且有取旧日诸侯而代之者，故伯政之衰，世卿政治仍尚延续之，至战国末始归于尽。隋唐以前，权臣政治之外，兼为阀阅政治也。秦开统一之局，立四海之尊，固极端专制矣。然汉代相权极重，当之者又多外戚，霍光之废昌邑王，王莽之篡汉，皆其著者。东汉自和帝后尤甚，窦宪、邓骘、阎显、耿宝、梁冀等，皆以贵戚之卿，相断总揽政权。其起而与抗者，非君主乃宦官也。魏兴，以九品中正取士，阀阅之家更得参与政治，六朝以胡乱，士族更自重，天子用一寒人而须下诏，其政治枢纽之寄于右姓豪族。自甚明显。故君主仅可出身素族，寒人亦尽可掌机要，然其政治之倾向与施设，则实莫敢违及阀阅之旨意焉。宋代以前，兼为骄兵政治最为特色也。唐自中叶以后，其政权内则操之宦臣,外则操之军阀。军阀之产生,导始于三国,州牧郡守割据为雄,献帝拥一天子空名,军阀各自内讧。晋虽篡魏,灭蜀,并吴而统一之,桓玄谋逆,刘裕篡晋,亦皆出自军阀。南朝、宋、齐、梁、陈相代,更皆以镇将而升天子;北朝、齐、周受两魏之禅,隋室受北齐之禅,仍系以军阀而取尊位。唐有鉴于此,兵与政两分立之,但玄宗则广设节度使,既酿成安史之乱,又种唐末藩镇之祸。藩镇之职,私相授受,天子惟以旄节为名义之任命,于是军士遂专废立之权,故至五代军士进一步而策立天子,视为常事。后唐明宗,废帝从珂,后周太祖,以及宋太祖,皆军士之所拥立者。直至宋太祖以杯酒释兵权,骄兵政治始完全告终。自宋以后,迄于清末,君主独裁政治始确完成也。古代豪族之末,至宋早已无存,六朝阅阀之见,至宋亦归消除;故无能为君主权力之梗也。且既解除功臣之兵权,复以朝臣出知军州事,并设通判以分其权,而诸州兵之强者,又升为禁军,于是中央集权之局势成。同时为防止大臣之专横,复将中央之权分立之,一统于君,于是君主集权之局势成。元虽偏于分治组织,但明清,则除一二例外,大体上皆遵宋代集权之原则焉。

就国的组织,政治组织以外,另有行政组织、司法组织、国防组织三事,较为重要,择要及之:

一、关于行政组织者

旧称羲、农、轩、昊之间,有龙火云鸟之职;颛顼虽以民师名官,唐尧尚偏天文之位;虞舜乃置九官;数倍于前,"夏倍于虞,殷倍于夏","周过三百,是为大备";然皆假设之辞,而明职官之由天事以

第一章 组织法规

至人事,由简略以至复繁而已,《尚书·周官》载成王立三公论道经邦;立三孤贰公弘化,六卿分职,各率其属,以倡九牧,阜成兆民;而《周礼》更详记天地春夏秋冬六官,其属六十,总为三百六十属;然皆出于经古文家之说,不可信也。即经今文家所谓天子三公九卿二十七大夫,八十一元士,纵非殷制,而亦不尽为周室职官之真。战国戎马交驰,官制时有变迁,但皆限于诸侯,不能与后世拟。且秦变周官,汉遵赢旧,实为后世各代中央组织之导点,与周制更无涉也。

(甲)机要组织　机要之位不必即为最高之官,最高之官应推师孤三公之位。师者,后世称太师、太傅、太保,不皆常置,惟汉则已有之;孤者,称少师、少傅、少保,北周始置,后世宗之。三公者称太尉、司徒、司空,汉后,亦成尊而不亲之官。故其置也,或以居元老,所谓师范一人,仪刑四海;论道经邦,燮理阴阳是也。实则必择其老病不任事,或依违不侵权者居之,乃通例耳。然亦有出自权臣之据以为荣者,且或以之作篡夺之过程者。师孤自明以后,惟为加官赠官之用,三公,元则或置或不置,明则全废。然则历代机要之位又何在乎?

秦汉机要之位,由丞相而归三公也:盖丞相为官创自于秦,灭六国后,王绾、李斯相断为相。汉承秦制,置丞相或相国,佐天子,抚四夷,亲百姓,使卿大夫各得任其职,事无不统,故此时丞相之权颇重也。武帝时,卫青为大将军,冠以大司马之号,罢太尉;成帝时,改御史大夫为大司空,与大司马禄皆比丞相;而丞相亦于哀帝时,更名大司徒,是即经今文家之所谓三公,因"今政事烦多,宰相之才不能及古,而丞相独兼三公之事,所以大化未洽";于是建三公官,定其职任,机要之位,遂不备于丞相一人矣。东汉机要之位,由三公而归尚书也,盖光武改大司徒为司徒公,大司马为太尉公,大司空为司空公,虽值国有大造大疑,三公通而论之;然实以所掌事务为主,机要之位则与所谓台阁之尚书共之。尚书令虽仍少府属官,秩与三公属吏长史相等;然实际上则出纳王命,敷奏万几,总典纪纲,无所不统;故为内外所折衷,为远近所禀仰焉。且明帝时,以录尚书事为制,三公之非录尚书事者,皆虽参与机要;而每帝初即位,辄置太傅录尚书事,称曰上公,三公之地位,益见卑下。魏晋机要之位,由尚书而归中书也。盖中书本宦官为之,起于汉武帝;曹操为魏王,置秘书令,典尚书奏事,又其任也。魏文帝改为中书,置监,令,晋因之,皆以亲信之人充焉。于是运筹帷幄,权拟丞相,而名义上之所谓相者,又为人臣篡弑时所历之阶而已。南北朝机要之位,由中书而归门下侍中也。尚书,中书,门下,晋时并称三省,其时机衡之任固归中书,而献纳之任则在门下,于是南北朝,尚书之权更微,门下之权加重,门下省长官曰侍中,贱职,渐为亲贵。刘宋文帝时,王华等为侍中,与帝情在亲密,接膝共语;南齐朝会,多以美恣容者兼官;其得握政,亲之故也。元魏亦多以侍中辅政,世称侍中黄门为小宰相,即可知矣。

隋唐间机要之位,分掌于三省,其后又由三省合而为一,而学士院而枢密使也,盖隋以尚书省之尚书令,门下省之纳言,内史省之内史令,共议国政,三省始并重。唐初,尚书省掌全国政务,职在施治,门下省掌献可替否,职在封驳;中书省掌出纳皇命,职在取旨。三省长官之议事也,则集于政事堂,颇有近世内阁之精神。惟三省并重,亦不过唐初之事,其后必以左右仆射加同中书门下三品或平章事之衔,始为真宰相;故此际尚书省实兼有中书门下之职权,有所侧重焉。然在玄宗时,渐以学士掌四方表疏批答,应和文章;最后又别置学士院,专掌内命;虽以天子私人,至有"内相"之称。于是机要之位,由外相而移于学士院矣。代宗时,复置枢密使,以宦官为之,掌承受表奏,且往往给以兵权,参与机要更当然也。后梁改枢密院为崇政院,改用士人;后唐庄宗并命宰臣兼枢密使,其权愈重。宋代机要之位,由同平章事,三司使,二府等而三省,而左右仆射同中书门下平章事,而左右丞相,而平章军国事也。盖宋以君主独裁为贵,官无系统,机要之位亦无专责,皆总成于天子也。初以同平章事为真相,无定员;以参知政事为副相,毗大政,参庶务。同时,以天下财计,归之盐铁,度支,户部三司,置三司使以总之;位亚执政,目为计相,恩数廪禄,与参枢同。且又别置中书禁中,是为政事堂,而军事机密则归之枢密使;于是中书省与枢密院对掌文武大政,号称二府。神宗改制,仍以三省为相职,诏"中书省取旨,门下省覆奏,尚书省施行"。但三省长官,以官高,不除人,只以尚书省左仆射兼门下侍郎,以行侍中之职;右仆射兼中书侍郎,行中书令之职,乃宰相也。其外之尚书左右丞,及中书门下别置之两侍郎,则皆参知政事之任也。徽宗时,改左右仆射为太宰,少宰,仍兼两省侍郎;孝宗时,又依汉制改左右仆射为左右丞相。政遂归于丞相,宁宗时,韩侂胄拜平章军国事,其权更广而专,位又在丞相上矣。辽金机要之位,由宰相府而归尚书省也。盖辽中枢制度分北南两面,而皆综之于北南两宰相府;府各设左右宰相,总知军国事,知国事等官,佐理军国之大政。惟在南面朝官中,因招徕中国人故,仿唐之制,犹有中书门下尚书三省之设。金置尚书省,尚书令总领纪纲,仪刑万端,左右丞相及平章政事始真宰相,掌丞天子,平章万机;左右丞及参知政事为执政官,乃宰相之贰,佐治省事者也。元代机要之位,废门下尚书两省,仅存中书省,并以枢密院,御史台分其权也。盖元屡设尚书省,均罢入中书省,中书省遂得综揽政务,惟兵柄之秉归于枢密院,黜涉之司归于御史台而已;中书令典领百官,会决庶务,尝以皇太子兼领,故非真相。其下为左右丞相统六官,率百司;令阙则总省事,佐天子,理万机,乃真相也。再下为平章政事,掌机务,贰丞相,凡军国重事无不由之。再下为左右丞,亦副宰相;为参政,同参大政,职亚于左右丞。

明代机要之位,废宰相,而归于六部,再归于殿阁大学士——内阁也。盖明在洪武十三年,丞相胡惟庸诛,永罢中书省,且谕以后臣下有奏请设立丞相者,论以极刑。中书省之政析于六部,六部各有尚书,辅以侍郎,分司国务,总成于君;此时掌翰林职之殿阁大学士,位尚不过正五品耳。成祖时,特简解缙、胡广等直文渊阁参与机务,首开阁臣预务之机;仁宗时,以杨士奇等东宫旧臣,各于本职外,兼有阁职;宣宗时,事无大小悉下大学士参议,其权益重;世宗嘉靖以后,朝位班次俱列六部上,俨然真宰相,而称以内阁者,避宰相之名也。虽然,明代内阁重在票拟一事,实与前代各相职务不同,此亦君主集权之结果所致;而其拟票也,又不得不染于内监之批红,于是相权最后又恒归之寺人,此又明代不免于宦官之祸也。清代机要之位,由内阁而归军机处,而督办政务处,而新内阁也。盖清初,内阁大学士满汉分置,赞理机务,表率群僚;并有协办大学士,由尚书兼之,以为其贰;但军事则归议政王大臣议奏,翰林院亦因掌制诰,备顾问,而分有内阁之权。雍正以用兵西北,虑内阁泄漏军机,乃于隆宗门内设军机房;后称军机处,以亲重之臣当之。此后内外要事悉归军机,内阁虚备其名。迨光绪时,因施行新政,又设有督办政务处,一时几与军机处相埒。宣统三年(1911年)颁新内阁制,军机处并随之而废。

（乙）事务组织　最重要者为九卿六部也。九卿之职,盛于秦汉,衰于宋元,而变于明清也。盖秦除丞相御史大夫太尉外,事务之官其要惟九;奉常掌宗庙礼仪,郎中令掌宫殿掖门,卫尉掌门卫屯兵,太仆掌兴马,廷尉掌刑辟,典客掌诸归义蛮,宗正掌亲属,治粟内史掌谷货;少府掌山海池泽之税以供给养。汉承秦制,除三公外,改秦奉常为太常,郎中令为光禄勋,典客为大鸿胪,治粟内史为大司农,余同秦。东汉且直以卿名,故九卿之官秦汉为盛也。魏晋南朝,除梁改九卿为十二卿外,皆因于汉;北齐改廷尉为大理,以太府易少府,称其官署曰寺,九寺之名始此。隋唐因之不改。然自魏晋以后,迄于隋唐,九卿职务既多分化另自成署,省监机关依次成立各为重要,而六部尚书分职司理众务,九卿虽在,已渐失秦汉之旧。南宋,九寺遂多有罢者;辽金亦然;元以院为贵,太常寺则升为太常礼仪院,而光禄寺则归于宣徽院,昔之九卿署以寺称者仅一太仆寺,然仍分鞍辔之掌为尚乘寺也。明清九寺中,仅存大理、太常、光禄、太仆、鸿胪五寺;故明之所谓九卿者,除六部尚书,都察院都御史,通政司使外,只大理寺卿一人加入而已!

六部之职,肇于两汉,定于隋唐,而变于清末也。盖六部在隋唐以前,论其事则属于九卿之职,论其名则出于六曹之变;因六曹之职务日有扩大,斯九卿之地位日见卑微也。汉在成帝时,于尚书仆射之下,置尚书四人,分曹任事;曰尚侍曹,主公卿事;曰二千石曹,主郡国二千石事;曰民曹,主吏民上书事;曰客曹,主外国夷狄事;其时尚有三公曹,主断狱,是为五曹。东汉光武,改为六曹,究何所指,为说不一。魏晋,列曹尚书或五、或六不定;而祀部尚书则与右仆射通职,以右仆射摄之,若右仆射阙,则又以祀部尚书摄知右事。此时不仅尚事分曹,即尚书郎亦分曹,魏有二十五曹;晋有三十五曹；晋末余十五曹，是又后世各部分司之起源。南北朝，宋、齐、梁、陈，均以左仆射领殿中主客两尚书郎曹，右仆射与祀部尚书通官，不俱置；起部尚书若营宗庙宫室则置，无事则省；其他吏部尚书等各领有一定之尚书郎曹，故系统颇分明也。北齐，有吏部、殿中、祠部、五兵、都官、度支六尚书，分领二十八曹。隋屡经变迁，而影响于后世者，改曹为司，改五兵为兵部，改都官为刑部，改度支为户部，改祠部为礼部，无殿中而设以工部，合及吏部，凡六尚书，即以后六部之始。唐六部尚书同隋，部各四曹，郎中主之。然隋唐虽有六部尚书，非即六部各设尚书，故吏部尚书之下，仍有吏部曹名，户部尚书之下，仍有户部曹名，他亦如之。至宋，六部始各为名，尚书为之长官，故曹名止存十八，较前代减少其六。辽之总官制中，有六部之实，无六部之名，由南北府宰相总之。金，亦设有六部，仅以员分务，无曹司专名。元废尚书省，以六部归于中书省；各部所属机关固多，而其内部亦未分设曹司；且每部尚书之数为三，此又异于前代及明世者。明废中书省后，六部始各独立，每部设尚书一人，左右侍郎各一人；统有各部吏司。清同于明，惟增设满员，与汉同列。但至清末改制，各部迭有并置，六部之名遂废。除吏部并入内阁，礼部改为典礼院，另增设学部外；户部分为民政部及度支部；兵部改为陆军部，刑部改为法部，工部改为农工商部。原理藩院改称理藩部，总理各国事务衙门改称外交部。又增以邮传部及学部，计最后所存之部九焉。

（丙）**地方组织** "自秦变古，王制亡，始郡县天下"，而后乃有中央与地方之可言。虽然，郡县组织春秋战国即已有之，秦不过画一之而已！县之始也，或出于灭诸侯国以为县，楚灭陈，灭九国，皆县之，即其例；或出于集乡聚邑以为县，鲁语"三乡为县"，即其例；

或出于分私家田以为县,晋分祁氏田为七县,羊舌氏田为三县,即其例。郡之称也盖始于晋秦,以所得戎翟地远使人守之,为戎翟君民长,故名曰郡;《史记·匈奴传》称"赵置云中、雁门、代郡;燕置上谷、渔阳、右北平、辽西、辽东郡以拒胡;魏有河西、上郡,以与戎界边,即其例。"然则郡县为制,固非创于秦也。惟秦既统一方域,郡县始有系统可寻,此又功必称秦焉。自秦以后,历代之地方组织,均以县为初级区域,县之上或郡或州,不能有定;然对于京畿所在者,无论中央是否采绝对集权主义,大都较一般地方为重视。秦之内史,汉之三辅,晋之司州,隋唐之京兆,元之腹里,明清之直隶,皆然。故普通之郡,以守或太守称者,京都所在之郡必特称之为尹;普通之州,以刺史称者,京都所在之州必特称之为牧。而如宋在乾道时,会以皇太子领临安府尹事,清在雍正时,尝以部院大臣兼管顺天府尹事,可知其要。至于一般地方组织;则秦为郡县二级制;汉为郡国二级制,魏晋南北朝为州郡县三级制;隋为州县二级制,又为郡县二级制;唐于道府外,州郡互有废置,然实际上仍二级制;宋除路外,府州军监为同级,下为县,仍二级制;辽金元地方组织复杂,或竟无整然之级可言;明为省府及州县三级制;降而至清为省、道、府、厅州县四级制。盖清设省十八,光绪时增为二十有二;省下设道,十八省共八十有一;道下设府,府下设县;州厅参列其间,或直隶如府,或分治如县,遂构成四级地方区域。然在职官上,则督抚又自成一级,共五等。省之官守,最要者为布政按察两司,及提督学政等。道之官守为守巡道;府之官守为知府等;州之官守为知州等;厅县亦如之。惟直隶州,其所治州即以知州行知县事,不另设知县也;直隶厅同。此外若诸藩部,诸土司等,则又特别之地方行政区域,不详赘。

至于县级以下之乡治,《周礼》盛言六乡六遂之制,《管子》亦有朝治乡治之分,纵其为制不皆可信,而乡治在周必甚发达。以秦之集权,乡制犹有可称,汉且因之,则知其有沿于旧而未尽改焉。乡治以两汉最盛,自隋而衰,明清虽有振作,实则含以特殊目的,非两汉之旧也。汉制,县下有乡、有亭、有里。盖民有什伍,善恶相告,里有里魁,掌一里百家。十里为亭,亭有亭长,主捕盗贼,承望都尉。十亭为乡,乡里三老,啬夫,游徼及乡佐有秩等。三老掌教化,由中央择有德行能力者为之;武帝时,壶关三老茂上书,明戾太子之冤,则知三老选任必慎重也。啬夫职听讼,收赋税;但东汉设有乡佐,主赋税,于是啬夫与有秩,则以知民善恶为役先后,知民贫富为赋多少,平其差品为主。啬夫因掌乡政,故麦延为外黄乡啬夫,仁化大行,民但知有啬夫,不知有给县矣。游徼掌巡禁盗贼,实近于今之警察。凡此,皆乡制之要端,《汉书》所谓"百石以下,有斗食佐史之秩,是为少吏"是也。至于县,或增以县三老,乡之小者或置县啬夫,乡治精神县兼有之。魏晋南北朝,乡制虽渐破坏,但晋之乡仍有啬夫,里仍有吏;魏齐亦有里长里正之设。隋,开皇十四年尽罢乡官,乡治为之一表。且自北朝以后,所谓乡里者,惟趋重于警察与税收两事,已非两汉之旧。唐,依其令文,百户为里,五里为乡,四家为邻,三家为保。里设里正,掌按比户口,课植农桑,稽察奸宄,催课赋役;又在邑居者为坊,坊置坊正,在田野者为村,村置村长。故唐亦无可称之乡治。宋,熙宁三年,诏行保甲法,但主旨则在改革兵制,非可奢言乡治,而在元祐后,亦与其他新政同归颓废。元,五十家立一社,以高年晓农事者为社长,负督课之责;凡疾病、凶丧、农桑、旱潦,均由社中人自相营救。元虽暴虐,此点则较可称;然而官府所望于社者,仍重在查点丁户,申报于官而已!明代乡制,较为完备。以百有十户为里,其中十户为长,丁粮多者当之；余百户为十甲；并选年高有德，众所信服者，使劝民为善，称为里老或老人，惟至宣德年间则废。凡里，各有乡约之规定，揭于乡约亭中。每当会日，里长甲首与里老集合里民，讲谕法令约规，莫敢无故不到者，或则置有申明亭，里民不孝不悌，或犯奸盗者，榜示姓名于上，发其羞恶之心，而改过自新者则去之；里老于婚户田土等细故，许其于申明亭劝导而解决之。此外有里社，立坛祭五谷神而祈丰熟，祭毕、里人相与宴饮，并申抑强扶弱救贫之誓。有社仓，以储粟米而备凶年；有社学延师儒以教乡里子弟。秩序整齐，号称极盛。然其主要目的，则在教谕人民"各安生理，勿作非为，"故讲乡约，必立洪武钦定训谕于正中；入社学，必读御制大诰焉。末年，改里甲为保甲，名异而质同也。清代乡制，成为法定者，保甲制度是也。保甲重在警察作用，而收税户籍之事时亦附之。当清之初，令各乡村十家置一甲长，百家置一总甲，稽查盗贼逃亡之事，而递报于州县；一家犯罪，九家甲长总甲不报者，俱以罪论。乾隆以后，改十家为牌，牌有牌头；十牌为甲，甲有甲长；十甲为保，保有保正；举凡灶户、矿厂、寺观、店埠、棚寮、边徼、海船皆编甲焉。其统辖保甲之事务，则设特别机关，如各省之保甲总分局是也，然在末年，以奉行不力，亦渐归于废弛。最后，因变法故，于光绪之末，颁行城镇乡地方自治章程；宣统元年（1909年），又颁行府厅州县地方自治章程，及京师地方自治章程；未及实行，清室已覆。

二、关于兵事组织者

设官所以理政，置兵所以戡乱；故兵事组织之健全与否，颇与一代之兴亡治乱有关。盖其弊也，适足为乱，更或困天下以养乱焉。殷代以前，兵制莫考，至周而始可征。军队编制，五人为伍，五伍为两，四两为卒，五卒为旅，五旅为师。然在经今文家，则以师为一军，天子六师，方伯二师，诸侯一师；经古文家则以五师为军，天子六军，大国三军，次国二军，小国一军，说各不同。但晋鲁各作三军，确为事实，则古文家之说自较可信。至于出赋，经今古文家仍非同一传述，而古文家所据之司马法，亦有两说；但在战国时合全国之人而课兵役，则亦事实也。兹就秦以后及之：

（甲）**军队之编制** 专从人数方面而言军队之编制，或不得其详，或失之于繁，且亦无关宏旨。姑言其荦荦大者。然秦之军队编制，史则不尽详也。秦收天下之兵器，铸以锺鐻金人。置太尉、郡尉、县尉各主兵；且北筑长城，南守五岭，时发谪戍之卒数十万。军权集中于皇帝，固可知之，但其常备之军与其临时发遣，究为如何组织，史无可考。意者，秦或有袭于周之旧制也欤？汉之军队编制，以京师为主；京师屯兵，调自郡国，曰南北军；南军守宫门，卫尉主之，北军守京城门，中尉主之。武帝时，简期门，羽林，掌执兵送从，天子始有亲军；更中尉为执金吾，增置八校，隶焉。光武时，除不常置之胡骑校尉外；并七校为五营，以中侯监之，称为北军五营。据考，南北军合计不过四万人而已。郡国之兵，则有三种，轻车骑士，上郡北地等平地用之；材官，巴蜀、颍川等山阻地用之；楼船，庐江浔阳等水泉地用之。侯国之兵属于都尉，王国之兵属于天子。光武罢诸郡都尉，并职太守，惟边郡偶有置之。至是京兵为重，外兵至不加训练，国有征伐皆赖京兵，终致惫弱。至于两汉实际用兵，亦多有用谪发，则又秦之旧也，魏晋军队编制，以外兵为强。盖自汉灵帝后，州牧郡守各拥重兵，相与为乱，演成三国分割之局。晋统一后，于京师置二卫五军，以挽其势；然既许王国选吏募兵，拟诸周代,而招八王之祸;于是又过削州郡之兵,大郡仅武吏百人,小郡半之,致胡乱之起,力不能制。江左,防敌南下,置北府兵于京口,扬州刺史领之;置另一大军于江陵,荆州刺史领之。恒玄谋逆,刘裕篡晋,即各依此两军之势力。降而如中领军萧道成之篡宋,襄阳镇将萧衍之篡齐,陈霸先之篡梁莫不皆然。元魏,自孝文帝选取武勇之士十五万人,充羽林虎贲宿卫,其后势专而莫能制,各种大都督,各处大行台,又均军阀之根据。元魏之分为东西,齐周之分别代魏,隋扬坚以都督中外诸军事之代周,皆莫离乎所谓军阀之势力。总计魏晋南北朝,战乱频仍,兵无定制;将军名号虽多,要皆临时为法,实无确定之编制也。

隋唐军队编制,以府兵为著。府兵之制起于西魏后周而备于隋。隋置十二卫,各有将军,分统诸府之兵,府有郎将副郎将坊主团主,以相统治。唐武德初,始置军府,至贞观十年而制大定。诸府总曰折冲府,天下十道,共置府六百三十四;其在关内者二百六十一,乃近几兵,隶于诸卫及东宫各率府。府有三等,上府千二百人,中府千人,下府八百人;各置折冲都尉,及左右果毅都尉等职。其组织也,十人为火,火有长;五十人为队,队有正;三百人为团,团有校尉。岁终,折冲都尉率其府兵习战;平时无事则耕于野;诸府每岁轮值,宿卫京师;四方有事,则下符契于州刺史及折冲,勘契乃发,临时或命将统之,事讫,将上所佩印,兵归诸府。迨高宗、武后时,府兵之法浸坏,玄宗用张说策,代以彍骑,而为宿卫之任,分隶十二卫,总十二万。天宝末,折冲诸府固至无兵可校,而六军宿卫又皆以市人充之,于是方镇之兵盛矣。及其末也,强臣悍将兵布天下,而天子亦自置兵于京师曰禁军,其后天子弱,方镇强,而唐遂亡。宋代军队编制,以禁兵为重。五代天子之兵,仍即前此藩镇之兵,故变乱相寻,十国并立;周世宗始务弱外州之兵,以强京师。宋兴,祖述其策,尽收天下劲兵,列营京师,为卫天子,称曰禁兵,由殿前侍卫两司总之。其在外,非屯驻、屯泊,则就粮军也。故诸镇重兵,皆由卫兵更戍;且兵无常帅,师无常师,内外相维,上下相制,固得其道,然而弱矣。其在诸镇原留之兵,类皆残弱,称为厢兵,仅给役而已;至于选自户籍或应募,使之团结训练,以为在所防守,则曰乡兵;此外又有蕃兵者,塞下内属诸部落,团结以为藩离之兵是也。当神宗时,有兵百万,不能一战;王安石变法,乃改"将兵"制,并行保甲法,拟以民兵代募兵;哲宗时,废五路义勇,民兵亦坐是不振。南渡后,内则有御前五军,外则置三宣抚司;实际上兵虽多而不知用,且往往不战自溃,此宋之逼于辽,败于金,而亡于元也。

辽金军队编制,部族为重,但元制则较复杂。辽自部落而兴,举部皆兵,太祖用兵云中已有兵三十万,后每帝即位,必分州县,析部族,以置宫卫军;亲王大臣亦自置私甲,曰大首领部族军;众部族军则隶南北府,守卫四边。至于五京乡兵,则以土著之民充之,责在保卫地方,不恃以作战;属国军有事则征之,助军众寡各从其便,无常额。金同于辽,亦起于部落,最初兵不满万,徒以善用,所向无敌。诸部长于战时称谋克,百夫长也;称猛安,千夫长也,其后行军,于猛安以上置军帅,再上置万户,再上置都统。最后改都统为元帅府,平时则称枢密院;并罢万户官。元之兵出于本部族者为蒙古军;出于诸部族者为探马赤军;既定中原,发民为卒者为汉军。典兵之官,视兵数多寡,为爵秩崇卑,长万夫者为万户,千夫者为千户,百夫者为百户,皆世官。天下既定,兵皆有籍,于内立五卫,以总宿卫诸军;于外置总管于万户以下,总把于千户以下,弹压于百户以下,而枢密院为之总领,遇方面有警,则置行枢密院,事已则废。大抵河洛、山东,以蒙古军探马赤军分成之,江南之平,亦有分成之兵。元制,内外兵皆有屯田实则略汉人地,用以养兵也。

明代军队编制,卫所为重。自京师达于郡县,皆立卫所;外统之于都司,内统之于五军都督府,而上十二卫为天子亲军不与焉,征伐则命将充总兵官,调卫所兵领之,既旋,则将上所佩印,官军各回卫所,盖得唐府兵遗意也。其为制也,太率五千六百人为卫;千一百二十人为千户所,百十有二人为百户所;所设总旗二人,小旗十人,大小联比以成军。卫所之兵,番上京师,则总为三大营;三大营者前为五军营,三千营,神机营;后则以神枢营易三千营是也。卫所而外,九边重镇设有边兵以防蒙古;沿海沿江设有防兵以防倭寇;至于各郡县之民壮,各边郡之土兵,则用其保卫地方,征调甚罕。然其坏也,卫所之兵疲于番上,京师之旅困于占役,训至末造,行伍衰耗,盗贼蜂起,禁军溃崩,国遂以衰。

隋至清代,军队编制,前后则有五类之多。乾嘉以前,仅有经制兵二种,八旗兵多用于出征,绿旗兵多用于安内是也。八旗兵,旗以色别,每佐领三百人,五佐领设一参领,五参领设一都统;满洲八旗外,又有蒙古八旗,汉军八旗,系就最初降服者编之,兵皆世袭也。入关后,八旗有禁旅及驻防之分。禁旅称为京营,有属于戍卫者,有属于编练者;驻防则另筑城,率眷聚居,定额共约二十五万人。至临时征发者,则编佐领,不隶八旗。绿旗兵以绿旗为帜,又称绿营,乃汉兵也。京都有巡捕五营,各省有都标、抚标、提标、镇标、军标、河标、漕标之分,而不相连属;总督固可节制抚提镇各标,提督固可节制镇标,皆人之关系;其组织,则标下分为营协而已;总计绿旗兵凡五十余万,惟皆不足额,且多老弱不任事者。非经制兵有三,川楚教乱后始渐有之。一为勇营,系由乡团而改者,湘勇淮勇即其著者；光绪间，立武卫军，亦勇营也。一为练军，系抽调绿旗壮丁而练者；直隶练军创于同治初年，共六军，凡一万零三百八名。因行之无实效，袁世凯又从新编制，认真训练，以新建军称。一为海军，越南役后设海军衙门，又置北洋海军提督一员；凡海军二十营，以旅顺口、威海卫为屯据军港，甲午为日本燔焉。海军衙门废，所存仅巡洋舰十五，炮舰十三，运送舰三，水雷艇十六而已！

（乙）**兵役之征调** 古代兵农合一，虽有人否认之；然在大体观察上，则莫离于此。秦汉之间，兵民确系不分，秦有材官之位，当亦征兵于民。临时有事，则发谪戍之卒，往往数十万，以致天下骚然。逋亡、赘壻、贾人皆所谪戍者。汉兴，兵民亦未尝分，南军调之于郡国，北军调之于三辅，皆出自民间。民年二十三为正，服兵役，一岁为卫士，二岁为材官，习射御骑驰战阵，年六十五衰老，乃免。戍边之责，任何人皆当值以三日，称为卒更；其不能自行，或不可三日还者；纳钱三百入官，官给既往之人，使遂留一岁者，称为过更；其贫者欲得雇钱，次当往者出钱给之，每月二千，称为践更。至于谪发，则以死囚，亡命者，不良少年，有罪官吏，赘壻，贾人，及父母祖父母之有市籍者充之，强令从军，非征亦非募也。武帝征匈奴即用之。自武帝设八校，首创募兵之端；盖募知越事者为越骑，而以越骑校尉主之，募知胡事者为胡骑，而以长水校尉或胡骑校尉主之是也。降至东汉，光武利用群盗之力，破王莽军，定天下后，罢郡国都尉，省都试之役；民自是始不能兵，终魏晋南朝，兵皆以募集为主焉。

隋、唐之间，寓兵于农，然其后又有募兵之制；六朝时，北方五胡迭起，除本族人为兵外，兼用异族兵；汉兵初为例外之用，但系抽丁，有近于征，石虎伐燕，五丁取三，四丁取二；苻坚伐晋，十丁遣一，其例也。周齐之末，诸种人均甚凋敝；又复参用汉人；且以军资拮据，不得不令兵士屯种自食，遂开府兵之端。唐兴，府兵之制，民年二十为兵，六十而免，其能骑而射者为越骑，其余为步兵武骑排𬩽手步射；其居处教养畜材待事动作休息皆有节目，故无事时，皆耕于野，实寓兵于农也。迨府兵之制坏，张说乃请一切募士宿卫，是即𬭚骑，复归于募兵。而以唐宋之间为最著。唐末士卒疲于征役，多亡命者，梁令诸军悉黥面为字，以识军号。宋因之。或系土人就所在应募，或取营伍子弟听从本军；或募饥民以补本城，或以有罪配隶给役，取之虽非一途，而伉健者迁禁卫，短弱者为厢部，制以队伍，束以法令，天下犷悍失职之徒，皆为良民之卫，尚不失为因时制宜之法。但因兵数过多，兵费无出，而训练亦难周密，遂不能用。其时之所谓乡兵，除由土民应募者外，亦有选自户籍者，英宗尝纳韩琦言，整顿河北、河东乡兵，以佐募兵之不及，而司马光非之。但如范镇等均以"取兵于民则民稀，民稀则田旷，田旷则赋役重，赋役重则民心离；寓兵于民则民稠，民稠则田辟，田辟则赋役轻，赋役轻则民心固"为解，故王安石遂主张施行保甲法，使民渐习为兵，民兵成则募兵减矣。神宗卒从其议，惜至元祐为司马光所罢；民兵不振，募兵又盛。

　　辽、金、元，征兵为主，入中国后则以募兵辅之。辽、金、元得主中国，原因固多，而兵之基础建于部族，征发调遣事同一家，故兵锐将勇亦一要端。辽民年十五以上，五十以下，皆隶兵籍，部族军之组织分子实即此也。金之初年，诸部之民，无它徭役，壮者皆兵，平居则听以佃渔射猎，习为劳事；有警则下令部内，及遣使诣诸"孛堇"征兵，凡步骑之仗粮，皆取备焉。元之蒙古军，探马赤军，家有男子十五以上，七十以下，无众寡，尽签为兵。十人为一牌，设牌头，上马则备战斗；下马则屯聚牧养。孩幼稍长，又籍之曰渐丁军。其他在多事之秋，亦有一时征调之举,大都取自户籍也。然辽、金、元虽以征兵为主,入主中国后,部族军或自为分裂,或不足实用,或世袭而失其旧,渐归于衰,募兵遂兼用之矣。最著者,如金之招集燕、赵亡命,称忠义军,虽一时获用,而终不可用;后更擅杀北使唐庆,以速金亡;元之得宋募兵,号新附军;而所谓答刺罕军者,则又应募而集者也。

明之世,卫兵世袭,民兵一则有征募之争;取兵隶于卫所者,有从征,有归附,有谪发。诸将所部兵,既定其地,因以留戍,谓之从征;胜国及僭伪诸降卒,谓之归附;以罪迁隶为兵者,谓之谪发;其军皆世籍也。崇祯三年,范景文上书,谓"祖制,边腹内外,卫所棋置,以军隶卫,以屯养兵;后失其制,军外募民为兵,屯外赋民出饷"云云,则知卫所兵之衰微,募兵之代兴也。因卫所兵为正兵,故募兵遂以民兵或乡兵或民壮称。民兵,虽如方谦、张居正等,皆主张籍民丁多者为军,而实际上则皆募民为兵,非征民为兵也。卫所官军原额二百七十余万,岁久逃亡,故土兵民壮之增募,实为当时急政。弘治中,民壮募有三十余万人,土兵无虑数万,即知之矣。清之世,旗兵世袭,其他各兵则出之于募;清亦一部落而渐扩大,故其始也,同于辽金元,部族皆兵。及入中国,八旗兵遂皆世袭,不加训练,故因之而衰。盖世袭之兵,兵自成一阶级,其弊甚于募兵也。绿营,则系马兵拨于步兵,步兵拨于守兵,守兵拨于余丁,无余丁者则仍募于民。至若勇营,系乡团所改,亦非尽出于征,实乃民自为募耳。

三、关于司法组织者

刑始于兵,师出以律,故谓大刑用甲兵,并称法官曰司寇;古代兵刑合一，当不失为一种事实。但如谓白龙、西火为伏羲、神农之法官，白云、西水为轩辕、共工之司刑，爽鸠见称于少皞，金正策名于颛顼，则皆臆断闲言，不足为据。甚如《尚书》及曲礼郑注所谓舜命皋陶作士，夏曰大理，殷曰司寇，亦不必尽属可靠，或沿后世之制而追称耳。周，法官统名秋官，或泛言理官，详则莫考；而春秋各国有司寇，陈楚有司败，齐有士，晋有理，散见经传，当较可信。周礼作者，或抚取之，用拟一代盛制。据云，刑官以大司寇为之长，小司寇副之，属共六十。其主要者，如士师掌一国五禁之法，以左右刑罚，乃主察狱讼之事也。乡士主六乡之狱讼，遂士主六遂之狱讼，县士主县之狱讼；于是王畿以内、国中、四郊野皆各有法院也。方士掌都家之狱讼，讶士掌四方诸侯之狱讼，于是对于采邑及王畿以外，又各有刑官也。其狱之疑者，则朝士主之。士有上士、中士、旅下士之别，颇近现代推事之等级；其所属之府、史、胥、徒，则又有类于今日书记官录事、承发吏或警长，法警之性质。更有禁杀戮禁暴氏等官，亦无异于近世检察官之地位也。周制绝无周礼所拟之文明，而谓其毫与事实不合，则亦不尽然也。至于秦汉以降，民刑两事终未进而显然分立，行政与司法之在地方，反又愈进而愈混淆，既以刑官代法官之称，复以司法官寄于行政官中，直至清末变法，始有所革也。兹特就秦以后分别述之：

（甲）**中央之司法组织** 历代设官理刑，固各有其事责，然在唐以前，帝王均可左右司法，随意轻重，故秦有廷尉之官，而始皇则"专任刑罚，躬操文墨，画断狱，夜理书，自程决事日县石之一"。汉，张释之以罚金治犯跸者，以弃市治盗高庙玉环者；亦幸有文帝之仁慈，释之之守法，且帝良久而始许"廷尉当是耳"。即在唐以后，不必每案皆奏，顾既有请章之制，是仍未废帝王之干涉司法。

虽曰、请章之上必须死刑,且为合于应请之人,并须豫拟其罪名,或斩或绞,帝王只能宽于法外,不能严于法内,而为仁政表现之一种;然实无解于支配司法之嫌也。故历代中央之司法组织,倘从实际而言,帝王终不失其最高审判机关之地位,而廷讯制或御前会审制,尤为显著之事例也。此既为历代所共同者,惟有舍之而论其次。

由秦迄于北齐,廷尉主掌刑狱,御史兼理疑案,后代刑部则亦权舆于其间也;秦以廷尉当司寇之任,掌刑辟,汉因之,列于九卿。景帝、哀帝间曾各更名大理,王莽改曰作士,武帝、光武帝皆又复廷尉名,掌平狱奏当所应,凡郡国谳疑罪,皆当处以报。其下置有正,左右监,左右平。东汉省右监平,仍以左监平称;曹魏仅称监,评,且增以律博士;晋承魏制,惟改平为评;刘宋南齐,增设丞,丞所始也。梁初一度改廷尉为大理,旋仍称廷尉,列为秋卿之一;陈如旧。其在北朝,魏无何改,齐则称为大理寺,置卿、少卿、丞各一人,其下除仍正、监、评、律博士外,并置明法掾、槛车督、掾、狱丞、掾、司直、明法等官,共五十七员。此廷尉官职之变迁,乃隋唐以后,大理寺之所始也。然廷尉之在汉,虽为刑官之尊,天下之平也,实未可以言专。京师之外,守令权重,京师之内,三辅分治,狱讼自论决之;廷尉者诏狱,即诏书所系治之狱是,必事之可疑者始然,而最后决定之权,仍由君相坐而论定,廷尉诸官不能专断。此外又有行冤狱使者,以分廷尉之权。廷尉以外,御史兼佐君相典法度,掌律令,理大狱,治疑案。汉,御史皆冠法冠,中丞奉诏治狱,侍御史虽居殿中,即有逮捕犯人之责;武帝时,于侍御史中置绣衣直指,出讨奸猾,治大狱。宣帝时,斋居决狱事,令侍御史二人治书;其后遂别置治书侍御史,掌以法律当天下奏谳,定其是非;盖与符节郎共平廷尉奏狱,当其轻重耳。魏治书侍御史但掌律令,置治书执法,掌奏劾;吴有中执法,左执法;御史渐专弹劾之任,不实际参与狱讼之决焉。但在晋,则尝置黄沙狱侍御史一人,秩与中丞同,掌诏狱,及廷尉不当者皆治之。此后,御史惟主论劾之责任,以察百官之犯罪为尚。至于后世刑部之始,汉成帝时,置三公曹尚书,主断狱;东汉有二千石曹,有中都官曹,主辞讼罪眚水火盗贼,其滥觞也。魏无三公曹尚书等,而置都官曹郎等,南北朝扩张其权限为都官尚书,又隋唐刑部尚书之所自改也。

由隋迄唐,廷尉寺改称大理寺,与御史台刑部分掌司法,而其他行政官吏恒亦参与其间也。隋,不采北周之制;盖北周设官,独成系统,秋官大司寇,小司寇,刑部中大夫,下大夫,司厉下士等,皆法官之属;御史台亦兼掌法禁,而以司宪称焉。其所承者齐制,故置大理寺,设官如旧,惟开皇三年,则罢监、评、律博士等员,加置正为四人;炀帝时,改丞为勾检官,增正为六人,分判狱事。司直增置其数,降其品级;并别置评事四十八人,仅正九品,为后世大理寺有评事之始。都官尚书在隋,改为刑部尚书,炀帝又置刑部侍郎,是为刑部尚书侍郎名称之始。天下刑狱上于尚书省,刑部隶于其下,以主掌之。是偏于司法上之行政事务者;其遇有死囚及可疑者,则移送大理寺,考核鞫讯后,奏上请裁,是偏于审判之责者;再有不当,则御史台纠正之,是偏于纠察之责者。然而文帝晚年,每于殿廷问事决罚,或杖或杀,亲自监临;至炀帝愈肆淫刑,理刑之官,实亦等于虚设。唐,大理寺为审判之官,卿、少卿掌析狱详刑;正,掌议狱,正科条;丞掌分判寺事,正刑之轻重,司直评事掌出使推按。京师徒刑以上由其讯断,送其审断,其下则由京师法曹参军事与诸司断之;若执金吾纠获,亦送大理。御史台为行政诉讼与检举之官,大夫掌以刑法典章纠正百官之罪恶,中丞为之贰,侍御史掌纠举百寮,推鞫狱讼;监察御史掌分察百寮,巡按州县狱讼。刑部为司法行政之官,尚书侍郎掌律令刑法徒隶按覆谳禁之政。三机关之责任固各有其所专,然刑部以司法行政机关,对于大理及天下奏谳则有按覆之权,遂不免侵及审判权限。盖大理讯断京狱,流徒刑皆送刑部覆核,州县徒罪以上者,亦达于刑部,除死刑必奏外,流徒仍由部核,或责令更审,或径为覆判,其事刑部郎中员外郎掌之也。至于大狱之鞫,往往诏下尚书刑部,御史台,及大理寺同按之,谓之三司推事,为明、清三法司之所本,于是御史亦参与司法矣。且死罪等,大理寺审断后,初则仅由刑部上奏,准其可否,后又命刑部会同中书门下二省更议,虽曰慎刑,而中书门下皆参与司法矣。此外天下冤而无告者,则给事中,中书舍人,侍御史鞫其事,分直朝堂,迭知一日,谓之三司受事。穆宗时,又下令有司每断大狱,令中书舍人一人参酌而轻重之,号参酌院。其目的固在申理冤滞,并正刑部大理寺之弄法,然司法权之不统一,殊为显然。

有宋一代,覆按之权,由审刑院而刑部,审断之权由御史台而大理寺,辽金两朝则又有异也。宋在元丰以前,刑部掌狱讼奏谳赦宥叙复之事,司法上行政事务为主,初犹详覆诸州大辟案,太宗时,夺其覆按之权,增置审刑院于禁中,有知院及详议官六员,详断大理寺刑部所断案牍,而上中书以奏天子论决。真宗时,又置纠察刑狱司纠察官,凡御史台开封府及在京有刑按之处,刑在禁徒以上,即时以报,若理有未尽,或置淹恤,追覆其案详正而驳奏之。于是详天下之法,其责归于审刑纠察矣。元丰官制行,两罢之,入其职于刑部,刑部遂又有详覆之权,此其一也。大理寺,宋初尚有定员,分掌断狱,旋以他官兼理详断官检法官等职;狱讼之事随官司决劾,本寺不复听讯,但掌断天下奏狱,送审刑院详讫同置,以上于朝,故大理寺几同虚设。当时断天下之大狱者,实际上为御史台,台置推直官一人,专治狱事,并设狱以霸罪囚;后又置推勘官多人,鞫讯大狱,元丰间罢之,惟置检法一人,掌检详法律而已!自是大理寺始置卿、少卿、正、推丞、断丞、司直评事之官,主掌折狱详刑鞫断之事。职分左右,少卿分领;凡天下奏劾命官将校及大辟囚以下,以疑请谳者隶左,称曰断刑,由评事检法丞议之,正审之;凡在京百司事当推治,或特旨委勘,及系官之物应追究者隶右,称曰治狱,由丞专推鞫之。此又其一也。至于刑部大理寺所断狱不当罪,则由门下省以法驳正焉。辽初决狱,悉由南北两院办理,南院治汉人,北院治契丹人;而事关覆奏者,则以翰林学士给事中及政事舍人详决之。后始置大理寺少卿及正,主详决狱讼之事。南北两院之分,其特点也。金,各法司由汉人金人辽人分任其职;刑部大理寺皆同中国之旧;凡内外刑狱所属,理断不当,有陈诉者付御史台治之,则又同于宋初而异于元丰以后也。

元入中国,废大理寺,既于宗正府置断事官,又于刑部置狱,行政与司法更混同也;元初,于中书省置断事官,掌刑政之属,其名甚重,每以相臣任之。大宗正府亦置断事官,曰札鲁忽赤,掌诸附马投下蒙古,色目人所犯一切公事,及汉人奸盗诈伪诱掠逃驱等罪。仁宗皇庆元年,以汉人刑名归刑部,刑部置狱自此始,盖始终未设大理寺也。泰定帝又复初制,增札鲁忽赤为四十二员;而以省台覆核之;并诏自罪囚当释者,悉由宗正府审核,于是刑部虽存,不复过问刑狱之事。旋又定制,以上都大都所属蒙古人,并怯薛军站色目与汉人相犯者,归宗正府处断;其余路府州县汉人蒙古色目词讼,悉归有司刑部掌管焉。

由明迄清,天下刑名归于刑部,都察院则司纠察,大理寺惟司驳正,大狱则九卿会审也;明清,理刑之官内有三法司,刑部、大理寺、都察院是也。刑部掌天下刑名讞断及徒隶勾覆之政令,其所属之清吏司,分司一省刑名,而陵卫旗府在京诸曹等刑名,亦分隶之。凡刑狱申报刑部者,如为死刑则须奏闻,如认为供词不符或情有可矜者,则有权可以驳回,或更定其刑,然亦须奏闻。大理寺掌审讞平反刑狱之政令,在唐宋以刑部覆大理,明、清则以大理覆刑部,大理寺至是仅为慎刑之机关,止阅案卷,囚徒俱不到寺,故其官仅以能按律出入者为称职耳。都察院为御史台之所改,都御史职专纠劾百司,辩明冤枉;监察御史分理各省之刑名。明代,并代天子巡狩,按断所至,必先审录罪囚,吊刷案卷,有故出入者理办之,称曰巡按,清废。大狱重囚,在明,由都御史会鞫于外朝,偕刑部大理讞平之,不当,则下九卿参议,谓之圆审;在清,会勘之案先经刑部审明,送都察院参核,既确,送大理寺允,会稿具奏,应议大政大狱,则由六部都察院大理寺,通政司共理,谓之九卿会审。通政司者,四方申诉冤滞或告不法者由其奏闻而已!此外,明尚有刑科都给事中等官,掌罪囚之数,清则科道合一,不另设焉。明代法院组织,有不衷古制者数事,锦衣卫、镇抚司、东西厂是也。锦衣卫初本专司卤簿侍从,后,处理诏狱,有罪者,往往下锦衣卫鞫实。旋以治狱者多非法凌虐,乃焚刑具。出系囚,送刑部审录,诏内外狱咸归三法司,罢锦衣狱,成祖时覆置之。镇抚司,原各卫皆置之,锦衣卫中亦有,理卫中刑名,成祖时称为南镇抚司,另增北镇抚司,专治诏狱,并刻印畀之,狱成得专达,不关白锦衣,锦衣官亦不得干预。东厂立于东安门北。令中官提督之,始于永乐十八年;缉访谋逆妖言大奸恶等,与锦衣卫均权势。西厂,宪宗时置,以汪直督之,所领缇骑倍东厂,冤死者相属;末年始罢。武宗时,刘瑾用事,复设西厂,以其党领之,瑾又立内行厂自领之,酷烈尤甚;瑾诛,俱废。神宗时,中官冯保擅权,又建内厂,盖即西厂之变相,于是更名东厂曰外厂;魏忠贤秉政,于内外厂备刑剧惨,实为一代之羞。清代法院组织,有异于明制,而承辽元之旧者一事,清族之诉讼管辖是也。有构成千古变局者一事,变法是也。凡宗室觉罗犯罪,由宗人府会同户刑两部审问,八旗包衣由内务府审问;在京之旗人则由都统审问,徒以上皆咨刑部。其在外之旗人,由将军、都统、副都统审问后,流以上则须申请于京。盛京旗人,徒流上,由盛京将军各部府尹会同审决之。至于清末变法,所谓三法司者,除废都察院外,刑部改为法部,专掌审核刑事案件及司法官任用等事。大理改寺为院,专掌全国第三审上诉案件,以书面审理之;有误或发回重审,或询问原审官;无误,则奏请下法部施行,并以原案卷宗径交法部,由部行文原省,照判执行。

(乙)地方之司法组织　历代地方狱讼,其审判之机关,自下而上则有两类。一为乡老里正之属,主一乡一里婚姻田土之讼,其不决者则由有司理之,故其性质,实一调解机关;其关于刑事者固亦可施薄惩,而其性质,又一警务机关;皆非审判机关之正也。一为真正治狱之官,此则以各地方区域之长吏为主,而以佐贰辅之。其变迁恒随地方基本组织之变迁而然。如行分治制度时,各分治官吏并有监督司法之权焉。秦汉南北朝之间,长吏不必亲自听囚,然实操专杀之权也。秦制莫可详考,汉既承秦制,则亦有采自秦者。汉,乡里狱讼,由啬夫听之,又有游徼循禁盗贼,则有近于治安审判之意义。乡里不决者,送有司,郡为守,县为令,国为相;其佐而治狱者,有决曹贼曹掾。守令相亦同三辅,除重狱外,有专杀之权,不待奏报而论决者时见之。至于刺史,其初周行郡国录囚徒,奏事京师,尚系一监督司法之性质;后权渐重,亦直接参与司法之事。魏晋,乡治如旧,各郡县皆置有贼曹,佐守令以治狱;凡令审囚毕,申报于郡,郡遣督邮案验之;督邮者郡守佐吏,主督察属县愆尤之官也。至于刺史因持节之故,其对罪囚固有专杀之权焉。南北朝略同魏晋,惟刘宋以督邮贱吏,所按验者何能有异于县令,遂废其制。因下令自后凡县审囚毕,以事言郡,并送囚身,委二千石亲临覆判;不能决者送之廷尉;其在外者则移之刺史,刺史有疑,亦归廷尉。

  隋唐之间,郡县治狱之官,有法曹司法参军事;而巡察使等则为地方司法之监督官也;乡里讼事,隋归有司,唐则先由里正村正坊正调解之,须裁判者归县理之。乡而上者,隋承北齐之制,于县及州或郡,设有法曹参军,理狱讼事;地方不能决者申报于尚书省,由中央审理之。唐,县令,刺史兼掌察冤滞,听狱讼;牧,尹兼掌岁巡属县,录囚;不必躬自折狱听讼。其鞫狱丽法,督盗贼,知赃贿没入者,则法曹司法参军事也。在县称曰司法,有佐,有史两级,人数自十五人至五人不等;在州称曰司法参军事,每州一人,有佐,有史助之;在府称曰法曹参军事,每府二人。此外,隋在炀帝时,设司隶台,有刺史十四人,巡察诸郡;后罢司隶台而有司隶从事之官;其职亦有监督地方狱讼之责。唐,各道有巡察使等官,职主监察,非重审断;故虽州刺史以下审断不平者,人民可向之申诉,且亦可自检举,而实际上颇少直接审判之事,故与宋各路之提点刑狱异也。即偶而参与狱讼,仍非躬自审理,有推官一人推鞫之。推官,在节度使、团练使、防御使之下,均设置,宋因之。明置推官于府,理一府之刑名,此其所自始也。

  宋及辽金,地方狱讼由提点刑狱等官主之,而宋又创州县官须亲自鞫讯之例也;宋,县令平决狱讼,未再有治狱之官;其镇砦之官凡杖罪以上并解本县,余听决遣。县而上者为州,知州,通判,统一州折狱听讼之事。当宋之初,因五代以来,诸州皆有马步狱,以牙校掌刑法,称曰马步院;太祖仿其制,于诸州设司寇院,置有司寇参军,后改为司理院,置司理参军,以进士及选人为之,掌狱讼鞫勘之事,不兼他职,省称司理。后又置判官一员,由各州于牙校中选其通晓法律者任之。凡司理有不明推鞫,致刑狱淹滞者,由长吏具名以闻,蔽匿不举者罪;判官不称职者,则坐其长吏以下。徽宗时,并下令州县官皆须亲自听囚,不许委吏鞫讯,违者徒二年,遂为后世州县官须亲自鞫讯之始,元明清因之。州而上者为路,置提点刑狱,平狱讼之曲直,详州县之审断,其属有检法干办等官,后世按察使之制实权舆于此。惟宋制,州县刑狱,一方申报刑部,一方申报提刑司,其由提刑司认为不合者,更须审核,再行详部。孝宗时,更认为州县必俟提刑司回报后,始行申部,未免淹滞;因令各路州军,凡合应奏者,州郡径自照条申报奏闻,不必俟提刑司回报。故宋之提刑司,权尚无后代按察司之专,而州郡则有直详之权也。至于地方之以府名者,制又有异。开封府尹听中都之狱讼,若承旨已断,刑部御史台无纠察权;佐鞫勘之事者有推官判官。并有司录参军一人,折婚户之讼,盖民事焉;又有左右厢官,分领各坊厢之居民,其有斗讼,事轻者得以决遣,盖警事焉。后临安府亦略同之。凡府皆置法曹,次府亦置司理。辽,平理各地方之狱者,有分决诸道滞狱使,按察诸道刑狱使等官;金,章宗时亦于各路置提刑司,专司一路州县狱讼之事。

元入中国后,各路狱讼,以廉访使及推官主之,然僧徒侵理词讼,又为一代之特色也;元,乡里设社,社长对于不敬父母及凶恶者,籍其姓名,以授有司责之;并以大书其所犯于门,俟其改过自新，乃毁，如终岁不改，罚其代充本社夫役。州县则皆由主之者躬理狱讼，与宋略同。其上，各路设推官，专掌推鞫刑狱，平反冤滞。至于廉访司则在监督各路之司法，不合者，申详宗正府御史台定谳。但廉访司对于命官及有出身之吏各狱，亦逮而审之，后世臬司之称，亦由元始，盖当时即指廉访司而言，见《元史·奕赫抵雅尔丁传》。惟实际上，地方狱讼，蒙古人所犯盗诈，既归于所隶千户鞫问；而诸王驸马又往往私断民间词讼，不归有司处置；且僧徒之权甚重，甚至白昼杀人，擅释囚徒，有司不敢问。凡僧道儒人有争，止令三家所掌会问。仁宗时尝下诏禁僧徒参与讼事；英宗时复令僧俗辩讼，由有司与主僧同问。直至顺帝至正三年，始诏僧道犯奸盗重罪者，听有司鞫问，不必会同主僧；而主僧侵理民讼亦有禁。

  明清之间，提刑按察司为地方最高法司，但清末则又改置审判衙门也。明清之乡约里正，皆负有解讼之责任。州县官兼为治狱之官，除钱债事务，虽有佐贰，无故亦不许代讯。州县之上为府，知府平一府之狱讼，明及清初，皆佐以推官一人，理刑名，欲称刑厅是也。再上则为提刑按察司，设按察使一人。明制，按察使纠官邪，戢奸暴，平狱讼，雪冤抑；参以副使佥事，分治各府县事。按察使与都指挥使及布政使在明分职以治行者，故关于狱讼之事，按察使直承刑部。虽有巡按，乃偏于考察之职，虽有督抚，乃临时偶设之官，与按察使之职权无何损也。清制，按察使虽仍掌法律按劾之事，州县徒流以上之刑狱，由府道覆审后，有误发回重审，无误申详于司；惟督抚在清，既为常设，遂总有监督其所管行省司法之权，于是刑狱由按察司申详督抚，再由督抚咨文刑部耳。清末变法，按察使改为提法使，专主一省司法行政之事。审理之责，则于京师，各省分设高等地方初级各审判厅，分置审判长推事等官，总称审判衙门，合以大理院之一级,所谓四级三审制是也。州县未能设审判厅者,仍由州县官审理;省之未设有高等厅者,如案之主刑为死刑,如申府、申道、申司,司如审录无误后,将全卷送大理院覆判。盖临时变通之制也。

四、关于监察组织者

监察制度,中国之特有也。后世以监察人员之机构为御史台,且兼有谏诤朝廷阙失之责,或别设谏官,故总称曰台谏。惟世人每以御史为台谏,给事中为给谏,实则台自台,谏自谏,而给事中原亦非谏职也。台与谏之合而为一,并使其变为科道制度,乃清之所创耳。何以言之?

(甲)御史 秦汉间之御史大夫,乃副丞相之职;惟其所属之御史中丞,除在殿中兰台掌图籍秘书外,外督部刺史,内领侍御史员十五人,受公卿奏事,举劾按章,兼有纠察之任而已!哀帝元寿二年,中丞出外为御中台主,始专纠察之任;下设治书侍御史,掌以法律当其是非;侍御史掌察举非法,监察威仪。然若讨捕盗贼,慰抚属国,持节送丧,监护东宫等杂权职,亦往派御史理之。盖其时位尚非尊,中丞遇尚书丞郎,须止车执版揖,而丞郎坐车,仅举手礼之;宜其使之杂也。魏晋南北朝,御史官属,时有变更,且仍不免杂差,顾其地位则渐提高。晋时,中丞与司隶分督百僚,行马内,自皇太子以下,中丞无所不纠,初不得纠尚书,后亦纠之。南朝,即行马外,倘监司不纠,亦得奏之。于是职无不察,专道而行,骖辖禁呵,加以声色;除与尚书令分道外,虽丞郎下朝相值,亦得断之。故御史之选也极为重视，与汉之往往以刀笔吏积劳而得者，有所异也。隋，改御史中丞为大夫，改魏晋之检校御史为监察御史；炀帝时复废御史直禁中制，御史始渐远于宫禁。唐，台主为御史大夫，实即汉魏中丞之职；次为中丞，实即汉魏治书侍御史之职。属有三院，曰台院，主纠举百僚，侍御史隶之；曰殿院，主殿庭供奉之仪，殿中侍御史隶之；曰察院，主巡按州县，监察御史隶之。肃宗至德后，诸道使府参佐，皆以御史充当，谓之外台，其势更广。不惟分巡分察之制起自于唐，即各御史独立弹事，风闻弹事，与中丞之不奉违法制诏，亦皆极盛于唐。宋，形式上虽承唐旧，然御史大夫永未除人，后且裁去；中丞并多用他官兼理，甚至宰相属官亦可权之，自难望其地位独立。但其置言事御史，兼领谏职，则又早开台谏合一之端矣。辽，南面朝官中，亦有御史组织，制不完备；金则适与之反，且有各种法令；督促御史之行使职权，而以不去官为其保障，故能恢复唐代之精神也。

元，御史台之地位甚高，且有行御史台；但其所属，除察院外，仅有一殿中司，设殿中侍御史二员而已！明，洪武十四年罢御史台，扩大察院组织，称都察院。设左右都御史，左右副都御史，左右佥都御史，及十三道监察御史一百十人；其在外加都御史，副佥都御史衔者有总督、巡抚、提督、经略等员。清自雍正元年，以六科给事中并入都察院；台谏合一，科道连称，而都察院之所掌，兼为"整饬纲纪，谏言得失"矣。至于明之左右佥都御史，清亦裁去；右都御史，右副都御史，明皆实官，清则仅为督抚兼衔，是又两代之所异者。

（乙）谏职　御史在纠察官吏，谏官在监督政府，此中国专制政体下之两大特殊制度；惟御史愈后，其权愈重，谏官愈后，其职愈微,盖本于君权之渐增而然也。两汉三公,兼负谏职,国有大过,三公通谏争之;故哀帝在位,丞相王嘉之得封还诏书,自非无由。其专负谏职者,为光禄勋之属官、大夫、议郎是也。故掌以议论,应对,无常事。至于给事中,秦本有之,但与汉同为加官,无正员,章帝以后并废之;其所加者,仍不外大夫,博士,议郎耳。侍中虽亦始于汉代,且掌侍左右,备顾问应对,乃君主亲宠之官,不能以谏职比。魏,光禄已不复居禁中,故无兼领谏职之必要;文帝置散骑常侍,掌规谏,其下又置以给事中,以加官也。晋,散骑常侍与给事中虽隶门下,而别为一省。南朝改集书省,掌侍从左右,献纳得失,省诸奏闻,文书意异,随事为驳,故封驳乃集书省之职,或非给事中一官之专也。同时门下省掌侍从左右,摈相威仪,尽规献纳,纠正违阙,亦兼谏职也。元魏北齐,谏职完备;惟北齐之中侍中省,掌出入门合,不似南朝门下省兼有谏职;而北周之给事中士,亦只掌理六经及诸文志,给事于帝左右,尤非谏职耳。

隋以集书省并归门下省,长官曰纳言,并有散骑常侍,谏议大夫,给事等官;自是门下省成为谏职机关。炀帝多所改革,谏职遂衰。然在唐又复重,除左右散骑常侍,左右谏议大夫外,又有左右补阙,左右拾遗,各掌侍从讽谏,大事廷议,小事上封事。左属门下省,右属中书省,故唐时只有谏官,而无谏署也。至给事中仍隶门下,虽位在左谏议大夫下,而权甚重,但非纯为谏职。掌侍左右,分判省事;凡百事奏抄,侍中既审,则驳正违失;诏敕不便者涂窜而奏,谓之涂归,此其要端也。宋初,置有谏院,以正言知院事,然或以他官领之,或领他官而不预谏事。元丰改制,谏职之长为左右散骑长侍,以永未除人,遂以左右谏议大夫为重,其下有左右司谏,左右正言等官。给事中则因分治六房,统有五案,故能判门下后省之事;南渡后,直为门下后省长官,掌封驳书牍,与谏议之职有异。辽,散骑常侍与给事中皆在门下省,而非谏职;另有左右谏院,设有左右谏议大夫等官,分隶门下中书两省。金废两省,谏院独立;门下省奏驳除授失当事,归之审官院;宣徽院虽有给事中之名,而非其旧。元,谏职不显,左右补阙与给事中,皆负有修起居注之责,更无封驳之权矣。

明,一切谏职皆无,旧所存者仅一非纯为谏职之给事中,故并谏职与封驳等责而合一之,自成一曹,称之为科。凡吏户礼兵刑工六科,各设有给事中,左右给事中等员,掌侍从规谏,补阙拾遗,稽察六部百司之事;凡制敕宣行,大事覆奏,小事署而颁之,有失封还执奏;而大事廷议,大臣廷推,大狱廷鞫,六掌科皆预焉。清,雍正元年,以六科隶都察院,给事中遂以稽察六部百司为主,与御史同其职务;谏言得失固非可望于给事中者,即封驳执掌亦归于乌有焉。

第二章　人事法规

中国在清末以前，专制政体继续存在数千年，人民永无一次参政要求者，其唯一之维系点，选试制度是也。盖君位固非平民之皆可望，卿相则实匹夫之所能得，或赖选举而列仕宦，或从考试以跻显要，贵贱所差非远，朝野由是相通。且往往有学校以教育之，重铨选以布列之，征取天下之人才，发展政府之效能，皆尽于斯。虽关于方法，不无此善于彼之较；关于实践，不无名实相违之事，而历代重视大体无违，此又学令，选举令，考课令，所以尝为法典中之要端也。故数千年中，权臣篡位，平民革命，固恒有之；但参政运动则永无一见，即因人人已有参政之机会，无待要求耳。选试制度不仅可调和以往之政治，且对于共和国家之取士得人，亦有其慎密持平之点，我国今日列考试权为治权之一，岂偶然哉！

一、育才

学校之设，非始清末，中国向已有之；所不同者，在昔偏于道德修养，或经籍温诵，或试艺练习，而非以学为主，更非重视实科耳。最古之学必与宗教相连，制则莫由详考，至谓虞之学曰上庠下庠；夏之学曰东序西序，商之学曰右学左学，周之学曰东胶虞庠，则亦惟有存疑。周时,教育制度平民贵族之分甚显,天子大学曰辟雍,诸侯曰泮宫,此贵族之教育也。然说出王制,非尽敢信。乡有庠序,《孟子》所谓"谨庠序之教","设有庠序以教之",或为事实;而《左传》又载子产不毁乡校之事实,则乡里必有学,乃平民教育也。依王制言,学校除教育外,并用之以养老,国老养于大学,庶老养于小学;《孟子》亦谓"庠者养也,校者教也,序者射也";周代学校或系教养兼施,亦未可知。然至春秋,布衣讲学之风开,蔚为一代儒宗者则有孔子,而墨子同以"有教无类,"自成一派,此风直至战国末衰;且乡校亦成议论执政得失之地,非皆重视于教;故周之学制,纵如各书所载,当系春秋以前之制,至春秋必已成为具文矣。然私家讲学之风既盛,文化得以突飞猛晋,又不可谓非当时学校之衰而始有此结果也。兹特就秦以后及之:

（甲）京师学　历代最高之学府大部置于京师,所谓国学是也。但其中亦有普通之学,或系为特殊身分者所开之学也。秦焚百家书并坑儒生,有欲学者以吏为师,自无学之可言;汉初,崇法黜儒,未遑教育,至武帝而始设学,遂开以后各代设学之先端。顾即以京师学为言,其变迁亦甚可观也。盖两汉国学隶于太常,而以经术研究为主;汉承秦制,有博士官,掌通古今,属之太常。武帝置五经博士,并用公孙弘议,为置弟子五十人,由太常选补;同时并令郡国县官荐举好文学,敬长上,肃政教,顺乡里老于郡守,郡守察可者,常与"计"偕,诣太常,受业如弟子。因其隶于太常,故以太学称也。此外,又取从军死事之子孙,养羽林官,教以五兵,号曰羽林孤儿,则又后世武学之始。昭帝时,增博士弟子员满百人,宣帝又倍之,成帝末,达三千余人。五经博士数亦有增,凡经今文家十四派皆列于学官。东汉,以五经博士中聪明有威重者一人为祭酒;除修起太学外,并建明堂辟雍;明帝且亲临焉。其后复为功臣子弟四姓末属,别立校舍。自期门羽林之士,悉令通孝经章句。匈奴亦遣子入学。游学由是增盛,至桓帝末达三万余人。但东汉太学虽盛,章句渐衰,教育之权又移私家,观于古文经传虽不列于学官,而在东汉特占势力;马融、郑玄诸儒均以授徒而著,可知之也。魏晋太学虚有其名,晋则置有国子学;魏黄初五年,立太学,置十九博士,晋因之,江左减其数,不复分掌五经,谓之太学博士。当晋武帝时,曾置国子学,隶于太学,教授生徒似以国子学为主,盖五经博士未见设有弟子员,恐止为"官"称,非可与言教授也。国子学置国子祭酒,博士各一人,助教初置十五人,后改十人,各主一经,以教行徒。但江左,士大夫皆尚老庄,经术一蹶不振,国子学亦虚有其名,不能比于汉代太学之旧。南朝国学承晋颓风,北朝国学则宗于汉;刘宋南齐,国子学时废时置,太学亦极空虚。梁稍振作,设国学,置助教十人,并五经博士各一人;且以旧制,国子学生限以贵贱,非可招徕后进之道,乃令五馆生皆引寒门俊才,不限人数。至于北朝,则远宗汉旧,魏道武帝首设太学于平城,置五经博士,生员三千人;孝文益重之置国子太学,四门小学,建明堂辟雍;宣武复诏营国学,并建小学于四门,大选儒生以为小学博士,皆甚可称。

隋代国学不隶太常,另有国子监以领之;隋初设国子寺,祭酒主之,统国子太学四门书算学,各置博士,助教,学生等员;盖在古代,学生亦往往列入官品也。炀帝时,置国子监,有祭酒司业等官,国子学太学并置,各有博士助教,惟国子学学生无常员,太学学生为五百人。唐代国学最为盛称,不以贵族化而逊色;唐之七学,总于国子监,监设祭酒一员,司业二员,掌邦国儒学训导之政令,并统七学,故知大学院制度实为中国之旧有,而监下所统之七学,亦有近于今日之分院也。国子学系三品以上子孙所学,额三百人;太学系五品以上子孙所学,额五百人。此两学以经术为主科,不限于今文;较汉为广;以隶书国语说文字林三仓尔雅为副科,暇则习之。四门学系七品以上子孙及庶人子之为俊士生者所学,额千三百人,教法一如太学而位较卑。又书学以石经说文字林为主科,兼习他书,原额三十人;律学以律令为主科,兼习格式法例,原额五十人;算学分为二班习业,原额三十人。此三学系八品以下子孙及庶人之子为生者学之,乃专门之学也。其他一学则为天宝九年所置之广文馆,掌国子学生业进士者,至德后则废。凡学,除博士助教外,国子四门两学于其下又设直讲以佐之。此外于门下省设弘文馆,有学生三十人,东宫设崇文馆,有学生二十人,皆系宗室及功臣之子孙,而由学士教之。其他研究老庄之崇玄学,研究医药之医学,亦称盛一时。于是高丽、百济、新罗、高昌、吐蕃皆遣子弟请入国学;日人来者尤众,其旧日文化之开展,唐与其惠实多,莫可否认之。

宋代国学已趋衰势,而三舍法独为特色;宋初,仅有国子学,至神宗学制始备,然终宋之世惟以太学较可称耳。国子生以京官七品以上子孙属之,实则多视为登庸之捷径,未重肄习之法也。太学生以八品以下子弟若庶人之俊异者属之;自王安石行三舍法,始入学者居外舍,以次升内舍上舍,上舍生得免礼部试,授官;尚不失为学校养士之法。其他若四门学、律学、算学、书学、医学、则废置不常,且不必皆隶国子监也。此外学之设于京师者,尚有宗正大小学以教授宗室子弟,有武学以教授兵书弓马武艺;有画学以教授画意绘事;然亦时兴时废也。辽金元国学非一种,元并以升齐法为著;辽在五京各设有学,用以养士;金则初设国子学,后又设太学。世宗最保守本俗,故又特立女真国子学以保存其文化。元,无太学,只有国子学;国子学属于集贤院,以蒙古色目人汉人分占其额,出身递降一等。民之俊秀者入学,则为陪堂生伴读,延祐年,用赵孟𫖯策,行升齐之法;下两齐左曰游艺,右曰依仁;中两斋左曰据德,右曰志道;上两斋左曰时习,右曰日新;每季考其所习经书课业,及不违规矩者以次递升,盖亦宋三舍法之意也。国子学外,又特设蒙古国子学及回回国子学,以原来之文字教授焉。

明代初则重视国学,后仅储才以待科举;明初设国子学,后设国子监,学改称监,入学者通谓之监生,分率性、修道、诚心、正义、崇志、广业六堂,以馆诸生;从其积分依次递升。其优异者则选为显宦。洪武二十六年擢监生刘政、龙镡等六十四人,为布按两使及参政参议副使佥事等官,其重用也如此。一再传后,科举日重,监生遂轻;且自纳粟例开,庶民亦得授生员列入监,谓之民生,流品复杂,太学遂不再能引人注意,仅为起家之一途而已!然当其盛时,入监就学者,除直省诸士子外,云南四川皆有土官生,日本、琉球、暹罗亦皆有官生入监读书,辄加厚赐。并给其从人。京师国子监外,又有南京国子监,故太学生在明时有南北监之分。至于武学,明亦有之。清代国学更成虚设,庚子后始有开学堂之事;清,国子监虽设生徒,且分六堂,然有名无实,徒养冗官。凡入监读书者,有恩拔岁优副功六贡及优荫例三监;不过有待科举已耳。国子生以外,有宗学以教宗室之子弟;有旗学以教八旗之子弟,与金之女真学,元之蒙古学用意等也。迨后,门户开放,译学需才,除上海有广方言馆之设外,同治时于京师设同文馆,光绪时于京师设俄文馆;庚子后变法,诏开学堂,设京师大学堂,即北京大学之前身也。

（乙）地方学 学之设于地方者，汉有郡国学，设科射策，劝以利禄；后世虽备其制，实则有同虚设；自宋以后，讲学莫盛书院，清之社学义学并有起色，可以知其变迁矣。然乡党小学虽不足以言教育，而设官分职，统辖士子，使其自成一系，亦中国向之特有制度也。盖汉代地方学校较盛，以后渐归衰微，隋则书裁撤之；汉初中央既未有学，博士仅课私徒，地方自亦无官学之设。景帝末，文翁为蜀郡守，修起学官，招下县子弟，以为学官弟子，地方始有学。武帝时，乃令天下郡国皆立学校；平帝更立学官如太常例；郡国曰学，县、道、邑、侯国曰校，乡曰庠，聚曰序，学及校各置经师一人，序及庠各置孝经师一人；汉代学校制度始备。魏晋南朝戎马交驰，地方学不著。然在元魏道武帝，并重乡学，每郡置有博士助教，教授生徒，不可谓非一振作也。隋，仁寿元年，又全废州县诸学，学生被遣散者数千万人；炀帝时虽恢复之，终亦无何起色。

唐宋至元，地方学校徒有其名，故宋元则有书院制以代之；唐于州县皆置有学，都督府制度存在时，府亦置学。然在实际上成绩并不显著，故肃宗时，李栖筠等即建议于十道大郡，置太学馆，遣博士出外，兼领郡官，以教生徒，惜未之行也。宋庆历四年，州郡无不立学，学者二百人以上，许更置县学；熙宁时更置五路学；元丰时并置诸路学府官五十三员；而太学之三舍法，亦尝推行于州县学，宣和三年始专用于太学。宋之地方学，本已渐为科举之预备，而非能留心于治乱，但较后此之可称者，士尚须在学三百日，乃听予秋赋；旧尝充赋者，亦须百日而止耳。至于书院之始，虽不自宋，然私家立之以讲学，依山林、筑庐舍、备书籍、聚生徒，实由宋而盛；最著者有白鹿洞等四大书院，其声誉皆出学校之上。凡书院之掌教者曰山长，朝廷或赐书额，或赐学田以旌异焉。金之地方学校亦备，实皆有鹜虚名；元，世祖颇重学校，凡路府州县皆有学及蒙古字学。其他先儒过化之地，名贤经行之所，与好事之家出钱粟赡学者，并立为书院；至自愿招弟子或受家学于父兄者亦许之。故元以异族入主中国，而汉族固有文化未失者，教育权仍泰半操于汉人是也。凡师儒之命于朝廷者曰教授，路府上中州置之；命于礼部及行省及宣尉司者曰学正，山长、学录、教谕，路州县及书院置之。此外在各路又设有医学、阴阳学与儒学并立为三。各行省有儒学提举司，统诸路府州县学校祭祀教养钱粮之事，及考核呈进著述文字，若今各省之教育厅也。至元十八年又置蒙古提举学校官，但实际置之者，仅江浙湖广江西三省耳。

  明清地方学制更密，益与科举相混，惟书院社学乃真学校；明府州县卫所皆建儒学，府设教授，州设学正，县设教谕各一，皆设训导数人以副之；卫所儒学制如府，系教武臣子弟者。生员府学四十人，州县以次减；宣德中增广之。于是初设食廪者谓之廪膳生员；增广者谓之增广生员；及其既久，又于额外增取附于诸生之末，谓之附学生员。凡初入学者止谓之附学，而廪膳增广以岁科两试等第高者补充之。清因其制，无何重要改革。故明清之乡党小学，乃完全士子取得入仕资格之始；未能入学者通谓之童生，而入学一语亦非真有学校可入，实则能入为乡试之门而已。其在明，初则由巡按御史布按两司及府州县官主之，正统后始设提学官主之；清称提学官曰提督学政，专司全省学政，与督抚平行，其权特重。清末改为提学使属于督抚。凡在学生员，月有课，岁有考，所坐细微事故，地方有司具详学政，会教官戒饬，不得同齐民鞭鞑；并免本身徭役，而优者并食饩于官。其娼优隶卒及执贱役之家，皆不准投考入学。此在养士意义上颇有养之可言，然不能以学之本义论也。明清集生徒以为讲习者,除私塾外,仍为书院及社学而已!明之书院有官立私立二种;官立之著者有洙泗、尼山、象山、濂溪等书院;私立各省皆有,著者有首善,东林等书院。清,雍正十一年,各省垣遵旨而设书院,后则各地通设,县亦有之。惟聚众讲学,多犯政府之禁,且仪制陋鄙,高才或不屑而入,故清代书院亦失宋元明时之特性,即初之稍以经史实学见称者,后亦败衰。然寒士借此,以博膏火,月课八股,以备科举,则亦有养于士;且朝夕研讲,虽失其法,尚有其实,更非乡党小学,徒托空名耳。庚子后变法,各省垣之高等学堂,各府直隶州之中学堂,各州县之小学堂,亦皆由书院而改者也。至于社学,明则在洪武八年,延师以教民间子弟,兼读御制大诰及律令,正统时并许其补儒学生员;但以后则衰。弘治十七年虽令各府州县,建立社学,幼童十五以下皆送入读书,而未见实行也。清亦有社学并义学,由地方官择延文行兼优之士为馆师,诸生中贫乏无力,酌给薪水膏火;每年并将师生姓名,册报学政,亦一代之良法也。总之,中国向之教育制度,养育兼施,最便寒士。纵或失去教育之本来目的,而养的意义终未尝废也。自宋以后,郡县之学渐失其实,而书院制度兴,且最后更由官家提倡之,设立之,亦未见其绝对有废于教。此种教养兼俱之教育制度,自有其特殊精神,未可以古制而轻之。

二、选举

中国古之所谓选举者,以乡举里选为贵,择贤能而推举之,即可任官,颇与现代选举意义相近。隋唐以后,重视科举,"荐举"始衰；士子投牒自举，以考试法定其进退，亦称选举。但科举中式者，不过取得官吏之资格，非皆官吏之任用，故科举异于荐举之旧也。惟所谓"制举"者，虽或有重于试，其意尚为近古；所谓"保举"者，虽非乡里之选，实为荐举之类。倘须从考试制度之观点上，以言科举，则为选举制度之内容者，不外荐举制举与保举三端而已焉。周行封建，官爵世袭，周礼及王制所载，选士举贤之法，殊难尽信。且即使有之，春秋以后亦必归于破坏，降至战国以片言而取卿相者，为例甚伙，更无乡举里选之事可知。然则秦汉以来之兴替，又若何欤？

（甲）荐举　隋唐以前，举士与举官，合而为一，士获选，即入官，此荐举之特色也。虽有时亦用考试法救其流弊，顾与科举之专赖考试制度以推行者则有所异。其变迁之迹，有如两汉荐举，以乡举里选为重；然所选用，莫非情故，则又其表；两汉乡举里选之目，依时而增。有"孝悌力田"，有"贤良方正"，有"孝""廉"，有"秀才"（东汉因避光武讳改称茂才）等目。"孝悌力田"，"贤良方正"；有近于后世之特科；"孝""廉""秀才"有近于后世之岁举；固非所同，然或则奉诏对策，或则备以录用，或则遣使嘉奖；其所选并不限于平民，即官吏亦可入之；且郡国对于任何选举不力者，皆有处分，则实一致也。此外若武帝元朔五年之诏选博士弟子，亦属岁举常选，惟属教而后用耳。凡各项选举其被选资格，必以行谊或文学为乡里所推重或赞誉者，始可，此其称为乡举里选也。顾众好众恶必察，虚声非皆可据，及其末也冒滥更多；迨东汉时，诸生课以家法，文吏试以笺奏，即不能不参用考试制度。虽若是矣，而桓帝时，依然"凡所选者，菲非情故"，魏之采用九品官人之法，自有所为而然也。

魏晋荐举,立九品官人之法,然所选用,惟重门阀,则又其衰;汉末丧乱,魏武秉政,军中仓卒,权立九品,盖以论人才优劣,非以为世族高卑。迨魏文帝延康元年,则用尚书陈群策,立九品官人之法,于州郡县设大小中正之官,以有鉴别人才能力者充任;初由郡县小中正将当地人才,以九等区其高下,呈报于州之大中正;大中正核而呈报于司徒,司徒核而交尚书以录用之。其制延至宋齐梁陈未革。九品官人法之立,所以救乡举里选之弊端。然以中正区别人物,其请托更甚于乡里沽誉,且九等之差,亦无一定标准;而当时又值阀阅势力极盛之际,计人定品遂一变而为计阀阅定品矣。于是刘毅所谓"上品无寒门,下品无世族。"不啻九品官人法之定评。隋唐兴起,重视考试制度,使士庶阶级渐归消灭,九品官人之法自随之而废。至于汉之州举秀才,郡举孝廉,魏晋以后固尝行之,但既趋重考试,性质亦有所变,而非西汉之旧;据此,可知九品官人之法诚多弊端,而乡举里选之制依然莫能绩于后世,科举制度之兴,自有所为而然也。

(乙)制举　隋文帝"罢州郡之辟,废乡里之举,内外一命,悉归吏部";自是举官与举士之途分,而举士则由科举,迄唐更由礼部主之,故荐举衰。其较含有荐举之意者,则为与科举并行之制举,盖制举系出自天子之自诏者也。炀帝初年曾参用荐举制度。既已诏"若有名行显著,操履修絜,及学业才能一艺可取,咸宜访采,将身入朝,所在州县,以礼发遣"矣。又对于孝悌有闻,德行敦厚,节义可称,操履清洁,强毅正直,执意不挠,学业优美,文才美秀,才堪将略,膂力骁壮之士;诏文武五品以上官举之,当待以不次,随才升擢。故古代荐举制度虽革于隋,而后代制举制度又兴于隋矣。唐承隋旧,科举制度更为完密,但投牒自举,既非侧席待贤之道,而词章独重,亦失德行才能之实。故于生徒乡贡外,取士之法兼用制举。自京师外至州县,有司常选之士,以时而举;而天子又自诏四方德行才能文学之士,或高蹈幽隐,与其不能自达者,下至军谋将略,翘关拔山,绝艺奇技,莫不兼取。凡列为定科者,如贤良方正直言极谏,博通坟典达于教化,军谋宏远堪称将率,详明政术可以理人之类。但各科虽以行为技能取人,而其试也除武途外,亦须词藻宏丽;天宝以后更须加试诗赋,实失荐举本意。宋于进士取人之外,亦兼用制举之法。太祖设有三科,真宗又增数科,仁宗设为十科,凡前资现任职官黄衣草泽,悉许应诏,所以待天下之才也。然人皆趋于进士之途,应者甚少,未善其养之之道,自难非常人才之得举。但当时则归罪有司举之不道,且诏士子诣阙自荐,又与科举制度之投牒自举何异?故其结果,或则试不通达,或则滥为举荐,科举盛而荐举衰,实自然之理也。至英宗时,虽有荐举,亦不即为召试,只令上薄候缺人乃试,欧阳修之所谓荐举路塞者即指此耳。治平三年始令宰执举馆职各五人,此后或废或兴,而召试馆职,实不失为当时荐举取人之一法,盖亦降而求其次也。此外,哲宗时有宏词科,徽宗时,有词学兼茂科,皆不敢立格过高。高宗时虽一度诏能直言极谏者,又立博学宏词科;但理宗时又降等立科,去博宏两字,称词学科,盖恐试之严也。虽从各科中,不无得有忠鲠文学之士,或起之山林,或取之朝著,召之州县,多至大用,然其内容殊无异于普通科目。不仅重视试文,且必有司试之,入于选者,天子始亲策之,故又以制科称,非真可与言能待天下非常之才者。金亦大约相同。故宋、金之制举,谓其为进士外之另途则可,谓其能尽举贤能以为国用,则不然也。元以异族入主中华,初尚未行科举,故笼络汉族,专赖荐举。屡举遗逸,以求隐迹之士。尝擢茂异,以待非常之人,其事则集贤院掌之,其名则廉访司送之。然种族之见所隔,贤哲多不应召,或强征而辞以疾,或托故而去其位,为制固非宋、金之旧,其事亦无特殊之效。迨仁宗时,科举制行,荐举并立不废,更未能尽其用也。

明,取金陵后,辟征耆儒,设礼贤馆;以后屡求遗贤,拔俊秀,有重荐举之事。洪武六年,并罢科举,令有司察举贤才,以德行为本,而文艺次之;其目曰聪明正直,曰贤良方正,曰孝悌力田,曰儒士,曰孝廉,曰秀才,曰人才,曰耆民,皆礼送京师,不次擢用,而各省贡生亦由太学以进。至十七年,复行科举,荐举之法并行不废,建文永乐间,荐举起家犹有内授翰林,外授藩司者。杨士奇以处士,陈济以布衣,遽命为太祖实录总裁官,其不拘资格又如此。然此后科举日重,荐举日轻,能文之士率由场屋进,虽不时有求贤之诏,而人才既衰,第应故事而已;清初入关,亦有征求明代遗老之举,与元同一用意,然不应者多,关中李二曲其一也。制科,康熙十七年,诏举博学鸿词科。令在京三品以上及科道官员,在外督抚藩臬各举所知。次年试之于体仁阁,注重诗赋,无关实学,得五十人,俱授翰林官;乾隆元年又在保和殿举行,兼重经史制策,得十五人;故为科举化也。光绪二十三年从贵州学政严修言,设专科以收实用,遂开经济特科,试以论策,得二十五人,其结果仅略升试中者之官而已;至于历次南巡招试之举,则为科举中之恩科性质,更不足以言荐举也。惟乾隆时之经学科,严密慎选,得陈祖范、吴鼎、梁锡玙、顾栋高四人,最后荐之;遂仅呈其著作,未再考试,或以国子监司业用,或因衰病而授司业衔,尚不失为荐举之本意也。

(丙)保举　古代荐举,举士与举官为一;后代制举,士必试而后官;若夫保举,则系大吏于其属员等之有才或劳绩者,举以上闻,冀有优用,直一举官之道也。世之承认保举制度者,谓其所以佐铨法之不及,而分吏部之权耳,明、清两代最盛行之。明之保举,自洪武十七年命天下朝觐官举廉能属吏始,永乐元年并定所举擢用后,以贪污闻者,举主连坐之制。仁宗洪熙年间特申保举之令,一时保举得人,吏治称盛。然行之既久,不能无弊,所举或乡里亲旧僚属门下私相比况者;方面大吏既有因保举而得罪者;同时无官保举者,在内御史,在外知府,往往九年不迁,故于英宗正统十三年遂诏罢大臣举官之例。景宗时虽复行之,而其范围则递次缩小,最后保举方面郡守之法,自嘉靖八年后,更不复行矣。夫明之行保举制度也,尚有举主连坐之法,以救其弊,而犹不能免于失败,则世之单以举荐为策者,又曷可乎?清自中叶后,内忧外患相逼而来,科举既不能得贤豪,衰乱则有望于戡定,保举之风遂由是起。属僚幕友往往得大吏一言,即跻显要。时曾国藩开府南中,进剿洪杨,幕府人才极盛一时,经其保举骤致大用者,若左宗棠(1812—1885),若李鸿章(1832—1901),若彭玉麟皆是。此后,直至清末,其风不衰。按当时保举之法,举贤才者,有明保密保之别;举劳绩者,有寻常异常之分。清之保举,虽使清一度中兴,然无教养之法,人才亦非世出。曾胡振颓起衰,陶铸群英,持之有恒,御之有本,故当时收保举之效;而以后保举不废,则无以救逊清之衰,即此故耳。

三、考试

考试观念,中国向所有之。《舜典》云"敷奏以言,明试以功";"三载考绩,三考黜陟幽明";其事虽不必确,而儒家主张用人,先考以言,继试以事之意,则甚显然。儒家开教学之先,唱贤哲之政,推重考试或其所始耳。且事实上,设学非考试,不足定其学业;举士非考试,不足明其滥冒,此又两汉考试先行之于太学,继用之于荐举也。顾在隋唐以前,考试虽间用之,依然以选举为宗,尚未能使考试充分发展其作用。隋唐以后,用考试之法,行科举之制,士子投牒自举,固失古昔待贤之道,而攫取才能,寒贵同仁,其质实胜往昔。所可惜者用之不得其当,无何宏效,此科举制度之害,而非考试制度之失,论者于此,应有别焉。考试制度之在中国史上,以用之于科举方面为最著,且因之而使考试制度更为严密,诚不可否认之,但用之于其他方面者,事例亦伙。世以考试制度与科举制度互称者,不过择其主端而言耳。兹分别及之:

（甲）学校与考试制度　古有视学之典;视学云者,谓考试学者经业,或由君主亲往,或使有司为之是也。故知中国考试制度之用,必先始于学校,且惟始于校士,后世通称试士曰考试,实由其制而引伸之耳;然则学校之考试,究为若何之变迁欤?

一为入学考试。此在隋唐之间,国子监生由尚书省补,州县学生由州县长官补,其补之标准,依然重视阶层,凡某品官之子孙,皆当然有入某种学之资格,不赖考试而定之。惟庶人子孙入学则须考试,例如庶人之俊秀入四门学者,须由州县考试而送入之是也。自宋以后,国学之入仍重资格略与唐似,州县学之入则必考试,盖贡举须出自入学生员,而入学亦非真有学校可入,不过由此得以应列贡举诸试而已;故在后世,入学考试固重视之,但已与科举合矣。姑举清制,以例其余。入学考试,通称童试,谓其就童生而试之也。有初试,有府试,有院试,共须试六场以上至十场。初试,满蒙汉军由本旗佐领考录,顺天及直省由州县考录;其报名也,须有同考五人互结,并有本县廪生认保,确何其籍贯真实,身家清白,且未居父母丧,始准应考。试凡四场或五场,递场有所淘汰。府试由府署主之,系就州县童生而加以再试者,惟直隶州厅属之童生,则无此试耳。院试由提督学政所主,分棚考试,正试试以四书文二,五言六韵诗一;覆试试以一文一诗,并默写《圣谕·广训》百数十字。按各府州县入学定额,择其秀者录取,札发下学谓之入学;实则所谓童试者,皆在岁科两试之期,择日举行之耳。

一为在学考试。此为向所重视者,用以考校生徒学业进步与否,而定其等。唐有旬考岁考之制,宋有私试公试之法,金有会课私试之则,元有月岁积分之事,明亦行积分之法,与元制同,惟所试课目,较为复杂耳。清,童生入学后,学师或试以月课,提督学政则有岁试与科试。岁试,列有等级,取列一等者补廪,国家岁发廪饩银四两,其次亦有升降,盖试其学业之进步与否也。科试,则以次年大比,先以此试,考核优劣,录取若干人,以备次年之赴乡试也。惟入学三十年及齿已七十者,免岁科试,以生员冠带终其身。此外若观风,若录遗,或则非功令所定,或则为广搜遗才,与在学考试无关。至于监生,祭酒三月季考一次,司业每月月课一次,亦载诸功令者也。

一为出学考试,此在中国史上无一定标准,后代或寄之于在学考试中,即试之不及格者,罢其学籍是也。两汉,太学生肄业一年,考试之,能通一艺以上,补文学掌故,其高第者可为郎中,其不事学若下材及不通一艺者罢之。是汉之学校考试,实以出学考试为主。唐,学无定期,在学考试之成者,即送于尚书省应科目试;每岁考口问大义,三次列下等,与在学九岁,律生六岁不堪贡者,皆罢归。宋亦然,无特定之出学试验,惟岁试而两不预升贡者,外舍生多除其籍。太学上舍生之公试则近于出学考试,盖列上等,取旨授官;列中等以俟殿试,列下等以俟省试故也。金,凡国子学生三年不能充贡,欲就诸局承应者,学官试能粗通大小各一经者听,则金仍无准定之出学考试可知。元,岁终试贡,员不必备;三年不能通一经及不肯勤学者勒令出学,亦与宋金无何显异。明,国子监生,岁终积分为八者及格与出身,不及格者仍坐堂肄业,小学出学考试略与清同。就清言之,在学生员以廪生为最高,但可取其食廪久者,各以其岁之额,贡于太学曰岁贡生;遇有庆典特恩,以是年次贡为岁贡生,而岁贡生则曰恩贡生。此外每十二年中,学政选拔在学各生中文艺之优者,贡诸京师曰拔贡生;乡试取士,于正榜外,取副榜若干名,升入太学曰副贡生;每三年,由学官就在学各生中,选择优行者,由学政选定保送京师曰优贡生。凡此五贡,与晚清廪增附捐纳之廪贡生,增贡生,附贡生皆出学,不应岁试,不隶属于儒学,故其出学亦非尽有出学考试。至于贡生欠考岁试三次,如非在营效力,赏有职衔,或保举孝廉方正者,则褫革顶戴,开除学籍,故岁考亦与出学有所关也;但无确定之出学考试,如今之毕业考试意味耳。

(乙)**科举与考试制度** 科举创自隋唐,系以考试科目取士,其策原可称也。惜内容涉于浮虚,愈进而愈无用,帝王既利用之以锢民智,学子亦趋赴之自闭其思。然士庶皆有同一之上进机会,使朝野沟通一气,亦不无相当之功效,此则考试方法之本质上所赐与耳。虽曰"上以盗贼待士,士亦以盗贼自处",使向之异待贤良美意全亡,而认为考试制度之非,但欲于大众选拔人才,免有偏袒,舍考试外,究无他法也。然则科举之考试又有若何之变迁欤?隋唐两代,科举内容重视诗赋,而考试之法尚未尽善也;盖魏晋以后,州郡选举秀才孝廉,与九品官人法间行,当时即有试以诗赋者。隋兴,尽罢僻举，建秀才科，令诸州每岁选送三人，加以考试，试得高第者为秀才，终其世，天下举秀才者不十人，故视之甚重。大业中，更建进士科，试以诗赋。此实科举之所由与，原在用以补前代荐举之流弊也。故其时尚非有恃科举，以为愚民之工具。唐兴，其制益密，除制举外，其学馆之生徒与州县之乡贡，按岁一体试以科目而为之取。乡贡者，由士子怀牒自列于州县，州县试其可者，长吏举行乡饮酒礼，贡之京师，而由礼部试之。其科目之见于史者凡五十余科，较著者有秀才、明经、进士、明法、明字、明算、三史、开元礼，并有道举、武举、童子；而尤以明经进士两科为最。明经中又有五经、三经、学究一经、三礼、三传、史科之别；先试帖文，然后口试经问大义十条，答时务策三道，以上上、上中、上下、中上四等为及等；惟口试最后则改为墨义也。进士先试诗赋，取者然后试时务策五道，帖一"大经"。经策全通为甲第，策过四，帖过四以上为乙第；虽其得人最盛，而皆诱士子于辞章之途。于是为明经者但记帖括，为进士者不通经史，唐之君臣亦多以其空虚为虑，惜终未能断然改革之。至于考试之方式，虽使寒士不为公卿子弟所厄，但如杨虞卿兄弟朋比贵势，亦妨平进之路；兼以通榜之法行，试士更专鹜虚名；榜帖既可假手于举子，举子竟或自列为状元；是考试方式仍未完备，而门阀之见自难完全革除也。

宋、辽两代，科举内容改重经义，而考试法则渐完备也；盖宋在神宗以前，沿用唐制，以词章记诵为重；王安石变法，始毅然罢诸科，惟存进士，与新设之明法科，而武举与童子举后亦行之。贡举之赴进士科也，皆秋取解，冬集礼部，春考试，一甲三名皆称状元；其取解者必先试于各路，中式者称举人，始有其资格。进士科去诗赋，改试经义、论、策；而经义又改墨义为大义。明法科试以律令及刑统大义,断案中格即取,以待士之不能改业者。按王安石推重经义,固对唐重诗赋为一反响,而科举内容依然空虚,并有开后代八股先河之嫌。盖自文章言,策论为有用,诗赋为无益;自政事言,则诗赋论策均为无用,虽为苏轼之言,正不诬也。且安石以"壹道德"为前提,其所颁之大义式,即系王氏父子之自著者,以个人之章句,立天下之轨范,士宗一义经无异说,此与唐初以孔颖达等所撰之五经正义为标准,又有何异?明清之八股文,即论策之形式,而束缚思想之自由,安石亦一代表者。元祐后,又分进士为诗赋,经义两科,南渡后因之,而诗赋则仍为世趋重,莫之尽革。虽然,宋对科举内容诚无功效,但关于考试方法,则自其初代已渐周密,而使士庶有均等机会,实可称者。盖创糊名誊录之法,使有司莫知为何方之人,谁氏之子,有所爱憎厚薄于其间,然后始能惟艺是择,一除重视门阀之习也。

金、元两代,科举内容更为空虚,而考试之法则又过严也;盖金除制举宏词科外,有词赋、经义、策试、律科经童之制。凡试词赋经义策试三科,中选者谓之进士;律科经童中选者曰举人;此外女真进士科,以其试策试论曰策论进士。凡诸进士由乡至府,由府至省,及殿廷,凡四试,皆中选则官之;廷试五被黜则赐第曰恩例,又有特命及第者曰特恩。故金代科目得人为盛。然既有时专以词赋取士,词赋则有程文,以为之式,实后代八股文之俑也;而经义所试,又有定注,亦不失为八股文之滥觞也。至于考试之监检制度更趋严谨,凡府会试,每四举人是差军兵一人监之,复以官一人弹压之;御试,策论进士则差弩手及随局承应人,汉进士则差亲军,人各一名,皆用不识字者。其搜检也,解发袒衣,索及耳鼻;后以有失待士之礼,乃改使就沐浴,官家置衣为其更之,始不亏礼,且可防滥,甚善也。元在太宗时,曾一度以科举取士,旋以非便,事复中止,以后屡欲立法,皆未果行;仁宗时始立为定制焉。凡乡试中式者会试,会试中式者御试;分蒙古色目及汉人南人为二榜,所试科目各不相同。然皆罢云诗赋,重视经学,并参以策一道及应用文一道而已;蒙古色目人仅重经问,及五百字以上之时务策;汉人南人则重经疑与经义,及一千字以上之策。惟所谓经者,《四书》必用朱熹章句集注为主;《诗》则以朱氏为主,《书》则以蔡氏为主,《周易》则以程朱为主,而兼用古注疏;《春秋》许用三传及胡氏传;《礼记》用古注疏。各经皆有一定之范围,不容士子自由之发挥,内容更为狭隘。至于考试方法,皆有定制;其在廷试,每举子一名,怯薛夕一人看守,而监察御史二员亦临场监试。

明清两代,科举内容直等俳优,而考试之法尚为整肃也;盖明制,三年大比,以诸生试之直省曰乡试,中式者为举人;次年以举人试之京师曰会试,中式者天子亲策于廷曰廷试,亦曰殿试。取一甲三名,曰状元、榜眼、探花;赐进士及第;二甲赐进士出身;三甲,赐同进士出身。状元榜眼探花之名,制所定也;至以乡试第一为解元,会试第一为会元,二三甲第一为传胪,则又士大夫之通称也。明自洪武十七年以后,重视进士,并降而非进士不入翰林,非翰林不入内阁,计明代宰辅一百七十余人,由翰林者十有其九;然皆其人本质优良,且养之有素,非科举为功者也。盖隋唐诗赋,虽曰无用,尚可发挥个人之性灵;宋辽经论,虽曰无益,尚可知经史之为物。明,专取《四子书》及《易》、《书》、《诗》、《春秋》、《礼记》、五经命题;其文略仿宋经义,然代古人语气为之,体用排偶,谓之八股,通谓之制义;则益空虚无用,徒存形式拟于俳优而已;明太祖与刘基之驱人民于无用之途,使其竭毕生之力为之,其计可谓甚工。故愈重视其制,愈严密其事,则亦愈坑人于无底也。至其考试方法,弥封誊录不改,人一军守仍存,试官入院辄封钥内外门户,在外提调监试等谓之外帘官,在内主考同考等谓之内帘官。然自成化间,以外帘官预定去取,名为防闲,实则关节,而其法坏矣。故在晚明,贿买钻营,怀挟倩代,割卷传递,顶名冒籍,弊端百出,不可穷究,尤以北闱为甚,他省次之。清,承明之制,略有损益;乡试中式曰举人,副于正榜曰副贡生;会试中式曰贡士;殿试则赐及第出身,统曰进士;此三年大比而为常科也,如遇庆典特别举行,则为加科;增取中之额数者,则为广额;故又有加科而兼广额者。其类别亦有二,曰文科,曰武科;其区分同为二,曰汉人,曰八旗;此大较也。内容,仍以八股为文,试帖为诗;然就时文之格而言,亦愈趋愈下。明及清初,虽曰代古人立言,有近俳优,顾仍须贯串经义,发挥书理为及格;道咸以后,不重义理而重才华,揣摩风气,程墨为式;同光两代,其格愈下,即不变法而欲维持制艺,亦苦于数百年来,代古人立言已尽,实再无可代者矣。至于清之运用科举制也,颇有会心;帘官与应试者,如为子弟亲族,例须回避,以示其公;中式试卷,例须磨勘,以示其慎;三场辛苦,两字功名,以示其难;高年不第,赏以出身,以示其惠;而考官之举士不慎或交通关节者,轻则议处,重则弃市,以示其严。于是人皆趋于科举而不知省,苟非变法之故,恐科举制亦必与清同终始矣。

(丙)选官与考试制度　过去数千年之选官也,不一其道。即以官吏之资格而言,由科举进身者固为正途,而亦有不由科举进身者。然无论如何,考试制度终与选官发生关系,盖又一适用之方式也。学校考试之优者,殿廷考试之魁者,各代往往即与优用,此固显例;实则其外尚有不少须由考试而得官者。然则选官之考试,究若何欤?

汉代荐举授官,参用考试制度。汉初选举,举而即授以官;虽有策问,乃以其人为贤而发策以咨询之,非以其人为不肖恐滥冒而试验之。降及东汉,选举乖实,真伪莫明,或则多得贵戚,或则取年少能报恩者;耆宿大贤多见废弃。于是威福之路开,虚伪之端启,害及元元,而吏治坏。故在章帝建初八年;即诏郡国辟士,分以四科,必试以职,乃得充选;和帝永元五年更申敕之,谓有犯者,显明其罚。顺帝阳嘉元年,又用左雄言,孝廉年不满四十,不得察举,皆先诣公府,诸生试家法,文吏课笺奏,副之端门,练其虚实。故魏晋以后,孝廉秀才之举皆有考试,策论经义并重,即沿东汉之旧也。科举制度行,制举仍由天子亲试于廷,荐举更与考试不能分矣。

唐代吏部选官,纯用考试制度也;盖唐选士属于礼部,选官属于吏部,故士子及第后,更须试于吏部,必吏部考试及第,始可得官。韩愈三试无成,虽十年依然布衣也。惟吏部主者文选,武选则归兵部,而皆重以考试。吏部择人之法有四,一曰身,体貌丰伟;二曰言,言辞辩正;三曰书,楷法遒美;四曰判,文理优长。四事皆可取,则先德行,德均以才,才均以劳,较其优劣,定其留放,所以正权衡,明与夺,抑贪冒,进贤能也。兵部择人之法有五,长垛、马、步、射、马抢步射;较异之法有三,骁勇、艺、及可为统领之用;审其功能,而定其留放,所以录才艺,备军国,辩虚冒,叙勋劳也。

宋明科举登第,即可依资授官。自宋以后,科举及第,即可授官,不必再经吏部考试,如唐之制。宋,进士及第者皆命以官,其赐同出身者,则循用常调,以示甄别。金,凡进士则授文散官,谓之文资官,自余则武散官,谓之右职;文资以进士为优,右职以军功为优,皆循资有升降定式,亦不再以考试而命官也。元承宋金,仍即以科举考试之等级，分别授职。明，状元授修撰，榜眼探花授编修；其他或授给事、御史、主事、中书、行人、评事、太常、国子博士；或授府推官、知州、知县等官；惟二三甲考选庶吉士者，始得为翰林官耳。他若举人贡士不第，入监而选者，或授小京职，或授府佐，及州县正官，或授教职，则又由学校积分考试而定也。

  清代选官考试，较前代最为完备；进士、举人、贡生，不过为入仕之资格，而其入仕亦须经过考试；惟主之者非吏部，故与唐异。先就进士言之，贡士殿试虽定三甲，除一甲授职为例定外，其他须在朝考后，始能分别授职，故朝考者乃选官之考试也。翰林院庶吉士之选，即由朝考而定；此外则分发六部为学习主事，次则授内阁中书，再次则分发各省为知县，其有犯规及取三甲末名者为归班知县，或府教授；但后，进士之不能入馆选者，俱除授外官矣。进士之选为庶吉士者，仍系读书，非即官职，须三年学习期满，举行散馆考试，钦定甲乙，仍留馆者则授编修检讨等职，其次则改用主事州县等官有差，故翰林院散馆考试者，亦选官之考试也。又，每阅数年，大考翰林官一次，以之黜陟，此则为考课性质也，与授官之意义有别。再就举人言之，举人选官，有考选、有拣选。拣选者，举人会试三科不第，例得赴部注册，以知县教职用之；初亦兼用考试，康熙三十九年以其为具文，始罢，故又有大挑之称。考选者，以举人考取内阁中书，雍正初始行之。凡录取者与由进士除授之中书，相间轮补，同为正途；惟进士出身者，补缺后，得考试差，举人出身者则否耳。再就贡生言之，拔贡之得官也，由部奏请朝考，于北闱试场举行，取分三等，交部张挂；列名一二等者，并定期于保和殿覆试。试毕，取录者由礼部带领引见，或以七品小京官，分部学习，或以知县分发各省试用。余则为询问班，州判教职，由其自由选定，其朝考未取及殿试落者,亦得赴吏部,呈请就教谕直隶州州判,德候铨选。优贡之得官也,亦如拔贡例,惟仅有朝考而无殿试;优者得以知县,俟三年后掣签分省试用,次则以教职铨选。此外,自乾隆二十六年以后,试差之派亦须考试,借防保荐之失,名曰考差;各衙门胥吏,供职年满者,或帝王登极至第八年者,以考试定其出路,得以从九品未入流各职分省试用,名曰考职;又皆以考试而得差得官者也。至于考官学教习,自进士举贡皆可与之;考各馆眷录,凡举贡生监皆可应之;虽皆非官,而期满议叙,亦可得官也。若夫举人五贡之考国子监学正学录,贡监生员之考翰林院孔目,则又为不常举行之考试也。

第三章 刑事法规

我国古代之讼狱观念,虽有区别,争财曰讼,争罪曰狱,是民事刑事之观念显有区分也。而《周礼》上所谓听讼于胜国之社,以及司徒、媒氏、司市、马质、遂师、遂大夫、县正、乡师、墓大夫等官之所听者,均属民事范围。然在实际上,过去之所谓法,莫不以刑为主,纵涉讼于官,亦不能上达于部寺,否则本质上虽为民事,亦视同刑事而审理矣。盖纯粹之民事制度归之于礼,重在以"德法"而自制之,防范于未然,即有事端发生,亦以调解是贵,经官制定而不遵行者,则视同于顽,必引刑律以制之焉。观于法官之以刑官名,法司之以刑部称,法典之以刑书言,则所谓诉审制度,无非特为刑事而设,以达出礼入刑,明刑弼教之目的而已;从而刑名、罪刑、肆赦各事,不仅占有法典之重要领域,且在事实方面无处而不遇焉。兹再分别及之。

一、诉审

关于诉审之事所拟述者,越诉与直诉,听讼与断狱,系囚与刑讯是也。秦汉以前之材料,惟《周礼》与吕刑为最丰富,而王制次之。然是否皆为周代制度,实成疑问。不过其原则既往往为历代所宗,姑就关于此三事之要点,略举一二,非敢武断其皆确有也。以越诉与直诉言,王制"成狱辞,史以狱成告于正,正听之;正以狱成告于大司寇,大司寇听之棘木之下;大司寇以狱之成告于王,王命三公参听之;三公以狱之成告于王,王又三,然后制刑"。是三审也。《周礼》,卿士遂士县士各管辖其区域内之狱讼,上之于朝,由司寇听之;若欲免之,则王会其期,或王令三公,或王命六卿会其期。亦三审也。审级既有一定,其不能越诉,或系当然。何以须采此数级审理主义?不外慎刑重狱,与以平反之道;所谓"刑者侀也,侀者成也,一成而不可变,故君子尽心焉"。于是越诉妄讼固非所许,然王道以保护穷困为先务,则对于穷而无告者,遂又不能不与以阙下直诉之方法。《周礼》"太仆,建路鼓于大寝之门外,而掌其政,以待达穷者与遽令;闻鼓声,则速逆御仆,御庶子";"大司寇,以肺石达穷民,凡远近惸独老幼之欲有复于上,而其长弗达者,立于肺石三日,士听其辞,以告于上而罪其长"。路鼓肺石云者,有若后世之登闻鼓,借而直诉冤抑于朝廷是也。

以听讼与断狱言:依《周礼》,大司寇以邦典定诸侯之狱讼,以邦法断卿大夫之狱讼,以邦成弊庶民之狱讼;以两造禁民讼,以两剂禁民狱;以嘉石罢平民,以肺石达穷民;此关于辨法令别罪犯者也。小司寇以五声,听狱讼,求民情;以三刺断庶民狱讼之中;此关于以叙听民情,而三刺又有似陪审制度者也。此外,小司徒,"凡民讼,以地比正之","地讼,以图正之";士师"凡以财狱讼者,正之以傅别约剂";朝士"凡属责者,以其地傅而听其辞;"此关于田土债务须以证据为重者也。又朝士,"凡士之治有期日,国中一旬,郊二旬,野三旬,都三月,邦国朞,期内之治听、期外不听";大司寇"入钧金三日,入于朝,然后听之";小司寇"以五刑听万民之狱讼,附于刑用情讯之,至于旬乃弊,读书则用法";此关于诉讼听审之时期问题也。惟在古代,断狱限以时日者,以恐匆速,失之冤滥,故康诰云"要囚服念五六日,至于旬时,丕蔽要囚";公羊宣公元年"古者大夫已去,三年侍放";注"古者疑狱三年而后断"皆是。即认为非真古制,然此种思想,则亦与后世"无久系"者异焉。至于断狱之责任,则以吕刑所载为最古。"……五过之疵、惟官、惟反,惟内、惟货、惟来、其罪惟均",盖拘束法官惩罚非违之规定也。集传,"官,威势也;反,报德怨也;内,女谒也;货,贿赂也;来,干请也";有此五者之病,以出入人罪,则以犯人同一乙罪坐之。

以囚系与刑讯言:据称,夏狱曰夏台,曰钧台;殷狱曰姜里,周狱曰囹圄;而乡亭之系者则曰犴,其在朝廷者则曰狱;《周礼》并有圜土,嘉石之名,其淆杂可以想见。至于易坎卦所称之寘于丛棘,《左传》所述之囚于辕,囚于深室,囚于楼台,则又临时之处置者。此古之监所制度也。《周易》有桎梏徽纆之语,《论语》有缧绁非罪之叹;月令,"仲春之月,命有司,省囹圄,去桎梏";"孟夏之月,断薄刑,决小罪,出轻系";"孟秋之月,命有司,缮囹圄,具桎梏";《周礼》,"上罪梏拲而桎,中罪桎梏,下罪梏,王之同族拲,有爵桎,以待弊罪";此古代之狱具制度也。月令"仲春之月无肆掠,止狱讼",此实有近于后世之停刑日期,非仲春之月,得以掠治亦可知,则刑讯之事,或亦兴于周代乎?惟其详,不可知也。兹再就秦汉以后之审诉各事,分而述之。

(甲)越诉与直诉——法院之审级 历代对于普通诉讼,率皆由下级审始,渐次至上级审,而审级之数目,除中央为最上级外,其在地方之等级,则因牧民之官兼理司法,故多视地方组织之等级为变也。大抵由汉迄于唐世,略同于三审制;由宋迄于清末,略同于四审制；若夫以巡察巡按之鞫狱，三司九卿之会审计入之，则其级数自又过于此数。盖如汉之审级，民事则由乡而县令而郡守（或国相）而州刺史；刑事则由乡而县令而郡守而廷尉；其中乡以调解为主，名为四级而实为三级也。魏晋南北朝之审级，县之上为郡，郡之上为州，州之上为廷尉；但州刺史多兼持节都督，可不告而杀，名为四级实亦三级也。隋，采州县制，又改郡县制，并中央，则三级制也。唐，民刑各采三级制，民事例由里正等审判之，判而不服者，申诉于县令，再不服则申诉于州刺史；刑事，例由其所发生之县推断之，再上而州，而刑部大理寺也。然民事，在实际上恒至县而止，因上诉名为诉对造，实则视为诉原审官，民多有畏，名为三级而实为二级也。且里正等亦只调解仲裁性质，名为三级而实又一级也。宋，民事审级同于唐，刑事由县令而州之司理参军，而路之提点刑狱覆讯，而大理寺刑部覆核，则又四级制也。元，初级为州县，次为各路推官，又次则行省之廉访司，其不合者，则申详宗正府或刑部与御史台详谳，故审级之制，与宋略同。明，除圆审之制外，州县第一，府第二，按察使司第三，刑部都察院第四，亦为四级制。清，除九卿会议外，以都抚为第四级审，其上始为刑部都察院，又为五级制也。审级既有一定，自不许其越诉，故越诉之禁，实缘于有一定之审级而然。顾为救济审判之失当，或穷冤而无所申诉者，则又与以直诉之最后方法。直诉虽不免以行政干涉司法之嫌，然古昔行政司法原自未断然划分，则得民之隐，申民之冤，亦实未可厚非。

就越诉之禁止言：自汉迄清，凡越级而诉者，则论其罪。魏律，定二岁刑以上者，不得乞鞫；乞鞫即请求覆讯之意，首以法律禁止其上诉或控告也。隋在灭陈以前，敕四方辞讼有枉屈者，先申县，县不理者，以次经郡及州至省，不得越级申诉，再不理者，乃指阙诉之。经郡及州云者,隋初尚沿旧制,以州统郡也。唐律"凡越诉及受者,各笞四十,若应合为受而不受者,笞五十,三条加一等,七条杖九十",则受越诉之官吏亦有罪矣。五代虽戎马仓皇,不足言制;而周太祖犹立越级申诉之禁,民有诉讼,必先历州县及观察使处决,不直,乃听诣台省。宋,赦令最繁,越诉之事较少。元,诸告人罪者,自下而上不得越诉,越诉者,笞五十七;若诉官吏受赂不法,径赴宪司者,不以越诉论。明,"军民之词讼,皆须由下而陈告于上,若越本管之官司,称诉于上司者笞五十",然在洪武末,小民仍多越诉京师,于是更严越诉之禁;景德中,凡越诉不问虚实,皆发口外充军,是又例之重于律者。清律同明,亦严其禁。

就直诉之方式言:两汉魏晋,为制不详;而其方式之确定,则始于南北朝,登闻鼓之设是也。登闻鼓者,采《周礼》路鼓肺石之义,悬鼓于朝堂,有冤抑欲上诉者,许击之以闻耳。《魏书·刑罚志》,世祖(太武帝)时,阙左悬登闻鼓,人有穷冤则挝鼓,公车上奏其表,或其端也。《梁书·吉翂传》,翂挝登闻鼓,乞代父命,武帝特原其罪,是南朝亦有登闻鼓之设。隋,亦采登闻鼓制,直诉者挝后,由有司录奏之。唐,赴阙直诉之方式更备,一为邀车驾,于天子行幸之际,于路傍迎驾而为申诉之谓;一为挝登闻鼓,于东西两都王城门外置鼓,伸冤者挝之,而求上闻之谓;一为上表,上文书披陈身事之谓。凡各种直诉,主司不即受者,罪加一等。其致废疾及笃疾者,尤可为直诉之履行,并承认其亲属有代诉权。此外,在武后时,尝采所谓进善旌,诽谤木之古义,镕铜为匦四,涂以方色,列于朝堂;其西面之匦,色白,曰伸冤,陈抑冤者投之。后虽合四匦为一,而仍在伸天下之冤滞,达万人之情状,无何改。设知匦使理匦使,受纳诉状,每日暮进内而晨出之,则又上表之一法也。至于伏阙诉冤,所谓叩阍者依《唐书·徐有功传》"叩阍弗听,叩鼓弗闻"之言,则在唐时或已有此制也。宋,特设登闻院,置专官司其事;《宋志》载,开封女子李尝击登闻鼓诉冤苦,有司系其父,李又诣登闻,诉父被系,其实例也。同时,并改唐之匦为检,立登闻检院,而隶于谏议大夫。两院皆掌受文武官及士民章奏表疏,理雪冤滥即居其一。凡通进者,先经鼓院进状,或为所抑则诣检院。至于叩阍,《宋志》谓太宗时"民有诣阙称冤者,亦遣台使乘传按鞫"云云,或其事也。辽神册六年,置钟院,有冤者击钟以达于上;其后钟院废。因穷民有冤者无所诉,景宗保宁三年,又复之,另又置登闻鼓院。其南面朝官中,有登闻鼓使及知匦院使。金,完颜亮篡位,为收拾人心计,首设登闻鼓院,掌奏进告御史台登闻检院理断不当事;而登闻检院则掌奏御进告尚书省御史台理断不当事。元,除击鼓声诉外,又有乘舆诉,即唐之邀车驾也。明登闻鼓初置于午门外,一御史日监之,非大冤及机密重事不得击,击则引奏。后移置长安右门外,六科锦衣卫轮收以闻,旨下校尉,领驾帖送所司问理,蒙蔽阻遏者罪;此外则有迎车驾等方法焉。清,在满洲,尝竖二木于门外,凡下情不得上达者,书诉牒悬诸木;入中国后,仿唐明刑律,亦许直诉,然范围则趋于缩小,律之有所增者,大者关于禁止之规定耳。

就直诉之限制言:直诉为诉讼非常程序,为伸冤最后方法,故须出于赤诚,不为妄讼,并须持以敬慎,不为轻渎,此历代虽许直诉之事,而又与以限制也。隋代,对于直诉,则为审级上之限制,凡狱讼由地方申诉于尚书省后,尚书省再不理,始得指阙申诉;有所未惬,乃许挝登闻鼓以救济之。唐律讼斗篇"凡邀车驾,及挝登闻鼓,或以身事上章自理,诉而不实者,杖八十";"自毁伤者杖一百;虽得实,自毁伤者,笞五十;即亲属相为诉者,与自诉同";其"邀车驾诉而入部伍内者仗六十",盖认为犯跸也。元,依格例,"诸陈诉有理,路府州县不行,诉之省部台院,省部台院不行,经乘舆诉之;未经省部台院辄经乘舆诉者罪之"。至于击鼓声诉,则惟对于台省谳断不平者准之。明,词讼必自下而上,有事重而迫者始许直诉;其"迎车驾及击登闻鼓申诉不实者,杖一百,事重者从重论,得实者免罪";若夫擅入禁门而叫诉者更重治之。清,直诉只以避仪仗伏诉得实之际为限,得实者免罪再查。不得实,无论迎车驾或击登闻鼓,皆仗一百,所诉不实,照诬告律科之;比杖一百重者从诬告重罪论;其冲突仪仗而诉事不实者绞。至于上书诈而不以实者除杖一百外,徒三年。比外更有数例,悉为禁止之规定。如:"凡车驾行幸瀛台等处而为申讼者,则照迎车驾申诉律;车驾郊外行幸时,有申诉者,照冲突仪仗律拟断";"擅入午门长安等门叫诉冤枉,奉旨勘问,得实者枷号一个月,满日加杖一百;若涉虚者杖一百,发边远地方充军"。"凡跪午门长安等门,及打长安门内石狮鸣冤者,俱照擅入禁门诉冤例治罪;若打正阳门外石狮者,照损坏御桥例治罪"。故直诉之范围,至清则极狭小也。

(乙)听诉与断狱——法官之责任 李悝法经与汉九章,皆于囚法中规定听讼与断囚之事;曹魏于囚法外,创立断狱之目,后世未改,惟北齐并于捕律,元则杂列于职制中而已!其中关于听讼之方法,断狱之程序皆有详密之记载;其不属于律而为敕格条例所及者更多有之。然其主旨所在,不外用以明法官之责任,而达慎重刑狱之目的。法官断狱,不论故出入,失出入者,皆负相当之责任,此实中国诉讼史上一大特色,其他应负之责亦极繁伙,俾执法者仍有法之须遵守也。失出入以外之责,最著者莫若诉讼之时期一事,历代各有规定,俾无罪者免久系不决之苦。盖以《周书》"要囚服念五六日,至于旬时"特为未得其情者言;苟得其情,即宜决断,无罪拘幽,往往瘐死,则无异刑官杀之,故明清律皆有淹禁罪囚之条也。

就出入人罪之责任言:秦遣治狱不直者筑长城,见《史记·始皇本纪》,是秦律有治狱不直之条。汉出罪为故纵,入罪为故不直,犯之者或免官,然尤多弃市,详见《汉书》各志。其鞫狱不实者,罪亦至死,故新畤侯赵第,坐为太常鞫狱不实,入钱百万,赎死,完为城旦,见功臣表。两晋,失赎罪囚,罚金四两,是晋律亦有失出失入之条,见《御览》。元魏显祖诏诸监临之官,所监治受羊一口酒斛者,罪至大辟,与者以从坐论;又"出罪人,穷治不尽,按律准宪,事在不轻",是魏亦然,见《张衮传》及《于栗磾传》。然规定于律文中,而为后世所能详知者,则以唐律为著。唐律,凡断狱皆须具引律令格式,违者笞三十;若数事共条时,止引所犯之罪者听;若律无正条,则按罪情之轻重,用举重明轻举轻明重之例,以为应出罪应入罪之标准。此其一。故意出入人罪者,若出入全罪时,则以全罪论,由轻入重时则以所剩论;……过失出入人罪者,失于入各减三等,失于出各减五等。若未决放,及放而远获,若囚自死,各听减一等;代理审判误断者,推事通状失情,各又减二等。此其二。诸鞫狱者,皆须依所告状鞫之,若于本状之外,别求他罪者,以故入人罪论。此其三。诸断罪应决配之而听收赎,应收赎而决配之,各依本罪减故失一等;应绞而斩,应斩而绞,徒一年,自尽亦如之,失者减二等。此其四。诸狱结竟,徒以上各囚及其家属,具告以罪名,仍取囚之服辩,若不服者,听其自理,更为审详;违者笞五十,死罪,杖一百。此其五。照参《明志·刑法志·宪宗语》。宋,法尚宽仁,重视入罪之责任,而轻出罪之责任。太宗时,诏凡断狱失入,死刑者不得以官减赎,检法官判官皆削一任;仁宗时,凡集断急按,法官与议者并书姓名,议刑有失,则皆坐之;且对于尝失入人罪者,不得迁官,有举之者罚以金,皆其例也。元故入人罪若未决者,及囚自死者,以所入罪减一等论,否则入人全罪以全罪论,若未决放仍以减等论。故出人之罪,应全科而未决放者,从减等论,仍记过。仅失入人之罪者减三等;失出人罪者减五等;未决放者又减一等,并记过。明清律,与唐律规定大同小异;明孝宗时,且令审录错误者,以失出失入论,其受贿及任已见者,以故出入人罪论云。

就淹禁不决之责任言:自汉迄唐,虽亦重视迅速定谳,但法官之责尚不明也。汉,高帝七年,诏狱之疑者,吏或不敢决,有罪者久而不论,无罪者久系不决;自今以来,县道官疑狱者,各谳所属二千石官,二千石官以其罪名报之;所不能决者皆移廷尉,廷尉亦当报之;所不能决谨具为奏云云,是首以淹禁不决为怀也。其后,景帝又两诏之。断狱能谳于先者,其理纵有不当,亦不为失。但在北魏,各狱往往积年不断,官家视为如此,乃可使其改悔,又其反也。唐禁囚五日一虑,二十日一讯;其在京诸司现禁囚,每月二十五日以前,本司录其所犯及禁时月日,以报刑部。对于一案听断之期日仍不甚明。直至元和四年,始敕法司决断罪囚,过于淹迟,是长奸幸;自今大理检断不得过二十日,刑部覆下不得过十日,如刑部覆有异同,寺司重加不得过十五日,省司量复不得过七日。长庆元年,又立程、大事、大理限三十五日,详断毕,申刑部,限三十日闻奏;中事、小事各递减五日。迨后唐始敕各地现禁囚徒,据罪轻重,限十日内并须决遣申奏;其在内外私事寄禁者,皆绝止之,但仍非定制如此。自宋迄元,诉讼时期已有相当确定,而法官掩禁不决之责,亦渐立其制也。宋在太宗时建听狱之限,大事四十日,中事二十日,小事十日,不他逮捕而易决者毋过三日。凡决狱违限,准官书稽程律论；逾四十日，则奏裁；事须证逮致稽缓者，所在以其事闻。后又立制，凡大理寺决天下案牍，大事限二十五日，中事二十日，小事十日；审刑院详复大事十五日，中事十日，小事五日。仁宗明道间，凡上具狱大理寺详断，大事期三十日，小事第减十日，审刑院详议，又各减半；其不待期满而断者谓之急按。哲宗时更详其制；断讞奏狱，每二十缗以上为大事，十缗以上为中事，不满十缗为小事；大事以十二日，中事九日，小事四日为限；若在京八路，大十日，中五日，小三日；台察及刑部举劾约法状并十日；三省枢密院再送各减半；有故量展，不得过五日。凡公案日限，大事以三十五日，中二十五日，小十日为限；八路，大三十日，中半之，小参之一；台察及刑部并三十日；每十日，断用七日，议用三日。徽宗时，又诏立紧问审录之限，死囚五日，流罪三日，杖笞一日。金，法决死囚，不过七日，徒刑五日，杖罪三日。其他断重轻罪各有期限，与宋同。元至正间，诏民间诉讼，有司依理处理，毋得淹滞岁月；凡官僚各执所见不同者，许申闻上司详勘，违者由监察御史及廉访司纠治；是淹狱不决，显然视其有罪也。他如两造具讼，一造逃匿不赴者，满百日即将对待者释放；重狱淹禁三年以上，疑不能决者，申达省部，详谳释放；亦系免于淹禁者也。自明迄清，律有淹禁责任之专条，虽无宋制之详，而其事则具有法律上之拘束力。"凡狱囚情犯已完，监察御史，提刑按察司审录无冤，别无追勘事理应断决者，限三日内断决，应起发者，限一十日内起发；若限外不断决，不起发者，当该官吏，三日笞二十，每三日加一等"。此外，在唐，凡鞫狱官与被鞫人有亲属仇嫌者，皆听更之；在明，州县所上之狱，有问招不明，拟罪不当，或有词称冤者，则改调别衙门问理；皆与听讼断狱之事有关，附而志之，他不再详。

（丙）囚系与刑讯——拘拷之沿革　囚系者，有罪而未决，或决而未执行，则拘而系之于狱，且往往施以狱具，防其逃逸。其收狱也，固有应为若是之处置者，然民讼未决，被告亦或与重犯同系于内；其桎梏也，固有类于现代监狱之戒具者，然本不需有戒具，而亦或以桎梏施之。是故只依律之规定，方诸今日，已觉严刻，况酷吏恶役又变本加厉，肆其淫威，国法之外有私法，公刑之外有私刑乎？历代帝王之仁慈者，屡诏恤刑清囚，盖心有未安，不得不然耳。刑讯者，讯问狱囚以刑求之之谓。盖在昔并不重视证据，而惟取于口供，纵而法官对于狱囚，遂得以榜掠之，而为法之所许；尤其关于盗命重案，为录口供，视为当然有刑讯之必要。但其结果，善良者或因刑逼，而为诬服，凶恶者或玩刑无供，终得免罪，则又失其平矣。历代对此亦尝谋有改革，惜皆除恶未尽，过时复张，不可谓非中国法制史上之一污点也。

就恤囚之制言：悯囚恤刑，自古有之。汉宣痛饥寒瘐死之系，南齐制病囚诊治之法；至唐而更备焉。依律"凡囚应请给衣、食、医、药而不请给；及应听家人入视，而不听；应脱去枷锁杻而不脱去者，杖六十；以故致死者，徒一年，即减窃囚食，笞五十，以故致死者绞"；为明清所宗也。宋，开宝二年，上以盛暑，深念缧绁之苦，乃下诏两京诸州令长吏督狱掾，五日一检视，洒扫狱房，洗涤杻械，贫不自存者给食，病者给医药，轻系小罪，即时决遣，无得淹滞。绍兴五年又诏各路州县，囚病须依条医治，一岁中囚无病死者各转一官，反之依分降职；而五日一濯枷杻，未尝有废，刑寺遇浣濯日，轮官一员，躬自监视。元诸囚狱必轻重异处，男女异室，司狱致其慎，狱卒去其虐，提牢官尽其诚；囚有病，给医药，病重者去枷锁杻，听家人入侍。若以重为轻，以急为缓，误伤人命者罪之。囚无家属及其贫者,日给米粟,冬给羊皮,为披盖裤袜,及薪草为暖匣薰坑之用。明律承唐制,虐待囚人者罚如唐旧,且以之为狱官狱卒之责任,官吏知而不举者,与同罪。宪宗时又广设惠民药局,疗治囚人。其刑部狱,修葺囹圄,严固局钥,省其酷滥,给其衣粮,囚病许家人入视,脱械锁医药之,则又明定为提牢主事之责也。清律一宗于明,顺治八年又定矜恤狱囚之刑,日给仓米一升,冬给绵衣一袭,夜给灯油,病给医药,并酌宽刑具,非法凌虐者一体治罪。虽然,历代之恤囚,固属事实,且载诸法令;然酷吏为奸,滥用威权,则亦与之并存也。

就桎梏之制言:桎梏系缚由来已久,秦自不免。《史记》"秦二世以李斯属郎中令赵高案治,李斯拘执束缚居囹圄中,"即系缚系之证,他可知也。汉周勃有罪,逮诣廷尉诏狱,贾谊上疏,谓束缚之,系缧之,输之司寇,编之徒官,迨非所以令众庶见也云云,则"法绳"之用,汉亦然。景帝时,又令年八十以上,八岁以下,及孕者未乳、瞽师、侏儒,当鞠系者颂系之。鞠系,械系也。颂系,不加桎梏也。即后世之所谓"散"者是。此外秦汉之钳釱,非尽属于狱具,而为刑之一种,但亦兼用之。以铁束颈曰钳,实即后世枷之所托,东汉时,因陈宠言始废。以铁束足曰釱,汉对私铸铁器煮盐等罪用之,曹魏易釱为木械,或为狱具,于"三木"外而又用木之始。南朝梁因有械杻升杻及钳,并立大小轻重之差而为定制。陈髡鞭五岁刑,锁二重,其五岁刑下,并锁一重;囚并著械,徒并著锁;死罪将决,乘露车,著三械,加壶手,至市脱;故后铐镣之具皆备焉。北朝于枷锁外,重犯并用杻械。枷之用也始于北魏,意在掌囚,禁其拷讯,且轻重亦有定制,然吏之私为大枷以讯囚者亦恒有之。北齐,刑罪并锁输左校而不髡,无保者钳之。故刑罪必锁,无锁以加,流罪以上加杻械,死罪者桁之,桁者大械,所以锢颈及胫者。至于犯流罪以下令赎者,及妇人犯刑罪以下,侏儒、笃疾、癃残非犯死罪皆颂系之。北周,死罪枷而拲,流罪枷而桎,徒罪枷,鞭罪桎,杖罪散以待断;皇族与有爵者,死刑以下锁之,徒以下散之。隋,开皇元年除法外刑具,枷杖大小成为程品。唐,枷锁杻钳,皆有长短广狭之制,量囚轻重用之;因病重者则释械。大抵死罪枷而杻,一云校而加杻;妇人及流徒,枷而不杻;官品及勋散之阶第七以上锁而不枷。然其变也,酷吏则亦有制严酷狱具者,见王旭传。宋,枷以干木为之,从官颁给,不得微有增损;每五日一濯之,禁囚因得少休。其他杻锁各有定制,州县狱犴,不得辄为非法之具。辽、金轻重不一,金熙宗天眷三年,诏罢酷毒刑具,则刑具固尝失制也。元枷死罪重二十五斤,徒流二十斤,杖罪十五斤;镣,连环,重三斤,徒罪尽须带镣居役;其他杻锁亦有定制。惟诸正蒙古人除犯死罪监禁依常法,及犯罪而逃逸者监收外,有司皆不得执拘,则狱具非为若辈设,又可知也。明律例所示,逮系囚犯,老疾必散收,轻重以类施以枷杻;然实际上每多具文,厂卫中尤多非法狱具。所设全刑,五毒俱备;枷重一百五十斤,更有重至三百斤者,名曰立枷,以木柱之,犯者昼夜跂立,无不立死。清同于明,除正当之刑具外,私刑仍多有之;江浙等省,尝有狱卒创为木笼站囚之制,与立枷似异实同;清廷虽严为禁止,而风靡各省,迄未告绝。

就刑讯之制言:秦汉刑讯不见于法令;或为法官一种淫威,如秦之榜掠是也;或为默认之事实,如贾谊所谓"司寇小吏,詈骂而榜笞之"是也。《汉书·陈万年传》"下狱掠治",《路温舒传》"捶楚之下,何求而不得",是拷问之举,在汉已极为普通。至于汉景帝箠令之设,原为笞罪之刑具,非为拷问之设;吏滥用之,非本意也。南北朝始以刑讯著之律令,梁首立测罚之制,测罚者,测度其情节以施之罚,使之据实招供;故囚人之不服罪者,断其食,三日听家人进粥二升,一百五十刻乃与粥,满千刻止,逼之使招。陈,凡赃验昭然而不款伏者,则加以立测之罚,容囚于垛,鞭笞械杻兼施,最终不承者免死。北魏,理官鞫囚,杖限五十,然有司欲免之则以细捶,欲陷之则先大杖,民多不胜而诬引,或绝命于杖下。献文帝为之立制,捶用荆,平其节,讯囚者其本大三分,杖背者二分,挞胫者一分,拷悉依令,皆从轻简。至于枷之为用,原本掌囚,而法吏亦多为重枷,刑讯囚人。甚以縆石系于囚颈,伤肉至骨;勒以诬服,太武帝尝下令禁止之。北齐"有司折狱又皆酷法,讯囚,则用车辐狛杖夹指压踝,又立之烧犁耳上,或使以臂贯烧车釭,既不胜其苦,皆致诬服"。北周之末,拷问益严,捶楚之外,并有霹雳车,以威妇人。隋兴,以前代相承,有司讯囚,皆以法外,或有用大棒束杖车辐鞵底压踝杖桄之属,楚毒备至,多所诬服;虽文致于法,而每有枉滥,莫能自理,遂尽除苛惨之法。但仍以常刑讯囚,数不得过二百,且不许易人行刑。炀帝虽极暴虐,而其所制之大业律,关于枷杖决罚讯囚之制。则较开皇律为轻也。唐,律以讯杖,讯囚,二十日一讯之,不得过三度;总数不得过二百;杖罪以下,不得过所犯之数;若拷过三度,及杖外以他法拷掠者,杖一百;杖数过者,反坐所剩,以故致死者徒二年,即有疮病不待差而拷者,亦杖一百。至于应议请减,若年七十以上,十五以下,及废疾者,并不令拷讯,皆据众证定罪,违者论以故失罪。然既重口供,不废刑讯,酷吏遂不免毇弁法律,求其速决,恶风既长,亦莫由禁止矣。据史传载,当高宗时,吏以惨酷为能,至不释枷而笞箠以死者,皆不禁。武后称制,引酷吏来俊臣等典大狱,竟以酷刑讯囚,无问轻重,多以醋灌鼻,禁地牢中,或盛之于瓮,以火圜绕炙之;兼绝其粮饷,至有抽衣絮以唉之者。不然,则泥耳、囊头、折胁、签爪、悬发、熏耳、卧邻秽溺、刻害肢体、使其糜烂狱中。其所作大枷,凡有十号,以喘不得,突地吼等为名;而枷木之用也,又有玉女登梯仙人献果等等之方式。若夫"请君入瓮",则又来俊臣拟推周兴之刑也。宋拟废刑讯,而未成功。当太祖时,令诸州获盗非状验明白,未得掠治;其当讯者案具白长吏,得判乃讯之;凡有司擅掠囚者,论为私罪。太宗时,又令诸州,系囚证左明白,悍拒不伏,合讯掠者,集官属同讯,不许拷掠;并令宰相详酌,非人命所系,即量罪区分,勿须再鞫;是不仅停止刑讯,且进而重视证据,用以代替口供也。惜后世未能继续奉行,不然,刑讯制度即已自宋而斩矣。真宗时,复定法官拷囚之责任,凡捕盗,掌狱官不禀长吏而捶,囚不甚伤而得情者,止以违制失公坐;过伤而不得情,挟私拷决,有所规求者,以违制私坐。虽不逮于太宗之制,然尚有所限制也。但南渡后,法条渐弛,州县讯囚往往不用荆杖而用藤条,或用双荆合而为一,或鞭股鞭足至三五百;于是孝宗乾道四年颁行答杖令,凡大小轻重,须一依法制,不得以私意易;其讯囚合用荆子,一次不得过三十,共不得过二百,所用答杖,悉须当官封押,不得添增换易,更不得过数。然酷风之兴,终莫遏止。故宋末私刑竟有掉柴、夹帮、脑箍、超棍种种名目,限时勒招,催促结款。甚至户婚词讼亦皆收禁,有饮食不充饥饿而死者,有无力请求遭吏卒凌虐而死者,有为对造赂遗苦楚而死者,惧其发觉,先以病申,名曰监医,实则已死,名曰病死,实则杀之。度宗虽屡诏切责禁止,终莫能胜而国亡矣。辽刑讯如故。详《辽志》。惟圣宗尝严禁法官以非法榜掠罪囚;违者治罪。金熙宗时亦尝诏废酷毒刑具及法外淫刑。元,凡鞫囚,非强盗,不加酷刑;囚徒重事须加拷讯者,长贰僚佐会议立案,然后行之,违者重加其罪;其施以法外惨酷之刑,及大披挂,与非法用刑者,皆禁止而罪之。倘以私怨暴怒,去衣鞭背者亦禁。诸正蒙古人除犯死罪监禁依常法,有司不得拷掠之;且除犯真奸盗者外,余犯轻重者以理对证,不许执拘,是更不采刑讯方法也。凡拷讯所用之杖,立有定准,并刊削节目,不许有筋胶诸物装订。被拷者臀与股分受,务令均停,盖别于笞杖刑之臀受耳。明承唐律,严法官拷问之责任,悼耄疲癃不即讯,其依法讯者有讯杖,制以荆条。弘治间,定拷讯致死之罪,凡故勘平人民抵罪,刑具非法者除名;嘉靖间,又命凡内外问刑官,惟死罪并窃盗重犯,始用拷讯,余止鞭扑常刑。然实际上厂卫遇有刑狱,辄加榜掠,所受全刑,有械、有镣、有棍、有拶、有夹棍,五毒俱备,不减于秦之具五刑。且中官专政,好以严酷,州郡狱吏恶官,亦效之而尚惨刑,取问口供。其著者,有挺棍、夹棍、脑箍、竹签、嘴掌、背花、烙铁、灌鼻、钉指、一封书、鼠弹筝、拦马棍、燕儿飞、带根板、水缸杖、生树棍、磨骨钉、寸寸紧、数百斤三四人立枷等刑;皆为律所不载,例所未见者也。清承明律,拷讯有制,历朝并严申刑官滥用刑讯之禁,康熙时且禁止大镣短夹棍大枷之用。然命盗重案供词不实者,男子许用夹棍,女子许用拶指,实较前代为酷;惟无真赃确证,及户婚田土小事,不得滥用夹棍而已!其普通讯具,则曰板,以竹篾为之。末年变法,大清现行刑律,始将刑讯之制,一体废止,除死罪仍须取具输服供词外,余如流徒以下,悉拟证定谳,不须口供也。

二、刑名

具有数千年历史之中国,曾认刑律为法之中心,则对于刑名之制,自非简单,向日之主刑,恒以五刑为称,然五刑之内容,不必皆一致也。在昔五刑云云,不过肉刑之代名词;秦汉以后,非尽如是矣。按刑为苗族所自创,我族袭用之,迨为古今之通说;吕刑所谓"苗民弗用灵,制以刑;惟作五虐之刑曰法。杀戮无辜,爰始淫为劓、刵、椓、黥",或近事实。我族初用五虐之刑,当亦专对异族而设,凡同族有罪,或屏诸四夷不与同中国,舜典"流宥五刑"云云是。其次"鞭作官刑,扑作教刑,金作赎刑",当同然也。《国语》《汉书》皆谓"因天讨而作五刑,大刑用甲兵,其次用斧钺,中刑用刀锯,其次用钻凿,薄刑用鞭扑",虽与吕刑《周礼》五刑之目不同,而用以推测最古刑制,不能谓非一种分类方法。尝考其故,官也,教也,昔皆限于同族,鞭扑自系对同族之一种肉刑,为刑之最薄者,罪之大者必放逐之矣。古代刑制必有此一时代,后世托于唐虞,言其远也。

（甲）五刑为名之变迁　刑既创始于苗民,而又袭用于异族;其始即以威吓主义是尚,虽至秦汉未尝改也。于是五刑云云,除一死刑外,余皆残害身体之肉刑,遂列为刑名之正,而鞭扑流赎则视为主刑之副。世之推考夏商刑制者,均莫离乎五刑之范围,吾人固不应确认某也夏制,某也商制,但刑之有类五刑之内容者,则实古之通例也。周去古未远,五刑以肉刑为主,自系当然。《周礼》所谓"司刑掌五刑之法,以丽万民之罪,墨罪五百,劓罪五百,宫罪五百,刖罪五百,杀罪五百。"吕刑所谓墨辟、劓辟、剕辟、宫辟、大辟之属三千云云;其所示之刑名,当可靠也。《周礼》更有腰斩磔焚等刑,此不过死刑之属,古必有之,故亦不可因其书而疑其事。吕刑并有罚锾赎罪之文,此乃后世赎刑所本,周或行之,故亦不能因其详而断其无。至于《周礼》"大司寇以五刑纠万民,一曰野刑,上功纠力;二曰军刑,上命纠守;三曰乡刑,上德纠孝;四曰官刑,上能纠职;五曰国刑,上愿纠暴;"斯乃属于刑事政策之拟,为一家之言,不能与论五虐之刑为比也。春秋时,诸侯各自立制,壹以威吓主义是归。卫宋齐均有醢刑,郑楚均有镬刑,宋齐楚晋秦均有烹刑,卫齐楚均有刖刑,卫齐鲁均有鞭刑,齐郑楚晋蔡又均有放刑,齐鲁并均有赎刑,而晋更有没为官奴之制。总之,秦汉以前之所谓五刑者,不外指墨劓剕宫大辟而言。另所谓黥,即墨也;另所谓膑,谓刖,即剕也;所谓耴者或刖字之误也;另所谓椓谓劅者,即宫也。此在古代列为刑名之主,合以流赎鞭赎,则称九刑,《左传》所谓周作九刑,或即与此有关。

秦汉以后之刑制:由秦迄汉,五刑仅为刑名之一部,非可概其主刑;魏虽仿古,刑名有五,实则变秦汉各种主刑而制之也。汉旧仪载秦制,有死刑五等。有一岁刑至五岁刑;此当系法经之旧,为刑名之主,其他当另论之。所谓死刑五等者:一、车裂,即古之镬刑,如商鞅,如嫪毐,如荆轲皆被此刑也。一、腰斩,李斯腰斩咸阳市即其例;凡腰斩者必先具五刑,墨之、劓之、剕之、宫之而后腰斩;故旧之五刑,至秦则作为斩之从刑者也。一、枭首,悬首于木上,长信侯作乱,其徒二十人皆枭首也。一、磔,十公主矺死于杜,盖矺即磔也。一、弃市,敢偶语诗书者则弃市也。所谓一岁刑至五岁刑者,收夺犯罪人之劳动力,以一年为最短期,而有五等之分。男为戍,罚作,女为复作,皆一岁。输作司寇,即以"司寇"称罪,男备守,女为作如司寇,皆二岁。男为鬼薪,取薪以给宗庙,女为白粲,舂米使洁白,以供宗庙之粢盛,皆三岁。其上,则完,四岁;盖罪不至髡,去其鬓而完其发,故较五岁刑轻一等也。男髡钳为城旦,昼伺寇,夜筑城,女为舂,因妇人不预外徭,但舂作米,五岁刑也。惟髡钳者皆黥其面,故有黥为城旦之语,则五刑中之墨刑,又为一从刑矣。

秦代之一岁刑至五岁刑,实即后世徒刑与拘役之所始也。汉死刑有三等,磔为张其尸,弃市则杀之于市,景帝始改磔曰弃市,其一也;枭首谓斩其首而悬之,其二也;腰斩不具五刑,且如屈氂因妻作巫蛊而从坐之,妻子枭首,屈氂但腰斩之,则腰斩轻于枭首矣,其三也。一说汉又有绞,或系一时行之,未可作定制论。肉刑有黥劓刖宫四种,乃五刑之旧,然刖右趾与刖左趾则分为二。文帝废肉刑,当黥者髡钳为城旦舂;当劓者笞三百,帝景减为二百,又减为一百;当斩左趾者笞五百,景帝减为三百,又减为二百;当斩右趾者弃市,景帝时,弃市欲斩右趾者听之;宫刑亦同废除。但景帝以后,死罪欲腐者许之。髡刑为一等,秦之五岁刑也,盗杀、淫泆、吏赃等罪处之。完刑为一等,秦之四岁刑也,亦即后之耐刑所本也;《汉志》"当完者,完为城旦舂"是也。惟汉之城旦,据景帝纪注,系"旦起行治城",与《史记》注言秦制"夜筑城"似有异。作刑为三等,秦之一岁刑至三岁刑也。外此并有赎罚杂抵之刑。故汉之主刑,迄于东汉,归纳之不外三种,永元六年,陈宠上书,所谓"今律令犯罪应死刑者六百一十,耐罪千六百九十八,赎罪以下二千六百八十一"者是也。至于笞之为用,则又开后世笞杖刑之先也。魏定律令,依古义制为五刑,死刑有三,髡刑有四,完刑作刑各三,赎刑十一,罚金六,杂抵罪七,凡三十七名,以为律首,见《晋志》。死刑三等,或即汉之枭首、腰斩、弃市,因晋亦然耳。有谓魏之弃市已为绞刑,而非斩首;程树德[①]否认之。

由晋迄陈,主刑有三,而梁陈于十余等之差外,又增以八等九

---

① 程树德(1877—1944),民国时期法学家,著《九朝律考》,商务印书馆2010年版。

等之差也。《晋志》不载晋之刑名,《唐六典·注》有之。弃市以上为死罪,盖指枭,斩弃市而言,斩即腰斩也。二岁刑以上为耐罪,盖指髡钳五岁,刑笞二百,及四岁刑,三岁刑;二岁刑而言,即髡刑有四是也。罚金一两以上为赎罪,盖指赎死金二斤,赎五岁刑金一斤十二两,四岁、三岁、二岁,各以四两为差而言也。此外又有杂抵罪罚金等制,但据《晋志·张裴律表》,谓"枭首者恶之长,斩刑者罪之大,弃市者死之下,髡作者刑之威,赎罚者误之诫,王者立此五刑,所以宝君子而逼小人"云云,则晋亦有五刑之分也。宋齐皆同于晋、梁陈则略为改。梁刑制见于《隋志》,谓有十五等之差;弃市以上为死罪,大罪枭其首,其次弃市,腰斩则废之矣。二岁刑以上为耐罪,言各任伎能而任使之;有髡钳五岁刑、四岁刑、三岁刑、二岁刑等制。罚金一两以上为赎罪,亦有各等之差,盖仿自晋制也。此外又制九等之差,一岁刑、半岁刑、百日刑、鞭杖二百、五十、三十、二十、一十是也。并有八等之差,免官加杖督一百,免官夺劳百日杖督一百,杖督一百、五十、三十、二十、一十是也。论加者,上就次;当减者,下就次焉。陈刑制,除增以一岁刑外,余同于梁,皆以晋律为归耳。

元魏齐周,主刑五等——死、流、徒、鞭、杖;惟齐不曰"徒",而曰刑罪,即耐罪也。北魏屡次定律,史书恒有五刑之称,近人所考,魏实创设死、流、徒、鞭、杖之五等刑名;惟流徒则有时合称而为"刑";《高闾传》"自鞭杖以上,至于死罪,皆谓之刑";《刑罚志》记刑罚之条,以"门诛","大辟","刑"并称,如所谓"刑二百二十一条","刑六十二条",及"刑三百七十七"皆是也。然依《孝庄纪》,建义二年,曲赦畿内死罪至流,人减一等,徒刑以下悉免,则流徒两刑,原自分也。其死刑,太武帝定律,有轘、腰斩、斩、绞四等,绞之入律实自此始;孝文帝定律,只存枭首、斩、绞三等。其流刑,各加鞭、笞一百。徒刑,由一岁至五岁五等,与秦汉同,而与六朝无一年刑者异,但五岁刑四岁刑曾一度废之。凡徒必加髡,且鞭笞,并有年刑之称。其鞭刑、鞭背,最多为百;其杖刑,以十杖为起;数等均莫详知,或与北齐同。赎刑徙边,魏亦有之。北齐《隋志》志详其刑名:一曰死,重者轘之;其次枭首,并陈尸三日;其次斩刑,殊身首;其次绞刑,死而不殊;凡四等。二曰流,投之远裔,以为兵卒,未有道里之差。三曰刑,即耐罪,有五岁至一岁五等之差,并销输左校而不髡,无保者钳之;妇人配舂及掖庭织。耐罪不髡,此为髡刑变为徒刑之一特点也。四曰鞭,凡五等。五曰杖,凡三等。赎刑立于五刑之外,其等略同之。北周,刑名亦五,一曰死,磬、绞、斩、枭、裂凡五等;磬者悬而缢杀之,《礼记》"磬于甸人"者是。二曰流,其流卫服去皇畿二千五百里,流要服三千里,流荒服三千五百里,流镇服四千里,流蕃服四千五百里,凡五等。三曰徒,由一年至五年,凡五等;四曰鞭,自六十至于一百,凡五等。五曰杖,自十至五十,凡五等。鞭杖等级又与齐制异也。其赎刑亦依主刑轻重而有差。

隋迄清末,以死流徒杖笞为五刑;而清末变法,始则以死遣流徒罚金为五刑,继又以死无期有期徒刑拘役罚金为五刑也。隋承北律系统,制有五种刑名,首除鞭刑,增以笞刑;五刑之名又较确定,且得轻重之平,中间除辽外,迄于清末未改。所谓死刑者,即古大辟之刑也,隋、唐、宋、金、明、清,皆存斩绞两种,惟元则为斩,凌迟处死两种。所谓流刑者,谓不忍刑杀宥之于远也。隋制,流分三等,有一千里,千五百里,二千里之分。唐制,自流二千里,递加五百里至三千里,三流皆役一年;加役流则役三年;宋金皆同于唐元流,不计里,而就辽阳,湖广迤北之地,列为三等。明清同于唐制,均分三等。所谓徒刑者,徒者奴也,盖奴辱之于罪隶,任之以事,寘之圜土而教之,量其罪之轻重,有年数而舍也。自隋迄清,皆自徒一年递加半年,至三年,凡五等;惟金则自一年至五年,凡七等。所谓杖刑者,杖者持也,可持以击也。历代皆分五等,由六十至一百,惟元则由六十七起至一百又七耳。所谓笞刑者,笞之为言耻也,凡过之小者,挞捶以耻之。历代仍分五等,由十至五十,所相异者,元则由七起,递加十至五十七,凡六等耳。至于辽制,则为四刑,曰死,有绞斩凌迟之属;曰流,量罪轻重,寘之边城部族之地,远则投诸境外,又远则罚使绝域;曰徒,有终身,五年,一年半三等,终身决五百,其次递减百;曰杖,自五十至三百,凡杖五十以上者,以沙袋决之。清末变法,首所修订之大清现行刑律,五刑另具其内容。一曰死刑,仍分斩绞二等。二曰遣刑,系将充军旧例列于五刑之正,为较死刑减等之科;平民犯者,发极边足四千里及烟瘴地方安置;官吏犯者,发新疆当差,皆工作十二年,共二等。三曰流,流二千里工作六年;二千五百里,八年;三千里,十年。四曰徒,仍分五等,各依限工作。五曰罚金,为代笞杖而设,计分十等;旧律笞一十至笞五十,易为一等至五等罚;旧律杖六十至杖一百,易为六等罚至十等罚。一至五,以银五钱为一等,故五等罚为银二两五钱;六至十,以二两五钱为一等,故十等罚为十五两;无力出银,以银五钱折工作二日。最后暂行新刑律出,则又易其制,而以死罪,无期徒刑,有期徒刑,拘役,罚金为五等之刑也。

(乙)**死刑方法之变迁** 死者不可复生,断者不可复续;后世执行死刑,尝行三奏五覆之法,示其慎也。然季世刑罚不改威吓主义,则死刑终亦莫废,种种惨酷之执行方法,与之并存,尤其对于所谓大逆不道者加甚。律文所载之死刑,自隋以后,仅存两种,然不具于律文之执行方法，与古如出一辙。苟遇暴主或异族当政，则更肆其残虐，得分三类：一曰族刑，一人犯罪，诛及三族，重者则灭其宗，乃死刑范围之最广者。秦文公时，首定三族之诛；武公诛三父等而夷三族；秦二世时，李斯具五刑而腰斩于市，并夷三族；他如诽谤者亦族；族刑之始盖自秦也。汉兴之初，大辟尚有夷三族之令，令曰当三族者，皆先黥劓斩左右趾，笞杀之，枭其首，菹其骨肉于市，彭越韩信皆受此诛。吕后时，始除三族罪。然在其后，新垣平谋为逆，复行三族之诛。魏谋反大逆，仍施族刑，而不定于律令。晋虽减枭斩族诛从坐之条，而律则反有族刑之文；惟不及妇人耳。宋齐因之。实较秦汉为轻。然族刑虽减于六朝，而又重于北朝；魏初，大逆者亲族男女无少长皆斩；既定五族之制，又立三族门诛之名，一人为恶，殃及族门，蹉跌之间便至夷灭。后始改十三岁以下免死没官。其律屡经更定，而门房之诛亦由四增至十有三，后又共为十有六焉。孝文帝时始改大逆者，族诛降至同祖，三族者止一门，门诛者止一身。即一著例。隋唐刑制适中，然隋末，杨玄感之诛，罪及九族；唐律，谋反大逆皆斩，子年十六以上皆绞。唐以后，族诛大抵仅及其成年之子，而轻重则壹以帝王之宽严是决。例如明洪武初，尚书夏恕尝引汉法请著律反者夷三族，太祖即以汉仍秦旧，法太重，欲其奏；而成祖杀惠帝之党，则夷至九族，至十族，致有"爪蔓抄"之祸；不其然乎？二曰尸刑，判决死刑未及执行，而人已死者，则戮其尸是也。据云起自于秦，仍待详考，然明清则有其制也。《明志》"决单一到，即时处决，其死者下府州县戮其尸，庶典刑得正"云云，当必有其所始。清戮尸，剉①尸之例甚繁，雍乾两朝大

---

① 剉（cuò）：折损，摧折。

兴文字狱,多行此制,清末变法,始废之。三曰本身死刑,族诛戮尸而外之生命刑也。秦除车裂要斩枭首磔弃市五等死刑外,大辟又有凿颠,抽胁、镬亨、囊扑之刑。镬亨即镬烹,鼎大而无足曰镬,入其中煮杀之也;囊扑,纳于囊中扑杀之也。汉除枭首,腰斩,弃市外,韩、彭皆受菹醢之刑,王莽因之,是汉仍有镬烹一制;而焚如之刑亦见于莽世。至于弃市则明清之斩也。曹魏枭首,腰斩,弃市如故;大逆无道则腰斩,谋反大逆临时捕之或污潴,或枭菹。晋与魏同。梁陈则废腰斩,余皆承晋;惟棒杀之制,则又例外耳。北魏刑罚滥酷,太武帝定律,分大辟为二,斩、绞;大逆不道则腰斩,害其亲者轘之;其为巫蛊者负羖羊抱犬沉诸渊。其为斩,皆裸形伏质。孝文帝定律,废轘,腰斩,改以枭首为最重,与晋同;大逆及贼,各弃市袒斩,盗及吏受贿,各绞刑,踣诸甸师。然在以后,轘刘凯于东市,则轘刑仍未尽废也。北齐轘枭首斩绞,如律所定;然在律令制定以先,文宣受禅以功业自矜,恣行酷暴,为大镬长锯剉碓之属,并陈于庭,意有不快,则手自屠裂,或命左右脔啖,以逞其意;至于"供御囚"及"放生"之暴举。北周,死刑有磬绞斩枭裂五等;裂即轘刑,磬唐六典则作磔也。隋,律定死刑,仅为绞斩二等;盖认为绞以致毙,斩则殊形,除恶之体于斯已极;枭首轘身,义无所取,不益惩肃之理,徒表安忍之怀耳。然文帝性猜忌,素不悦学,其后尤以明察自矜,不复依准科律;对小民立取一钱弃市之法,对大臣或杖杀处死于朝堂,无杖则以马鞭笞杀之;其次则或于西市棒杀之。炀帝立后,初宽而后亦严,敕天下窃盗以上,罪无轻重不待闻奏皆斩;并行轘裂枭首之刑,或磔而射之,命公卿以下,脔啖其肉。唐绞斩如律,除枭首轘裂之酷;然枭首腰斩则仍偶一行之,而在德宗以前,所谓决重杖者,数至少一百,往往致死,则犹南北朝之棒杀也。斩,皆执行于市,五品以上官吏当死者,除恶逆外,许其自杀于家,七品以上,或皇族或妇人,刑不当斩者,则绞之于隐所,尤为后世所宗。五代之间,车裂两见,惟此后则再无轘刑也。宋刑统所载,惟绞与斩;仁宗时对荆湖杀人祭鬼者,创凌迟之刑,凌迟者先断其支体,乃抉其喉,近于脔剐。神宗时更成为普通之极刑,并有腰斩以佐之,李逢谋反案,李逢等三人并凌迟处死,张靖等二人皆腰斩也。他如建炎三年,韩世忠执苗传等磔之;靖康元年,枭童贯首于市;开禧三年,诛吴曦,枭三日;则磔枭之刑,仍偶用耳。辽本夷狄,刑更酷奇。其死刑依律为绞、斩、凌迟之属。然亲王从逆,不磬诸甸人,或投高崖杀之;淫乱不轨及逆父母者五车轘杀之;讪詈犯上者,以熟铁锥摏其口杀之;出师祭祖则有射鬼箭,以祓不祥,例取死囚置所向之方,以乱箭射杀之;此外又有枭磔、生瘗、腰斩、炮掷、支解诸残刑,归于重法闲民,使不为变耳。后虽一度改轻,天祚嗣位,又全恢复,甚有分尸五京或取其心以献祖庙者。金律略仍唐旧,绞斩为死刑之等;然在最初,则仅有死笞两刑,凡杀人及盗劫者,则击其脑杀之;完颜亮时,朝官饮酒,犯者至死,盗贼并凌迟处死,似亦严酷;但视魏辽则较逊矣。元斩与凌迟如其条格,惟奴婢杀主者,则具五刑而论决之。明刑用重典,死刑虽亦以绞斩为等;然在唐,盗贼三犯徒罪,仅流三千里,明则加重为绞;唐奴与主斗,殴祖父母父母者绞,明皆改绞为斩,故重于唐也。惟绞、斩则有决不待时与缓决之分,尚有轻重之慎也。此外,又有凌迟之刑,用于大逆之罪,以非五刑所隶,另制十三条,然不常用也。枭,则除大诰所定者外,宪宗成化五年,严劫盗枭首之例,凡劫盗处决,即于行劫处枭首示众,是明亦有枭首也。至于厂卫设立枷断脊堕指刺心之刑,致人于死;杨涟等之锁头拉死,则酷刑尤在法外之法外,不足论矣。清绞、斩各分立决与监候二种;立决,覆文到者,即行执行,同于明之决不待时;监候,俟秋审时奏闻定夺,情实者即予勾决,矜疑者减等治罪,缓决者俟来年秋审再核夺之。但罪之重者除戮尸外,仍有凌迟枭示等刑。迨现行刑律成立,旧律例凌迟枭示之罪,均改为斩立决;斩立决均改为绞立决;绞立决则改为绞监候;斩监候亦改绞监候;犯人已死者不论其罪。

(丙)体刑内容之变迁　身体刑原可分为两种,宫刖劓墨切断肢体或割裂肌肤,旧称为肉刑是也。鞭杖笞髡,虽曰皮毛之罚,重亦有至死者,或较狭义之肉刑为更酷也。肉刑首见废于汉文帝时,而笞刑起而为代;后世更以鞭、杖、笞依次列入五刑之内,直至清末一切身体刑始尽废止;然民国后,袁世凯曾又一度颁有易笞条例也。汉文帝之废肉刑,除宫刑外,皆有以易之;黥易为髡钳,其他则易笞。但在实际上,斩右趾者既殒其命,笞挞者往往至死,世人称其不忍残人之肢体,而忍杀人,不为无因。终汉之世,恒视笞为死刑,不轻用之。于是减死一等,即为髡钳,其加一等,即入于死,生刑少而死刑多,轻重皆失其伦。于是汉末以后,历代屡有恢复肉刑之议,即此故耳。然肉刑之废,虽谓自汉文帝而定,惟除鞭杖笞髡之属以外,墨劓刖宫之在以后,仍有其存在之迹可考焉。

就宫刑言:宫刑一称腐刑,男子割势;女子幽闭,一曰女子闭于宫中;旧为死刑之次,而治男女不以义交者,后不限于奸淫,用之广矣。秦始皇以宫刑七十万人作阿房,见《史记》,则宫刑之多可知。汉文帝废宫刑,但景帝时,死罪欲腐者许之,自后时以宫刑代死罪,遂为永制。武帝时司马迁以李陵故,下腐刑而著腐史,其著例也。后汉、光武、明、章、和各帝,屡诏天下犯殊死,一切募下蚕室,其女子宫。蚕室云者,因宫刑执行,畏风须暖,作暗室蓄火如蚕室,因以名狱焉。南北朝宫刑仍存。元魏,凡门房之诛者,男子年十四以下者,则腐刑;北齐,宫室不加宫刑,而北齐书后主纪,又有关于宫刑之诏,皆其例。后世宫刑之除,盖自隋始,见《周礼·司刑疏》及《书·孔传疏》。虽在辽穆宗应历十二年,又定宫刑,从坐男女年未及十六岁,则治以宫刑,仍付为奴,则非中国之法也。惟历代内官皆用阉人,是宫之刑虽废,而宫之事仍有,明清两代,私自阉割,皆有禁例;万历十一年,顺治三年更严其制。凡私自净身者及下手之人皆处斩,全家发边远充军,两邻及歇家不举首者,一并治罪,有司里老人等仍时常察访,如或容隐,一体治罪。至于阉宦选用,则须民有数子,愿阉一子者,则由有司造册候选,见明清会典。

就刖刑言:刖刑旧称腓刑,断足之罚也。由秦至汉,刖分两种,刖左趾轻而刖右趾重,故汉文帝废肉刑,刖左趾则易笞;刖右趾则改弃市。然在景帝时,当弃市欲斩右趾者许之。《后汉书》章明两帝诏书中,均列斩右趾罪名,是刖刑未尽除也。魏晋无刖刑,刘宋,明帝又复之,凡执劫窃等各种死罪,遇有赦免,除黥其两颊外,并断其两脚筋,徙诸远方,亦刖之轻者也。唐太宗即位,议旧律绞刑之属五十条,免死罪,断其右趾,行之数年。但终以减死在于宽弘,加刑又加烦峻,且死流徒笞杖之外,复设刖足,是为六刑,遂除断趾法改为加役流。元,殴西番僧者截其手,非刖而近于刖;明,内外厂设断脊、堕指、剥皮等非刑,则或又重于刖;清,在满洲,罪重者斩,次之则为割脚筋及鞭扑,顺治三年始除割脚筋法;实皆一时之淫刑,亦非可言刖刑之续也。

就劓刑言:劓刑者,割鼻之刑也。自汉文帝废后,史不再见。惟金初,重罪听赎,然恐无办于平民,则劓耵以为别,是于劓之外又有耵刑也。元初,诸公事非当言而言者,挈其耳,则又耵刑之变也。

明,洪武二十八年,颁皇明祖训,禁用黥刺劓刖阉割之刑,则或有劓刖等刑为私刑者矣。清初,在军队中,更有穿耳鼻者,顺治三年与割脚筋同时除之。此外在秦又有断舌之法,凡犯咒咀诽谤者,先断其舌;汉初,尚沿其制;皆以大辟之附加刑视之。元,詈西番僧者,则断其舌,视为主刑而用之,明,内外厂亦有剜舌之非法,极为淫虐。耵刑断舌刑固非劓刑,但其性质相近,故附及之。

就黥刑言:黥刑旧称墨刑,刻其面以墨窒之,为旧日五刑中之最轻者。秦黥刑必多,英布微时,坐法黥,后以黥布名,当系受秦之黥刑也。其为城旦者,亦黥而为之。汉文帝除肉刑,当黥者,髡钳下城旦舂。魏晋皆无其刑,但南朝、宋明帝泰始五年,认劫窃五人以下相逼夺者则赐黥,刺字于两颊,使人不齿之,而黥刑又活。梁承其制,凡盗黵面为劫字,天监十四年始除。北朝迄于隋唐,皆不黥;虽唐末,朱全忠为节度使时,命军士皆文其面,以记军号,逃辄斩之,尚非以黥为刑也。宋辽以后,黥刑又恢复之。宋凡应配役者,传军籍,用重典者黥其面,故有刺配之法;刺配较死刑为轻,而较流刑为重者也。凡窃盗钱至若干贯者,初则决杖黥面配役牢城;继又刺为兵,而所刺之部位,复因累犯而异。南宋,黥配之人所在充斥,论者皆以面目一坏,有过无由自新为虑,孝宗遂诏裁定黥刺法,重者依旧刺面;其次稍重,则止刺额角;其次稍轻,则免黥刺。辽太宗时创设黥刑,流者皆刺其文于面,世家子弟免之;会同九年令获晋人即黥面纵之,又一例也。圣宗时,诏帐族有罪黥墨,依诸部人例,世家子弟决流者,遂不免于黥刺;其三犯窃盗者黥其额,四次者黥其面,并徒五年,五次则处以死刑。兴宗时,诏犯终身徒者,止刺颈;奴婢犯逃或盗主物,主不得私黥其面,只许刺臂或颈;寻常犯窃盗者,初犯刺右臂,再犯刺左,三犯刺右颈,四犯刺左,五犯则处死。是黥刑在辽宋之适用,由流徒之附加刑,进而为累犯之加重刑;由刺面,进而改为刺额,刺颈与刺臂,则与古制又有其异。金仿辽宋之法,于天会七年,以诏对窃盗行之。元囚徒赦者,黥其面;吏人贼行者黥其面;而大元通制中,更定黥刺之例。明律载窃盗初犯刺右臂,再犯刺左臂,三犯绞。英宗正统八年,又定窃盗刺臂例;神宗万历间又申明刺字事例;是黥刑仍未尽废也。清律详刺字之法,凡重囚应刺字者,犯人刺臂,奴仆刺面;汉人徒罪以上刺面,杖罪以下刺臂;再犯者亦刺面;逃犯刺左,余犯刺右;初犯刺左者,再犯累犯刺右;初犯刺右者,再犯累犯刺左;字方一寸五分,画阔一分半。但顺治十一年,则议准逃人七十岁以上,十三岁以下,无论男女俱免鞭刺。康熙四年又准凡逃人将面上字毁去者补刺;五年以逃人改刺臂上逃者已多,无凭稽察,仍刺其面。则又有宽严之不同也。现行刑律告成,刺字之罚始废。

就髡刑言:髡者去其发也,与钳同用;钳者束其颈也;更有耐者,则去其颊毛以完其发也。此属于附加刑,与辽宋以后之黥面同。依汉旧仪,秦制,凡有罪,男髡钳为城旦,则秦有其刑矣。汉文帝废肉刑,以髡钳代黥,并存耐刑;汉之耐刑,去须而留发,较髡减一等,与北齐之耐徒不同。《汉书》"自髡钳为王家奴","有一钳徒相青"皆例也。凡髡钳之罚,均五岁刑;去鬓之罚,则四岁刑;延于魏晋南朝,大体未改。北魏徒刑例必加髡,其犯流刑而因亲老无子,则髡鞭付官留养。北齐徒刑不髡,惟无保者钳之。至犯流刑者,除不合远配者外,附加鞭笞各百,髡之投于边裔。隋唐以后,各种狱具已备,髡钳遂见轻;然在宋元丰中,苏颂建议请依古圜土,取当流者治罪讫,髡首钳足,昼居作,夜置之圜土云云,未果行。而崇宁中从蔡京请,行之,或有髡钳之制也。至于枷之为用,本为狱具,或且用以拷囚,而清代之枷号示众,则又成为刑制矣。

就鞭刑言:鞭扑之刑,鞭最重,杖次之,笞最轻;然实际上,汉之笞多致死,明之廷杖亦然,未可以其名论也。鞭刑盛于春秋之世;秦始皇取太后,迁之咸阳宫,下令曰,"以太后事谏者,蒺藜其脊",亦近似之。汉有笞,在景帝箠令以前,不笞臀而笞背,与南北朝之鞭无异也。后世鞭刑,盖始于魏,妇人应笞者改为鞭督,盖笞以竹而笞臀,鞭以革皮而鞭背,免妇人之去衣受刑也。两晋宋齐或有鞭刑,莫详其制。梁鞭刑有二百、一百、五十、三十、二十、一十之差,皆施之于背。并有制鞭、法鞭、常鞭三种。惟前二者,或则生革廉成,或则生革去廉,自非特诏皆不得用;后者则熟靼不去廉,常用之。廉者何?棱之谓也。陈同。至于北朝,除鞭为五刑之一外,元魏鞭之长短,有其定制,所鞭者为背,犯流刑者除笞外,加鞭一百。且太武帝定律令,当刑者赎,贫则加鞭二百;孝明帝时,又奏准亲老犯流者,鞭笞留养;是又兼以鞭刑当赎之用矣。北齐,鞭背,五十一易执鞭人,式有定制。犯流罪刑罪者,于笞外各加鞭一百;北周亦然,惟徒刑之加鞭,依五等之徒由六十起,递加十,至一百止,为所异也;是又兼以鞭刑为流徒刑之附加刑矣。隋首除鞭刑,盖以"鞭之为用,残剥肤体,彻骨侵肌,酷均窵切,虽云远古之式,事乖仁者之刑"也。唐初,鞭刑或又用之,故《唐志》载太宗尝览明堂针灸图,见人之五脏皆近背,针灸失所,则其害致死,遂诏罪人无得鞭背云云。辽有鞭烙之刑,则用之为讯囚者。后在元代,世祖申禁鞭背;英宗大元通制成,禁鞫狱以私怨鞭背;是鞭刑虽废,后世仍不免为私刑之用也。清,犯笞者,旗下人不用竹板,改为鞭责,则又刑之换也。

就杖刑言:魏晋以后,杖刑次于鞭刑;隋废鞭刑,杖刑则又重于笞刑。杖列于刑,始于东汉;《北书堂钞》载世祖之杖丁邯,《通典》

载明帝之鞭杖大臣,说者谓即明代廷杖之所本,而杖之为用,实亦为最早见者。晋或有杖,见《晋志·刘颂疏》。但成为确制,则又起之于梁;梁有杖督之刑,以一百、五十、三十、二十、一十为差。杖以生荆为之,有大杖、法杖、小杖三种;惟常用者小杖耳。陈亦然。其在北朝,元魏首列杖刑为五刑之末,献文帝时,理官鞫囚,亦得用杖,数限五十,而有司欲免之则以细棰,欲陷之则先大杖;乃定杖制,用荆,平其节,讯囚其本大三分,杖背者二分,挞胫者一分。北齐,杖有定式,有三十、二十、一十之差,凡三等;官吏犯罪亦鞭杖焉。北周杖刑分五等,由一十至于五十。然在齐末,宣帝又制天杖之刑,曰杖者,数为一百二十,曰多打者,数又倍之;专为公卿妃后而设,是又与明之廷杖类也。隋一十至于五十则用笞,六十至于一百,改用杖,盖代鞭刑五等也。其流刑,近流加杖一百,每加一等加三十。然文帝性刻,好于殿廷挞人,杖大如指,棰楚人三十者,比常杖数百,故多致死,则亦与明之廷杖类也。唐,杖刑之法定与其实用,颇不同。依唐律,杖刑五,自杖六十至杖百,不再作为他刑之附加刑;且杖式,除讯囚杖为讯拷之用,笞杖为笞刑之用外,杖刑所用者为常行杖;以生荆为之,笞以腿受,杖则背腿臀分受,数须相等。然在实用上,唐初,死罪皆先决杖,其数或百或六十,是又以杖刑为附加刑,德宗始罢之。常行杖之外,又有重杖与痛杖二者,重杖往往杖至死,数至少为一百;痛杖数亦一百,杖不至死;其泛言一顿杖者,则重杖痛杖皆可,而生死之权操于罚者。律有杖百,凡四十九条,犯者每多杖未毕而已死,虽诏除其四十九条,然无益也。玄宗时,虽诏杖,古以代肉刑者也,或犯非巨蠹①而棰以至死,其免以配

---

① 蠹(dù):蛀蚀、损害。

诸军自效；然肃宗时，安史旧案中，决重杖死者，又有二十一人。代宗立，始诏凡制敕与一顿杖者，其数止四十；其时重杖一顿痛杖一顿者，皆止六十；德宗时，犯十恶之大者如律，其余当绞斩者，决重杖一顿处死，以代极法，是又以杖刑代死刑矣。此外尚有两事，亦为唐律所未载，而以敕格行之。一为士大夫之不杖，当玄宗时，夷州刺史杨浚坐赃当死，上命杖六十，流于古州；裴耀卿以决杖赎死，恩则甚优，解体受笞，事颇为辱，止可施之徒隶，不可及于士人，上疏反对之。诏如所请，于是除金之外，由唐以迄宋元，无复将士大夫笞杖者。然中唐时州镇属吏，仍时有受杖之事，韩愈所谓判司卑官不敢说，未免箠楚尘埃间，是也。一为各杖抵折之制，宣宗时行之。盖律所定之常行杖，分杖背腿臀，称曰法杖外，有司滥用刑罚，或专杖背，称为脊杖，或专杖臀，称为臀杖；其专杖腿者，则律之笞杖也。于是定制，凡脊杖一下，可抵折臀杖十下；臀杖一下，可抵折笞杖五下，此固与律有违，但为补救事实计，亦不失为一策也。宋杖刑五等与隋唐同，但其异于唐者，则有折杖法，折杖者按律行杖而减折，如杖一百者，仅杖二十是，故与唐宣宗杖之抵折，又微不同。南宋武官之权较重，对于州县官往往不依法制，辄用杖责，淳祐二年尝诏禁之，则杖刑之用又在法外矣。辽流徒皆加杖，终身徒黥面，决三百，其次递减百。杖刑自五十至三百；最轻者用木剑，用以宥减大臣之罪者；其次用大棒，用以决平民之轻罪者。再上决以沙袋，最重者为铁骨朵，击于睢骨之上。金，太祖时，始渐用中国制，严禁同姓结婚，犯者杖而离之，或已有杖刑矣。熙宗皇统制杖刑至百，臀背分决；完颜亮篡位，以脊近心腹，曾禁之。世宗时，复命杖至百者臀背分受，且品官犯博赃罪不满五十贯者，杖，听赎；再犯者杖之。盖认为既属职官，当先廉耻；既无廉耻；故以小人之罚罚之云。章宗时,以法不适平,常行杖样多不能用;遂定分寸,铸铜为杖式,颁之天下;然外官尚苛刻者仍不遵铜杖式,轻用大杖多致人死,又诏令按察司纠劾黜之。元,徒刑加杖,自六十七至一百又七,徒不杖,则自英宗始也。杖刑亦自六十七至一百又七,凡五等,所以始于七而终于七者,饶去三下耳。凡杖除讯杖外,皆臀受,而脊杖之制则永废之。明,流刑三,各加杖一百,徒刑五,由六十递加至一百,其赎流徒者,余罪收赎,仍决杖一百。杖刑则自六十至一百,每十为一等,杖有定式。同于元。与讯杖皆以荆条为之,以臀受。惟明于律外,更有廷杖,列为常刑,则实一代之秕政,太祖时,朱亮祖父子皆鞭死,夏祥毙杖下,已开廷杖之端;正统中,王振擅权,大臣率受其辱,殿陛行杖,遂习为故事;而其惨也,详刑典与碧血录极详言之矣。盖行杖用卫卒,监杖用内官,以木棍为杖具,五杖而易一人,大臣当者固无生理,阉寺假以立威,尤乘所欲;谓明之亡,亡于廷杖,亦无不可。清,流徒加杖,与杖刑之等皆与明同。其折杖,每十杖责四杖,以大竹板折责;流徒则到配所折责。末年变法,杖刑亦除。

就笞刑言:《书》所谓"扑作教刑,"《礼》所谓"夏楚二物,"或即古之笞刑;而《史记·范雎传》,魏贾使舍人笞击雎,折胁折齿,则古笞不仅笞背,且又与后世之鞭杖无异矣。汉文帝废肉刑,当斩左趾及劓者,皆易笞五百及三百,然笞者率多死。景帝以加笞与重罪无异,幸而不死,不可为人,乃减其数为三百为二百,后又减二百为一百;并定箠令,笞以竹为之,当笞者笞臀,毋得更人。魏之笞或轻于汉,妇人不笞臀而笞背,改用鞭督之刑。晋张裴注律表有"累笞不过千二百"语,则晋亦有笞也。梁髡钳五岁刑,及赎之者皆笞二百,陈如之,是又皆以笞为五岁刑附加之用,北朝亦然。元魏,流刑鞭笞各加一百,徒刑如之,数不详;北齐,流刑附加与魏同,刑罪除各鞭一百外,五岁刑加笞八十,以二十次减,至一岁刑无笞;北周,流刑各鞭一百外,笞则依其等由一百至六十,徒,除鞭外,笞则由五十至一十。凡笞笞其臀,妇人当笞者,听以赎论;应加鞭笞者,皆先笞后鞭。隋除鞭刑始以笞刑列入五刑之内,自十至于五十,凡五等,而为杖刑之次,盖刑之最轻者也。唐亦然。唐笞杖别于讯杖常行杖,用荆而不用竹,决笞者以腿受之,但愿背腿均受者听。宋,笞刑之等同于唐,但以臀杖折减之,如笞五十者,则折臀杖十,笞四十或三十者,则折八,笞二十者则折七是也。辽无笞刑,而木剑大棒之用,数最多不过三十或六十,实亦笞也。金初犯轻罪者,用柳葼笞之,是早有笞刑矣。世宗时,监察御史受讼牒而不称职,则笞之五十;宣帝时,监察官犯罪,其事关军国利害者,并笞决之;则笞之用也又有其制。元初杂犯量情笞决,与金同;后立制,笞分六等,由七起至五十七止,与杖皆以臀受,惟刑具刑等有异耳。明,笞除分五等承自唐制外,余皆与元同,笞各有折数,惟军官,笞十以上者皆"的决"须照数行刑也。清同于明,十笞责四板,故折责以小竹板行之,不用楚而又用竹耳。清末变法,与杖刑同以罚金代之。

(丁)**流刑遣刑之变迁** 窜逐之刑为自由刑中之最重者,隋唐视其次于死刑一等者。然在古代,除流之称外,所谓窜也、放也、逐也、屏也、谪也,皆属同类之事,故用者甚多。此其最初,或系对于所谓国人者,不忍杀而宥之于远方;或对异族而窜逐之,屏诸中国以外。秦汉以后,肉刑既废,笞又多死,死刑以下,即为髡钳,髡钳仅一奴刑而兼作刑,遂致刑罚之等级有所失平,北朝创立流刑,列于死刑徒刑之间,或即此故。迨至后世,又因流刑较轻,复于五刑之外,有所谓类似大清现行刑律遣刑之例矣。兹特述其著者,借以知秦汉后自由刑在此一部分之变迁。

就遣刑言:遣刑之名,始见大清现行刑律;然其事在昔亦有之也。秦,迁嫪毐舍人四千余家于房陵;徙有罪而谪之以实初县;见《史记》,则秦已然。其发谪徙边更与后世之军流无异。汉有七科之谪,见《史记·注》;有徙边之制,见《陈汤传》及《杨球传》。徙边为制非九章律所有,据《魏书·刑罚志》,汉武时始启河右四郡,议诸疑狱而谪徙之,可知之矣。诸徙边者,大抵非特诏不得归,故东汉安帝诏自"建初以来,诸妖言它过坐徙边者,各归本郡"也。魏晋六朝,有无其例,史莫可稽;北魏,则于流刑之外,又有徙边之制;盖高宗时,源贺奏称非大逆赤手杀人之罪,应入死者,皆可恕死徙边,遂为定例,见《源贺传》。惟徙边在北魏,通常以补兵称之,用以补兵士之意耳。其以妇人投入边地,亦曰补兵,则系配于兵士为妻室耳。北齐流刑无道里之差,犯者投边裔为兵,自不再有所谓徙边之遣刑。隋对于流徒尝行配防之法,配防者发配于防地,等于北魏之补兵,而又宋代刺配之所托也。宋代刺配,系于犯人配役时,以文字刺其额上或两颊而遣之,虽较死刑为轻,实较流刑为重;故贷死者多受此刑。其中仍分三等,配为军役或皂隶者曰配隶,配入军营中作役者曰羁管,由地方官编入册籍使之作役者曰编管。此外南宋时,孝宗朝,既有驱逐出境之条,宁宗朝虽废之,而又增一递解回籍之例,亦皆为后世所宗,有近于遣也。元重因除叛逆不孝妻杀夫奴杀主并正典刑外,余犯死罪者充日本占城缅甸军。明流之外,亦有安置,迁徙口外为民及充军之制,而充军更分极边、烟瘴、边远、边卫、沿海、附近种种。清,"边外为民"与"充军"皆有之;其充军分附近、边卫、边远、极边、烟瘴轻重五等,更有发给东三省给披甲人或厄鲁额为奴者。清末变法,现行刑律,五军去其三而留其二,改称遣刑,入于五刑之内。所去者,附近充军改为流二千里,边卫改二千五百里,边远改三千里。所余者,极边四千里安置当差,烟瘴地方安置当差,是为内遣;其有满流加等者,发往新疆,曰新疆安置当差,是为外遣,各当差十二年。内遣则于限满后释回,外遣即在配所编入户口,故外遣实即边外为民也。新刑律不采之。

就流刑言:流刑之列入五刑,始于元魏;其前虽有遣戍徙边之制,则偏于遣逐,非可认为流刑;然流刑之滥觞自亦在其中矣。元魏之流刑,与北齐北周之制为同,皆附加鞭笞,以李崇、赵修、薛野䐗等传考之可知。北齐流刑无道里之差,髡之投于边裔,盖对于论犯可死,原情可降而设之刑也。北周,流刑始确定为五等,最近二千五百里,最远四千五百里。隋流分三等,杖而不笞,课以居作者,由二年至三年;其最近者千里,次千五百里,最远者二千里,较北朝各代为近。唐,流刑凡数变,高祖受禅后,流刑各加千里,自二千里以至三千里,居作悉为一年。常流之外,又有加役流者,加役三年,盖太宗时,废断趾刑后而以此易之也。宋,同于唐,惟有脊杖之附加,重者更刺配之。流人之遣也。初则发配西北边疆,以其多亡命至塞外,诱羌戎为患,后又改配于登州沙门岛及海州海岛,最后又改于广南远恶之地。然自神宗后,以敕代律,故流罪之制亦不一定,神宗徽宗孝宗皆制有编配法,其他以一敕一诏更易之者,更难备举。辽,流刑实近遣刑,量罪轻重,置于边城部族之地,或投于境外,或罚使绝域,并附加以脊杖。金流刑无一定里数;元亦然。南人流于辽阳,北人流于湖广,重罪流于迤北之地,更附加黥刺;文宗时,另制迁徙法,远近不得过千里,在道遇赦,悉得放还,再犯者,徙之本省不毛之地,十年无过则量移之,所迁人死,妻子听归土著。明流分三等,与唐同,三流各杖一百,皆拘役三年,再犯者,则于原配处，依工乐户留住法，则又与唐异也。清流分三等并杖一百，皆与明同；且安置远方，终身不还，亦非所异；惟在配地逃脱或再犯罪者，则改为充军若千里，因国境限制之关系，有时转得发配与原籍较近之地。清末，现行刑律除十恶奸盗等重罪依旧发配外，其余流刑皆改在本地工作，二千里者六年，二千五百里八年，三千里者十年，新刑律并流刑之名而除之。

（戊）徒刑作刑之变迁　自由刑之第二方面，为拘束其身体，课责其劳力，中国法制史上所谓髡刑、作刑、耐刑、年刑、徒刑；以及居作、输作、当差等等名目，皆其类也。惟各代刑名不尽为同，同一刑而异其名者有之，同一名而异其质者有之；且如作刑，视其为徒刑者有之，为徒刑之内容者有之；为流刑附加刑者更有之，而为独立之刑名者亦有之。欲分别详述，颇感纷杂，兹特及其著者，借以知秦汉后，自由刑在此一方面之变迁。

就徒刑言：旧之徒刑，意在奴辱之也；故元魏以前，虽无徒刑之名，而如秦之一岁刑至五岁刑，汉魏之髡完作三刑，与夫两晋南朝之耐罪，人固多以后世之徒刑视之。除此之外，《史记·秦始皇本纪》有"隐官徒刑者七十余万人"之语，或系对宫之者而处以徒刑之谓；且其所谓籍门之刑，更系籍没一门之人，使皆为徒隶也。汉，有隶臣妾，较鬼薪白粲之刑轻。而亦以奴视之，必免而始为庶人耳。至于东汉桓帝时，因党祸而定禁锢终身之制，说者谓即后世无期徒刑所自昉，但禁锢终身，犹近世之永不叙用之意，非一事也。三国时，仍同于汉，彭羕髡钳而为徒隶，见《三国志》，即一著例。晋及南朝，有耐罪，盖即拘束其自由，各随其技能而任使之，是渐与后世徒刑相近。梁，反叛大逆者，母妻姊妹及应从坐弃市者，妻子女妾同补奚官为奴婢。劫身皆斩，遇赦降死者，黥面为劫字，髡钳，补冶锁士,终身。其下又谪遣配材官冶士,尚方锁士,皆以轻重差其年数。陈同。元魏立徒刑之名,因其以年分等,故又称为年刑,髡、鞭、笞、三刑皆附加之。北齐称为耐罪,鞭笞而不髡,无保者则钳之。此外尚有配乐户,配驿户而奴辱之。北周仍称徒刑,同加鞭笞,逆恶罪当流者皆甄一房,配为杂户以奴辱之。隋徒刑不似北朝之以一年递加至五年分为五等,仅以一年递加半年至三年分为五等,盖北朝犹远宗秦汉一岁刑至五岁刑之余意也。唐承隋制,皆不加杖,但徒刑则除一二例外必服劳役,与流刑同。宋徒刑之等有如隋唐,而无输作,且加脊杖。惟徽宗时立圜土制,昼则役作,夜则拘之,视罪之轻重,以为久近之限,限满许出圜土充军,无过者纵释。辽徒刑分三等,最重者终身,次者五年,最轻者一年半。金徒刑加为七等,在太宗时,窃盗三十贯以上,则徒终身。元徒刑之等又复唐旧,并承宋制附加以杖。明徒刑五等,仍各加杖;其外又有总徒与准徒,总徒四年,准徒五年,盖加重之徒刑也。清徒发本省五百里驿递,仍为五等,各依年限应役,役满回籍;其附加刑之杖仍存之。清末,现行刑律,徒刑改为发本地工作,限满释放,不必发配远方。新刑律分为有期无期两种,皆监禁而罚服法定之劳役。

　　就作刑言:即今日所谓拘役刑是。秦之一岁刑至五岁刑,倘以年刑之意言,则后世徒刑之所自昉也;倘以髡钳城旦舂;完城旦、舂、鬼薪、白粲;备守,作如司寇,罚作,复作之意言,则又应归于作刑也。汉以髡钳五岁刑称为髡刑,完城旦舂四岁刑称为完刑外,自鬼薪以下三等统为作刑,即所谓输作之制是也。魏,除髡完两刑外,有作刑三,盖沿汉制也。晋,无作刑之名,拘役当归入耐罪中,但一岁刑则无之;张裴《晋律注》,有"累作不过十一岁,"则作刑自有之也。南朝,另有质作之制,凡有罪而逃亡者,则举家质于材官或尚方罚作苦工,俟获案后,始免其罚;梁时,并免家有老小者,可停止质作。至于耐罪之居于材官尚方充作苦工,称曰居作,梁陈皆然;陈又对于所获贼帅及士人恶逆者,免死付治,听将妻入役,不为年数。北魏,因罪而役者,富者烧炭于山,贫者役于圊溷,女子入舂藁,其痼疾不逮于人,守园囿。北齐犯流罪不合于远配者,男子长徒,女子配舂,并六年;犯刑罪者,输作左校,妇人则配舂及掖庭织。北周徒输作者皆任其所能而役使之。隋流刑应配者,依其等而有居作二年、二年半三年之别。唐流刑皆役一年,加役流则居作三年,男子或充戍卒,或供疏圃,女子则作厨膳。徒刑亦如劳役如流,皆著钳若校。其在京师者,男子隶将作,女子隶少府缝作,旬,腊,寒食各给假;毋出役院;病者释钳校给假,疾差倍役。宋,流刑,配役三年,配役一年如唐制;惟徒刑无论轻重,皆仅监禁,而免输作。金妇人免死,代以输作;后以女人在囚输作不便,又改决杖二百而免之。元流罪,初发各地屯种,后止监临关防。徒罪,昼则带镣居役,夜则入囚牢房。凡窃物者,一犯杖释,再犯即配役;恶少不法者,黥刺,杖七十,更拘役;则拘役较配役轻矣。明凡杂犯死罪者或免死,输作终身。流,则于安置之外,加以居作,称曰拘役。徒则于限输作,官盐场者每日煎盐三斤,铁冶者每日炒铁三斤。其以屯种为役者,则发往凤阳。成祖时,并定罪人输作之制,凡在京徒罪囚人,拨充国子监膳夫;又令笞罪五等,每等五日,杖罪五等,每等十日;徒罪准所徒年月,加以应杖之数输役;流罪三等,俱役四年一百日;杂犯死罪,工役终身。清,遣、流、徒皆有相当之工役。依现行刑律,遣为十二年;流之改役者六年、八年、十年;徒依限工作。新刑律,于两种徒刑之法定劳务外,于五刑内加以拘役一种,乃自一日以上不满二日之剥夺自由刑,监禁之而令服劳役也。

(己)赎刑罚刑之变迁　　吕刑有罚锾之科,为罪之疑者而设,自汉以后之所谓赎刑,即系宗之于此。然赎刑在今日视之,实一易科之性质,而与唐之官当,清之换刑有同然也。但历代亦有以赎刑,作为独立的财产刑用之者,故与为主刑之罚金,为从刑之入官夺爵合而论之。

就以物为赎言:历代所谓赎刑以此为主,盖财产刑也。秦严法令,故无赎罪之制,汉初亦然。景帝令民有买爵三十级者得免死罪;文帝募民入粟塞下,得以免罪;武帝更令死罪入赎钱五十万者,减死一等;是为汉用赎罪之始。东汉明帝屡诏天下亡命殊死以下,听得赎论,诏书到日先自告者半入赎,赎以缣若干匹计,自是遂为定制。但据《舜典·正义》,谓古以铜赎,汉始改用黄金;淮南王安传,赎死罪金二斤八两;则汉或兼用金、铜、缣也。曹魏定律,赎刑十一;晋兴以后,罚金一两以上为赎罪,赎死罪金二斤,五岁刑以下至于二岁刑,较赎死金递以四两为差,张裴所谓"金等不过四两"是也。梁,耐罪各收赎绢;其赎罪则自赎死,至于赎二岁刑,皆与晋同,而另附以赎绢之匹数,女子皆半之。此或以绢代金,不可知也。陈,一岁刑无官者以赎论,二岁刑有官者以赎论,三岁刑有官者,亦只许赎一年,余以官当,故赎刑之范围较梁为狭。北魏世祖定律,当刑者赎,以金难得,合金一两,收绢十匹。北齐,法合赎者,谓流内官及爵秩比视,老小阉痴及过失之属,应赎者以绢代金,无绢之乡,准绢收钱。死,百匹;流,九十二匹;刑五岁,七十八匹;四岁六十四匹;三岁,五十匹;二岁,三十六匹;各通鞭笞论。一岁无笞,则通鞭二十四匹。鞭杖每十,赎绢一匹,至鞭百则绢十匹。北周,赎杖刑五,金一两至五两。赎鞭刑五,金六两至十两;赎徒刑五,一年十二两,其次每加一等,递加金三两;赎流刑,一斤十二两,俱役六年,不以远近为差等;赎死罪,金二斤。其应赎金者,鞭杖十,收中绢一匹,流徒依限岁收绢十二匹,死罪一百匹;其期限死刑五旬,流以下各以一旬为差,限外不输者归于法,贫者请而免之。隋,官品第九以上犯罪者听赎,赎者以铜代绢,铜一斤为负,负十为殿;笞十者铜一斤,加至杖百,则十斤,徒一年,铜二十斤,每等加十斤,三年则六十斤;流一千里,铜八十斤,每等加十斤,二千里则百斤,死刑不分绞斩,皆铜一百二十斤。唐,赎刑全与隋同,其所异者,天宝以后,赎铜愿纳钱者听,每斤一百二十文,此其一。唐对死刑虽设赎,但限制甚严,必犯流罪以下,始听赎,然如五流犹在禁赎之列。五流者,加役流,反逆缘坐流,子孙犯过失杀流,不孝流,会赦减死流是也。徒刑中亦有不许赎者,如犯过失杀伤尊亲徒,故殴人至废徒,男夫奸盗及妇人犯奸徒皆然。此其二。宋,赎刑更较唐代为严,除八议外,如官荫减赎之条已大加删革,而职官之犯罪者,如为公罪则许以赎,如为私罪,概不许赎。辽在太宗以前,即有赎刑,杖一百者,赎钱千;金泰和律,仿唐制而定赎刑,但赎铜之数皆倍之。元,格条中,诸牧民官公罪之轻者许罚赎;诸职官犯夜者赎;诸年老七十以上,年幼十五以下,不任杖责者赎;诸罪人癃笃残疾有妨科决者赎;其赎也,笞杖一等,以中统钞一贯为抵。明,赎法有二,有律得收赎者,有例得纳赎者,律赎无取损益,而纳赎之例则因时权宜,先后互异;其法,初尝纳铜,又尝纳马,后皆不行,唯纳钞纳钱纳银尝并行焉。明之设赎有二目的:其一朝廷有所矜恤,限于律而不后伸者,一寓之于赎例,所以济法之太重也。其一国家借其入以佐缓急,而实边足储振荒官府颁给诸大费往往取焉。清、顺治三年,颁五刑赎罪之图,凡赎刑轻者为"收赎",若老幼残废犯军流以下罪者,若乐户、象奴及习业已成之天文生,罪止杖笞者,或过失杀伤人，自笞罪至绞罪者，并准收赎。次轻者为"折赎"，若命妇正妻例难的决者，杖罪余罪，并准赎免。最重者"纳赎"，分二等，富裕之家为"有力"，家道略饶为"稍有力"；若军民有力，若举监生员冠带人犯非奸盗诈伪者，流徒以下，并听纳赎。赎皆以银，最少者七厘五毫，最多者十二两四钱二分；其笞杖徒流杂犯死罪之在京者，则责其做工及运米炭砖等，计数准银各有差，此与明世宗嘉靖七年之赎罪条例颇同，而以力役赎罪，折以银数，又间接的以物为赎也。此外不著于例者尚有"捐赎"，必叙其情，请旨乃准；其法，自平民至三品以上官员，又分六等；平民笞者五十两，斩绞者一千二百两；三品以上官员，笞者六百两，斩绞者一万二千两。现行刑律，虽存赎刑，而纳赎折赎之例皆废，收赎一皆依律处断，律未载者，即妇女犯罪亦不许赎；收赎之本刑为罚金者，减半收赎；为徒刑者，自赎银十两起递加二两五钱，至二十两止；为流刑者，由二十五两起递加五两，至三十五两止；为遣刑者一律收三十五两；为死刑者一律收四十两。至于捐赎，则附于例文之内，有官位者及命妇正妻难的决者，皆得捐赎，实即旧之折赎也。

就以官为赎言：秦汉有夺爵之律，后世有议贵之条，然皆非以官爵赎刑也，官爵赎刑，称曰官当，盖始于南北朝，而确定于隋唐也。在南朝、梁，有官职者，如所犯仅为罚金鞭杖杖督者悉停其罚，概行入赎；其台省令史士卒欲赎者听；此虽非官当，而实陈官当制度之所自昉也。陈，五岁四岁刑若有官准当二年，余并居作；其三岁刑，若有官亦准当二年，余一年赎；其二岁刑，有官者赎论，而不能以官准当。然在北朝，则始于元魏，当太武帝时，"王官阶九品得以官爵除刑"已有其因。宣武帝时，更详定官当之制。隋兴，官当之制仍存，犯私罪以官当徒者，五品以上，一官当徒二年，九品以上当徒一年;以官当流者,三流同,皆比徒三年;若犯公罪者,徒各加一年,当流者各加一等。唐承其制,更为详尽,且认为有二官者,先以高者当;次以勋官当。行守者各以本官当,仍各解现任;若有余罪及更犯者,各以历任之官当。其依内官而任流外职者,以流内官当;及赎徒一年者各解流外任。均见唐律。然自宋之兴,职官犯罪,公罪仅许其赎,私罪虽赎亦不可得,以官当罪之制,自在革除之列矣。至于清代,官吏之因公犯罪者,除笞刑外,一杖七十者降一级,八十者二级,九十者三级,一百者四极,皆调用;其犯私罪者,杖六十者降一级,七十者二级,八十者三级,九十者四级,皆调用,一百者革职离任;亦有官当之遗意,惟仅限于官当杖刑耳。

就罚金之制言:罚金者,财产刑之一也;吕刑五罚,后世虽托为赎刑之始,实则罚金之制也,汉,"无爵罚金二斤"见《景帝纪》;"此人犯跸当罚金"见《张释之传》;是汉有罚金之制矣。光武时,女子犯徒,遣归家,每日出钱雇人于山伐木,名曰雇山,则亦罚金之意焉。曹魏改律,罚金有六;明帝时,改士庶罚金之令,男听以罚代金,即依法应罚金者,得以罚代之,则罚金之为主刑可知。晋罚金一两以上虽归于赎罪,然罚金仍系独立于赎二岁刑之次,而有罚金十二两、八两、四两、二两、一两五等之差;轻过误老小女人适用,皆半之,故张裴注律谓"赎罚者误之诫,"而以赎罚对称之。梁虽改律,而罚金之等仍与晋同,惟得以绢易金;将吏以上及女子应有罚者,以罚金代之;惟以职员应罚及律令指名制罚者除外。陈官吏若公坐过误,则罚金。但自北朝迄于宋罚金为制不著,盖赎刑既极扩张,唐律且规定某罪得以赎云云,是赎罚归一,实无其别。惟元,"牧民官公罪之轻者,许罚赎,"见《元志》,则罚金为制之仅见也。

明，廷臣坐笞罪，得以俸赎，实亦罚金也。清，罚金之制又盛。初，天命间，刑制有死，有笞，有罚；勤劳有功之人，当死者赎，当罚者免，当笞者戒饬而释之。其罚或锾，或牛羊牲畜。故军旅，朝会、田猎、游牧之间，皆赎罚并行。入关后，王官职官，罪应金赎者，改为罚俸，罚制更为确立。计官吏因公犯笞者，笞十，罚俸一月；二十、三十各递加一月；四十、五十者各递加三月；犯杖六十者，亦罚俸一年。因私犯笞者，笞十，罚俸两月；二十、三月；三十至五十各递加三月是也。现行刑律更以罚金列入五刑之内，共分十等罚，前五等代旧之笞刑，由银五钱至二两五钱；后五等代旧日之杖刑，由银二两五钱至十五两。如无力出银五钱，折作工役二日，但十恶奸盗等项，则不许罚金，从重实行工作。此外历代尚有罚作之制，已见于作刑中，不再赘。

就没官入官言：没官乃从刑也。犯罪没收其财产赃物入官之谓也。历代所谓文官没官，所谓没收，所谓充公，皆一事也，故不详及。惟旧例入官，不仅以财物为限，即妻子家人，亦往视其所犯罪名，而同没为官奴婢，且或列其家于贱户，配下役，永不起复，皆从刑之最重者。散见于前，从略。

就夺爵免官言：《史记·秦始皇纪》"夺爵，迁蜀四千余家"；《汉书·景帝纪》"夺爵为士伍免之"，则夺爵之制，秦汉皆有之。《类聚》引王粲爵论"依律有夺爵之法"，《陈书·沈洙传》引汉律，有除名，则夺爵除名，又汉律之所载也。魏律之杂抵罪七，梁律之免官夺劳，或皆系其事也。历代相沿，以迄于清。清律，官吏犯私罪者，笞杖以上并论如律，罢职不叙，追夺诰敕，削去仕籍。此外若汉之禁锢终身，陈之违清议者终身不齿，以及历代之列为贱户者，子孙不得与试，又皆与现代之褫夺公权相仿佛也。

三、罪刑

刑罚之适用,量情而有加减,依罪而有轻重,我国自昔即已有之。《礼记·曲礼》"八十九十曰耄,七十曰悼,悼与耄,虽有罪不加刑焉,"此对刑事责任能力而言,故有罪而不刑也。《周礼·司刺》,"壹宥曰不识,再宥曰过失,三宥曰遗忘;壹赦曰幼弱,再赦曰老旄,三赦曰蠢愚";宥之为言恕也,酌减其刑也,赦之为言舍也,免除其刑也;是兼两者而言之矣。至于大禹谟"宥过无大,刑故无小,罪疑惟轻,功疑惟重,与其杀不辜,宁失不经";康诰"既道极厥辜,时乃不可杀";吕刑"上刑适轻,下服,下刑适重,上服,轻重诸罚有权";王制"有旨无简不听,附从轻,赦从重",《周礼》"听民之所刺,以施上服下服之刑";则又关于刑之酌科与加减例也。然据经籍所载,刑之科也,除原情,量罪,处疑三事,以为上下轻重出入加减之决定外,尚有两事亦足为其影响,而皆具备于《周礼》中。一曰,大司寇掌建邦之三典,以佐王刑邦国,诰四方,刑新国用轻典,刑平国用中典,刑乱国用重典;是与吕刑"刑罚世轻世重,惟齐非齐,有伦有要"之意同,而为科刑时所取以为标准者。一曰,小司寇以八辟丽邦法,附刑罚、议亲、议故、议贤、议能、议功、议贵、议勤、议宾;是与曲礼"刑不止大夫",《左传》"社稷之固也,犹将十世宥之,以劝能者"之意同,而为拟律时所用以为考虑者。各书所载固不能尽信其事,且不能信为即虞即周之制;然其表现之思想,皆远在数千年前,而为后世所宗,直至于清,吾人汇而述之于首,亦应有之态度也。

(甲)罪之认定　刑以死遣为重,笞罚为轻,此刑名之轻重也;而亦罪名之大小也。秦法严酷,元法宽纵,汉法始宽终严,明法始严终宽,唐宋各得共中,此刑又论罪用刑之轻重也。兹惟择及最要之点,借为示例;若欲窥其全豹,唐元明清诸律例格条固在,可按复也。

就十恶言:中国向之视为罪大恶极者,不出两类。其一,关于叛逆之犯罪行为,此为维持社稷之地位,不得不严也;其一,关于背伦之犯罪行为,此为有助人伦之树立,不得不重也。南北朝以前,虽无十恶之名,而其事则有之也。秦以古非今者族,诽谤者族。汉,重罪之目甚广。例如大逆不道,父母妻子同产皆弃市,盗宗庙服御物者弃市,矫诏大害腰斩,杀母以大逆论等等皆是。魏,谋反大逆,临时捕治,不以律令囿;以言语及犯宗庙陵园谓之大逆无道,腰斩,家属从坐,不及祖父母孙;正杀继母与杀母亲同,以防继假之隙;殴兄姊较汉加至五岁刑,以明教化。晋,违忠欺上谓之谩,亏礼废节谓之不敬;逆节绝理谓之不道,陵上僭贵谓之恶逆,见张裴律注,亦皆视为应上服者。他不详举。十恶为称起于北齐,盖列重罪为十条也。一曰反逆,二曰大逆,三曰叛,四曰降,五曰恶逆,六曰不道,七曰不敬,八曰不孝,九曰不义,十曰内乱;此十者不在八议论赎之列,科刑从重。北周,不立十恶之目,而重恶逆、不道、大不敬、不孝、不义、内乱之罪,凡恶逆,肆之三日。隋兴,又有十恶之条,一曰谋反,盖谋危社稷之谓,若今之内乱罪也。二曰谋大逆,盖谋毁宗庙山陵及宫阙之谓也。三曰谋叛,盖谋背本国潜从他国之谓,若今之外患罪也。四曰谋恶逆,盖殴及谋杀祖父母父母,夫之祖父母父母;与杀伯叔父母姑兄姊外祖父母及夫之谓也。五曰不道,盖杀一家非死罪三人,及支解人,若采生折割,造畜蛊毒厌魅之谓也。六曰大不敬,盖盗大祀神御之物,乘舆服御物,盗及伪造御宝;合和御药,误不依本方,及封题错误,若造御膳误犯食禁;御幸舟船，误不坚固之谓也。七曰不孝，盖咀骂祖父母、父母，夫之祖父母、父母，及祖父母；父母在，别籍异财，若奉养有缺，居父母丧，身自嫁娶，若作乐，释服，从吉；闻祖父母父母丧，匿不举哀；或诈称祖父母父母死亡之谓也。八曰不睦，盖杀及谋卖缌麻以上之亲，殴告夫及大功以上尊长，小功尊属之谓也。九曰不义，盖部民杀官长，军士杀军官，吏卒杀本部五品以上长官，学徒杀受业师；妻闻夫丧，匿不举哀，若作乐、释服、从吉、改嫁之谓也。十曰内乱，盖谓奸小功以上之亲，父祖之妾，及与和之谓也。其犯十恶者，处刑重于常人所犯者，虽会赦，犹除名。但以后炀帝大业律，兼采北周之制，则又除之。唐，十恶之条，与开皇律同，凡犯之者，不得依议请之例。议者何？若八议之条由群臣议而减轻也。请者何！请奏于君，而望其有宥免也。自唐以后，迄于清末，历代沿守不改，且皆列于律首也。

就六赃言：晋律张裴注，"取非其物谓之盗，货财之利谓之赃……加威势下手取财为强盗，……以罪名呵为受赇……不求自与为受求，所监求而后取为盗贼"；是关于赃盗之解释，尚未有六赃之名也。六赃之称，始于唐，见于宋；而明清律名例中皆揭出之。六赃云者，监守盗，常人盗，枉法，不枉法，窃盗，及坐赃是也；故宋神宗时，议重赃并满轻赃法，即有"六赃轻重不等"之语焉。兹特就其中之官吏犯赃与窃盗两者论之。

（1）官吏犯赃，历代皆行重典，所以禁官邪养廉洁也。例如汉代，官吏犯赃者，在章帝以前，三代禁锢；其主守而盗值十金者弃市。坐财枉法处以重刑，而无赃之枉法，则仅课以司寇作。即吏受监临以饮食，初则免官，继改计值而偿者，始不论罪；若受财物贱买贵卖等情者，皆坐赃为盗，没赃而迁徙免罢之。北魏文成帝时，诸司官赃二丈皆斩;孝文帝时,枉法十匹,义赃二百匹,大辟;后又改义赃一匹,枉法无多少皆死,于是守宰坐赃死者四十余人,赇谒之路迨绝。唐,更重贪污之罪,而用重刑;官吏受赃枉法,一尺杖一百,一匹加一等至十五匹即绞;不枉法者,一尺杖九十,一匹加一等,至三十匹加役流。监临之官受所监临之物,一尺笞四十,一匹加一等,四匹徒一年,八匹加一等,五十匹流二千里;与者减五等,罪止杖一百。乞取者加一等,强乞取者,准枉法论。官人因使,于使所受送遗及乞取者,与监临同;贷所监临财物者,坐赃论。即受猪羊供馈,及借奴婢牛马碾硙之类,亦皆以坐赃论。甚至其家人于所部有受乞,借贷,役使,及买卖有賸①利者,各减官人罪三等;官人知情与同罪,不知情各减人罪五等。详见唐律,不能备举。宋,同严贪墨之罪,命官犯赃者,不以轻重,亦并劾举之。南宋,官吏犯赃,即依法得以免死,而杖脊流配,亦决不可贷;其罪至死者,并籍其家。虽在辽金,刑政多失,而犯赃之禁仍严。辽,诸职官私取官物者,以正盗论。金,司狱官强族大姓及州县官属官之筵宴往还亦严禁,违者治其罪。元,官吏受贿及仓库官侵盗,台察官知而不纠者,验其轻重罪之;至中外官吏赃罪,轻者杖决,重者处死,言官缄默,与受赃者一体论罪。明清皆承唐律,严其罪也可知,不详举焉。

(2)窃盗,历代皆视为治国之急,故多处重罪;其加以威力而取者,称为强盗,其通常窃盗则以赃而定罪之高下。例如,汉盗高庙玉环者弃市,盗武库兵者伏诛,盗牛马者死,此治盗也;九章盗律中有劫略之条,此治强盗也。魏盗律,劫略律并立。晋盗贼赃五匹以上,弃市。北魏初,赃四十匹,致大辟。太武帝时,以民多慢,改赃

---

① 賸(shèng):增加。

三匹皆死。北齐，盗及杀人而亡者，悬名注籍，甄其一房配役户。北周持杖群盗一匹以上，不持杖群盗五匹以上，监临主掌自盗二十匹以上，盗及诈请官物三十匹以上者，皆处死刑。隋，更严，文帝时，命盗一钱以上者，皆弃市，闻见不告者坐至死；炀帝时，天下窃盗以上罪无轻重皆斩，其为盗者，籍没其家。唐依律，强盗不得财，徒二年，一匹徒三年，二匹加一等，十匹及伤者绞，杀人者斩；其持杖者虽不得财，流三千里，五匹者绞，伤人者斩。窃盗不得财，笞五十，一尺杖六十，一匹加一等，五匹徒一年，十匹加一等，五十匹加役流。监临者加凡盗二等，三十匹绞。故唐仍重视赃之多寡，以定刑之轻重也。然在德宗时，窃盗赃满三匹者死。武帝改赃钱一贯以上者抵极法，又复隋旧。五季更甚；后唐愍帝，窃盗不计赃，并纵火强盗，概行极法；后晋，以窃盗依律本无死法，稍改窃盗赃满五匹处死，三匹以上决杖配流；后汉，又改强盗捉获，不计赃物多少，按验不虚，并宜致死；后周强盗准格条处断，窃盗赃满三匹以上并集众者决杀，不满者等第决断。宋兴，改窃盗赃满五贯足限者死，后易为钱五千刺而为兵，景祐中，因犹重于强盗，遂诏至十千始刺为兵，而京城持杖窃盗得钱四千亦刺为兵，自是盗法惟京城加重，余视旧为宽。至于强盗，不持杖，不得财徒二年，得财为钱万及伤人者死；持杖而不得财，流三千里；得财为五千者死；伤人者殊死；不持杖得财为钱六千，若持杖罪不致死者，仍刺隶二千里外牢城。凡犯强窃盗者，郊赦不原，此种以赃数定上下之法，元符间，曾布以"盗情有重轻，赃有多少，今以赃论罪，则劫贫家情虽重而以赃少，减免；劫富室，情虽轻而以赃重论死，是盗之生死，系于主之贫富也；"于是改强盗计赃应绞者并减一倍，赃满不伤人及虽伤人而情轻者奏裁。然终因朝臣言其不便，仍依旧法。南宋孝宗时，又定强盗六项死罪之制,即为首,下手杀人,下手放火,行奸杀人,加功,或曾贷命再犯是也。宋以后,为法固轻重不一,但皆一宗唐宋之旧也。

就杀伤言:旧日,杀伤得分其类为六。一曰谋杀,张裴晋律注"二人对意谓之谋",唐律疏义"谋杀者,谓二人以上,若事已彰露欲杀不虚者,虽属一人,亦同二人谋法";清律注"或谋诸心,或谋诸人",又"谋者计也,先设杀人之计,而后行杀人之事,谓之谋杀";是谋杀之意义,凡三变也。《汉书》各表,皆列有坐谋杀人者,是汉律有谋杀也。唐,"凡谋杀人者,徒三年,已伤者绞,已杀者斩;从而加功者绞,不加功者流三千里;造意者虽不行,仍为首,即从者不行时,减于行者一等";明清"凡谋杀人,造意者斩;从而加功者绞,不加功者杖一百流三千里,杀讫乃坐;若伤而不死,造意者绞,从而加功者杖一百流三千里。不加功者杖一百,徒三年;若谋已行,而未曾伤人者,杖一百徒三年,从者各杖一百,但同谋者皆坐;……若因而得财者与强盗同,不分首从皆论斩"。二曰故杀,晋律注"其知而犯之谓之故";疏义"斗而用刃,即有害心,及非因斗争,无事而杀,谓之故杀";清律注"临时有意欲杀,非人所知曰故";是故杀之意义亦三变也。汉律无故杀之名。隋,故杀人者,与十恶同在不赦之列,见《隋志》。唐律,凡斗殴杀人者绞,以刃及故杀人者斩,虽因斗而用兵及杀者,与故杀同。明律,凡斗殴杀人者,不问手足他物金刃并绞,故杀者斩。三曰斗殴杀伤,晋律注"两讼相趣谓之斗;"疏义注"相争为斗,相击谓殴,盖皆指无杀意也。"故唐律等,凡因斗殴而致死者,减故杀一等处绞。凡斗殴伤害,历代皆有保辜之制;保辜者,各随其伤轻重,令殴者以日数保之,限内至死,则坐重辜,见急就篇颜注。唐律,手足殴伤人限十日;木片棒杖等殴伤人,二十日;以刃及汤火伤人,三十日;折跌支体及破骨者五十日;限内死者,各依杀人罪,限外,虽在限内,以他故死者,各依本殴伤法。明清律,手足殴伤人亦为二十日,破骨以外又增堕胎一种,且责犯人医治,保辜内医治平复,减二等。不过保辜期限有时颇难计算确准,清又于律外,以条例追设一补充期限,轻伤于正限外,延期十日,重伤倍之,所谓余限者是也。四曰误杀伤,谓斗殴而误杀伤旁人者,譬如甲与乙斗,甲欲用刀杖击乙,误而中丙,或死或伤之类是。唐律,犯者以斗杀伤论,致死者减一等,流三千里,以其元有害心,故不从过失也。明清律,因斗殴误杀伤旁人者,固各以斗杀伤论,但欲将其人谋杀故杀而误杀旁人者,则以故杀论,盖征其原因,定其罪名,以定刑之轻重也。五曰戏杀伤,谓因角力或其他之游戏而杀伤人;晋律注"两和相害谓之戏"是也。唐律,戏杀伤者减于斗杀伤二等,因本无恶意也;若以刃,或乘高,履危,入水中,因戏而杀伤者,惟减一等;因虽无恶意,而戾于常情也。明清律,凡因戏杀伤人,以斗杀伤论。六曰过失杀伤,即晋律注"不意误犯谓之过失"之杀伤罪。汉,过失杀人不坐死;唐,过失杀伤人,各依其法,以赎论;明清律,过失杀伤人,准各依斗杀伤罪,使依律收赎,给付其家;盖杀伤罪科刑之最轻者也。

(乙)**刑之加重** 李悝法经,具法殿之于末;汉称具律,列于九章之第六;魏改称刑名,冠于律首;晋则分为刑名法例,隋唐以后,又合称名例,其中皆有加减之例;惜古律多佚,无由考知而比较之也。今可知者,例如晋律之加减例;晋律虽亡,而张裴之律表,则载于《晋书·刑法志》。所谓"徒加不过六,囚加不过五,累作不过十一岁,累笞不过千二百,刑等不过一岁,金等不过四两;……不以加至死,并死不复加;不可累者故有并数,不可并数,故累其加;以加论者,但得其加,与加同者,连得其本"云云;即今日之加减例,且特重于累犯与并合论罪,及从重处断与加重之说明也。又如南北朝各律之加减例;《隋志》论梁律"论加者上就次,当减者下就次",意即每加加一等,每减减一等是也。论周律"杖十以上,当加者上就次,数满乃坐;当减者死罪流蕃服,蕃服以下俱至徒五年,五年以下,各以一等为差;"其中数满乃坐云者,或如后世赃至若干匹者即一等,须满此若干匹之数始可也。又如唐以后各律之加减例;加者,就本罪上加重,减者,就本罪上减轻,惟二死三流各同为一等,徒以下又各为一等,其加者数满乃坐;又加罪止于杖一百,流三千里,不得加至于死。由唐迄清,大抵皆然也。刑之减轻,容后再及,兹先论刑之加重论之。刑之加重,有属于普通者,如累犯之加重,并合论罪之从重处断是也。有属于特别者,如因基于伦常主义,从主观的条件上加重其刑是也。汇而及之。

就累犯加重言:《舜典》"怙终贼刑","终"之为解,各家率以再犯或终无悔改之心为言,是累犯加重之主张,其源颇古。张裴律表之所谓"加",所谓"累",即系对加重与累犯而言,是累犯加重之规定,更见之于古律中。魏晋以后,累犯加重之得可考者,例如:唐律,盗经断后,仍更行盗,前后三犯者流二千里,三次犯流者绞;其茶法,私鬻者杖,三犯则加重。宋,强盗曾贷命而再犯者,列于强盗六项死罪之一。元,窃物者,一犯杖释,再犯配役;强盗不伤事主,止斩首犯,余者刺配,再犯之亦诛;内郡江南人为盗者,黥其面,三次则谪戍辽阳;诸色目人及高丽人免黥,三次则谪戍湖广;盗禁御马者,初犯谪戍;再犯者死;明官吏犯杖罪者,免决记过,再犯仍记过,还职停俸,三犯论如律;窃盗等再犯三犯加重。清,初犯再犯累犯之刺字各有其别,刑亦依次加重之。其再犯流者,三流并决杖一百，于配所拘役四年；若已徒而又犯徒者，依徒所犯杖数决讫，照徒年限应役，亦总不得过四年，盖虽加而又有限制也。

就特犯加重言：中国向重视礼教，并严尊卑，于是因犯罪人身分之不同，而又有加重之例。试以谋杀言，唐明律，谋杀罪之成立，须进而实行着手，始可构成犯罪；然而卑幼对于尊长，奴婢对于家长，及其亲族之行为，则豫备亦构成既遂矣。又以殴伤言，依唐律，殴人者笞四十；夫殴伤妻，妻殴伤妾，殴妾子，且减凡人二等；然妻殴夫则徒一年，殴夫之直系尊亲属则绞，殴夫之弟妹则加凡人一等。至于各殴其直系尊亲属则斩，兄姊则徒二年半，旁系尊属各加一等；而平民殴官吏五品以上者徒三年，奴婢殴主及其期亲等者绞，殴旧主者，流二千里；更皆有其轻重不同。又以和奸言，依清律，妇女无夫时，男女各杖八十，有夫时各杖九十，此凡奸也。然女为无服亲或其妻者，则各杖一百；如服在缌麻以上者，则各杖一百，徒三年；如为尊亲属者，则各处绞立决，此其一。奴隶及雇工人与家长之妻女奸通时，各处斩立决；如为其期亲或期亲之妻者，男绞监后，女减一等；如为其缌麻服以上者，男女各杖一百，流二千里，但为妾者各减一等，此其二。文武官奸其管辖内之妻女时，加凡奸罪二等，免其职役，妇女以凡奸论；法官狱卒，奸其部内之囚妇时，杖一百徒三年，囚妇只处原犯罪名，此其三。居父母丧或夫丧与人奸通，或僧尼道士女冠犯奸罪者，加凡奸罪二等罚之；奴与良人之妇女奸通时，加凡奸罪一等，但良人与他人之婢通奸时，则减凡奸一等，而奴婢相奸时则仍以凡奸论，此其四。

就从重处断言：从重处断虽非严格加重，但与其有相当关系，故附及之。公羊庄十年何注引律，一人有数罪，以重者论之，是汉有其例矣；张裴律表"以加论者，但得其加，"是晋有其律矣。至唐律更备,二罪以上俱发,以重者论,等者从一;盖谓非应累者准重条,不累轻以加重之。若一罪先发已经论决,余罪后发,其轻若等勿论,重者更论之;通计前罪,以充后数,则又与现代之并合论罪,及更其刑之制相合。清律略同于唐,并云,其犯罪已发未论决又犯罪者,从重论;已徒已流其又犯罪者,依律再科后犯之罪,不在从重科断之限。但以后又改已决而又犯罪,重于本刑者,仍从重科断云。

(丙)**刑之减轻** 刑之加重除因敕令等改变法律外,通常加罪,皆有准加几等之限制,即递加亦只加至满流而止,不能加入于死。若减则不然,苟合于减之条例,得累减之,更有减尽而不科者。汇而及之。

就自首言:自首减轻,为中国法系特有之例,盖许人以改过自新,儒家诛心为教之当然结果也。书康诰"既道极厥辜,时乃不可杀",明丘浚认为系后世自首减刑之始源。藻律称曰自告,《衡山王传》引律,所谓"先自告除其罪"是也。然《伍被传》"被诣吏自告与淮南王谋反,卒被夷诛",则重罪又不必以自告而减免也。曹魏亦然,但不曰自告,而曰自首,《魏志》所纪自首之例甚多。晋及南朝仍称自首,其以自首而免罪者,各代皆有。北魏因承汉律,又称自告,则自首为制由来久矣。但规定详密,则推唐律为始。唐律,自首不限于本人,且不限于经官司自首;自首后或免罪,或减罪,其不能减免罪者,仅少数例外耳。何以言自首不限于本人? 即,遣人代首,若于法得相容隐者为首。及相告言者,各听如罪人身自首法。所谓于法得相容隐者,指犯人同居人,及大功以上之亲族,及奴隶雇佣人而言,盖皆有庇护犯人之权也。所谓相告言者,指有容隐之权者,互相出诉是也。此外缘坐之罪及谋叛以上,本服周亲虽捕告，俱同自首法。何以言不限于经官司自首？凡盗或诈取人之财物，而于财主首露者，与首官有同一效力；于其余赃应坐之属，悔过还于原主时，听减本罪三等而坐之。何以言免其罪？诸犯罪未发而自首者，原其罪，惟正赃犹征如法；其轻罪虽发，因而首其重罪者，免其重罪；即因问所劾之事，而别言余罪者亦如之。诸犯罪共亡，轻罪能捕重罪自首，及轻罪虽等，而获半以上自首者，皆除其罪。何以言减其罪？自首不实及不尽者，以不实不尽之罪罪之，至死者听减一等；其知人欲告及亡叛而自首者，减罪二等坐之，即叛亡者虽不自首，能还归本所者亦同；因罪人以致罪，而罪人自死时，听减本刑二等，若罪人自首，及遇恩原减时，亦准罪人原减法，其应加杖及可赎者，各依杖赎之例。何以言不能免罪？其闻首告被追不赴者，不得原罪；其于人损伤，于物不可备偿，即事发逃亡者，或越度关所，及奸，并私习天文者，并不在自首之例。唐后各代皆宗此制，内容无甚出入。惟金世宗时，定知情服内成亲者，虽自首仍依律坐，不在减免之条；明清，受人枉法不枉法赃，悔过回件还主者，亦与经官司自首同，并皆得免罪也。

就觉举言：觉举者，唐律对于官吏公务失错，为自首免罪之规定之称也。后世，凡官吏于经办之事或荐引之人有失误者，自行举发，称曰检举，意实为同。唐律觉举之规定，诸公事失错自觉举者，原其罪，应连坐者，一人自觉举，余人亦原之；但断罪失错已行决者不用此律。其官文书稽程应连坐者，一人自觉举，余人亦原之；主典不免，若主典自觉举，并减二等。故觉举与自首所不同者，限于未发而自言，始皆免其罪，故无如自首，知人之将告而自首，则减二等之规定也。明清律均同。其在律外之规定者，如唐宣宗时，敕官吏犯赃及诸色取受，但限于未发觉以前，能经官陈首，即准律文与减等,如知事发已有萌肇,虽未被追捕勘问,亦不在陈首之限。又宋真宗时,因旧制诸州长吏恐为诉讼,即投牒自首,虽情状至重,亦以例免,特敕自今如实未有显露,即以状报,如格当原免,否则一体如律。宁宗时,诏凡检验不实或失当,不许用觉举原免例,并依旧法施行。是对于觉举特严格也。

就八议言:《周礼》有八辟,凡亲故贤能功贵勤宾之丽法者议之,冀以减免其罪,后世谓之八议。秦以法为治,贵贱同罪,故无八议之目。汉八议虽不入律,但宗室有罪则先请,廉吏有罪亦先请,吏墨绶有罪并先请,则有议亲议贤议贵之似,疑《周礼》八辟或汉时说也。律有八议,盖自魏始,见唐六典注。他如《隋志》谓北齐,宗室不注盗,及不入奚官,不加宫刑;北周,经为盗者注其籍,唯皇宗则否;则又议亲之事也。隋律,凡在八议之科及官品第七以上犯罪,皆例减一等。唐律,议亲谓指皇帝祖免以上之亲,及太皇太后缌麻以上之亲,皇后小功以上之亲而言;议故谓指宿得待见,特蒙接遇历久者而言,易言之,指王者之故旧是;议贤谓有大德行道,易言之,贤人君子言行可为法则者,议能谓有大才能者;议功谓有功勋者,易言之,谓能斩将举旗,摧锋万里,或率众归化,宁济一时,匡救艰难,铭功太常者;议贵谓有职掌之职事官三品以上,无职掌之散官二品以上,及爵一品是;议勤谓有大勤劳者,易言之,谓大将吏恪守官次,夙夜在公,或使绝域,经涉险难者;议宾谓承先代之后,为国宾者。凡八议若犯死罪,皆条录所犯及应议之状请奏议定奏裁;若犯流罪以下则减一等;但犯十恶者不在其限。至于七品以上之官,及请得官爵者之祖父母父母兄弟姊妹妻子孙,若犯流罪以下,亦得各减一等,是又推及宥减范围于其亲族也。宋,八议之制承唐,且惟八议始可论赎。徽宗时,凡品官及宗室三问不承,即奏请追摄,若果情理害重而拒隐者,方得枷讯,不许辄加捶楚,则又事之类于议亲议贵者。辽仿唐律,有八议八纵之法;惟八纵云者,则老幼疾病等犯罪宥而赦之之谓也。金在世宗时,缩小八议之范围,凡外亲,皇帝无服,及贤而犯礼者,皆不入八议;盖以外家异于宗室,无服异于有服,贤则不应犯礼故耳。元、明、清,八议一宗于唐,列于名例中;惟明清以议勤列于议贵之上而已!

就三纵言:《周礼》有三赦,辽称曰八纵,其他各代虽无专名,而皆有其事,从犯罪责任能力上与以减免者,比比然也。幼弱老耄蠢愚之赦,秦不著。《周礼·秋官注》,郑众谓幼弱老旄若今时律令年未满八岁,八十以上,非手杀人,他皆不坐。《汉书·刑法志》,景帝令"年八十以上八岁以下及孕者未乳、师、朱儒,当鞫系者颂系之",宣帝诏"年八十非诬告杀伤人,他皆勿坐";成帝定令"年未满七岁贼斗杀人及犯殊死者,上请廷尉以闻,得减死";汉之律令对此极重视也可知。东汉安帝时,狂易杀人得减重论,则又赦蠢愚之意也。魏嫌汉律过重,依律论者听得科半,其沿用纵赦之法自系当然。晋,老小女人当罚金杖罚者皆令半之,是女子亦入于三纵之范围矣。南朝,女子赎罚皆半,女妻姊妹不与叛逆者之父子同产男皆从坐而弃市,又其例也。北魏,刑罚最严,然在太武帝时,定律年十四以下,降刑之半,八十及九十,非杀人亦不坐也。北齐,老小阉痴,列于合赎之列。北周,妇人当答者听以赎论,皆本此意。唐,老小疾病之减刑,分为三等,年七十以上,十五以下,收赎;其犯加役流,反逆缘坐流,及会赦犹流者,不用此律,仅至配作,免居作。八十以上,十岁以下,及笃疾,犯反逆杀人应死者,上请;盗及伤人者亦收赎;有官当者各从官当,除免死。九十以上,七岁以下,虽有死罪,不加刑,惟缘坐应配役者不用此律。犯罪时虽未老疾,而事发后老疾者，依老疾论；若在徒年限内老疾者亦如之；犯罪时幼小，事发时长大，依幼小论。宋、辽、金、元亦皆依此原则。宋在哲宗时，更诏在沙门岛满五年，遇赦不该移配与不许纵还，而年及六十以上者，移配广南；笃疾或七十以上者移配近乡州军，又有其宥。辽，老幼疾病等犯罪宥而赦之，以八纵称；但穆宗时，从坐男女年未及十六者，治以官刑仍付为奴，虽减于死，而实较唐为重也。元，年七十以上，十五以下，不任杖责者赎；罪人癃笃残疾有妨科决者赎，则以易科代减等也。明清皆承唐律，或免罪，或收赎，有定制焉。

就三宥言：三宥之称首见《周礼》，后世无其名，亦有其事；惟不识与遗忘属于错误，过失之宥尤为后世所认为通例耳。《周礼》注谓不识即不审，若今之仇雠当报甲，凡乙诚以为甲而杀之者；过失若今律过失杀人不坐死；遗忘若问帷薄，忘有在焉，而以兵矢投射之；是汉有过失减刑之制。魏律，过误相杀，不得报仇；晋律，罚金及杖，过误皆半；是又兼及错误也。唐律，过失杀伤，各依其法，以赎论；误杀伤，原有害心，故不从过失，而只减斗杀伤一等。明清律皆然，过失减且与自首减，同为减之正则。清律并言"其本应罪重而犯时不知者，依凡人论"。亦三宥减刑之总例也。

就从减言：汉有从坐之科，魏有免坐之律，从犯如何为减，制莫能详。唐制共犯之罪，以造意为首，随从者减一等；若家人共犯，止坐尊长，侵损于人者，以凡人首从论。但如重罪，亦有不分首从皆同一罪者。凡分首从，固以教唆为首，他为从；若共同殴伤人，则又各以下手重者为重罪，原谋者一等，从者又减一等，若先下手重者，余各减二等。是又有准正犯与准从犯之别。明清律皆然，凡律之"本条言'皆'者，罪无首从；不言'皆'者，依首从法，"又其总例也。

就公罪减言：陈，官吏公坐过误，仅罚金，而不以官准当。唐律公罪私罪之分,或始于此。唐之所谓公罪者,缘公事致罪而无私情者之谓;所谓私罪者,私自犯及对制诈不以实,及受赃枉法之谓。凡卑官犯罪,迁官事发,在官犯罪,去官事发,或事发去官,犯公罪流以下,则勿论,余罪则论如律;以官当者,公罪则各加私罪一年当,而致刑有所减。宋,公罪许赎,私罪则否;违制失公坐与违制失私坐,亦有区别。清,公罪并有递减之刑。凡同僚犯公罪者,以吏典为首,首领官减一等,佐贰官再减一等,长官更减一等;若下司申上司,事有错误,上司不觉失错行准者,各递减下司官吏罪二等;若上司行下,所属依错施行者,各递减上司罪三等;亦各以吏典为首。

就其他减轻言:汉有轻侮法,人辱其父而子杀之,减其死刑;曹魏,凡以毒怨杀人者免其死刑;北魏,诸犯死罪,若祖父母年七十以上,无成人子孙,帝无期亲者,具状上请,流者鞭笞留养其亲;皆特殊之减免也。此外尚有因官荫而减轻者,唐律,有官犯罪,无官事发,有荫犯罪,无荫事发,无荫犯罪,有荫事发,并从官荫之法,各有等第减赎;宋,犯罪者身无官,苟祖父曾任本朝官,据品秩得减赎,其仕于前代,须有功惠及于民,为时所推,历官三品以上者始得请之;金,命妇犯奸,不用夫荫,惟以子封者亦得减之皆是。并有因亲等而减轻者,如唐律,告祖父母父母者绞,告大功尊长减一等,小功缌麻减二等;诬告卑亲属者则勿论,即其例也。其他一代一时之制,略之。

四、肆赦

现代各国法律,既有刑之执行犹豫之规定,又对于大赦特赦亦

《中华现代学术名著丛书》

【第一辑 四十种】

马氏文通	马建忠
国故论衡	章太炎
王国维文学论著三种	王国维
吴梅词曲论著四种	吴 梅
中国中古文学史 汉魏六朝专家文研究	刘师培
中国文学批评史(上、下)	郭绍虞
甲骨文字释林	于省吾
中国俗文学史	郑振铎
汉语语音史	王 力
红楼梦辨	俞平伯
中国韵文史	龙榆生
汉魏六朝诗论丛	余冠英
台湾通史(上、下)	连 横
秦汉史	吕思勉
中国史学史	金毓黻
史学要论	李守常
中国通史简编(上、下)	范文澜
国史大纲(上、下)	钱 穆
中国史纲(一、二卷)	翦伯赞
春秋史	童书业
魏晋南北朝史论丛	唐长孺
明清社会经济史论文集	傅衣凌
西夏史稿	吴天墀
中国伦理学史(外一种)	蔡元培
新唯识论	熊十力
东西文化及其哲学	梁漱溟
科学与玄学	罗志希
中国艺术精神	徐复观
论逻辑经验主义	洪 谦
九朝律考	程树德
比较宪法	王世杰 钱端升
中国法律与中国社会	瞿同祖
中国民治论	鲍明钤
中国官僚政治研究	王亚南
通货新论	马寅初
中国经济思想史	唐庆增
中国厘金史	罗玉东
北平生活费之分析	陶孟和
论社会学中国化	吴文藻
第四种国家的出路	吴景超

【第二辑 三十种】

目录学发微 古书通例	余嘉锡
积微居小学金石论丛	杨树达
现代中国文学史(外一种:明代文学)	钱基博
等韵源流	赵荫棠
诗言志辨 经典常谈	朱自清
话本小说概论(上、下)	胡士莹

司马迁之人格与风格 道教徒的诗人李白及其痛苦	李长之
明清史讲义（上、下）	孟森
国史要义	柳诒徵
中国南洋交通史	冯承钧
通史新义	何炳松
魏晋清谈思想初论	贺昌群
中国救荒史	邓云特
认识论	张东荪
科学方法论 科学概论	王星拱
中国哲学史大纲	胡适
知识论（上、下）	金岳霖
法相唯识学	太虚
陈康：论希腊哲学	陈康
康德的知识学	齐良骥
中国文化的展望	殷海光
中国道教史	傅勤家
监狱学	孙雄
中国法制史概要	陈顾远
新政治学大纲	邓初民
财政学	何廉 李锐
中国之棉纺织业	方显廷
中国田制史	万国鼎
南洋华侨与闽粤社会	陈达
文化人类学	林惠祥

【第三辑 三十五种】

中国小说史略 （外一种：汉文学史纲要）	鲁迅
现代吴语的研究	赵元任
古典新义	闻一多
谈艺录	钱锺书
唐诗综论	林庚
中古文学史论	王瑶
中国近三百年学术史（新校本）	梁启超
通鉴胡注表微	陈垣
隋唐制度渊源略论稿 唐代政治史述论稿	陈寅恪
中国古代社会研究	郭沫若
古史辨自序（上、下）	顾颉刚
安阳	李济
绿营兵志	罗尔纲
东汉的豪族	杨联陞
佛道散论	蒙文通
中国哲学史（上、下）	冯友兰
艺境	宗白华
西方美学史（上、下）	朱光潜
近代唯心论简释	贺麟
康德学述	郑昕
历代刑法考（上、下）	沈家本
中国商事法	刘朗泉
中国近百年政治史	李剑农
中国政治思想史（上、下）	萧公权
中国国民所得（一九三三年） （外一种：国民所得概论）	巫宝三
中国棉纺织史稿	严中平
当代中国社会学	孙本文
乡土中国 生育制度 乡土重建	费孝通
滕固美术史论著三种	滕固
中国古代服饰研究	沈从文
A GRAMMAR OF SPOKEN CHINESE	Yuen Ren Chao
中国话的文法	赵元任

MODERN DEMOCRACY IN CHINA　Mingchien Joshua Bau	
中国民治主义	鲍明钤
THE GOVERNMENT AND POLITICS OF CHINA　Ch'ien Tuan-sheng	
中国的政府与政治	钱端升
THE POST-WAR INDUSTRIALIZATION OF CHINA,　H. D. Fong	
INDUSTRIAL CAPITAL IN CHINA	
战后中国之工业化 中国之工业资本	方显廷
LAW AND SOCIETY IN TRADITIONAL CHINA　T'ung-Tsu Ch'ü	
中国法律与中国社会	瞿同祖

【第四辑 三十种】

中国旧小说考证	胡　适
文心雕龙札记	黄　侃
卢前曲学论著三种	卢　前
孟姜女故事研究及其他	顾颉刚
中国目录学史	姚名达
校雠学	向宗鲁
唐五代西北方音	罗常培
中国文法要略	吕叔湘
清史探微	郑天挺
中国文化史（上、下）	陈登原
中国文化与中国的兵	雷海宗
佛学研究十八篇（校点本）	梁启超
中国景教	朱谦之
德国古典美学	蒋孔阳
神学四讲	赵紫宸
法律哲学导论	居　正
民国司法志	汪楫宝
国际法大纲	周鲠生
罗马法原论（上、下）	周　枏
马克思的政治思想	吴恩裕
欧美各国现行宪法析要	龚　钺

经济史：历史观与方法论	吴承明
从古典经济学派到马克思	陈岱孙
中国历史上的基本经济区	冀朝鼎
中国教育改造	陶行知
平民教育与乡村建设运动	晏阳初
中国教育制度沿革史	郭秉文
COTTON INDUSTRY AND TRADE IN CHINA　H. D. Fong	
中国之棉纺织业	方显廷
KEY ECONOMIC AREAS IN CHINESE HISTORY　Ch'ao-Ting Chi	
中国历史上的基本经济区	冀朝鼎
THE CHINESE SYSTEM OF PUBLIC EDUCATION　Ping Wen Kuo	
中国教育制度沿革史	郭秉文

【第五辑 三十种】

词史	刘毓盘
元白诗笺证稿	陈寅恪
上古音研究	李方桂
从诗到曲（上、下）	郑　骞
训诂学概论	齐佩瑢
唐代进士行卷与文学 古诗考索	程千帆
南朝文学与北朝文学研究	曹道衡
先秦政治思想史	梁启超
中国史学通论	朱希祖
隋唐史	岑仲勉
中国地理学史（先秦至明代）	王成组
中国妇女生活史	陈东原
基督教与中国文化	吴雷川
中国天主教传教史概论	徐宗泽
道教史	许地山
论道	金岳霖
文化与人生	贺　麟

寄簃文存	沈家本
中国婚姻史	陈顾远
中国法律在东亚诸国之影响	杨鸿烈
孔门理财学	陈焕章
上海工业化研究	刘大钧
乡村建设理论	梁漱溟
中国经济原论	王亚南
金翼	林耀华
幼稚园教材研究 幼稚教育新论	张雪门
近代中国留学史 近代中国教育思想史	舒新城
THE ECONOMIC PRINCIPLES OF CONFUCIUS AND HIS SCHOOL	Chen Huan-Chang
孔门理财学	陈焕章
THE GROWTH AND INDUSTRIALIZATION OF SHANGHAI	D. K. Lieu
上海工业化研究	刘大钧
THE FINANCING OF PUBLIC EDUCATION IN CHINA	Ronald Yu Soong Cheng
中国教育财政之改进	陈友松

【第六辑 四十种】

齐如山国剧论丛	齐如山
先秦文学 中国文学史讲义	游国恩
中国文学批评史（上、下）	罗根泽
中国文学发展史（上、下）	刘大杰
宋元明讲唱文学	叶德均
晚照楼论文集	马茂元
汉书窥管	杨树达
欧化东渐史	张星烺
西域史地考古论集	黄文弼
中国疆域沿革史	顾颉刚 史念海
先秦诸子系年	钱 穆
古器物中的古代文化制度	徐中舒
中国社会之史的分析（外一种：婚姻与家族）	陶希圣
唐代长安与西域文明	向 达
古代神话与民族	丁 山
小屯、龙山与仰韶	梁思永
中国史纲	张荫麟
岳飞传	邓广铭
胡惟庸党案考	吴 晗
等不等观杂录	杨文会
欧阳竟无内外学	欧阳竟无
中国佛教史	蒋维乔
中国宗教思想史大纲	王治心
理学纲要	吕思勉
汉魏两晋南北朝佛教史	汤用彤
两汉经学今古文平议	钱 穆
墨学源流	方授楚
中国哲学大纲	张岱年
中国伶人血缘之研究 明清两代嘉兴的望族	潘光旦
中国乡约制度	杨开道
藏族宗教史之实地研究	李安宅
中国封建社会	瞿同祖
法律教育	孙晓楼
财政学总论	陈启修
社会主义经济论稿	孙冶方
变态心理学派别	朱光潜
旧石器时代之艺术	裴文中
中国教育财政之改进	陈友松
THE SYSTEM OF TAXATION IN CHINA IN THE TSING DYNASTY, 1644-1911	SHAO-KWAN CHEN
清代中国的税收制度	陈兆鲲
VILLAGE AND TOWN LIFE IN CHINA	L.K.Tao Y.K.Leong
中国的乡村与城镇生活	陶孟和 梁宇皋

相当与以承认,俾济刑罚失当之穷;中国向有此种制度,而其用意则在慎刑恤囚,与刑之宥减相互为表里者也。以刑之执行犹豫言,今称之曰缓刑。缓刑之语,首见于周礼,大司徒以荒政十有二,聚万民,三曰缓刑;士师,若邦凶荒,则以荒辩之法治之,令移民通财,纠守缓刑;此虽凶年饥馑,临时之处分,但与今之刑之犹豫执行实相类也。《尚书》"眚灾肆赦",注"肆,缓也";此虽仅对眚灾而有缓刑,但缓刑之意义又见于《尚书》矣。《礼记》"仲春之月,命有司,省囹圄,去桎梏,毋肆掠,止狱讼;孟夏之月,断薄刑,决小罪,出轻罪;仲夏之月,挺重囚,益其食;孟秋之月,禁止奸,慎罪邪,务搏执,命理瞻伤、察创、视折、审断决狱,讼必端平,戮有罪,严断刑";此虽不尽皆为缓刑,但后世热审秋审停刑之制,皆本于此矣。以大赦特赦言,《尚书》之眚灾肆赦,其"赦"字与《周礼》之"三赦,"皆含有刑之减免意;吕刑"五刑之疑有赦,五罚之疑有赦,其审克之",亦含有对疑而舍刑之意;故至多仅为后世之特赦,不外一人一事之处分已耳。大赦之始,或肇于春秋鲁庄公二十二年。"肆大眚"之记载,观于《大学衍义补》可知也。然无论如何,秦汉以前,必有大赦之事,盖《史记》载陶朱公救子之事,及《管子》《韩非子》等书中,皆有反对大赦之语,乃其反证也。

（甲）缓刑　缓刑之称,自秦以后,史不多见;然对于刑之犹豫执行,代有其例,而皆以慎刑之义当之。兹分为录囚与虑囚,停刑与热审,秋审与朝审三项,述其概略。

就录囚与虑囚言:明代以前,刑之执行犹豫,以录囚或虑囚为著,作为临时处分而行之也。录囚谓"省录之,知情状,有冤抑与否";盖含有宽省之义,与虑相通,故唐称曰虑囚。其事或由天子躬自任之,或由臣工为之。前者,始于东汉,《晋志》谓"光武中兴,留心庶狱,当临朝听讼,躬决疑事";"明帝即位,常临听讼观,录洛阳诸狱"可知之也。此后如晋武帝录囚,隋文帝录囚,皆见《史记》;惟多以立国之始,故为宽大处分,偶一行之,不为常例。至唐,高祖虑囚以后,每帝皆然,纪不绝书,其虑囚也,多所原宥,或降或免,缓刑之意在其中矣。中以太宗"亲录囚徒,闵死罪者三百九十人,纵之还家,期以明年秋即刑,及期,囚皆诣朝堂无后者",为最著,惟尚兼有近代假释之意耳。宋,自太宗后,各帝岁自录京师系囚,畿内则遣使往,杂犯死罪以下第减等,杖笞释之,而徒罪亦有得释者。元以后,天子躬自录囚之制无闻,惟明太祖洪武间,武臣死罪,亲自审之,余俱以所犯奏,然后引至承天门外,命行人持讼理幡传旨谕之;其无罪应释者持政平幡宣德意遣之;有近似焉。后者,始于西汉,盖为刺史之专职,诸州常以八月巡行所部郡国,录囚徒;而隽不疑之为青州刺史,每行录囚徒还,其母辄问有所平反,活几何人,尤为史所称赞。南北朝、梁,丹阳尹每月一诣建康,与御史,廷尉,太尉三官,参共录狱,察断枉直;其尚书当录囚之月者,与尚书参共录之。陈,三月则侍中,吏部尚书三公郎,部都令史三公录冤屈;令,御史中丞,侍御史,兰台令史亲行京师诸狱及治署,理察囚徒冤枉。事皆见《隋志》。则汉以后,录囚之制未尝断也。唐大理寺掌折狱详刑,凡系囚五日一虑。诸狱亦然;其非定例者,则由御史巡行之,皆见《唐志》。宋,京师诸州虑囚,皆有定时,而尤重平反之事。元,各路既有推官推鞫刑狱,平反冤滞;且定诸职官能平反冤狱者,与以升迁;并遣官分赴各路录囚,以防冤滥。明诸官录囚,岁有秋审等事,应另及之。其非定制之审录,则巡按御史主之;而在外死罪重囚,平时则悉赴京师审录之。清同于明,重视审决之制,不以临时之录虑为贵。

就秋审与朝审言:秋审之称,著于明清,乃前代定期录囚之意。然何以必于秋间行之。则又基于古代死刑,多于秋后执行之例耳。即在汉代,萧何草律,立秋论决;质帝时又诏系囚非殊死考未竟者,一切任出,以须立秋,沿至隋唐,皆未有改。盖以春夏为天地生养万物之时,不宜轻动肃杀,故死囚除大逆等重罪外,概于秋后处决也。后唐庄宗时,因欲疏理狱讼,使毋停滞,尝一破其制,然宋元则又如故。明,重囚,则决不待时,其次则俟秋审再定,但非秋后处决,乃对于死罪中罪情较轻及可矜悯者,成为一种特别审判制度,而寓有缓刑之意也。清,凡各省秋决之囚,得旨监候,越岁审其应决与否,谓之秋审;其别有四:曰情实,谓罪情确实无枉,皆缮黄册以呈御览;曰缓决,谓有可酌量之点,留之以待下次秋审再定;曰可矜;谓老幼废笃疾,及其他罪情可矜悯者;曰留养承祀,谓无人养其父母,承祭祀者;十七司拟定罪刑送总办,总办汇而呈报云。惟秋审之在明,则兼称朝审,《明志》谓"天顺三年,令每岁霜降后,三法司同公侯伯会审重囚,谓之朝审,历朝遂遵行之"是也。清,秋审与朝审,虽程序与内容皆一,而略有区别。据乾隆会典云"凡秋审,录直省之狱囚;朝审,录刑部之狱囚";嘉庆会典秋审条下"在刑部之囚亦如之,曰朝审"。故凡入于秋审或朝审之案,普通至翌年立秋止,犹豫刑之执行,且恒有一等以上之减轻,实质上固与汉之录囚,唐之虑囚相等也。

就热审与寒审言:热审,古有其事而无其名,明于刑部事例内始揭载之。盖当成祖永乐三年,首定热审之制,凡死罪狱成者俟秋后处决,其轻罪即决遣,有连引待办未能即决者,令出狱听候。宪宗成化间,五六月笞罪或释放,徒罪或减等,应枷号者,暂与蠲免,至六月为止。世宗嘉靖十年并令每年热审,减等科刑。清,热审之例,始于顺治八年,而确定于乾隆间。每年小满后十日起至立秋前一日止,如立秋在六月内,则以七月初一日止,行热审。除军流徒犯及窃盗斗殴伤人罪,不准减免外,其他杖罪人犯各减一等,笞罪宽免,枷号者暂行保释,俟立秋后,照例减等补枷。凡犯案之审定,在热审之先,发落在热审期内者照前减免;审定虽在热审期内,而发落已逾热审者,概不准减免。至于热审期内之监禁重犯,则使管狱官量加宽恤;其情罪可疑,及牵连待质人等,暂予保出,俟秋后再行拘禁,故亦为一种刑之执行犹豫也。寒审,意近热审,明崇祯间始见其名。实则本于天气沍寒,恤刑减罪,故郑三俊等求寒审故事,皆自洪武永乐始也。

就大审与岁清言:此两事皆明代宪宗以后特有之例,而以恤刑为其目的者。成化十七年,命司礼太监一员会同三法司堂上官,于大理寺审录,对热审朝审而言,故称之曰大审。南京则命内守备行之。自此定例,每五年辄大审,其所矜疑放遣,尝倍于热审之时。正德元年又尝推行于直省;嘉靖十年,大审,杂犯死罪,准徒五年者,皆减一等。然自万历二十九年旷不举,四十四年又复行之。至于岁清之制,则有近于春审,盖每当春和,听南北两直隶及十三省各抚巡官会行所属问刑衙门,各审部内轻重囚犯;按察司居省会,即审省会之囚,守巡道有分土,即审各道之囚,皆亲身巡行,不得调审,为诸令累,亦不得委之守令;凡轻罪皆自发落,重罪仍听部覆。迨万历二十三年,御史李宗延上言,以岁清只一道臣,似属率易;且审决繁多,又属劳扰,遂改各省直抚按官,比照热审事例,每五六月,流徒杖笞减等,应枷者免,而罢岁清之制。

就停刑与覆奏言:停刑者,遇一定之日之事停止刑之执行也;覆奏者,执行死刑而三覆奏之,以慎其执行也。汉,望后利日,始为刑杀之日,则望前死刑之执行须停止之可知,见《周礼·郑注》。魏晋虽不尽详,然南北朝之制则可考也。梁,女子怀孕者勿得决罚;陈,当刑于市者,夜须明,雨须晴,晦朔,八节,六斋,月在张心日并不得行刑;皆见《隋志》。北魏,妇人当刑而孕,产后百日乃决,见《魏志》。唐,每岁立春至秋,及大祭祀、致斋、朔望、上下弦、二十四气、雨未晴、夜未明、断屠月日假日,皆停死刑,见《唐志》。宋,决杖令众者,暑月免之;而死刑执行,亦有停刑之月之季,见《宋史》。即在金大定十三年,仍仿唐之停刑制,其日不听决死囚,惟强盗则不待秋后,见《金志》。明,停刑之月,自立春以后至秋分以前,停刑之日,初一、初八、十四、十五、十八、二十三、二十四、二十八、二十九、三十,凡十日;其在立春后秋分前决死刑者,杖八十;见《明志》及明律。清,除律有所定外,顺治十二年并定恤刑事例,凡遇恤刑之年,一律停止秋决;十七年又定正月停刑之例,即斩立决及绞立决,亦过正月行刑。康熙九年更定停遣之例,凡流遣宁古塔等处,自十月至正月及六月,悉停遣。此外,凡死罪犯因于临决而呼冤,或家属代诉称冤者,则须停刑再审,又一缓刑之例也。至于死罪覆奏,然后行刑,自古有之,所以示慎刑也。然其制之确定,则始于魏隋。据《魏书·刑罚志》"当死者部案奏闻,以死不可复生,惧监官不能平;狱成皆呈,帝亲临问,无异辞怨言者乃绝之;诸州国之大辟,皆先谳报,乃施行。"《隋书·刑法志》"开皇十五年制,死罪者,三奏而后决";虽两代皆不尽永行其制,然实开唐宋以后三覆奏之先端矣。唐,当太宗时,更以决囚虽三覆奏,而顷刻之间,何暇思虑,遂改二日中五覆奏,在外者刑部三复奏,并令决日,尚食勿进酒肉,教坊太常辍教习,但若犯恶逆以上及部曲奴婢杀主者,则仅一覆奏耳。后唐,庄宗时亦重覆奏之制,诸死罪不待覆奏报而决者,流二千里,即奏报而决者,听三日乃行刑,限未满而刑者徒一年。惟覆奏次数减少,在京犯极刑者,令决前决日,各一覆奏,听进止;有凶逆犯军令者,亦许临时一覆奏,奏敕依议施行之。宋,奏谳之法初废,真宗虽重视三覆奏,而有司终虑淹系,不果行。于是京师大辟,仅一覆奏,州郡死罪则否。仁宗时始令天不死罪,情理可矜及刑名疑虑者,皆一覆奏之。及明,又承唐制,死刑即决及秋后决,并三覆奏。清顺治十年,以给事中刘馀谟言,于朝审行三覆奏之法;而外省情实重犯,秋审后,法司具题,即咨行各省,无其例也。雍正二年,始诏秋审情实应决者,依朝审例,法司三覆具奏。乾隆十四年,因各省奏牍繁多,迫于时日披览,虑未周详,法司虚行故事,复命朝审三覆,秋审减去二覆,以从实在云。

(乙)**赦典** 赦典之存,本出于政略上之不得已,故为一时之权宜,而非可以为常典。若频频行之,不特失悯恤之实,且恶人昌而善人伤矣。匡衡、吴汉、王符、孟光、胡寅、王安石、马临端、丘浚等皆反对大赦甚力,非徒然也。兹再分为下列诸端述之。

就赦之事例言:后世大赦之始,见于秦二世二年,盖欲用郦山徒以击周章也。汉得天下,与民更始,故高帝在位十二年凡九赦;中经吕后乱政,文帝承其后,在位二十三年凡四赦。但此后,虽国家承平无事,仍频颁赦令;景帝十六年五赦,武帝五十五年十八赦,昭帝十三年七赦,宣帝二十五年十赦,元帝十五年十赦,成帝二十六年九赦,哀帝六年四赦,大约计之,未有过三年不赦者。东汉赦令较稀,但光武在位三十三年亦大赦九次;章帝元和元年,祀明堂,大赦,天下死囚减一等,发遣金城,使充边戍。自汉频开大赦之例,迄于南北朝,皆无所改,于是始受命则赦之,改年号则赦之,获珍禽奇兽则赦之,河水清则赦之,刻章玺则赦之,立皇后则赦之,立太子则赦之,生皇孙则赦之,平叛乱则赦之,开境土则赦之,遇灵异则赦之,有疾病则赦之,郊社天地则赦之,行大典礼则赦之,或三年一赦,或比年一赦,或一岁再赦,则固不限于宋以后如此也。惟当三国时,诸葛亮治蜀十四年之久,仅两赦;其后蒋琬、董允、费祎继之,专事姑息,又年年大赦矣。唐,太宗虽亲录囚徒,约期来归,而赦其罪,但对大赦则极慎重。尝谓群臣曰"吾闻语曰'一岁再赦,好人喑哑,'吾有天下,未尝数赦者,不欲诱民于幸免也"。故唐代律固定有赦例,而赦令之颁则较稀少,实此意耳。至如国有赦宥之事时,则先集囚徒于阙下,命卫尉树金鸡,待宣制讫,乃释之。但至宋代,赦令复烦,除大赦外,每三年必冬至郊举祭,而下恩宥之令,是曰郊赦;三岁一赦,于古无有,盖大赦之有定期者也。其对于一路一州而特予以赦免者,则曰曲赦;其寻常之赦免,则曰德音或常赦。故宋时赦令,几于无岁无之,甚至一岁有数赦者,例如熙宁七年,已两赦,而神宗又以旱欲降赦,赖王安石反对而罢,即著事也。然以后,徽宗在位二十五年,竟大赦二十六,曲赦十四,德音三十七,平均每年三次;南渡后,绍熙岁至四赦;盖刑政紊而恩益滥矣。明以后,赦令临时行之,如何以赦其罪,一决于上裁,书于诏书而为发表;清亦然。其事例分为恩赦常赦两种;恩赦者,遇国家庆行大典时,则临时由上取裁,颁诏而肆赦之;常赦者,于常法犯罪,有可疑者或情罪可悯者而肆赦之。至于恩赦之中,依乾隆会典,又有大赦特赦之分耳。他若恩旨云者,则有似于宋之德音也。

就赦之内容言:逆恶不在恩宥之列,自古已然。隋兴,凡犯十恶及故杀人者,虽会赦,犹除名。唐兴,律中关于大赦内容,定有两款:其一,凡赦前断罪不当者,若处轻为重者,宜改从轻;处重为轻者,即依轻法;其为常赦之所不免者,则依常律,即赦书定罪名,合从轻者，又引律比附不得入重，违者各以故失论。其一，凡闻知有恩赦而故犯，及犯恶逆，或部曲奴婢殴主，及谋杀，或强奸者，皆不得以赦原之，即杀小功尊属，从父兄姊，及谋反大逆者，身虽会赦，犹流二千里。至于各朝之降赦也，必明敕左降官及诸色得罪人等终身不齿，或更言纵有恩赦不在免限。穆宗以后较宽，除官吏犯赃及十恶外，一体得以放还故里，其左降官且得收录也。宋兴，凡大赦及天下，释杂犯死罪以下，甚至常赦所不原罪，皆除之；凡德音，死及流罪降等，余罪释之，间亦释流罪，所被广狭无常；常赦所不原者，如十恶杀人受赃强盗之罪是也。明兴，一宗唐律，凡赦前处断刑名有不当罪，或处轻为重者，当改正从轻；处重为轻，为常赦之所以不免者，依律处断；若官故出入者，虽会赦并不原宥。凡闻知有恩赦故犯罪者，加常犯一等，虽会赦并不原宥；若官司闻知恩赦，故论决囚罪者，以故入人罪论。清兴，关于大赦颁布时定罪囚之处分，一宗明律规定，无何更改。惟对于赦之结果，则又示以限制，不若宋明之滥。恩赦为非常之典，不过严，除徒杖以下概行免罪外，其斩绞军流之情轻人犯，有竟予赦免者，有量予减等者，各视诏书所载，谨遵办理；大抵谋反恶逆则不准援免，谋杀故杀则酌入缓决，窃盗三犯诱拐则准减等，诬告及斗殴杀人则准予援免也。常赦为恒有之事，不过宽，凡十恶、杀人、放火、发塚、奸盗、诈伪、受枉法、不枉法赃、略卖、和诱人、奸党、谗言、左使杀人、故出入人罪，及一应有心实犯，皆为常赦之所不原，余皆赦之。清末以恩赦条目作为常赦而用之，则失宽严之本意矣。至于停勾减等则皆俟恩旨。停勾者，情实人犯勾决时，而缓其执行，不予勾决，或免予勾决之谓也。减等者，减死从流，流从徒，徒从罚金之谓也。

第四章　家族制度

中国社会向为家族本位组织,且经儒家极力维持之,此一事实更蒂固根深,成为定制。于是个人的地位不显,家族的观念居先,中国固有法系之精神遂与此一现象互相呼应,在世界法系中放一异彩！中外学者告知吾人,谓人类的集团生活,始于群居野处,知有母而不知有父时代,自无所谓家族制度。但因私有制度逐步发生,婚姻制度逐次确定,家族之萌芽即在氏族内透露而出。史称伏羲氏制嫁娶以俪皮为礼,伏羲氏是否为人名,抑为氏族名,虽有争论,而俪皮为礼之聘娶婚,亦不必即为伏羲氏所创,但伏羲氏又称庖牺氏,当可认系畜牧部落之开始,既有畜产以结婚姻,又因婚姻而成夫妇,"有夫妇然后为家"此或系家族制度之最早来源。不过当时氏族势力普遍强大,家族只仅系借庙修道,未居要津,直至周世乃成正果耳。

说文"家,居也;从豭,省声";周伯温曰"豕居之圈曰家,从宀,从豕,后人借为室家之家";此与畜牧时代家或为畜牧之义相合。但在周以前,既系以族为主,家不居于重要地位,所以六书故即曰"家作宧,人所合也;从宧,三人聚宀下,家之义也;厸,古族字,厸讹为豕",其实以家作宧,重视其族,两义原可并存。当时,处于部落地位之族,各有其长,称为"群后",位较尊者称为"元后",唐虞夏商均为部落政治,自成一族而居于元后地位,以外之群后各有其族。史称古时诸侯万国,汤时诸侯三千,周时诸侯一千八百,确如其数,亦只是族之数目。尤其在殷,虽祭祖尊天,但王位继承则以兄终弟及为常,富有横的世代,漠视纵的家系,仍系维持氏族制度得推知之。

  周族部落处于西隅,自后稷以后即已进入农业社会,而族外之聘娶婚又为周人所尚,家族制度发展当较殷为甚。迨后减抚群后及殷,树立封建制度,创建统一王国,以婚姻关系维系异姓国间之情感,以宗法关系维系同姓国间之亲密;氏族制度由是发生重大变化,为家族制度展开平坦前进道路。然因宗法关系临于其上,故周初家制较诸其后尚非重要。在同族内固以家为组织单位,并有家长为家之代表,但同族间并不能赖家制而即亲密,仍须本于尊祖之意念而敬宗,本于敬宗之理由而收族。宗子掌理宗之事务,主祭祀,主婚姻,教族人,其权力在家长以上。所以周初设治,在同族间实以从宗合族属为要。天子统诸侯,诸侯统大宗,大宗统小宗,小宗率群弟,如纲在纲,有条不紊,周因而称为"宗周",鲁因而称为"宗国",本于血统之连系,巩固兄弟国间在政治上的休戚相关。春秋以后,王纲不振,宗法见衰,不特天子不能独处尊位,诸侯亦渐失优势,赋税兵甲皆寄重心放于家制之下,鲁有三家,晋有六家,均握有政治实权,即为明证。因家族地位之重要,"国家"一名遂由此而产生矣。惟须知者,自家制代替宗制而兴,宗法之形式虽不存在,宗法之精神则在家制方面时或存留,此又"家族"两字联为一辞之原因也。同宗共姓不得结婚,异姓子弟不得乱宗,宗亲丧服重于外亲,皆其明证。总之,后世所谓"家族",不外指示同一祖或父所出之宗族,及其妻妾,并奴婢义子等附属分子之集合,而以家长统其家属,以尊长率其卑幼也。至于称家为"户",则系确定于秦世。

《史记》"徙天下之豪富于咸阳十二万户",即此。盖秦自孝公变法,"民有二男以上不分异者倍其赋",于是,同一家族之人口,不必皆系同居,此即户之由来。后世各律对于别居无何强制规定,惟"父母在,子孙不得别财异籍"也。由是可知户之范围较家为狭,然亦不过在同居与否方面有其区别,且或为政治编组之名称耳。

我国家族制度之形成,虽有悠远之历史,倘无学说方面之支持,政制方面之拥护,亦或不能在中国固有法系中发出万丈光芒之色彩!泰西各国之家族制度早不存在,不能谓与其个人主义绝对无关,即为显例。诚然,中国过去曾有倾向个人主义之学说,如列子"子孙非汝有,乃天地之委蜕也",视子孙非父母所有,不啻解除家族关系之束缚,正与所称"父母全而生之,子全而归之"之学说针锋相对。无如中国数千年间,重视家族制度之儒家学说居于正统地位,其他思想均居闰系,自无若何力量。儒家学说除极力维持家族制度存在外,并进而发挥家族制度效用,俾成为治国立政之方针。易家人卦"家人,女正位乎内,男正位乎外,男女正,天地之大义也;家人有严君焉,父母之谓也,父父,子子,兄兄,弟弟,夫夫,妇妇而家道正,正家而天下正矣"。《论语》"惟孝友于兄弟,施于有政";"齐景公问政于孔子,孔子对曰,君君,臣臣,父父,子子";《大学》"欲治其国者先齐其家,……家齐而后国治,国治而后天下平";"所谓治国必先齐其家者,其家不可教而能教人者无之,故君子不出家而成教于国;孝者所以事君也,弟者所以事长也,慈者所以治众也";《中庸》"郊社之福所以祀上帝也,宗庙之礼所以祀乎其先也,明乎郊社之礼,谛尝之义;治国者其如示诸掌乎":凡此,皆系视家族制度为治国立政之大本所在。即如《孟子》虽有"民为贵,社稷次之,君为轻"之语,未将家族列入,衡量轻重。但在实际上依然认为"民"系处于"家"之下,并非独之存在;故曰"人有恒言,皆曰天下国家,天下之本在国,国之本在家,家之本在身"。从而儒家所重视之个人修养,论其目的并非直接为国家造成良好公民,乃使其修身而齐家,间接经由齐家而走向治国平天下之途径。此外,如礼书所称之"宗"道,后儒所称之"族"义,莫不与家族制度有关,更使家族本位之社会组织,在其论点上获得呐喊助势之力量。

一、从政事法上论家族制度

过去,关于体国经野设官分职情事,诚无今日之宪法或行政法,为之规定,但既划归"礼"之范围,后世又有"令""典"一类规范,明示各种制度,亦即有其所准据之"法"矣。家族观念表现于政事法者,首为视家户为编组之单位,次为认家户为政令之所托,再为使家长具公法之责任;且在义理上,以家族无异国家之缩小,遂又拟国家为家族之扩大。国家及家族之关系既如此密切,所以"国""家"在最初用语上虽有区别——天子所治称曰天下,诸侯称曰国,卿大夫称曰家——但终连用,成为单独名词,用以指"国"。盖"国之本在家"已显示国与家不可分离,封建制度早废,而"国家"名称延用数千年,近仍如故,正由于合于事实,符于义理所致。

(甲)何以言视家户为编组之单位　先就《周礼》所称之乡制遂制观之,大司徒主乡,令五家为比,使之相保;五比为闾,使之相受;四闾为族,使之相葬;五族为党,使之相救;五党为州,使之相赒;五州为乡,使之相宾。遂人主遂,以五家为邻,五邻为里,四里为酂,五酂为鄙,五鄙为县,五县为遂,都有地域沟树之使,各掌其政令刑禁。亦既视家为其编组之单位焉。再就《国语》所载管仲治齐,作内政而寄军令观之:制国,五家为轨,轨为之长,十轨为里,里有长;四里为连,连为之长,十连为乡,乡有良人。又,制鄙,三十家为邑,邑有司;十司为卒,卒有卒帅,十卒为乡,乡有乡帅;三乡为县,县有县帅;十县为属,属有大夫;五属故立五大夫,使各治一属,立五正,使各听一属。此又视家为其编组之单位焉。无论《周礼》《国语》之本身问题如何,要皆有其所本。试观商鞅相秦,以五家为伍,十家为什,一家有罪而同伍同什之家不为纠发,即须连坐,即系视家为编组单位之显例。故荀子曰:"功赏相长也,五甲首而隶五家"。秦兴,确立郡县制度,地方组织以县为初级区域,然县以下之编组系统,不特秦世未曾改变五家为伍十家为什之旧制,历代依然以家户为编组之起点。

汉,百家为里,里有里魁,民有什伍,善恶相告;十里为亭,亭有亭长,主捕盗贼;十亭为乡,有乡老啬夫及乡佐有秩等员,分掌教化,听讼及赋税等事。晋,百户为里,里有里正;刘宋,五家为伍,有伍长,二伍为什,有什长,二什为里,有里魁;北魏,二十五家为里,有里长,皆系集里而成乡,以附于县。唐,依其"令",百户为里,五里为乡,四家为邻,三邻为保;宋,依熙宁三年敕,十家为一保,五十家为一大保;元,行社法,由五十家组织而成;明,编黄册,百有十户为里,推丁多者十人为之长,余十户为甲,甲各有首。降而至清,最初令各乡村置一甲长,百家置一总甲;后以十家为牌,十牌为甲,有甲长,十甲为保,有保正。凡此,不必一一问其编组之目的,是否积极为推崇乡治,使民自化,抑为消极教民各安生理,勿作非为,甚或专为重视赋役保甲而然。但其编组方法皆系以家户为其单位,实不容吾人否认之。

此外,周初封建,原为"分土"制度,降至战国已开"分民"之端倪,封君食税概以户计,《史记》"虞乡既以魏齐之故,不重万户侯乡相之印",可证。自汉以后,赐封功臣,不以土地为准,惟以民户为据,称做"户封"。则户又为后世"封国"方面的编组之单位矣。

(乙)何以言家户为政令之所托 《周礼·小司徒》"均土地以稽人民而周知其数;上地家七人,可任也者家三人;中地家六人,可任也者家五人;下地家五人,可任也者家二人";此乃授田任役以家为单位者。孟子"方里为井,井九百亩,其中为公田,八家各私百亩,同养公田";"百亩之田勿夺其时,数口之家可以无饥矣";而《尚书·大传》亦有古八家为邻之说,在学者想像古代田制并拟推行所谓仁政,仍系以家为单位也。自汉代起,家户为政令之所托,更见显著。此有七事为证:

先以律令为证:汉,萧何就法经增加户、兴、厩三篇,作律九章;由汉律,魏律,晋律迄于北魏律,"户"均独立成篇。北齐律将婚事附入,称为"婚户";北周律改为"婚姻"及"户禁"两篇,除开皇律以户在婚前,称"户婚",唐律及宋元刑书皆然;明律分为户役,田宅,婚姻三篇目总称为"户律",清同。至于历代"令"文,今多不存,然晋有户调令,隋唐金明各有户令,其,尚能考知。律所以"正罪名",令所以"存事制",皆有"户"名存在,家户地位之重要可想而知。

次以设官为证:汉,公府有户曹掾,州郡为史主持民户事;北齐,与功曹仓曹同为参军;唐,在各府者称为户曹,其余称为司户;降而至清,府州县均有户房之设置。其在中央掌理户口赋役之官,吴曾置户部,自唐至清均设之,为构成"六部"之一。"户部"之职掌,相当于今日的"内政部"及"财政部",但当时舍去"民政""度支"之名不用,独用一个"户"字为称,其重视家户之地位自甚显然。

又以校察为证：置户为编组之单位，如为保甲等目的而设，既已兼备校察之旨趣矣。唐并于武德六年创行"户帐法"，令天下户每岁一造帐籍，开元十六年改敕诸户籍三年一造，实为现代户籍簿册之创造，其目的即校察也。又武德六年同时令天下户，量资产定为三等；九年，改为九等；其后，复令三年一定为常式；依每户财产数额，而定其贫富等级，或为便于赋役而设焉。但既与户帐法同时举行，仍不无含有校察之意思，亦可认定近于台湾之户税调查。降而至明，每户给以户帖，书其乡贯丁口名岁，与清代所谓门牌，今日所谓户籍登记尤为类似。

再以赋税为证：汉高祖初创"算赋"，征取尚偏于"口"，文帝因户口滋繁，令民自二十三岁以上始征，并减轻其数额。魏武帝以计亩而税与计户而征并重。晋武帝藉授田策略，招纳流亡来归，每户既皆授田，即不必履亩论税，只逐户征赋，称曰"户调制"。南朝虽未计户授田，依然随户征税，南齐且分户为九等以定其税；且因为流之南朝之北侨根本无田，更赖依户为计也。隋及唐初，同采此一办法，直至唐德宗时两税法行，始废除户赋。

并以丁役为证：丁役原侮赋人民之力，但亦与"户"有关，自六朝至隋唐，江淮人户有三丁者，必有一丁落发规避丁役。两税法行，虽免力役之征，但庶人在官之杂役仍存。宋承唐末之弊，行"差役"法，分户为九等著于籍，上四等量轻重给役，余免。王安石改募役法，使民得专心稼穑，而免役钱依然以户计算。"令当役之户，依等第，夏秋输钱免役"。同时，对于有产业物力而向无役者，令出助役钱，仍系按户计算，如所谓坊郭等第户、官户、女户、军户是。金，征役必按版籍，先及富户，势均则以丁多寡，定甲乙三代同居已旌门者，免差拨，三年后免杂役。元，募役变而为"丝料"之征取，各按其户之上下而科。明，除以丁为计之徭役，上命非时之杂役外，并有以户为计之甲役；其避徭役者称为"逃户"。惟自一条鞭法行后，始有变更。清，地丁归一，独税田亩，丁役丁税皆不存在，然而户籍之编查则较前代减色不少。

另以兵役为证：汉，一方面兵民不分，一方面另有"谪发"办法，贾人或父母祖父母有市籍者，皆在其列，亦与家族有关焉。五胡乱华兼用汉兵，军旅以抽丁法编制，如石虎伐燕，五丁取三，四丁取二，符坚攻晋，十丁遗一，即系就家之丁口而计算者。宋，兼用乡兵，除由士民应募以外，亦有从户籍中挑选之事。元，临时征调仍多募自户籍。并以贫富为准，户出一人称曰独户军，合二三户而出一人称曰正户军，余为贴户军；士卒之家为富商大贾又取一人称曰余丁军；其取诸侯将校家之子入军者，称曰质子军。

更以考选为证：汉，乡举里选既根据户口率定其员数；魏，行九品官人法，原系计人定品，以后一变而为按阀阅定品，只问其是否世族，不问其果否贤愚，于是上品无寒士，下品无高门，家族观念遂影响于人才评判。晋，身有国封者，起家多拜散骑侍郎，其秘书郎著作郎亦系甲族起家之官职，他人不与焉。南齐，高帝欲以江谧掌选部，因其为寒人，特发明诏表示破格任用，即为明证。盖当时官有世胄，谱有世官，士大夫皆起于世族，非皇帝所能任意派用也。隋唐改用科举取士，渐变阀阅限制，直至五代，取士不问家世乃完全实现矣。然积极的阀阅制度虽告结束，而消极的家世差别，如奴籍贱民杂户等等仍未见绝。其家户既不能与平民为伍，亦即不能有进身之途。虽在清代，已使杂户除籍与平民同列甲户，然身家不清者，如娼优皂隶及曾卖身为奴，其三世子孙仍不得应考入仕。

总之，无论为"户"为"家"甚至于"族"，皆与历代政令有其相当关系;仅就此点而言,亦足以证明中国固有法系方面家族观念之浓厚也。

(丙)何以言使家长具公法上之责任 家族制度下之家,家长乃家的代表,家属受家长支配,此与个人主义下之家有所不同。家族范围虽有广有狭,同居人口虽有多有寡,究系所谓大家庭之结合,并非仅取于一夫一妻和其婴幼之同居。既使多人而营集团生治,又视此一集团为各种编组及政令所托之基础,从而在法律上,对于一家首长地位之维持,使家长的家族制度久存不废,自系当然。在日本称家长为家督,即户主之意,在我国汉代或称为户头,但以家长之称谓为最普通。家长不特对内有监督家属,管治家财,处理家政等权利义务,且对外为一家代表,具有公法上责任,使其统率家人,以尽人民对于国家之义务。此有四事为证。

先以户籍义务为证:关于户籍事项,家长具有呈报义务。唐律"诸脱户者,家长徒三年,无课役者、家长减二等,女户又减三等"。何谓脱户?盖"率土点庶皆有籍书",而家长故意脱漏家属户籍,以图减免课役,自应重罚。但一户中一人附籍,余不附籍者,则另从漏口之法。明清律户役篇同有脱漏户口条文,处罚较轻。

次以赋税事项为证:关于田粮事项,家长亦有缴纳义务。明清律田宅篇"凡欺隐田粮,脱漏版籍者,一亩至五亩笞四十,每五亩加一等,罪止一百;其田入官,所隐税粮依数征纳";辑注"一户以内所有田粮,家长主之,所有钱财,家长专之";则近代人民纳税义务之一部分,其在往昔,实由家长负责。他如汉代,令人民得以律占租,即自认应纳之租税是;汉书昭帝纪注,如谆引律:"诸当占租者,家长自各以其物占,占不以实,家长不身自书,皆罚金二斤,没入所不自占物;"则纳税报税之责任归于家长,自汉已然。

又以刑事责任为证：一家人共同犯罪时，如非巨恶重罪，依唐律止坐家长，无造意随从之区别，此亦认家长为一家的表率，对国家所负守法义务特为加重。后文另有交代，于此从略。

再以女性家长为证：最早家长之设置仅限于男系，祖死父承，父死子继，所谓"男正位乎外"，"母，亲而不尊"是。且"夫妻持政，子无适从"，亦所以达"家无二主"之目的。然纯粹贯澈"牝鸡无晨，牝鸡之晨，惟家之索"之见解，不特女子终无为家长之机会。而且家无男丁之事实既莫能免，设置家长又不可无，于是汉唐遂有女户头或女家长之事例。清，家长在原则上虽以家中男尊长充任，但女尊长亦可取得准家长之地位。律文奴婢殴家长条注"不言家长之父母祖父母者，盖统于一尊；祖在则祖为家长，若祖父或父不在，而有祖母或母在时，则应同于家长"。所以有如是之变迁者，实因"一户一口，以家长为主"，并对国家负有种种责任，自未便使无男丁之家口，处于散漫地位，致脱落整个机构之一环。总之，家长实处于"国"与"家"中间之连系地位，且由卑属统御家事，对公私均不能尽其功能，故历代莫不重视家长之特殊身分，并以"家""户"设置家长或户头为必要矣。

（丁）何以言拟国家为家族而扩大　殷之氏族社会里，族长最尊，家仅有其雏形，所以"族"为贵而家为轻。周之宗法社会，天子以天下之大宗而居于上，家仅指卿大夫所治及天下民家而言，故"宗"为主而家为副。若从历史之演进言，国家原非家之扩大，然因以族为贵之部落政治，既至周而告绝，举众族共奉一尊，成立后代国家之形式，以宗为主之宗法政治，既至春秋而见衰，往日"宗"与"族"之职务，遂分别为"国"与"家"取而代之。于是在义理上，一方面视家族为国家之缩影，以严密基础组织；一方面拟国家为家族之扩大,以发挥广大效能,此当然系由儒家学说而促成也。试观"国"与"家"之联称,"家"与"族"之联称,即知其然。不过家族之"族",较古代氏族之"族",周代宗族之"族"为义为狭而已!

既视家族为国家之缩影,于是称父母为"严君",称家长为"主"为"尊",妾对其夫既称曰"君",子自述其父亦或称曰"家君"。国事应统于一,家事亦同,《孔子家语》本命解"天无二日,国无二君,家无二尊";《荀子·尊君篇》亦云"君者国之隆也,父者家之隆也,隆一而治二而乱,自古及今,未有二隆争重而长久者"。《礼记》内则"父母怒不说而挞之流血,不敢疾怨",此亦亢仓子君道篇"怒答不可偾于家,刑罚不可偾于国"之意也。至于治家之道,则有"家约","家教","家诫","家训","家范","家规","家法"表示之,以养成各家族之"家风"或"门风";正如国家之有法度宪章,并因而养成"国性"或"国风",有其同也。家能如是而齐,则扩大其效果,必能国治而天下平,因而又拟国家为家族之扩大焉。在哲理上,如《论语》"其为人也孝悌,而好犯上者鲜矣!不好犯上而好作乱者未之有也!"《大学》"诗云,桃之夭夭,其叶蓁蓁,之子于归,宜其家人;宜其家人而后可以教国人。诗云,其仪不忒,正是四国;其为父子兄弟是法而后民之法也"。《孟子》"入以事其父兄,出以事其长上,可使制梃,以挞秦楚之坚甲利兵矣"!莫不本于"一家仁一国兴仁,一家让一国兴让,一人贪戾一国作乱"之意义立说,而认为"家者国之则也"。明,丘浚曰"人人孝其亲,忠其君,尊夫圣人,则天下大治矣,否则大乱之道焉。然是三者,其根本起于一家,家积而国,国积而世,故尤严于不孝之罪"。为论颇为中肯,可例其余。凡此皆系对国家政府之认识,发生原子性之力,为设治施政之基本精神。

除"国家"之得名而外,并视君主即国,天子且有"天家"之称号;蔡邕独断"天子无外,以天下为家"是。为抬高帝王之身分,往往仍以家族中人比拟之;春秋感精符"人主与日月同明,四时合信,故父天母地,兄日弟月"是也。君主既被视同人民之父,皇后自被视同人民之母;《汉书》"言断立民母",春秋胡传"天王所命而称王后,亦天下之母仪也"是也。降而对于直接牧民之官司,向亦以父母官为称;王禹偁诗"万家呼父母"是也。从而己身所属之"国",又以"父母国"见称,《孟子》"迟迟吾行也,去父母国之道也"是也。总之,国之本在家,家齐而后国治,故认为国治与家治互相沟通,莫能偏重。宜乎往昔不特以"国"与"家"联称,且以"国"与"家"并举,使国家家族化,家族国家化,原有其家族本位之一套理论,而为中国固有法系所吸收焉。

二、从民事法上论家族制度

往昔,一切准绳皆归于礼,礼有所失,始入于刑。礼应认为系广义的法,欲求民事方面之规范,舍礼殊难得其梗概。虽早在春秋战国时代,晋郑秦各国纷纷制定刑书,商鞅且改法为律,然自儒家学说得势,律仅辅礼而设,礼并未变更其广义之地位,不特政事法求之于此,民事法亦然。惟律既以"明刑弼教"为旨,且又出礼入刑,于是律之内容,除直接为刑事规范外,并可探知民事规范之所指。试观民国成立后,刑事法虽以暂行新刑律为其依据,民事法则沿用清末现行律之有效部分,不因其前身为清律,而即否定其为民事规范,即一显证。是故对于中国固有法系中之家族制度,从表现于民事法方面加以研究,诚应以礼为主,同时仍不能不从律文方面,求其真相。在此一论题上,得就亲属关系,婚姻关系,同居关系,继承关系方面,求出家族制度之显著表现。

(甲)何以言就亲属关系方面求出家族制度之显著表现 关于亲属之范围,依吾人今日之见解,从血统源流上计算者,一律称为血亲,从婚姻连系上计算者,除配偶外,一律称为姻亲;直系亲旁系亲虽须区别,但男系亲女系亲之地位终属同一。至于亲等之计算,无论采用罗马法或寺院法,皆有整然可循之系统及等级。中国往昔则非如此,于亲属关系上附有家族制度之观念甚为浓厚,此有两事为证。

先以亲属分类为证:亲属分类除《尔雅·释亲》作为亲属间之类名外,原为丧服之适用而设。丧服乃亲属死后,与其有关系之人依其亲疏远近,在不同之丧期中所著不同制造之衣服也。系起于亲亲之道,并以尊尊之义加入,不仅表示亲疏远近关系,且饱含家族本位之意味。"服"之加隆或减杀,至不一致,所以与现代法之"亲等"似而不同。依《尔雅》所记,系从宗族、母党、妻党、婚姻四点上解释其相互间之称谓。宗族或称宗亲,乃就同一祖宗所出之亲属而言;母党或称外亲,乃就子女对母系之亲属而言;至于妻党系以夫妻之亲属称谓为主;婚姻系以妻对夫之亲属称谓为主。后世分为宗亲、外亲、妻亲三类,依然表现其趋重家族本位之色彩。妻亲诚属今日所谓姻亲之一部分,但宗亲内容,既非等于今日所谓血亲,又非以同一祖宗所出之血统为限,妇对夫族之亲属关系亦在其内。探其源由不外家族组织以男系为主,其自外姓而来之妇女,为家族之正式人员,遂即列为一类矣。外亲内容,不限于尔雅之母党,凡姑、姊妹、女子子嫁出而生的亲属关系都在其内。虽系自女系方面计算,实因彼等自有其族其家,遂又列为一类。

次以丧服等级为证:就丧服之轻重等级方面而观,更与家族制度有其呼应。(1)在家族内,子以亲为尊,而亲亲之道又"隆近而杀远",所以子为父加隆至斩衰三年;但因"夫妻持政,子无适从",依礼,母遂亲而不尊,于是父卒为母服齐衰三年,父在为母杖期,至尊在,不敢伸其私尊;此为古制。唐以后,父虽在,仍为母终三年丧,明孝慈录再改为斩衰三年,始与父同。(2)在家族内,以传宗接代为主,所以不孝有三,无后为大,尤其往昔,嫡长子负此责任特重。仪礼丧服遂认为父对长子服斩衰三年,母为齐衰三年;孝慈录虽改父母均为嫡子服齐夏不杖期与众子同,但尊长同为卑幼服丧,自不外乎家族观念使然。(3)在家族内,妻以夫为尊,因其"不贰尊",所以妇为其夫斩衰三年,对其舅姑只为期服,直至唐时始为三年丧服。明、子为父母同斩,妻亦同。(4)在家族内,妻贵而妾贱,妾之地位"仅有尊尊之义,而无亲亲之道",所以夫因至亲之关系,报妻以期,妾有子者始报以缌麻,无子者则不服,明以后,妾虽有子亦不报服。且不特夫不为妾之母家有服,而妾除对妻服期,妻无报服外,更对妻之母家有服,其地位卑下可知。(5)在家族内,极防叔嫂混杂之行为,以免男女无别之嫌疑,因而"存其恩于娣姒,断其义于兄弟",所以叔嫂无服,娣姒有服,乃将叔嫂之关系推而远之。唐以外亲同爨①尚服缌麻,乃为定服小功,明清同。(6)凡姑姊妹女及孙女在室,或已嫁被出而来归,因其仍为本族本家之一员,无论已服人或人服已,均与男子同;但出嫁而入他人之家,虽"出者其本重"而仍有服,究竟以所入之家为主。既为夫氏之族有其所隆,即为自己之族不能无杀,所以在室为父服斩,出嫁即为夫服斩而为父服

---

① 爨(cuàn):灶。

期。(7)母与妻皆以嫁而入,依主名之关系定其位,依属位之原因定其服,虽异姓之间各有相当之服,则文"入者其卒重"之理,显然受家族制度之影响而然。(8)子对于母党,本于父母之恩无别而有其服,然因尊祖祢重本族之关系,于是除外祖父母为尊外,外亲之服均为缌麻,姨母以名加至小功而已!至于夫与妻党,亦仅与妻之父母相报以缌,其他均为无服亲,此亦"服统于家",重视家族本位之观念所致。总之,亲属分类既以家族观念为依据,而表现于服制方面之亲属关系,又充分显出与家族制度之连系,因而儒家认为"圣人之经纬万端皆从此始"。但在后世各律中,对于亲属间之犯罪问题,或减刑、或加重、或不论,又均以其丧服有无轻重为断,更非仅一民事方面之问题耳。

(乙)何以言就婚姻关系方面求出家族制度之显著表现 自周兴起,宗法社会既已成立,后世承其余势,重视家族组织。婚姻虽不能离开男女之身而行,但论及男女之身只称为"嫁娶",而"婚姻"所表示好合之事,则不外旧家族之扩大或延续,一夫一妻的新家庭不因有婚姻之称谓而即成立。此有五事为证。

先以二姓合好为证:《礼记·昏义》"昏礼者将合二姓之好,上以重宗庙而下以继后世也",显示婚姻之目的重在合二姓与繁子孙两端。就"合二姓"而言,从"婚姻"的命名上即可知之。除称婚姻谓"嫁娶之礼"及"婿曰婚,妻曰姻"之解释外,《尔雅·释亲》并曰"婿之父为姻,妻之父为婚;妇之父母,婿之父母相谓为婚姻;妇之党为婚兄弟,婿之党为姻兄弟",而以"妇党称婚,婿党称姻"为解,充分表示婚姻与两族两姓之关系。又嫁女子家受六礼后,布席于庙以告祖先,不啻为一姓之祖先嫁其女嗣,非只父母个人嫁其所生之女也。娶妇之家既告祖庙,又以祭祀用之素冕亲迎,并于夕施席于正寝,皆所以表示与祖先同此婚礼。换言之,为族娶妇为重,为个人娶妻为轻,成妻之礼亦即较成妇之礼减略。女不成妇而死,依古礼,归葬于女氏之党,尚不能认为家族之一员,即系此故。因婚姻重视合二姓之好,以广家族,因而魏晋南北朝遂重视阀阅婚姻,唐宋律敕遂禁止良贱为婚,不然,即非"门当户对",难与为偶!

次以繁衍子孙为证:婚姻之第二个目的为"繁子孙",使居于客观地位之"男女构精,万物化生",一变而为继承本族血统,繁衍一家子孙之见解,此即为古代贵族方面借口,一娶多女广其胤嗣,媵妾之制,由是而起。降至后世,像东汉明定皇子封王,正嫡称"妃",并得置小夫人四十人;晋令,诸王郡公侯及官品令第一至第八,皆必置正妾如制;北魏元孝友请对于无子而不纳妾者,科以不孝罪;唐律既有妾之明文,又有媵之称谓;由宋至明,庶人年四十以上无子者,依礼依律皆得纳妾,同此义也。

又以嫁娶名称为证:孔颖达虽谓"论其男女之身谓之嫁娶",然此嫁娶名称依然家族化也。盖"嫁谓女适夫家,娶谓男往取女";嫁即家之意思,自家而出,收入夫家,因而"妇人谓嫁曰归";娶即取女之意思,夫以妻为室,自必取女入其家。于是左桓六年文对"娶"曰"受室以归"。况在嫁娶之先,须待父母之命,媒妁之言,由纳采以至于亲迎,经过六礼程序,皆系尊长主持,与现代视嫁娶为男女个人之事显然不同。婚姻之意志既由主婚人决定,婚姻之责任亦即由主婚人负担矣。唐律"嫁娶诸违律,祖父母父母主婚者,独坐主婚;若期亲尊长主婚者,主婚者为首,男女为从",即系明证。

再以各种故障为证:在婚姻之故障方面,有如初时同姓不婚,继而同姓共宗不婚;初时外姻辈分不同,当可通婚,继而唐永徽后类多禁婚;他如居尊亲丧不得嫁娶,犯者列入十恶以内;父母囚禁不得嫁娶,除奉亲命而行者外,亦为礼法所不容,皆与家族观念有其关系。

并以离婚事例为证:离婚在昔称为"绝婚",即断绝二姓姻好之意,南北朝时始有离婚用语,依然视为分离二姓之关系。若单就夫妻个人言,则称为"离异",或"离",不用"婚"字。所以离婚后,夫妻个人关系仍继续者,有其例;夫妻一方死亡后,仍然可以离婚者,亦有其例。因离婚为男家专有权,女子又以夫之家为家,就男子言,称之为"休",就女子之身言,称之为"出",依礼依律有所谓七出三不去之条件支配其事,此种条件大部分与家族制度有关。至于离异后,无论何种情形均不得与夫之亲属通婚,亦系通例。

(丙)何以言就同居关系方面求出家族制度之显著表现 "同居"名称首见于《礼仪·丧服》"同居继父"之文,《汉书·惠帝纪》亦有此一用语,且汉律已用之矣。最古聚族而居,后世虽渐次缩小同居范围,使法律力量不及于广义的宗族之连带关系。且"共甑分炊饭,同铛各煮鱼"尤为习见之事也。又,刘宋时代士大夫父母在而兄弟异居,庶人父子别产,八家而五,又见正牍也。然民有二男以上之分异,究被视为人情之反,风俗之薄,并非礼的常则。于是在东汉,樊重三世共财,缪肜兄弟同居,蔡邕韩元长亦同其事,济北汜幼春七世同居,家人无怨色;而唐张艺公九世同居,更被称为义门之表率。综计历代各史孝义孝友传,载此义门之事,《南史》十三人,《北史》十二人,《唐书》三十八人,《宋史》五十人,《元史》五人,《明史》二十六人,可知其盛。其在法律上固不限定若干世之同居,但一夫一妻之小家庭制,除秦世外多禁止其事。唐律,"同籍期亲为一家",疏称"同籍不限亲疏,期亲虽别居亦是",则期亲虽在法律上认为系同一家族,但不必皆系同居,其同居之界限自较所谓义门者狭小。然而祖父母父母及其子孙,无论由何人起意,皆不得异其户籍。"诸祖父母父母在,而子孙别居异财者,徒三年;若祖父母父母令别籍……徒二年,子孙不坐"即是。明清律,大家族制度已有显著之变化,惟仍认为祖父母父母在,子孙不得分财异籍,违者杖一百;其居父母丧而如此者,经期亲以上尊长亲告,杖八十;不过父母许令分析或奉遗命而行者,不在此限。至于同居之人既不限于亲桃,即无服者亦是,且如家伎奴婢一类之人,亦在同居之范围,所谓"家口","家人"均系指此。

现代法律,对于家族同居除用"同居"字样外,并以"共同生活"为称,而将"同居""别居"字样之重点置于夫妻之个人关系方面。实则如易序卦曰"有天地然后有万物,有万物然后有男女,有男女然后有夫妇,有夫妇然后有父子……";亦即郑注《周礼》"有夫妇然后有家"之另一说法;是认为夫妻为一家成立之一基本单位,与今日"夫妻互负同居义务",原甚接近。但因受家族制度之洗礼,夫妻之同居关系遂被镕解于家族同居之炉火以内。盖往昔妻以嫁而入夫家,此"家"也者,并非夫个人之住所,乃系大家族之家。"嫁者家也,妇人外成,以适人为家",一嫁即取得为妻为妇之两种身分。在妇之身分方面,嫁有其家,成为夫家族一员,称为"同居";在妻之身分方面,与夫共同关系,则特别称之为"同室"。《诗经》"之子于归,宜其室家";《孟子》"丈夫生而愿为之有室,女子生而愿为之有家","室"与"家"之区别正自分明,此在"同居"用语上又可见及今昔之异致,追其根由,仍不外家族制度之观念所致。

在家族同居生活中,公法上以家长居于最尊地位,因而家长由尊长之最尊者充任;私法上妇有其夫,子有其父,卑幼有其尊长,又各负有一定的职责。关于夫权与亲权两端,姑置不论,仅就同居及尊长卑幼间之法律关系而观;唐律,同居有罪,得相互为隐,部曲奴婢为主隐者亦同,是乃维持同居情感而为之规定。明清律,卑幼与尊长同居共财,卑幼不得擅自使用,尊长应分财而不公,亦与卑幼擅自用财同,是又认为家政统于尊长,家财总摄于尊长,不过家财仍属同居人之公物,而非尊长之私有,彼此皆不得自由支配也。凡此,均系就同居之本身上加以种种限制,乃能维持久远,未即衰落。

(丁)何以言就继承关系方面求出家族制度之显著表现 现代各国除日本兼采家督相续制度外,均系采财产继承制度,系以个人为主,且偏于权利继承,此从限定继承与继承抛弃之规定即知。中国往昔系采宗祧继承制度,财产继承附见于内,且系以义务为主,此完全是出于家族本位之观念而然。宗祧犹言宗庙,祧谓远祖之庙,《左传》,"失守宗祧"是。是故宗祧继承不外以奉祖先之祭祀为目的,特由男系宗统继承而已。最初与宗法制度互相表里,"大宗者尊之统也,大宗者收族者也",不可以绝,所以大宗无后,族人应以支子后大宗;小宗五世则迁,其族统于大宗,所以无后可绝。至于使支子后大宗,而不以嫡子后大宗,因嫡子原本有承其祖祢祭祀而绵血食之义务,自不可为大宗后。宗法既衰环境变更,殇与无后者已无祔食从祭之所在,且因毕生尽力经营之家户一旦告绝,自非人情所愿;因而人人各亲其亲,各祢其祢,凡无子者均可立嗣,并非以继其宗,而以传其家,续其户为目的焉。历代本此见解,定礼制律,惟仍不免含有宗法之遗意,此有五事为证。

先以立嫡违法为证:往昔,嫡子不得后大宗,女子不得承祭祀,兄终弟及亦只殷有其例;于是在家户之延续方面,遂采男系嫡长主义及直系卑属主义。唐律,"诸立嫡违法者徒一年,即嫡妻年五十以上无子者,得立庶以长,不以长者亦如之"。户令"无嫡子及有罪疾,立嫡孙;无嫡孙,以次立嫡子同母弟;无母弟,立庶子;无庶子,立嫡孙同母弟;无母弟,立庶孙"。明清律户役篇亦皆有立嫡违法之条。

次以同宗相继为证:往昔,大宗无后,族人应以支子后大宗,《礼记·月令》"无子者,听养同宗于昭穆相当者";于是在家户之延续方面,立嗣仍必取于同宗。唐户令既以月令所称者为准,元明清之条格或律均同。清例更有详细记载"无子者许令同宗昭穆相当之侄继承,先尽同父周亲,次及大功缌麻,如俱无,方准择立远房及同姓为嗣"。因而立嗣虽系同宗,若尊卑或昭穆失序,不特在禁止之列,且使其子归宗,改立应继之人焉。

又以异姓乱宗为证:往昔鄫以外孙为后,《春秋》书曰"莒人灭鄫",《左传》曰"非其族类,神不歆其祀",《谷梁传》曰"立异姓以莅祭祀,灭亡之道也"。于是在家户之延续方面,异姓,养子即不能继承宗祧;且或禁止收养,惟女子以无继承资格,许之。唐律养异姓男者徒一年,与者笞五十,其遗弃小儿年三岁以下,虽异姓听收养,即从其姓。此即由于"异姓之男非我族类",遂禁止收养,弃儿不收养即绝其命,乃是例外也。然虽无子,仍不得立为后嗣。明清律,乞养异姓子,不改其姓及不立为嗣者,固不禁止;但以之乱宗者,则杖六十,以子与异姓之人为嗣者,罪同,其子归宗。

再以一子兼祧为证:往昔为免户绝而以立后为尚,但如近亲无多丁,远房无支子,且禁止异姓乱宗,不得为后;则欲立后,或竟无后可立,又将如何处理?于是清高宗遂创"兼祧"之法,准其以独子兼祧两门,其结果,一人即可双娶嫡室,此又家族本位下之继承问题,影响于婚姻问题之事例了。

并以强制立嗣为证:无子立嗣,在一般情况下,虽系一任意法而非强行法,仅限于无子时听其立嗣而已。所以唐律只禁止父母以子妄继人后之事例,对于一般无子而不立嗣者,并无处罚明文。然因家户之延续,系采男系及同宗主义,遇有女不外嫁或寡妇守志时,则又强其立嗣,此在清例中有其事。即招婿养老者,仍立同宗应继之一人,承奉祭祀,家产均分,如未立继身死,从族长依例议立;妇人守志留夫家者,承继夫之财产,凭夫家族长择昭穆相当之人继嗣。所以在家户之组织方面,女系或异姓之人纵然存在,倘无男系之人即认为家户废绝,如不欲废绝,即应立□宗昭穆相当之人为后,在此一点上实含有宗法社会之余意,并灌注于家族制度之精神方面,成为中国固有法系上之特征!

三、从刑事法上论家族制度

明刑所以弼教,制律所以辅礼,此乃中国固有法系之特有精神。家族制度既在政事法民事法有其显著表现,已如前述。则在刑事法方面为家族制度所左右,正其当然之结果。家族制度显示在刑事法者为例甚繁,殊难枚举,然只以刑名,坐罪,宥赦为例,亦可探索其梗概焉。

(甲)何以言就刑名上为家族制度之探索　在死刑中有所谓"族诛",在体刑中有所谓"宫",在罚刑中有所谓"入官""没籍",皆与家族制度有关。除详见刑事制度外,姑再以此事为证:

先以族诛为证:《书·汤誓》"予则孥戮汝",泰誓"罪人以族",是知孥戮族诛,古已有其事,惟文王治岐才有"罪人不孥"之仁政而已。秦最重法,当文公时,首定三族之诛,一人有罪,诛及三族,再

第二编 各论

重,或灭其宗,乃最广泛之死刑。汉初沿用秦之苛政,大辟尚有夷三族之令,律文并有"大逆不道,父母妻子同产无少长皆弃市"之规定,李陵降敌亦族其家,母弟妻子均不免。魏,谋反大逆仍施族诛而不定于律令,女虽免其婴戮于二门,而"既醮之妇从夫家之戮",依然如故。晋,减少族诛罪名,但又明定于律,明帝时族诛始不及妇人,南朝同。然在北朝反更严厉,北魏又立"门诛"名称,"一人为恶,殃及族门,蹉跌之间,即至夷灭"。隋虽废除孥戮酷法,然杨玄感之罪死仍及于九族。唐律所定较前代稍轻;然如常乐公主以赵环之故被杀,北景公主以柴令武之故赐死,因夫而受诛,虽贵为公主亦不能免,其轻重完全以帝王之宽严是决。降而至明,太祖固以汉承秦旧,法太重,驳回夏恕恢复族诛之建议,但成祖竟诛卓敬以三族,诛方孝孺以十族,则又为一变局。按犯罪而族诛,不外仇视其家族之甚,谚语所谓"斩草必须除根,免得死灰复燃"是也。族诛而或及其妻,因系在家族结合中,夫妻为一体,故必一网打尽,免有遗误而已。

次以宫刑是证:宫刑既为男子割势,女子幽闭之刑,而用于治男女不以义交之罪,但自汉景帝时,死罪欲腐者许之,自后便成定制。其用意不外斩其祀而免其死,以达灭门毁家之目的而已!北魏,凡犯门房之诛,十四岁以下男子免死,代以宫刑,尤具其意。北齐,宗室不加宫刑,则又以王室之贵,不欲断其后,而斩其祀,为刑罚之目焉。隋,虽废除宫刑,然在辽时,对于从坐之男女,年未及十六岁者,治以宫刑,仍付为奴,尚一度见之。至于明清之宦官系出于应征而宫,与刑无关,但独子不得入选,依然本于家族观念之传宗接代所致。

又以入官为证:入官本系一种从刑,乃犯罪没收其财产及赃物入官而言。惟旧例入官，不仅以财物为限，遇有重罪而免其族诛或不设族诛之规定，其妻子家人或往往受入官之处分。汉"坐父兄没入官为奴"，律已有明文，一据《汉书·食货志》称"私铸作泉布者，与妻子没入为官奴婢"，是"入官"又为主刑，妻子亦不能免。当代，官奴婢多至十余万数，皆男女从坐没入县官者，南北朝更张其势，凡犯重罪者，没其妻子入官，南朝多补奚官为奴婢，北朝多配舂，配掖庭，终身毁而不释，永不能与平民伍。唐宋，谋反大逆者斩，妻妾没官；辽，妻子没入官，或没入掖庭，或外赐臣下家为奴婢；自元以后，入官事例仍时有之。

再以没籍为证：犯罪之家不得列于平民，虽子孙有所不免，即此。汉律，罪人妻子没为奴婢，黥面，子孙莫改，奴产子亦必赦而后始免奴籍。东汉初赃吏子孙三世禁锢，不得发迹。北魏，犯蛊毒罪之男女皆斩，并焚其家；其犯重罪而不族诛者，男女配乐户配驿户以示奴辱。北周，逆恶罪当流者，皆甄一房配为杂户。唐，反逆相坐，没其家为官奴婢，男十五以上配岭南为城奴，一免为番户，再免为杂户，三免为良人；番户者罪人家属更番执役之户也，杂户者工乐杂户，太常乐人诸厮养户也。宋元以后，杂户为例甚多，男女自相为配，积资不得为官；明太祖所编之丐户，明成祖所编山狭乐户皆是。明时，并对于盗犯，除在臂上刺字外，更扁其门曰"窃盗之家"皆系为惩罚犯罪人之家而设，使降其籍于不齿之地位。

（乙）何以言就坐罪上为家族制度之探索　依据家族制度之观念，而定其坐罪与否，又为中国往昔刑事法上之一种特征。此有三事为证：

先以缘坐为证：因他人之犯罪而得罪，称曰缘坐，又称曰连坐，除广义之株连外，与家族有关者，可从两方面言之：（1）家与家之连坐,公羊僖十九年何休注"梁君隆刑峻法,一家犯罪,四家坐之",可知春秋时代已有其事。《史记·商鞅传》"令民为什伍,而相收司连坐"是秦国又承其制。后世所行之保甲法,即以互保连坐为其要点之一,宋王安石变法,凡同保犯强盗,杀人放火强奸、略人、传习妖教、造畜蛊毒,知而不告者即坐其罪;其居停强盗三人,经三日,保邻虽不知情,亦须课失察之罪。(2)亲属间之坐连,除所谓族诛,入官,没籍为连坐之显例外,秦法,一人有罪,并坐其家,《论衡》称"秦有收孥之法"即此。汉文帝虽一度废除收孥相坐律,但以后又恢复之;武帝时曾以关东群盗妻子徒边者,为军卒妻,即其例。魏晋不改,死罪重者妻子皆以补兵;梁,劫盗之妻子补兵,反叛大逆,母妻姊妹,及应坐市者,妻子女妾同补奚官为奴婢。北朝,依《北史·齐后主纪》"诸家缘坐,配流者所在令还",亦有此事。谋反大逆,除本身斩,子年十六以上皆绞外,十五岁以下及"母女妻妾祖孙兄弟姊妹,其部曲、资财、田宅并没官;……伯叔父母兄弟以下皆流",仅祖母伯叔姑兄弟妻得免;故族诛之范围虽狭,连坐之范围仍广。元,内外大臣得罪就刑,妻妾断付他人,其后始废;文帝时,并诏罪人妻子勿役,止及一身,对于连坐稍有改变。然明清,夫配边区,妻妾同遣,依然视为定例,而谋反大逆,使其亲属连坐,始终如故,惟对于连坐人之论罪,不必皆至于死。

次以独坐为证:独坐系对于家属或不坐其罪,而独坐其尊长是。唐律,共犯以造意为首,随从者减一等,然若家人共犯,止坐尊长;此即,祖父伯叔子孙弟侄共犯,唯同居尊长独坐,卑幼无罪。若尊长在八十以上,十岁以下及笃疾,于法不坐者,归罪于次尊长。但如妇人尊长并男夫卑幼同犯,虽妇人造意仍以男夫独坐。此外,诸嫁娶违律,祖父母父母主婚,独坐主婚;其男女被逼,若年十八以下及在室之女,亦只独坐主婚;居父母丧而以女子与应嫁娶人,主嫁者杖一百,与不应嫁娶人更应重科;此又在婚姻方面的犯罪而独坐者。明清律略同,凡嫁娶违律,若由祖父母伯叔父母姑兄姊及外祖父母主婚,亦独坐主婚,男女不坐。无非认为分尊义重,得以专制主婚,卑幼不得不从也。

又以勿坐为证:凡人应坐其罪,而以同居或其他亲属关系不坐其罪者,则为勿坐或"免坐"。汉宣帝时下令,子首匿父母,妻匿夫,孙匿大父母,皆勿坐。唐律,诸同居大功以上亲,外祖父母,外孙,及孙之妇,夫之兄弟,兄弟之妻,有罪皆相为隐。明清律,亲属容隐皆得免坐。纵令漏泄其事及通报消息,致令犯人隐匿逃避,各律除谋反,谋大逆,谋叛外,均不论罪。反而言之:于法许容隐而亲属代首者,并视为与自首同;其卑幼告讦尊长者,亦与犯人(该尊长)自首,然仍依"干犯名义"条,科卑幼罪,是亲属得为容隐者不坐,且具有积极性焉。至于独坐尊同长之结果,在卑幼方面亦构成勿坐条款,如清律,逐婿嫁女,其女若与父母无通同情形,即不坐罪,因事由父母专制,非其所罪,故独杖父母一百。

在缘坐、独坐、勿坐以外,尚有亲属相窃等等之轻坐,亲属相奸等等之重坐,均以与一般人为比而轻重之,因涉及科刑关系,于此从略。

(丙)何以言就科刑上为家族制度之探索 在家族制度中,既认家族团体为伦常所托,尊亲敬长为纲纪所在,而民德民风又赖其养成,所以不孝不贞不睦各事,不特入于刑,且从重惩治。并因家族内名分之存在,尊卑之异体,同一罪名而科刑轻重亦即不同。此有四事为证:

先以不孝科刑为证:刑三百,罪莫重于不孝,自古已然。秦法不孝者,斩首枭示;汉法,太子爽坐告王父,不孝弃市;魏法,五刑之罪,不孝为大;晋法违反教令,敬恭有亏,父母欲杀,皆许之;北齐,以不孝列入重罪十条之内,隋唐迄于清末,十恶内,除"恶逆"外,亦有"不"一目。恶逆者殴及谋杀祖父母父母,夫之祖父母父母,与杀伯叔父母姑兄姊外祖父母及夫,治罪当然极重;而较轻之"不孝"依然视为重罪。唐律斗讼篇"詈祖父母者绞(殴者斩)";而在通常情形下,"告祖父母父母者绞"。户婚篇"祖父母父母在,而子孙别财异籍者,徒三年":"居父母丧生子……徒一年";"居父母丧……而嫁娶者徒三年,妾减三等各离之";"祖父母父母被囚禁而嫁娶者,死罪徒一年,流罪减一等,徒罪杖一百"。职制篇"闻父母……之丧,匿不举哀者,流二千里;丧制未终,释服从吉,若忘丧作乐,徒三年,杂戏徒一年;即遇乐而听,及参预吉席者,各杖一百";"祖父母父母老疾无侍……及冒哀求仕者,徒一年";"祖父母父母犯罪被囚禁而作乐,徒一年半":皆为著例。明清律略同;诉讼篇"凡子孙违反祖父母父母教令及奉养有阙者,杖一百",此称为违反教令。"凡子孙告发祖父母父母者杖一百,诬告者绞"。此称为干犯名义。仪制篇"凡祖父母父母年八十以上及笃疾,别无以次丁而弃亲之任,及妄称祖父母父母老疾,求归入侍者,并杖八十"。此称为弃亲之任。清律并规定子贫不能营生赡养父母,致父母自缢死者,仍杖一百,流三千里。

次以不贞科刑为证:《周礼》"大司马以伐九之瀍正邦国,……内外乱,鸟兽行则灭之",是亲属相奸,科刑从重,自古已然。汉,乘邱嗣侯外人,美阳女子之假子,燕王定国,汝阴嗣侯颇等,均以"禽兽行"之罪名,或免,或磔,或赐死。晋,奸伯叔母,弃市,律有明文。唐,"奸徒一年半"系指无夫和奸而言,有夫者徒二年,此对于一般人之规定,已知其以维持家族制度为其目的。若相奸者,为缌麻以上亲,及其妻与夫同母异父姊妹者,徒三年,强者流二千里,折伤者绞;如为从祖祖姑母,从祖伯叔母姑,从母及兄弟妻,兄弟子妻者,流三千里,强者绞;如为父祖姊,伯叔姑姊妹,子孙子妇,兄弟之女者绞;甚至奸父祖所幸婢,不问有子无子均徒三年。明清律略同,惟刑度较异,其科刑从重可知。

又以不睦科刑为证:不睦指杀及谋卖缌麻以上亲属,殴告夫及大功以上尊长,小功尊属而言。其科刑即因尊而递加,亦即重于一般之人。唐律,"谋殴缌麻兄姊,杖一百,小功大功各递加一等;尊属者又各加一等,伤重者各递加凡殴伤一等,死者斩";即殴从父兄姊,准凡斗应流三千里者绞。此种事类最繁从略。

再以同罪异罚为证:家之基本份子相互间——即亲属间,犯同一罪名时,对于卑者科刑最重,对于尊者科刑较轻。(1)父母子女间之同罪异罚:唐律,殴祖父母父母者斩,过失杀者流三千里,伤者徒三年。然若子孙违反教令而祖父母殴杀者,仅徒一年半,以及杀者徒二年,故杀者各加一等,至多不过二年半,过失杀者更勿论。(2)夫与妻妾间同罪异罚:明律,夫殴妻妾非折伤勿论,折伤以上者减凡人二等,妾更减妻二等,如殴妻致死者绞;但因其殴詈夫之尊亲致夫擅杀之,只杖一百,妾更减轻。然妻殴夫杖一百,至折伤以上加凡斗伤三等,至笃疾者绞,至死者斩,故杀者凌迟处死;妾犯者各加一等。(3)此外如妻妾间,兄弟间,其他尊长卑幼间,既在一家之内有尊卑名义,于是同一罪名而彼此科刑有轻有重,实不胜其一一举出。(4)至于在家之基本分子与附属分子间——主与奴间,犯同一罪名,其科刑亦系轻于主而重于奴,且其刑度高低之差异,较在亲属相互间尤甚。

(丁)何以言就宥赦上为家族制度之探索 宥赦所以济刑罚之穷,古今同然。不过在中国往昔,依然受家族观念之支配,应宥赦者或不宥赦,不应宥赦者反而宥赦,并或本于家族观念在宥赦方面为种种措施。此有五事为证:

一先以遇赦不赦为证:北齐有重罪十条,隋唐以后有十恶,均在不赦之列。其中与维持家族制度有关者有五:(1)恶逆,为殴打或谋杀尊亲之犯罪,说已见前。(2)不孝,为诅骂祖父母父母,夫之祖父母父母;祖父母父母在别财异居,奉养有阙;居父母丧身自嫁娶,释服从吉,及匿不举哀,诈称亲死一类之犯罪。凡犯恶逆及不孝罪,不特不赦,并且不入八义。(3)不睦,说见前。(4)不义,妻闻夫丧,匿不举哀,及作乐释服从吉改嫁,即其例。(5)内乱,奸小功以上亲,祖父妾及和是。

次以遇赎禁赎为证:犯罪而以官以物为赎,历代均有此例,然子孙对于亲长之犯罪,有时即不许其赎,与不赦同。例如唐律,对于流刑以下者本可赎罪,以达矜宥之目的,但如子孙犯过失杀流,不孝流,均不许赎。

又以权留养亲为证:犯不孝等罪,固然遇赦不原,但如罪名在十恶以外,又往往得因亲老病废而留养,缓其执行,此又本于家族制度中之慈孝而施恩也。北魏,凡犯死罪,如亲老,更无成丁子孙,又无周亲者,得具状奏请,其犯流刑者,髡鞭付官留养;隋,并将"付官"废止。唐律采其意,在名例篇规定"诸犯死罪,非十恶,而祖父母老,父母疾应侍,家无期亲成丁者上请;犯流罪者权留养亲"。明清律称为存留养亲,凡犯死罪者依然奏闻而取上裁;犯流徒者止杖一百,余罪收赎,存留使之养亲。又,清代之秋审,录直省狱囚,其中除情实,缓决,可矜外,并有留养承祀一项,即指无人养其父母及承祭祀者,列为罪情矜悯一类是。

再以推恩宥罪为证:汉,陈忠奏"母子兄弟相代死者,赦所代者",准其请。章帝时,有人侮辱人父而其子杀之者,因念其孝免死,称曰轻侮法。《梁书·吉翂传》"翂挝闻鼓,乞代父命,武帝特原其罪"……凡此,皆本于推崇孝道,特赦犯人之罪。《列女传》载"王裕因罪拟绞,其妻周氏女伏阙上书,请代夫之罪,上哀其情词怆楚,赦裕之罪俾其归养";"林圯以慢亲王罪拟死,其妻李妙缘上书请代,上免圯罪,仍复其职";《明史稿》"沈束触严嵩怒锢诏狱,其妻张氏上书愿代夫系狱,令夫得送父终年,上卒释束还家";凡此,皆本于奖励节义,特赦犯人之罪。子事亲以孝,妻事夫以义,实为往昔家庭生活最要之精神,故不惜申情曲法,而有如此特赦之事例。

并以大赦事由为证:历代举行大赦之事由,每亦有与家族观念有关者,如立皇后赦,立太子赦,生皇孙赦,行大典礼如皇婚大庆之类亦赦,此又本于天子以天下为家之义而然。

关于国家之构成分子或单位,英美国家迄今皆采个人制度,中国往昔则将重点置于家族方面,无论政事民事刑事关系,莫不受其渲染熏陶,已如上述。清末变法,花样翻新,学者或认为家族制度乃宗法社会之遗迹,于今非宜,主张推翻此制,藉以实现欧美以个人为本位之新国家。诚然!由于往昔过于重视家族,致将个人完全隐没,尤其漠视卑幼之能力与妇女之人格,以及刑事法之族诛缘坐等事,依现代眼光观之,自属失当之甚!然如绝对否定家族制度之存在,不特莫能利用此一制度之效能,并且与历史之势之相反,亦难以符合民族之固有精神焉。

自夏殷聚族而居之部落社会,一变而为周初之宗法社会,卿大夫之家与民家即已并存,春秋以后,宗法制度又告崩溃,家族形态更显重要。虽曰"族""宗"之余意,不时流露于家族方面,实际上究以近亲同居之家族团体为主,故如后世刑事,仅有家族之连带关系,颇少宗族之连带关系。学者认家族制度与宗法社会互为表里,似然而实不然。后世"宗"之观念,惟在婚姻及立嗣等事中有其形象,若言家族共同生活上所应遵守之规律,类多限于近亲同居之家族如此而已。然则以反对宗法社会之论据,欲否认家族制度之存在,未免有所误会!

家族制度之演变,在其构成分子上,固渐由广而狭,后世各律亦未强制其必为大家族之共同生活,若所谓"义门"者然。但历代迄于清世,凡非祖父母父母命而别财异居者,礼既不许,律亦严禁,依然未能达于欧美一夫一妻及其卑幼同居之小家庭制度。即在现代,一般社会习惯至少在都市以外之广大乡村,仍维持向日家族团体之共同生活,莫能骤改。家族制度存在于中国社会,姑从春秋时起算,迄今已有二千六百七十余年历史,与民族固有生活息息相关不可否认。学者欲完全革除此一制度,而不从改进之途径上,予以合理之维持终非所宜。况中华民族之固有道德,往昔皆化于家族生活中,由亲亲而仁民,由孝悌而忠信,由和家而睦邻,由齐家而治国。就私的关系言,为个人道德之养成处所;就公的关系言,为良好公民之训练基础,对于国家之治理及社会之安定,更大有其帮助也。倘能除去往昔家族制度之弊端,而保留其优点,也未见其非否定之不可。

因家族观念之浓厚,往昔人民生活,自不能谓如外人所指之"一盘散沙",换言之,既已尽其力量为家族之团结,何"散"之有?惟以对国家观念较轻,遂不免受此批评耳。先家族而后国家,视灭族甚于失国,由现代眼光观之,仍然是极不合理。然如专就历史方面之关系言,原本有其因素,且在当时亦不无发生一种收获。盖中国往昔在大体上皆居于强盛地位,自视为"天下"共主,负有"万国衣冠拜冕旒"之气概,虽强邻时起,而其文化皆为低落,不为中国所重,国家观念之诱因首不存在。其次,国体为君主,政体为专制,纵系异族入主中国,亦视为一姓一代之更易,而与民之为民无关。反之,族灭家亡,祖宗血裔即断,事关切身利害,莫不特别重视。专制帝王,对于人民此种具有深远历史及浓厚感情之家族组织,顺其势而为利用,实即儒家所谓"民之所好好之,民之所恶恶之"之理,愈使人民趋重家族生活,未能迪启国家观念。此实往昔历史上之特有因素所致,并非绝对由于重视家族生活,即不容许其发生国家观念也。近代国家观念既非我国古昔夙有,从而中华民族自周以后,所与杂处之异族约在百种以上,虽时有民族冲突之事例,而在中华民族方面,则永无民族仇视之心理,结果异族逐渐领受中华文化,而自忘其族系,改汉姓、易服色、崇礼教、讲道德,彼此融合无间,成为一体。故中国大平原文化体系之确立,并非尽赖政治上的国家力量有所维系,实以民族力量所依据之家族组织,始终未尝崩溃,居其大功。

  时至今日,环境已非昔比,过去家族制度之功效自属陈迹,固不能不使国家观念重于家族观念。不过往昔,因重家族而忘国家,诚为不当;今若因重国家而弃家族,同亦有失。倘就中国社会情况与人民生活方面着眼,对于国家之团结,与其使个人经由各种方式集合之,实不如利用固有之家族组织集合之,收效最为宏大。国父在民族主义讲演中曰:"中国国民和国家结构的关系,先存家族,再推到宗族,再然后才是国族。这种组织,一级一级的放大,有条不系，大小结构的关系，当中是很实在的。如果用家族为单位，改良当中结构，再联合成国族，比较外国用个人为单位当然容易联络得多"。即系明示吾人救国必须有一国族团体，乃有办法；此指国家观念而言者。但欲组成此国族团体，须先有家族，推而至于宗族，此又指家族观念而言者。轻重之间，步骤之内，实各有其先后，两应并存，不可独执一端而忽其他。然则如欲建立中国本位新法系，对于中国固有之家族制度，纵其本身之存在，及影响于中国固有法系者，有其可议者在，要不能认其无关重要，将其束之高阁！

此外，关于中国现行法之规定，在反对家族制度者，或认为不应承认"家""户"之存在，或认为婚姻制度之中，尚有不少属于宗法社会之遗迹。在维护家族制度者，或认为亲属间结婚尚未能严其限制，而宗祧继承之被否认，伦常案件之宽其刑，皆不足和家族制度适应。然而无论如何，现行法仍相当承认家族制度，则系事实。民法亲属编既有关于家之规定，刑法分则又有妨害婚姻及家庭罪之规定，其他间接涉及家庭关系之规定，不一而足。虽其内容及精神，与往昔家族制度大不相同，但往昔家族制度中之弊害正需扫除，取其优点而寄以新的使命，亦为应有之结论。至于今后应否或如何再增加此种新使命之能力，并应否或如何尽量利用家族制度之优点，而发扬其效用，此又中国法学界之伟大任务也。

第五章　婚姻制度

关于中国婚姻制度之发生进展,除婚姻制度之前期,应视为"婚源"外,似可分为三个主要阶段以明之。第一个阶段为婚姻制度之开始,其规范完全受婚俗之支配;第二个阶段为婚姻制度之确定,其规范最后受"婚礼"之支配;第三个阶段为婚姻制度之保障,其规范须兼受"婚律"之支配。所以将"婚源"与"婚俗"分开者,因最古之世,人类之两性关系纯然为自然法则所控制,既无"嫁娶"之事,且亦不成其俗。于是夫妇之名不立,婚姻之称未有,自无从而言婚姻制度也。西儒每以父系中心时代之开始,为现代婚姻制度之开始,虽非可为定论,要足证明婚制之开始期必较后也。其在中国,婚姻称谓与礼相辅,尤晚于嫁娶事实,则完全表现于婚俗阶段之婚姻制度,在严格的用语上已不得以婚姻称,况其前期之两性关系乎?迨人类知识日有进展,两性关系之结合渐生规范,遂因"婚俗"而异其制,所谓"婚姻乃经过某种仪式之男女结合,为社会所许可者,此种制度必以社会之许可为其特征,到处皆然"云云是也。再后,礼从"祭"生,而以义起,兼具不成文法之性质,于是以往及各地之种种婚俗,一皆折衷于礼,而依"婚礼"中之六礼程序,使男女两性为所谓婚姻之结合。罗马法家摩德斯体奴斯有言曰"婚姻为男女以终生的共同生活为目的之结合关系"云云,颇可用以解释中国往昔"婚礼"支配下之婚姻制度。更后,礼刑合一,典章渐备,明刑所以弼教,申律所以补礼,遂以"婚律"之力量,对于确定之婚姻制度予以保障,反之,对于婚外的两性结合,亦取缔之甚力。今日法律学家谓"婚姻乃具备法定要件之一男一女,以终生的共同生活为目的之结合关系"云云,即在中国往昔婚律存在期间,除配偶人数一点外,仍如此耳。综上以观,原始人类两性关系之表现,出于保种之自然法则所致,乃一自然现象也。受婚俗支配之男女结合,纯依习惯为之,而无所谓"礼""律"之限制,乃一社会现象也,礼为社会意识之结晶,并具有不成文法之性质,其所表现之婚姻事实,乃一社会现象而兼法律现象也。至于在婚律支配下之婚姻制度,如仅论其本身,而将辅礼弼教之目的不问,乃又一纯然之法律现象也。然则中国婚姻制度之发生并其进展,由"婚源"而"婚俗"而"婚礼"而"婚律",亦不外由自然现象而社会现象而法律现象之演变已耳。

惟须知者,此种阶段之划分,无非就其显著之变迁而为大体之观察,仍然不可即认"婚源","婚俗","婚礼","婚律"为采用,所谓横断方法之绝对标准。以婚源言,固系指婚姻制度发生以前男女之结合关系,然因中国乃逐渐并合各族以成汉族,而各族之进化时期,迟速不一,关于婚源之推测,亦不过就原有诸夏方面立论,不能推及以后附入之他族方面。其在他族未附入汉族以前,或久处于原始之形态中,而汉族同时则已入于他一阶段矣。以婚俗言,虽可依社会学家之见解,将各种婚俗为前后之排列,然因中国古代各朝不必皆如后世之前仆后继,至少殷周为各自发展之部落,则同一时期婚俗之表示,各部落间要难谓其彼此皆属同一方式,先后之差自所不免,而或种婚俗,此有彼无,又必有之事也。以婚礼言,诚使婚姻制度取得确定之地位,然婚俗仍非完全被其吸收,《诗经》及《春秋》经传所载各地习俗及贵族越礼嫁娶之例甚多,其明证也。此种婚俗之延续,即在后世以迄今日依然不衰,穷乡僻野之婚姻陋俗,昔人既有记载,吾人并习闻焉。以婚律言,实使确定的婚姻制度得其保障,然婚律所表现之范围究属狭小,而婚礼之势力同样存在。一则婚礼不必皆可归纳为具体之条文,再则婚礼之"仪"的方面,早与俗相合,各地自成风气,不能强同。苟非为有害公共秩序之颓风陋俗,亦惟有让其习惯之自然存在耳。因而对于中国婚姻制度之发生并其进展,只能谓以"婚源","婚俗","婚礼","婚律"各点,粗略地示其原始及变迁之主要情形,非敢谓在每一阶段中之整个的婚姻现象,皆绝对而完全地受某种势力之控制也。盖就两性关系所受控制的势力之次序言,属于自然现象者在先,属于社会现象者次之,属于法律现象者又次之,仅依是划分其阶段而已! 易词以言,婚姻制度于属诸法律现象以后,依然为社会现象之一;有苦籜龙,前后层接,若视同竹节之上下相续,则有失矣。

一、婚姻制度之前期——婚源

原始人类之两性关系究为如何状态,社会学家聚讼未息;莫尔干,斯宾塞等皆主张人类最初似为乱婚之动物群,以后始达于群婚偶婚之阶段;味斯忒马克、爱尔乌德等,则认为乱婚或反著于社会进步以后,而原始人类即实行偶合的一男一女之生活,然无论如何,各家类多本主观之推测,以定其说,并各于现代幼稚民族方面以求其证,则原始人类之男女结合,殊难一律称其为乱婚或非乱婚。然则中国太古之世,是否经过此乱婚时代? 欲为确切之答复,

第二编　各论

亦惟有就中国原始之事例观察之。无如原始事例在史前期,既不易考,求其次者,又只有远承中国往时学者之见解,论其有无焉。中国往时学者,则固承认有此乱婚事实之经过也。不过近代社会学家之所谓乱婚,系指男女结合漫无标准而言,故凡有一定规则者,无论为血族婚,为族外婚,即非乱婚;中国往时学者则基于礼之见地,将聘娶婚以前之任何男女结合,概以乱婚目之,是又不同。兹惟就婚俗发生以前,原始人类之两性关系,依中国往时学者所承认之传说及推测而论断之。

(甲)怀母之说　《管子·君臣下》谓:"古者未有君臣上下之别,未有夫妇妃匹之合,兽居群处,以力相征"。《商君书》开塞篇谓"天地设而民生之,当此时也,民知其母而不知其父"。《吕氏春秋》恃君览谓"其民聚生群处,知母不知父,无亲戚兄弟夫妇男女之别";《白虎通》号篇谓"古之时未有三纲六纪,民但知其母,不知其父,卧之法法,行之吁吁";皆想像兽居群处时代之男女结合,为乱婚之形态也。由子女为言,知母而不知父,由男女而言,亦即莫知谁妻,莫知谁夫矣。此在后世,自不视其为正,然中国往时学者,亦有认其为自然现象之当然结果者。《仪礼·丧服传》曰"禽兽知母不知父。野人曰,父母何等焉";斯以"不正"视之也,扬子法言问道篇曰:"或问太古德怀不礼怀,婴儿慕,驹犊从,焉以礼?曰婴犊乎?婴犊母怀不父怀,母怀爱也,父怀敬也,独母而不父,未敢父母之懿也。"斯以"当然如此"视之也。

(乙)感生之说　中国古昔尚有感生一说,亦隐然含有承认乱婚之意味在。感生说云者,谓"古神圣人皆无父,感天生"是也。今世学者或谓此系原始社会未知生育之理,而以孕归于所感之象;或谓此系母系社会之特征,人皆知有母不知有父。愚谓如"天命玄鸟,降而生商"之歌咏,"始祖者感神灵而生,若稷契也"之传说,与夫姜嫄履巨人迹而生后稷及女脩,吞玄鸟之卵而生大业之种种记载,果有其事,则所感之龙鸟星虹及巨人迹一类之象,当系图腾之名;所谓感于某物而生育者,在传说之来源上,其初意或示最初期图腾内之乱婚耳。而以神灵称之者,乃后世既讳其乱,又不能不为始祖之尊,遂以感神灵而生为言矣。其实无父之生与不知父之生,事本同一,在价值上究无若何区别也。此种传说,不特诸夏民族有之,即如《隋书·东夷传》载,高勾丽之祖朱蒙,其母为日光所照,感而生卵,朱蒙遂破卵出;百济之祖东明,有物壮如鸡,来感其母,遂有娠;则在他民族中亦然。感生说暗示最初期图腾内之乱婚事实,或又东方各族之通例也。

(丙)杂交之说 感生说虽以龙鸟为孕育之对象,尚不过谓其感之而然,汉魏以后,并有与异类杂交之臆说,顾皆含有轻视他族起源之意,如现代白色人种排斥有色人种,而唱人种二元说之谬论,实不足为训。例如《后汉书·南蛮传》谓高辛氏以其畜物——盘瓠——有斩吴将军首之功,以女配之,其后子孙滋蔓,号曰蛮夷;《魏书·高车传》谓匈奴少女之为狼妻而产子,后遂滋繁成国,即高车是也;《隋书·北狄传》谓突厥之先为邻国所灭,仅存一儿不死,后与狼交,狼生十男,其一为阿史那氏,最贤,遂为君长,故牙门建狼头纛①,示不忘其本云云,皆是。夫此种相交之不合理,自不待言,但视犬也,狼也,为图腾之表示,则如有其传说,当亦有最初期图腾乱婚之迹在焉。况如牙门建狼头纛,或即图腾之遗俗乎?此虽非直接对诸夏之初民而言,但亦足证明中国往时学者承认原始

---

① 纛(dào):古代军队里的大旗。

人类经过乱婚时代,无处而不表示也。

"人类由乱婚之动物群",再进一步,据若干社会学家之言,则为群婚;群婚为名固与乱婚有别,第由其群内各个男女观之,仍未脱离所谓乱婚之状态,因其有关婚俗,故于此不论焉。唯须一言者,原始人类之两性关系,既为一纯粹自然现象,受生物保种法则之控制,自无特殊之目的可言。其所以结合者,仅在客观地位上居于"天地絪缊,万物化醇;男女构精,万物化生"而已!

二、婚姻制度之开始——婚俗

中国往时学者,虽承认原始乱婚之经过,然视为伏羲制嫁娶,女皇氏通行媒,黄帝别男女以后,即入于婚礼支配时代,而抹去婚俗为婚姻制度之开始一阶段。此其故,实大受儒家托古改制之影响。儒家维持宗法社会,并改变周初礼治之精神,而扩大其效用,遂将礼之起源推而远之,于是婚姻即于"别男女"一目的下,认为古圣人早已制礼,以"坊民之淫,章民之别"矣。不过间接根据古代各种零碎之史实传说,及其掩而未能尽蔽之记载,与夫近代发现之地下新史科;并参照社会学家之见解,旁证各幼稚民族之习俗,则吾人对于婚礼以前之婚俗,固不难推测一二也。质言之,自所谓唐虞迄于夏商与夫周在部族时代之前期,其婚姻制度实皆处于婚俗支配之下,而行媒之通,姓氏之正,尚在其后,殊非所谓伏羲其人之世即已如此。

(甲)由群婚而趋于偶婚之习俗　群婚谓指一群之男子与一群之女子间所成立之婚姻,即多夫多妻制是,而与个别男女间成立之偶婚有别。群婚之事实,学者已不否认,惟关于其演变之迹则有两派。或称人类由乱婚进而限制不同辈分间之交合,于是由血族群婚制,进而为一旁支兄弟与另一旁支姊妹间构成亚血族群婚制;由此更进一步,始发现以后之各种婚制。或称群婚制为一夫多妻制及一妻多夫制之混合,并非最早之婚姻状态;中国学者中,除盐铁论谓"古者夫妇之好,一男一女而家室之道,"与欧美十九世纪以前认一夫一妻制为婚姻制度之原始形态,属同调外,余皆视一夫多妻制或一妻多夫制,为婚姻形态之最早者。其承认中国曾经过群婚阶段者,乃现代之说耳。愚以为中国古代之经过群婚制似不无痕迹可寻,旁证亦伙;而在盛行群婚之际,倘事实上兄弟之行或姊妹之行,只存一人,当即变为一夫多妻制或一妻多夫制,亦事理之常有也。且依社会学家言,群婚制中有时恒发生正夫正妻之关系,即男择一女为正妻,余女为副妻,女择一男为正夫,余夫则为副夫,是又含有对偶婚姻之倾向矣。是故谓中国婚制——就男女结合之人数而言——起于群婚,再由群婚而多妻或多夫而一夫一妻,或为其演变之概略情形,亦未可知。然则关于群婚之事,有何痕迹得研讨之?

血族群婚制不可得而明也,且诸夏成立民族之始,业已进入文明,当无如此幼稚之习俗。亚血族群婚制,系以同族远支之兄弟姊妹,成立一群婚制,则如舜象是否同娶娥皇女英,曾有人疑之。但尧果有厘降二女之事,则试舜也,何必二女?斯不能绝对谓非群婚之习惯使然。其在殷世,于卜辞及保定南乡出土之勾刀铭语,概以众祖,众父为言:凡祖妣一列者,皆为祖妣,父母一列者皆为父母,其间或仅有"大""仲"之别,而终无伯叔子侄之异。其结果,自男女而言,则为多夫多妻,自子女而言,则为多父多母,或不能谓与群婚制无涉。且按诸史籍所载,殷世父子之特殊关系不明,兄弟之辈分可数,其继承并以兄终弟及为原则,似亦与群婚存在之推测暗合。而在周与以后之礼制及称谓方面,对其所遗之迹似亦有之。例如《礼记》曰:"合男女,颁爵位,必当年德";斤斤以其年为合男女之条件,即隐然以同辈分之意味为重,而同辈分固群婚制之所遗也。于是《礼记·大传》"谓弟之妻为'妇'者",迨为离开群婚之事耳。往时学者,言及男女有别,特别重视兄弟之妻之隔离,礼于娣姒有服,而在唐以前,独于叔嫂无服,所以推而远之者,或不外防其再蹈群婚之辙,故慎之又慎也。且在"男女有别"一语之外,又有"夫妇有别"一语;前者当系对辈分不合之乱婚而发,后者当系对辈分相合之群婚而发,仍不能以纯粹之重复语解之。他如《诗经·小雅》"言旋言归,复我诸父;"诸父系包括所谓世父叔父在内,或亦系沿群婚众父之旧而称,亦未可知。《礼记》曾子问"不得嗣为兄弟",疏谓"夫妇有兄弟之义,"以兄弟称婚姻,义究何取,或不能疑及与群婚之经过有其呼应也。不过因"夫妇有别"之原则确立,遂致群婚制于周兴以后,即已告绝,说者虽或指有其事,然皆属一夫多妻制或一妻多夫制之变例而已!

群婚习俗既使婚制开其始,而延续于殷之世,但同时一妻多夫制与一夫多妻制,如前所述,亦渐由群婚制中演变而出焉。盖史称黄帝以嫘祖为正妃,帝喾①、帝尧各立四妃,其一为正妃,舜不告而娶,仅三次妃;其事果确,当与群婚有关。黄帝等或即所谓正夫也欤?然在无兄弟以作所谓副夫者,则由群婚制一变而为一夫多妻制矣;反之,无姊妹以作所谓副妻者,亦必一变而为一妻多夫制矣。

---

① 喾(kù):传说中上古帝王名。

由群婚制所演变之此两种婚制,一妻多夫制在母系社会中颇发达,迨父系社会成立,即已衰落,后世仅成奇例。惟边族基于男多女少及婚娶艰难之原因,虽在父系社会中,仍存其制者有焉。至于一夫多妻制有利于男权,遂变其形态而存在之,观于甲骨文中有"妾"之一字,则此变态之一夫多妻制,当殷之世,或已滥觞。此外,在群婚制中,因有正夫、正妻之关系在,是已具有对偶婚姻之倾向,则一时之偶婚制,亦必由群婚制演变而出也。此种偶婚制,又系一夫一妻制之前身矣。

(乙)由内婚而趋于外婚之习俗　此种内婚外婚之称,系就族内婚族外婚而言,他不与焉。母系社会以族内婚制为主,起源甚早,血族群婚制即已如此;亚血族群婚制虽伏外婚之机,然而其所婚者,仍为同族之远支一群兄弟,与一群姊妹之结合。是故史称唐尧二女下嫁虞室,及尧舜同为黄帝之后云云,果皆尽合事实,亦可并存而不背,此正足证明其为族内婚制也。惟因儒家假定自三皇五帝以来,即为父系社会,群婚制既所否认,且将与母系社会俱存之族内婚制务去其迹,致吾人无由从正面得有记载。但周代以前称君曰后,散见诗书,而卜辞中之毓字——意指母之最高属德为生育——即后字,用称其先王,即可证明母系社会之存在,在殷之先王时代尚然,且其采群婚制为合也。不过殷世虽采母系之族内婚,女子以名不以姓,自无所谓同姓不婚异姓主名之说,但依《礼记·大传》所云,殷人五世之后即可通婚,则较古之血族婚范围自广,实一族内婚制中之外婚制也。惟殷至末世,则已进入父系社会,毓字之不称后王,与夫《易经》之"帝乙归妹,"晋语之"殷辛伐有苏,有苏人以妲己女焉"云云,皆可取以为证。其间或经过外来男子当权时代,而始由母系社会过渡于父系社会,似非完全臆说。

他之部族,除周以外,当必有同然者。观于古代各姓概从母系,而史所传之事功,赖多归于所谓男子之身,果系确为男性,或此故欤?周之先世后稷,既以"后"名,或仍为农业社会女酋长之称。顾殷周各自为部落之发展,其由母系社会进入父系社会,采取外婚制当早于殷,故殷仅妲己称姓,周则大姜、大任、大姒、邑姜皆以姓著也。其间或经过外来女子当权之时代,以为母系达于父系之过渡,观于太姜等,皆被称为贤妇人,或又入乱臣小人之列,犹存母权社会之迹,可知也。且九族之最古解释,尚列母族妻族于内,亦可证明由母系社会经过母权社会,然后始达于父系社会焉。此与殷世母系父系交替之迹正相反对。盖殷例之交替,系以"外来男权为大"发生较早为假说,周例之交替,系以外来母权为大延续较久为假说,两者皆有存在之可能。愚姑如是拟之,确否尚待研究。

(丙)由掠夺婚而趋于有偿婚之习俗　自相结合之血族婚并无嫁娶事实可言。亚血族之群婚,既为远支同族间之婚,嫁娶之机或即滥觞于此。不过正式开嫁娶之端,究推掠夺之方法也。掠夺成婚通常谓系父系社会族外通婚之事,其实,在同族间及母系社会中,亦有以掠夺为婚姻之手段者。远支兄弟姊妹间之群婚,如各在二群以上时,关于婚姻之选择必有争执,有时即不免以掠夺为最后办法。其时女子强健,所被掠夺者当为男子,故兄弟之行辈仅为一人者,则更便于掠夺矣。除此掠夺婚之雏形外,由母系社会演变于父系社会之间,似与掠夺婚尤有关系。盖时代推进,女子体格渐弱,无论为族内固有之男子或由外而入之男子,较后皆负战争责任,于是从战争中所获得之女子或赐与战士,为其独占之妻妾;同时他族中之妇女既被掠夺,遂与本族脱离,其被掠前之子女不能不从其夫,而属于父族,此又使母系社会根本动摇焉。如前所述,殷之部族虽大部份处于母系社会,母妣不来自异族,然与父系社会既有交替之期,为男权社会之表现,则本族之男子为满足其外婚之性的本性,并以获得妇女为增加财产之方法,益以掠夺婚是务矣。观于甲骨文中妻妾等字卑屈的表示,此种推论,或非尽虚。且殷在末期,父系社会已立,而纣伐有苏,以妲己归,殷,是犹以掠夺为其得妻之手段也。至于周一部落,走入父系社会较早于殷,掠夺婚必先有之,惟女权因传统关系未见即绝,妻之地位或未必如殷之低下,又所异耳。此种掠夺婚虽为儒家所否认,但《易经》屡以"匪寇婚媾"为言,"寇何事耶"?而与婚媾同称,当为掠夺婚之表示无疑。《说文》并云"礼,娶妇以昏时,故曰婚";夫娶妇必以昏者,掠夺必乘女家不备,以昏为便,后世沿用其法,而定嫁娶之时;因男于昏时而往,女遂因之而来,此又婚姻一名所由成立也。

  掠夺婚之形式虽发生较早,而因掠夺不免时含危险,即一次成功,仍有复仇或被夺回之忧虑,究非唯一而和平之得妻方法;于是在周或其他部族方面,遂即发生所谓代价婚之形式。代价婚原可分为交换婚、服役婚、购买婚三种,而此三种之发生先后,学者见解既不一致,中国古昔是否皆婚有此种婚型,尤无直接证据,故难为确定之次序排列。大体言之:由掠夺婚进而为代价婚,其始或未必全以物品或金钱为掠夺之赔偿。盖其初,财货观念尚甚幼稚,而掠夺异族女子又以收其劳动力为主,则欲变更强暴的掠夺,为和平的外婚,在女家自以一女易女,为其所愿,此社会学家所以有谓交换婚之起源,乃由掠夺婚而逐渐发展者云。中国自亦同然。西周之初迄于春秋,姬姜两性世为婚姻,或其延续也欤?倘交换而无女子时,即须男子先女家服役为其代价,是为服役婚,观于秦策谓太公望齐之逐夫,则或由姜姓一部族之服役婚俗而演成赘婚一事,未可知也。不过在购买婚时代,富家购买,贫家服役,仍可同时存在,则说者谓服役婚系济购买婚之穷而始成俗,似又不尽其然。购买婚之存在于中国古代,虽亦无直接史实可据,然在购买婚之实质上首必视女子为货物,而古以妃字称男子之所配,此妃字实取义于"帛匹",既已如此矣。次必有物品以购买,而史屡言某某制嫁娶,以俪皮为礼,或并"由是嫁娶取俪皮之俗",俪皮之俗,实即购买婚时代买卖妇女之俗也。且后世婚礼中,纳采、纳吉、问名、请期、亲迎皆用鴈,藉表敬意,独纳征用玄纁等物,当必有所由;他如"女子许嫁,缨""主人入,亲脱妇之缨"以及婚礼之所以重媒妁,又无一不与购买婚之遗迹相关。其实在礼制上所承认之聘娶婚,实即由购买婚演变而来,此乃继掠夺婚而兴之一最主要方法。周在部族时代,虽倾向于交换婚,而此继起之购买婚当为其部落内之人民,以及其他部族间所已盛行之俗焉。

抑尚有言者!在婚俗时代,关于婚姻之目的,一般似以经济原因为主,生殖原因次之,恋爱原因又次之。不过在特殊场合,恋爱之火焰或亦一度高张,《书》称成汤以恒舞酣歌为戒,即其反证耳。父死而纳后母,兄死而娶兄妻之收继婚俗,依历代各史所述,边族此俗之普遍,中国古昔或亦有此。试观春秋时代,上烝旁淫各事不一而足,虽为礼所否认,而行之者莫自为耻,其旧俗之所示欤?

三、婚姻制度之确定——婚礼

礼之始也以祭,或肇于殷,礼之兴也以政,当创于周;孔孟从而张大之,汉儒据而注释之。于是礼以"义"起,并以"仪"明,遂立数

第五章　婚姻制度

千年来之民纪,在中国历史上实具有特殊之意义。在律令发生以前,礼独负"法"之作用,与刑对立,婚姻须依其轨范以行,自莫能外。即有律令矣,亦不过用以辅礼,用以示礼而已;就婚义而言,乃婚礼之抽象的表现,实等于现代法婚姻之实质的要件,故凡奇异之婚俗与两性关系,一皆依礼为断而取舍之。就婚仪而言,乃婚礼之具体表现,实等于现代法婚姻之形式的条件,故嫁娶方法归一,莫可或违,违则视为失礼,甚或不以正当婚姻目之。中国婚姻制度之确定,谓由周统一后而实现,以所谓婚礼为其最高之规范,不其然乎?

（甲）配偶人数之确定　周兴以后,虽因重视宗法制度,而为胤嗣之续,可以多娶,同时则因嫡庶应有其别,遂又不得多妻。故实际上一人而广妻妾之奉,处于一夫多妻之状态中。第所谓正室,依礼制之原则论,仍只许有一,不许有二也。于是以阴阳之分喻夫妇之位,以日月之明为君后之拟,而典籍中又每用伉俪妃耦等语,表示男女婚配关系,皆有与夫为敌而相为偶之意。惟须知者,"妻者齐也,"乃指对媵妾而言其与夫之关系,若单就妻言,则妻以夫为君,并有从夫之义,自始即未尝立于平等地位耳。故多娶虽非礼所否认,但妻妾之地位则不能不严为分别。试观春秋时,齐桓除内嬖如夫人者六人外,并有三夫人;郑文公有夫人芊氏姜氏;陈哀公有三妃,太叔疾一宫二妻,世皆归于淫乱可知。于是"并后匹嫡"遂被断为"乱之本也";"毋以妾为妻",又被列为盟会之禁条矣。夫使其序不相乱,即所以为一夫一妻制之维持也;不过魏晋间仍有二嫡之事,北齐北周且有并后之例,又其变也。

因礼制上既推重一夫一妻制,于是古代之一夫多妻制,遂变为媵妾制而并存之。媵为贵妾,天子娶后,同姓三国之女随嫁,国三人,连后及其侄娣共十二女;诸侯娶一国,则二国往媵之,以侄娣从,共一娶九女而不再娶;卿大夫不能外其国而娶,只有妻之侄娣随嫁,即名曰媵;士或云一妻二妾,或云一妻一妾,亦有其娣;惟庶人一妻,不尚媵制,故有匹夫匹妇之称。此种媵制著于春秋,乃姊妹同时共嫁之性质,与群婚制似有前后之呼应,迨至战国时,其制始废。媵之外,又有贱妾,除奔而为妾者外,有由于犯罪而然者,有由于购买而然者,与后世之婢女地位无异。春秋前后虽行媵制,而广纳姬妾者仍多,齐襄公九妃之外又有六嫔,大夫功成受封得备八妾,其证也。此风战国益甚,故《孟子》有"食前方丈,侍妾数百人"之言,而庶人趋于奢侈,亦纳妾成俗,故《孟子》又有"齐人有一妻一妾"之言。自汉以后,天子后宫,嫡称皇后,其下之贵妾依昏义所述,以百二十人为原则,其他宫人动以千百,而供一人之御。仕宦庶人多承其风,姬妾或至数百人,东汉虽一度限制其数,终莫改之。魏晋"妇妒"发达,正妾固灭于两汉,而"妓妾"又复增多;《魏书》曾载晋置妾之令,与其称为限制妾数,无宁称为欲广继嗣,必置正妾如制。降至北魏,无妾为常,元友孝竟请对无子而不纳妾者,科以不孝之罪。然隋兴,独孤皇后集妇妒之大成,妾制遂受一大厄运,一夫一妻制始见独存。但自唐以后,妾仍存在,且婢之有子者可注籍为妾,惟皆严格限制其数。庶人亦仅限于年四十而无子者得置一人;直至清世乃又趋于放任矣。故纳妾诚为礼之所许,第其在实际上之奉行,亦有不尽合于礼者。

(乙)婚姻范围之确定 周在部族时代早采族外婚制,故《礼记·大传》曰"系之以姓而弗别,缀之以食而弗殊,虽百世而婚姻不通者,周道然也。"于是在礼制上,即以代表古昔部落之姓,用为"崇恩爱,厚亲亲,远禽兽,别婚姻"之工具,亦即班固所谓"纪世别类,使同姓不得相娶"之意。春秋时,晋文公为狐姬所出,与晋同属姬姓,其后平公又有四姬;鲁吴同姓,昭公竟娶于吴,谓之吴孟子,不称其姓!是皆认为失礼者也。但自战国以后,以氏入姓,自汉以降姓氏不分;且因赐姓易姓及义儿袭姓,胡从汉姓之关系,益不能依姓之同异而辨其血统之同异。斯惟同姓共宗之不婚,始合古义,若同姓不宗,虽通婚实亦无碍。汉时,王莽之娶王咸女,魏时,王基为其子纳王沈女,晋时刘聪之纳刘康公女,皆本于此而然。

周虽采族外婚制,但与被称为夷狄之异族通婚,似又不以之为正则,故"周纳狄后,富辰谓之祸阶,晋升戎女,卜人以为不吉"。汉基于政治上之理由,和亲异族,而礼俗上仍上视为当然。五胡乱华,汉胡通婚,而衣冠旧姓终耻与之相乱;北魏二十五后中,汉人虽居十一,但无一望族之女,实非偶然。唐依然以和亲为尚,宋人则斥其非,谓为君臣莫大耻辱,故宋无此例也。辽金皆尚族际婚,元明并多以高丽女子充其后宫;清满汉不通婚姻,光绪时始有通婚之诏;此又其变,而与礼并无何关,特附言之耳。至于阶层内婚制,礼之初期亦有指示;依礼,世有刑人不取,而刑不上大夫,则世有刑人者必非大夫以上之家,故庶人惟能在本阶层内,为匹夫匹妇的结合而已。两汉贫富之辨虽不甚严,然依方言"燕之北郊民而壻婢谓之臧,女而归奴谓之获",则亦有其阶层之限制。六朝,门阀之见甚深,高门大姓耻与卑族微姓通婚,虽至唐世极力改革,犹未尽除。且唐世帝王虽不愿大姓之臣为婚姻,然良人与贱民之婚姻仍严禁之,直至清末始生动摇,则阶层内婚制之延续可谓久矣。

(丙)嫁娶方式之确定　礼虽重于丧祭,始于冠,而究以婚为本。

盖即《礼记·昏义》所谓"敬慎重正而后亲之,礼之大体而所以成男女之别而立夫妇之义也;男女有别而后夫妇有义,夫妇有义而后父子有亲,父子有亲而后君臣有正;故曰婚礼者礼之本也。"故曰:"礼之用,唯婚姻为竞竞",故曰:"礼,敬为大,敬之至矣,大婚为大。"夫婚礼之如此被世重视,则购买婚之形式,自须一变而为聘娶婚,男子以聘之程序而娶,女子因聘之方式而嫁矣。易词以言,"先之以媒聘,继之以礼物,集僚友以重其别,亲御轮以崇其敬;"而父母之命与媒约之言,既为聘娶婚之两要素,纳采、问名、纳吉、纳征、请期、亲迎又为聘娶婚之"六礼"的程序焉。何以重视父母之命?因"婚礼者,将合二姓之好,上以事宗庙而下以继后世也";不外视婚姻为两性之事,非男女个人之事,故依礼,成妇之仪尤重于成妻之仪,凡女未庙见而死者,仍归葬于女氏之党,即示其未成妇也。试观《左传》之称离婚为绝婚,与夫历代之夫死或妻死而一方仍离婚者有之,虽离婚而夫妇关系不绝者有之,可知其纯以二姓之合为对象,此父母之命所由重也。何以贵媒妁之言?因"男女非有行媒,不相知名,非受币不交不亲,以厚其别也";即"所以远廉耻也"。故鲁桓公不由媒介自成其婚,史家遂以非礼贬之;尤其视自媒之女为丑而不信,于是处女无媒老且不嫁矣。不过媒妁之流弊殊深,自《楚辞》"苟中情之好修兮,何必用乎行媒"?已露反抗之端后,若燕策、世范作者,大都以媒固为礼之不可无,而媒者之言究亦不可尽信也。至于六礼,在周时礼不下庶人,而又奔则为妾,且依《周礼》媒氏所载,"司男女之无夫家者而会之";则亦有不尽依六礼程序而为之者。自汉迄于南北朝,帝王立后,皇太子立妃皆无亲迎节目,士庶则否;惟在六朝,因时属艰难,急于嫁娶,权为"拜时"之制者,则对于六礼又从略矣。隋唐以后,皇太子虽增亲迎之礼,但至宋世,士庶人婚礼并问名于纳采,并请期于纳征,则六礼仅存其四;

《朱子家礼》且并纳吉于纳征,则又仅存其三,明洪武时且明令士庶一遵朱子家礼。迨清则又加入成妇成婿之礼,细别为九。要之,礼非强制,仪更奇杂,一般情形虽莫出乎《婚义》或《朱子家礼》所示之范围,然繁目细节殊亦因地易俗,无能统一,今昔皆然。以上所述,乃聘娶婚之大概情形,其由来虽出自购买婚,且含有其遗迹,但既分为"聘则为妻,奔则为妾"两途,而美其名曰聘,并加以种种唯礼之解释;且在事实上纵有不经聘娶形式而卖婚者,昔既依礼不视为婚,后又依律予以禁止,自不能谓"在保守的中国,仍行购卖婚"云。

虽然以聘娶婚之形式,而与古代他种婚俗混合者时亦有之;其与掠夺婚混合者,则为强聘及强要,其与购买婚混合者,则为财婚或曰卖婚,此皆非礼所许也。其与服役婚混合者,为赘婚,为童养婚;前者起源于齐,秦汉曾鄙视之,宋迄明清皆甚盛行;后者发生较迟,始于宋元之时,今仍有其俗,惟为法所否认。其徒存聘娶婚之形式者,又有冥婚之一种,《周礼》"禁迁葬与嫁殇者",实为礼所不许,但后世仍恒有其事也;而宋儒"饿死事小,失节事大"之说兴后,"过门守贞"又面礼俗矣。至于绝对反聘娶婚之道而行之者,并有种种;除帝王之选婚,罚婚,赐婚等等无关习俗外,若收继婚向为礼所禁止,即异族之石勒,于入中国后,亦下书禁止其国人不听报嫂;个人纵有为收继婚者,史家均以淫乱昏狂目之。迨元入中国,不讳收继,汉人、南人亦隐然成俗,明清犹存其俗于各地,迄今未绝。若招夫,若典妻,固为诗书之家所反对,然自宋以降,依然成俗,既非礼之所能革除,且非法之所能禁绝,斯皆奇俗,不足道也。

此外尚须附言者,在婚礼支配下之婚姻,关于其动机,自以广家族繁子孙为主,求内助之原因仅居其次,恋爱之原因可谓绝无,只在少数反常之现象上偶见之耳。如再就整个社会之进化言,则儒家并以别男女定人道之两目的,为婚礼存在之理由矣。

四、婚姻制度之保障——婚律

以婚礼亲成男女,使民无嫌,以为民纪,此婚礼之所以存在也。然礼之节目烦琐或非质者所愿遵,且对于旷夫怨女之救济,又或礼之所穷,于是除济之以政外,并须齐之以刑焉。齐之所政云者,相当于近代婚姻统制与行政,如周礼所述之凶荒多婚,不必备礼;遂人治野,以乐婚扰甿;媒氏掌万民之判,中春之日令,会男女,于是时也,奔者不禁,与夫管子所述之合独,取鳏寡而和合之,予田宅而家室之,皆是。秦汉以后,婚仪厘定为礼官职掌,婚礼纠正有帝王诏令,而梁武帝以会男女,恤怨旷为祷雨七事之一。北魏、北周各帝亦有男女以时嫁娶之诏。唐贞观中既诏男女及时,及丧偶者,有司皆须申以婚媾,令其好合;并禁卖婚,以挽魏齐之颓风;又其续也。惟自宋以后,关于合独一事,因再醮问题严重,遂不复见。齐之以刑云者,即出乎礼而入于刑之谓,乃后世律之所由起也。初仅对外内乱鸟兽行等以刑附之,其他或仅认为违礼而已;秦自商鞅受法经以致用,乃有确定刑书可言,除杂律中列有奸淫事例,为后世所本外,其他婚姻法则似未及之。汉萧何之九章律,虽增之律于内,究对婚姻有何规定,莫能考知;魏晋南朝各律皆然。惟依《晋书·刑法志》载"崇嫁娶之要,一以下聘为正,不理私约"云云,则在律中实已及其事矣。迨至北齐律始以婚事附于户,曰婚户;北周则分为婚姻户禁两篇;隋开皇律又合而为户婚,唐宗之。唐律令存,可详见也。其后之大中刑律统类,与夫宋之刑统及各朝所编之敕,以及元之格条,皆存户婚一门,明律以吏户礼兵刑工为名,户律之下列入婚姻,刑律之下列入犯奸等事;清律除将蒙古色目人婚姻删去外,与明律同,然清律既有例之附入,刑部则例及理蕃部则例中,又有关于婚姻之目,则婚事亦非皆统一于婚律者。此乃婚律本身之变迁也。其保障婚姻制度之点,略如下述:

（甲）关于配偶问题者　礼制上既以一夫一妻制为原则,律遂重视重婚罪而维持之。依唐律,有妻更娶妻者徒一年,女家减一等,若欺妄而娶者,徒一年半,女家不坐,各离之。在未离以前,而与男子之内外亲属相犯者,亦不为"妻法"之准用,盖视为"一夫一妻不刊之制,有妻更娶本不成妻,遂止同凡人之坐"耳。反之,和娶人妻及嫁之者各徒二年,离;妻妾擅去者同,因而改嫁者加二等——徒三年,是处罚女子方面之重婚罪又较重也。宋刑统与唐律同。降而依《元史·刑法志》载,有妻妾复娶妻妾者,笞四十七,离之,则妾亦不得重娶之。此外,有女纳婿,复逐婿而纳他者,杖六十七,后夫同其罪,女归前夫,又不许赘婚中之为重婚也。明清律既有逐婿嫁女之禁,并有背夫逃嫁之绞,而有妻更娶亦须离异,惟只杖九十而已;不过清至乾隆时,创立兼祧之法,双娶并摘并不以之为罪也。妾之地位低于妻,依礼,妾虽摄女君,终不得称夫人,此又因以一夫一妻制为原则而然。故唐律以妻为妾,以婢为妾者徒二年;以妾及客女为妻,以无子及未经放良之婢为妾者亦徒一年半,各还正之;其彼此相互间犯殴杀伤之罪,并因犯者之身分而异其刑。明清律中同有妻妾失序之条,惟在明时,妻亡以妾为正妻者,问,不应改正,与古礼稍异;清时遇此情形,罪稍轻,惟仍使其还于妾位,然至清末,习俗上"扶正"之事又通行矣。

(乙)关于故障问题者 礼,防淫戒独,同姓不婚;故唐律规定违之者,各徒二年,缌麻以上,以奸论,惟只限于同宗共姓者耳。宋元皆然。明清律分同姓同宗为二,并禁止其通婚,虽在形式上似合于古,惜姓已非其旧,实与原义有违,故清末遂只禁同宗为婚而已;礼,夫妇有别,宗妻不婚;故唐、宋惟祖免以外同宗无服亲之妻妾得嫁娶外,其尝为祖免之妻而嫁娶者,各杖一百,缌麻及甥舅妻徒一年,小功以上,以奸论,妾各减二等,并离之。元,惟蒙古人及色目人可行收继之俗,依律则不许汉人南人为之。明清对收继婚固皆严禁,而娶亲属妻妾,不问为有服亲无服亲,均须加刑并离异,较唐更严。礼,推崇孝义,居丧不婚;故北齐于律立重罪十条,居父母丧身自嫁娶为不孝之目,居夫丧而改嫁为不义之目,皆不在赦宥之列。隋唐以后归于十恶之内;且均于律文中明定其罪,并各离之。甚如祖父母父母在囚禁中,除奉命而嫁娶者外,各律仍皆视为禁例也。此外各律之禁止良贱为婚姻,与夫明清之取乐人为妻妾,或亦不能谓与"礼之古义原在定分"无关,然如律之禁止与外姻辈分不同者之尊卑缔婚,似又不涉于古义也。盖群婚时代虽以辈分为贵,但周行媵制,姑侄同嫁即破其限,汉兴以后,外姻尊卑为婚者甚伙,刘宋北魏皆有其例。至唐始于律设为禁条,凡外姻有服属而尊卑共为婚姻,及娶妻前夫之女者各以奸论;其父母之姑舅两姨姊妹……等等,虽于身无服,而据身是尊,违而通婚者各杖一百,并离之;明清略同。至于外姻而属同辈分者,古皆不禁,但如中表实一旁系血统之相近者,宋刑统及明清律禁止之,甚宜;惜民间行之已久,无由得禁;于是明于问刑条例,清于附例中又以"听从民便"而纵之,清末刑律遂直废此禁矣。他如监临官与所监临女不得为婚,任何人与逃亡妇女不得为婚,以及自宋以后僧道为婚之禁止,又皆与礼无直接关系也。

（丙）**关于程序问题者** 礼制方面之聘娶婚，由纳吉而定，由纳征而成，故自唐律以后，即以交换婚书或收聘财为婚约成立要件，即所以保障六礼中纳吉及纳征之效力也。唐律规定，诸许嫁女已报婚书——"女家已承诺纳采问名，而又为纳吉之答之谓"，及有私约——"先知夫身老幼疾废养庶之类之谓"，而辄悔者杖六十，婚仍如约；虽无许婚之书，但受聘财亦是，即受一尺以上仍然。惟由男家悔婚者竟无罪，只不追聘财而已！宋元皆同。清明律，男女定婚之初，各以残老等情通知，愿者与媒妁写立婚书，依礼嫁娶，如无媒妁通报，称曰私约，与曾受聘财者，同为有效；女家悔者与男家悔者均有同一之罪，尚不失为平等。但如妄冒定婚，及定婚后而男女一造有犯罪者，则亦许其解约。此外，唐律并规定"期要未至而强娶，及期要至而女家故违者，各杖一百，"又系关于礼制上请期效力之维持。其关于延期不娶，元始规定五年无故不娶者，有司给据改嫁，明因之；清更加入夫逃亡，三年不还者，亦用此律。反而言之，凡不合于纯正的聘娶婚及他种形式之嫁娶方法，律亦严禁之；如恐喝娶强娶之加罪，略人为妻妾者有罚，买休卖休之取缔，强占良家妻女之处罪从重；皆是。

于此，更须及者，礼以父母之命，媒妁之言为重，于是关于婚姻之责任，律于原则上亦让主婚人及媒妁负之矣。唐律云，"诸嫁娶违律，祖父母父母主婚者独坐主婚；若期亲尊长主婚，主婚为首，男女为从；余亲主婚者，事由主婚，主婚为首，男女为从，事由男女，男女为首，主婚为从；其男女被逼，若男年十八以下，及在室之女亦主婚独坐；未成者各减已成五等，媒人各减首其二等；"即其明证。明清律略同于唐，且对逐婚嫁女，其女若未与父母通同者，亦独坐主婚,罪有特殊规定也。

总观前述,当"知母不知父"之时代,男女两性关系完全属诸自然现象,实无所谓婚姻制度。迨在社会现象方面发生婚俗,婚姻制度遂开其端,继之以社会现象兼法律现象之婚礼,婚姻制度始归确定;又继之以法律现象之婚律,婚姻制度乃有保障,此中国婚姻制度之发生并其进展之概略也。自然现象为反社会之行为,故内外乱鸟兽行则灭之,俗固早有所禁,礼亦对其不容,律更视为极恶,虽曰不因婚俗婚礼婚律之占有优势而即完全告绝,但究鲜矣!若夫婚俗开婚姻制度之先声,后虽折衷于礼,习俗之势力仍不可得而尽废之。兼以每一新族加入诸夏之范围,往往又偕其俗以俱来,纵渐为中华文化所变,究亦未能皆除其迹。且礼在后世,关于仪的方面又多与俗为化,各地不能尽同,迄今犹然。若夫婚礼确定婚姻制度之地位,后虽因儒家礼刑合一之论得胜,关于礼之义的方面类多入律,顾其未能成为具体条文者依然不少。况礼以义起,义者事之宜也,亦随时代而有新增,例如宋以后视孀妇再醮之为耻,则妇女之结婚次数,自宋迄清依礼复有其限制矣。观于近代,犹以礼俗并称,礼仍有其相当之势力也可知。至于婚律,原为刑书之性质,用以辅礼,用以弼教而已!奸非诱拐与夫重婚等罪之规定,固其本分,但既以礼入律,则户婚律或户律婚姻篇之内容,大都相等于现代民事法之规定。今日,民刑两法各为发展,于是民事法上之婚姻与刑事法上之妨害婚姻罪,始不相混焉。

就现代之婚姻制度与往昔一比较之:其最著者,系由聘娶婚渐变而为志愿婚,盖视婚姻并非以合二姓之好为目的,乃以男女爱情之结合为目的也。但法律上既有婚姻如何成立及如何生效等条件之规定,亦不得以自由婚称之;同时父母之命媒妁之言虽成过去,而男女双方晤谈合意之后,仍须有介绍人之形式,并须取得家长之同意,更不得以纯然恋爱婚视之。故此种志愿婚与其谓由欧美所传来,无宁谓由聘娶婚脱变而出也。其关于结婚程序,统一之礼仪尚未制定,而依法律规定,则仅有婚约结婚两项,通都大邑习俗所尚者,亦不外订婚结婚两事;且婚约仅为豫约之性质,不得因订婚而即强迫履行,尤与往昔视婚约为婚姻行为之一部分,可以强迫履行者有异。此外关于婚姻故障,旧律之非偶嫁娶,违时嫁娶既皆删除,而干分嫁娶亦仅存其二三;关于配偶人数,旧律尚许妾之存在,今则革除之。他若夫妇结婚后之同居问题,财产问题,往时因婚姻系旧家族之扩大,非新家庭之创立,仅一家族之问题,今则视为男女婚姻所生之普通效力及夫妻财产制矣。凡此又为中国婚姻制度进展于今日情形也。不过乡野不合理之婚俗既仍杂奇,各地不统一之婚仪又各繁异,将如何取缔之,调整之,则具有婚政责任及推行新运者,尚须逐渐努力于此,法律仅能理之于已然,而不能防之于未然,治之于将然也。

第六章　食货制度

洪范,农用八政,一曰食、二曰货,而祭及五卿之职次之;《汉书》,以"天生初民,食货为先,作食货志",历代各史因之。他如《易经》以聚人曰财为贵,《论语》以足食足兵论政;唐杜佑作《通典》,亦首食货,先田制;皆认为"食足货通,然后国实民富,而教化成"。故中国往昔对于国家理财之计,国民经济之道,并未绝对有所轻视,历代律令皆可考也。第中国往昔以农立国,患惟不均,富国之本重于农桑,盛世之制,必以阻抑强梁兼并为策,以充实内外仓库为务,是谓之强本。于是农为贵而商为轻,盐铁酒茶之属皆归政府专卖,海外贸易亦或禁止私人经营,民仅以农为本而已!强本之外,善治其国者,不能无取于民,亦未尝过取于民,《周礼》九式九贡之法,《孟子》薄其税敛之语,皆此信条之表现,是谓之薄敛。既须不夺民之时,不穷民之力,轻其征,薄其赋,即应量其入而出之,以为用度之数。《周礼》以九式均节财用,《论语》道千乘之国节用而爱人,皆此信条之表现,是谓之节用。《大学》传曰"生财有大道,生之者众,食之者寡,为之者疾,用之者舒,则才恒足矣";是又合强本薄敛节用三信条而言耳。此三信条之在今日,依据国家必须工业化,公经济之不应量入为出,重税并非即为苛政之理论及形势,不应予以维持,自系当然之理。然在往昔,则视为盛世明君理财富民之最高规范,而为治乱兴替之无上准则。且如就每一信条中之

部分事理而观,则亦有为今日取法者在焉。兹分述之:

一、田土之制

土地问题之在今日,最为急要;或则主张收土地为公有,或则承认归土地为农有,中国今亦以地权平均,耕者有其田,为实现民生主义之要端。此在中国往昔,王莽之王田制,土地公有也;北魏之均田制,土地农有也;但最为后世所盛称之制度,并因之而发生有无其制之争辩者,则又莫过于井田制度问题。说者或以黄帝经土设井,三代因之,此固不可为信;或以井田为儒家理想,毫无事实根据,则亦有近武断。井田必有其制,顾若《孟子》之述井田,《公羊》何注之纪田亩,王制《周礼》之言土地制度,实各参有主见,自不能执一为是,以非其余也。

愚以为中国之土地制度,在秦汉以前,应分为四个段落,井田制度乃二三两段落中之事实耳。大抵当猎牧及草昧农业时代,地广人稀,且无贵于田亩,土地必为公有,共同使用之;证诸世界进化公例,或为如是。此第一段落也。迨后部落扩大,形同国家,农业进展,需要安定;土地所有权遂属于部落,使用权则属于某家或某人。因人口增加非剧,土地尚为有余,故"量人之力而授之田,量地之产而取以给公",其事自易实行。井田制度之表现当在此际,所谓贡也、助也、彻也,皆使用土地之方式,而在某一时间、或某一地域,必当有之者。但若确定某为商制,某为周制,甚或某为夏制,则须有待于考。此第二段落也。牧野一战,封建局开,井田虽存,且或完整,而意义则为分田制禄下之产物也。盖"普天之下,莫非王土",王自可对于诸侯"锡之山川,土地附庸",而旧日部落既分有其土地,一时亦不能在实际上皆夺归于王,更必封之以存其旧。于是王对土地,即不能不有形式上实质上转移土地所有权于诸侯之事;诸侯则仿其意而分之卿大夫,采地食邑遂又发生。庶人并无田之可分,仅受井田而耕之,故有食力数畜之称。土地虽仍井制,而因有地主居其上,农民亦失去原始公有制度中使用权之意义,遂处于农奴之地位矣。此第三段落也。迨封建崩溃,礼治动摇,"暴君污吏,慢其经界",私有制度范围更广,公卿士庶各得有田;魏李悝之尽地力,秦商鞅之开阡陌,皆不过顺其势而用之耳。故周代井田之废,实非公有制度下之井田,乃庄园制度下之井田,不可不别之也。土地可归个人私有之后,分割既成原则,集中又随之起;兼以货殖兴家,战国已然,强梁兼并之风,遂亦不可遏止。此第四段落也。

秦汉以后,关于土地问题之立法设策,皆不外继第四段落之后,则谋有所补救,故认为原始的井田制为最理想之制度焉。纵退一步言之,认井田制度为虚有,而其观念则已深入后人之心,无论主张模仿与反对者,要皆视为黄金时代之圣制,此又中国土地制度史上一中心论题也。再分为民田、官田、屯田三项论之:

(甲)民田 民田者对官田而言,亦可称曰农田。历代所施于民田之制度,除显然夺取民田,扩充官田者外,常有两种方法采用之。或则防止强梁兼并,以限田政策为贵,或则注意土地整理,以"内充"原则是尚。前者欲使土地分配平均,耕者有其田也;后者,欲使土地充实,税收得其平也。自唐以前,重视前一制度,自宋以后,重视后一制度;盖在宋后,井田之终不可复,几成定论;而官家括取民田,宋元明清皆然,又与均田观念不容,遂以内充原则补救之,此亦民田之制一大变迁也。按汉兴以后社会秩序安定,人口随而蕃殖,兼并之害于是显著。富者田连阡陌,贫者无立锥之地;豪强之暴酷于亡秦,于是武帝时董仲舒首倡"限民名田"之说,认为"古井田法虽难卒行,宜少近古,限民名田,以赡不足"。限民名田云者,谓"占田也;各为立限,不使富者过制,则贫弱之家可足也"。武帝虽未用其建议,但尝用赵过为搜粟都尉,为"代田"之法;一晦三甽,岁代处,故曰代田,实古法也。代田制不过多谷之一法,地权之未能平均依然如故。哀帝时,师丹建言,宜略为限;天子下其议,丞相孔光等奏请诸侯王以至吏民名田不过三十顷,期尽三年,犯者没入官。然以丁傅用事,董贤显贵,皆视为不便,诏书"且须后",遂寝不行。王莽称帝,认为秦无道,废井田,是以兼并起,贪鄙生,强者规田以千数,弱者贪无立锥之居;于是下令,更名天下田曰"王田",不得卖买,男口不满八而田过一井者,分余田与九族乡党,犯令法至死。然因制度不定,吏缘为奸,天下謷謷然,陷刑者众;行之三岁,终因中郎区博一谏,而废其制。东汉土地问题虽更急迫,而各帝莫敢擅改,私有兼并之制益为确定。时有荀悦者,以为井田之制,如在人口众多,土地兼并之际,猝然改革,必致怨乱;但在战乱以后,人口稀少之际,则宜以口数占田,为之立限,人得耕种,不得卖买,以赡贫弱,以防兼并。于是晋平吴后,其时人口仅有七百余万,较汉桓帝时五千余万,减少七分之六,遂决然创立"占田"之制。男子一人占田七十亩,女三十亩;其外丁男"课田"五十亩,丁女二十亩,次丁男半之,女则不课。占田者即井田传说中之私田,课田者即其公田耳。然归授之法莫详,且因内乱无已,致招五胡之祸,而迁江左,占田终未续行,宋齐梁陈皆然。惟晋初占田制度,在北方已有其基础,北魏孝文帝遂从李安世言,因晋制而行"均田"之法。男夫十五以上受"露田"四十亩,妇人二十亩,奴婢依良丁,牛一头,受田三十亩。露田云者,不种桑榆之田,人年及课则受之,老幼及身役则远田;远受之期皆在正月,若始受田而身亡者,亦须待至明正远之。此外,男夫另给"桑田"二十亩,栽植桑榆其上为世业,不在远受之列。诸麻布之土,男夫及课,别给麻田十亩,妇人五亩。凡举户老幼残疾无受田者,年十一以上及疾者,各授以半夫田;年逾七十者不远所受;寡妇守志者虽免课,亦受妇田。又,民有新居者,三口给地一亩,以为居室;奴婢五口给一亩。此制虽有人谓其法在均田之初,"有盈者无受无远,不足者受种如法,盈者得卖其盈,不足者得买所不足,不得卖其分,亦不得买过所足";仍非彻底之均田制;但在实际上非如此。则亦必倒于王莽之覆辙矣。北齐河清三年定受田令,仍依魏制。男十八为丁,受露田八十亩,妇人四十亩;六十六以上为老,须还田;皆于每年八月行之。此外每丁给永业二十亩为桑田;土不宜桑者改为麻田,不在还受之限。北周,司均掌田里之政令,凡人口十以上,宅五亩;口九以上,宅四亩;五口以下宅二亩;有室者田百四十亩,丁者田百亩;是亦一均田制度,并为宅地之分配也。隋,民田之制一如北齐,惟六十为老,即还田;此外园宅之给,率三口一亩,奴婢则五口一亩,即唐之所谓私田也。唐行"班田"制,五尺为步,步二百四十为亩,亩百为顷;丁及男十八以上者人一顷,老及笃疾废疾者人四十亩,寡妻妾三十亩,当户者增二十亩。其中二十亩为"永业田",所树桑榆枣木,皆有定数;余则为"口分田"。田多可以足其人者为宽乡,少者为狭乡,狭乡授田减宽乡之半;工商,宽乡减半,狭乡不给。授田必先贫及有课役者;乡有余田,则给比乡,县有余田,则及比县,州有余田,则给近州,而收授则皆以岁十月行之。顾所收授者,亦止以口分田为限,而卖买制度仍兼采也。盖永业田虽为世袭,但如庶人徙乡又贫无以葬者则可卖买。口分田虽身死收之入官,更以给人,但自狭乡而徙宽乡者,则得卖之,惟已卖者不复授焉。永业田口分田外,尚有所谓私田者,只限于宅地,故称庄,又称庄田,与隋初之制同。天宝以后,其法荡然,卖买无何限制,兼并之势复成;即以庄田而论,代宗时,诸道将士已多买之;德宗时,诸道府长史恒于任所,买民庄田宅舍,多者至数十所;政府因科税之关系亦认许焉。

  自宋之兴,尝侵民田以入官田,平均地权之事未便再行,顾亦时有均田或限田之议。当太宗时,太常博士直史馆陈靖请定制授田:田分三品,上田人授百亩,中田百五十亩,下田二百亩……云云。帝虽以靖为京西劝农使,试行其制,终以副使皇甫选等上言难成,而三司复恐费官家多,万一水旱,将致散失,事遂寝。仁宗初即位,又诏限田,公卿以下毋过三十顷,牙前将吏应复役者毋过十五顷;但任事者终以限田不便,未几即废。于是兼并之风,无形中更得保障。至南宋高宗时,地主有占田至百万亩者,而田宅典卖,客户随之,且役及其家属,此与欧洲之农奴制又何异乎?宁宗曾改除之,而兼并之风仍盛,百姓膏腴皆归贵势之家,租米有及百万石者;且小民往往献其产于巨室,以规免役,大官田日增,保役不及,小民田日减,保役不休。故在理宗时,殿中侍御史谢方叔即据此种事实,请限民名田,以塞兼并;诏虽许之,但国家正以官租为务,限之于下,而限之于上,贫农依然未有其田也。至于神宗徽宗所行之"方田"法,则重在量田亩而均税则,使富者不能恃其余,贫者免致迫于细,尚不失为一治标方法。但又因官吏奉行不善,两次罢之,未见奇效。辽金占据中国北部,民田卖质于人无禁,是其无均田之制可知。但金之兼并民田者非富豪,而为金室之"括田"法,所以优待女真人,而压迫汉族也。括田既多,民田遂少,税收因亦发生影响。于是金对民田,行以"区田"法,据称每亩可收谷六十石;虽山陵倾坂及田邱城上,皆可为之;但实际上则亦行而未通也。元灭金,益括民田,以为私有。但为核查税收计,则对仅存之民田,而行"经理"之法。凡民限榜示后四十日内,以所有田自实其官,如以熟为荒,以田为荡,或隐占逃亡之产,或盗官田为民田,指民田为官田,及僧道以田作弊者,并许诸人首告,科罚有差。然富民黠吏并缘为奸,以无为有,虚具于册,其弊颇甚,莫由通行。于是赵天麟则进言,由限田而兴复井田之策;凡限外退田者,赐以爵衔,其田有佃户者,即以佃户为主。未垦之地则令无田之民占而辟之,但不可过限,不欲占者听。其法尚为平易,无如元之兼并,非民乃官,更为异族之官,此所以难于见用也。明承元乱,且逐蒙古人而北,以故田土多芜,赋税无准。乃量度田亩,编鱼鳞图册,亦一经理之法;荒地召民垦种,往往免租三年,额外垦荒者永不起科。但同时,明又重视官田,中叶以后,民田又恒以有田无粮,夺为官有,虽有司争改小弓丈量民田,然其总额仍逊洪武,则特殊阶级人物与豪富之占田舞弊也可知。其间虽有徐俊民者,"合官田民田为一,定上中下三册起科,以均粮;富人不得过千亩,听以百亩自给,其羡者则加输边饷";顾此种限田政策,实无以动明代君臣之一听也。因明末之战乱,清初之屠杀,户,田陷荒芜。对满人则许其圈地以兼并,对汉人则惟劝令垦荒,以增地力。其法,"准贡监生员口锐减民人,垦地二十顷以上,试其文艺稍通者,以县丞用,不能通晓者,以百总用;一百顷以上,文艺通顺者以知县用,不能通晓者,以守备用"。此则以官爵奖励大地主之产生,藉富国家之税收,较之明初垦田者,尚或给以牛或农具,更莫如也。乾隆时,漕运总督顾琮,奏请限田,每户以三十顷为限;宜其不能见用。然在太平天国时,洪杨起自农村,入金陵后,曾颁土地新制;分田为九等,每田一亩,以早晚两季出一千二百斤者为上上田,一千一百斤者为上中田,以下递减,出百斤者为下下田;上上田一亩,当下下田三亩,照人口分给;男妇一人,每十六岁以上受田,十六岁以下给半;一家六人,三人受好田,三人受劣田,以一年为足。惜其在政治上失败,其经济方策亦随之而去。

(乙)官田　官田者不属于人民,而属于国家或职官所有也。其名始见《周礼》,其事则汉魏晋唐皆有之;自宋以后,官田之称更著,而为害亦最烈。盖前之土地政策,以限田为主,虽有官田,或则用以调济民之无田者,或则同以限田之法,分配与王公百官所耕者。纵在季世不无违例,其立法原则固可称也。后之土地政策,以私有为主,王室贵族亦各夺民之田以为官有。或则出自暴主之聚敛,或则出自异族之虐政;纵有贤君良臣莫改其积弊,此害之所以深也。

按汉代,私家兼并之风虽盛,公家尚不自为兼并,惟公地及以罪籍没入官之田亦有之。文帝始开籍田,躬耕劝农,顾天子惟一耕三推,实则仍借民力以生产也。后之重农帝王多仿为之。其他所有之公田,或则与之于民,或则假之于民,事亦恒有。高祖以故秦苑囿园地与民,武帝罢苑马以赐贫民,明帝诏郡国以公田赐贫民;前者之例也。宣帝假郡国贫民田,元帝令民各务田亩,无田者假之,安帝以鸿陂之地假与贫民,后者之例也。魏有官半田及官田,官半田者官得六分,百姓得四分;官田者与官中分。故在魏已开后代官田之例,但尚非以官田著也。西晋北朝行均田制,国家不自占田,有之则仅分配与王公百官所耕种之"公田"也。西晋,首认王公以国为家,京城不宜复有田宅,近郊刍藁之田,大国十五顷,次国十顷,小国七顷为限;其官品第一至于第九,亦各以贵贱占田,品第一者占五十顷,其下递减五顷。职官之田虽由佃客耕种,使地主阶层犹存,顾王室尚未自为地主也。北魏,均田令下,远流配谪无子孙及户绝者,墟宅桑榆,尽为公田,以供授受;宰民之官各随地给公田,更代相付,卖者坐如律。盖古有采地食邑之制,以定其禄;后有公田授受之法,以养其廉是也。隋晋行之于职官,曰"职分田",简称"职田"。京官,一品者给田五顷,每品以五十亩为差,至九品为一顷;外官亦各有职分田。此外又给"公廨田"以供公用。唐承其制,职分田自一品至九品各分等差,最多者十二顷,最少者二顷。公廨田京内以司农寺为最,计二十六顷,其他以次递减;京外以大都督府为最,计四十顷,至下都督府及上州,则各三十顷。在均田制度之下,民既各有其田,以所余者,班禄供公,固未始非一法也。

宋之官田或分田,系没前代权贵私田及国中逃亡无主田而占有者,放于农民佃种,依乡例而取其私租。其后更括取民田以为官田,为法最为纤巧,如田今属甲,则从甲而索乙契;乙契既在,又索丙契,展转推求,至无契可证,则增官租成为官田。即各契俱全,复以特定之乐尺打量,其赢,则拘入官而创立租课。且私租额重而纳轻,承佃犹可,公租额重而纳重,佃不堪命,况不时添租,否则勒令离业,尤为暴甚。至于鬻卖官田,既直视土地为王室产业;又或给还元值仍拘入官,则民更不堪官田之扰。南渡以后,虽因财政破产,官田终多卖去,然又有所谓"安边所田"者,收其租以助岁币。理宗时,谢方叔之限民名田之策,虽未见用,而贾似道等之公田策则已实行,凡官民逾制之田,抽三分之一回买,以充公田,其代价则分为现银、会子、官告、度牒四种。其办法虽费斟酌,而贾似道且自捐田万亩,以为首倡,惜乎买回之后,并不以之分配于无田者,而惟招佃收租,故其弊与北宋之官田等。金元以侵占中国甚广,土地问题遂更饱尝种族之压迫。除屯田外,金则在黄河流域,括取汉族之田,以与女真人户,称为官田,例不出租。元则屯田遍于中国,而括田之令,又几于无岁不有。于是王公大人之家,或占民田,近于千顷,不耕不嫁,谓之"草场",专放孳畜。此不特耕者无其田,且有田而任其荒芜,并不许耕者之耕也。明,据《明史》载,"初官田皆宋元时入官田地,厥后有还官田、没官田、断入官田、学田、皇庄、牧马草场、城壖①、苜蓿地、牲地、园陵、坟地、公占隙地、诸王公主勋戚大臣内监寺观赐乞庄田,百官职田,边臣养廉田,军民商屯田,通谓之官田,其余为民田"。则民田之在明,受官田之侵夺甚显。其中皇庄,即官中庄田,孝宗时,畿内皇庄凡五,共地二千八百余顷;武宗时增至三百余处,是天子而为地主矣。亲贵勋戚称官庄田,或赐或请,不可胜计,孝宗时,官庄田三百三十有二,共地三万三千余顷;熹宗时,桂惠瑞三王及遂平宁国二公主庄田,动以万计,是无贵族而不为地主矣。至没官田者,乃人民犯罪而被没收之田地也;还官田者,初为庄田,至后付还于官者也;断入官田者,户口断绝,无承继人,以之断入官者也。故明代田制亦极为害,无改于宋元之旧。清初入关,乃下令指圈近畿地亩,赏给旗人;后又以满汉杂居,常起冲突,复将僻远州县之地,转给汉人以与交换;而满人驻防之地亦有被其圈者。惟"所圈地内,如有集场,仍留给民,以资贸易"而已!此种秕政,至康熙时始止,顾以后因旗人或因事急需,将地亩渐次典与民家为业,乾隆时遂定民典旗地,减价取赎之令,实不啻二次之掠夺也。其所指圈之地,初试行井田,凡八旗中无产业之满洲、蒙古、汉军人户,自十六岁以上,六十岁以下,各授田百亩;周围八

---

① 壖(ruán):空地。宫殿的外墙。

分为私田,中百亩为公田,其公田之谷俟三年后征收。于耕种所余地内,立村庄,造卢舍,每名给银五十两,以为一年口粮及牛种农具之用。然旗人不惯田亩生活,莫能自耕,至后且令开户之有罪者,发往井田,给与效力良善之人为佃丁,是井田之内,又有佃农。乾隆时,井田试行十年,咨回者已九十余户,其制自难维持,遂又不得不改井田为屯庄矣。

(丙)**屯田** 屯田者,屯戍所垦之田也。晋有屯田尚书,后称田曹尚书;南北朝各有屯田郎中,隋唐以后,迄于清末,工部均有屯田一司。其所掌除官田外,即以屯田政令为主。屯田原指戍卒从事于垦殖之事而言,为寓兵于农之政策;但历代行之,亦尝有其变迁,或更为扰民之制,不能执一论之。按汉文帝时,晁错建言徙民塞下,与以田舍,令其耕作,自为战守,已开屯田之始。昭帝时,发习战射士,调故吏将,屯田张掖,其制渐定。宣帝时,赵充国陈屯田十二便,内有亡费之利,外有守御之备,遂成定制。汉代防边戍兵,莫不循用之。曹魏屯田于淮南,蜀、汉屯田于渭滨,皆为著例。出战入耕,寓兵于农,古有之矣。然在魏晋南北朝,以民屯垦之事,亦兼行焉。魏武以任峻为典农中郎将,募百姓屯田许下,得谷百万斛;晋武以邺奚官奴婢著新城,代田兵种稻,奴婢各五十人为一屯,屯置司马使,皆如屯田法;北魏设立农官,取州郡户十分之一,以为屯民,一夫之田,岁贡六十斛;又史之可证者也。他如北齐之石鳖,怀义等屯,亦均为军防粮廪之充足而设。故虽以民屯垦,其主要目的仍在供军用耳。唐开府军,以扞要冲;凡边防镇守辅运不给,则设屯田,以益军储。凡天下诸军州营屯总九百九十有二,屯设有屯官屯副;其地有良薄,岁有丰俭,各定为三等焉。两汉屯田由屯兵耕种,唐代屯田兼用民力,且对屯官有课考之制,是其异也。此外有

"营田"者,初或以赃罪吏耕之,宪宗末天下营田,皆雇民或借庸以耕。穆宗即位,乃诏耕以官兵。宋承唐制,屯田以兵,营田以民。但咸平中,襄州营田,既调夫矣,又取邻州之兵,是营田非尽民耕也。熙丰间,边州营屯不限兵民,是屯田不独以兵也。民兵杂耕既为扰矣,而又或以侵占民田为扰,或以差借耨夫为扰,岁之所入,又恒不偿其费,故宋之屯田成绩列逊于唐。金,山东路所括民田,分给女真屯田户,其后又行之于河南,然军户诸多未能亲耕,复令民佃之,坐食其利,或由民借牛以助之,为扰殊甚。元初侵伐中国,遇坚城大敌,必屯田以守之;海内既一,内而各卫,外而行省,又皆立屯田以资军饷。或因古之制而继为之,或因地之宜而创行之,或因其系蛮夷腹心之地,则又屯兵以控制之。于是全国无不可屯之兵,无不可屯之田,民业为其侵夺,莫过于元之屯田政策也。明初仿唐府兵之意,创屯卫之制,以军隶卫,以屯养军,寓兵于农,法为最善,是曰"军屯"。此外移民就宽乡,或召募或罪徒者,分屯耕种,是曰"民屯。"至于募盐商于各边开中,输粟为储,是曰"商屯"。然在正统以后,屯政渐弛,田亦多为内监军官占夺,而商屯法亦坏于弘治中,诸淮商悉撤业归矣。且屯田所有权本属之国家,赋以屯粮,顾屯者久种成业,实际上无异于所有者。法令虽不许其自由买卖,而屯户受经济压迫时,则又难禁止其典卖,于是遂发生屯田典卖之纠纷,至清而未能已。此外军屯,因卫所兵制坏,屯军与营军分而为二,屯军任务,惟司漕运。初尚与宋之军校衙前輂运官物者无异;后则军而非军,无异于宋代里正乡户为衙前,往往破产者有之。于是屯田之制,遂又变为国家万民之政矣。清沿明旧,各省屯田有七万五千七百余顷,后又以领买领租之法,渐次变为民有,故其末叶遂承认此一事实,改屯归民;民国后,概为官产,屡议整理之,多以改征田赋,限期缴价为方法焉。至于乾隆平定回准二部以后,扩地二万余里,新疆屯垦政策遂兴。初由征西部队就近屯田,后渐移陕甘之民垦殖,由政府资以车辆牛种。计在乾隆时已垦田千余万亩。然以官四民六分收,小民每视为官田,不甚勤耕,于是杨应璩等乃请分别改屯升科,事亦行之。升科云者,开垦田地,水田六年,旱田十年后,按照赋则,科以粮银,与普通民田为同等之谓也。

二、赋税之制

《孟子》"有布缕之征,粟米之征,力役之征,君子用其一,缓其二,用其二而民有殍,用其三而父子离";或为古代赋税制度之真相。所谓粟米之征者,即九一而助或什一自赋之土地税,大抵以其地方所产比例而课之也。所谓布缕之征者,系按廛宅而征以绢布,其怠而不种桑麻者,或罚之使出里布也。所谓力役之征者,乃令民以农隙,充夫役,执公功;按人丁以供官家之劳役也。春秋以后,赋税渐重。《春秋·宣十五年》,"初税亩",则系于地力所产者外,又增一税目,以课地之本身,故曰履亩而税。哀十二年"用田赋"则系以"出车徒供繇役"之赋,加征于田亩中。故于粟米之外,两增其征;战国时更甚,什一之税既非可望,而市宅之民已赋其廛,复令出以夫里之布;至于力役之征,则亦无时或息;此又孟子屡以薄税敛,不违农时,视为施行王政之要件耳。

（甲）田赋　田租与口赋,唐宋以前视为正税也。田租,不外粟米之征。口赋,近似布缕之征,至清则合称之曰地丁。此外力役之征,虽亦依丁而计,但原则上系赋民之力,故为丁役而非丁税,当另论之。秦享国日浅,田赋之制莫能详考,惟董仲舒曰"田租口赋盐铁之利,二十倍于古,或耕豪民之田,见税什五";则田赋之重,与农耕之苦,自可想见。汉高帝承秦之衰,首轻田租,十五而税一;景帝二年,令民半出租,三十而税一。后汉初,尝行十一之税;建武六年,仍令三十税一;迨桓灵之世,国中有田者,每亩税十钱,始征于三十取一之外矣。汉之三十税一,取民甚薄,然计亩而税,租出地主;豪强田连阡陌,惟兼并者得受其惠而已!至于农夫则耕他人之田,私租特重,"厥名三十,实什税五也"。又有"算赋"系因人因税,无贫富之分,实后世户口税之始,而赋以钱者。其赋始于高帝四年,民年十五至五十六,出钱百二十,是为一算;贾人奴婢倍之;以治库兵车马。文帝以户口滋繁,令丁男三年而算,且自二十三以上始征之,并仅赋四十,每岁不过十三钱有奇;昭宣以后,有时复为减免。至于惠帝时,民女年十五以上至三十不嫁者五算,则非尽属丁税之意也。另有"口赋"系计口赋钱,年未及算赋者赋之。武帝用兵,国用匮乏,民生满三岁,出口赋钱二十三,故民重困,至于生子辄杀;宣元之间,始改自七岁征收。魏武初兴,田租每亩粟四升,户绢二匹,绵二斤,余皆不得擅兴,是计亩而税,又计户而征也。晋武平吴,借授田之法,招流亡之归,每户既皆授田,遂亦不必履亩论税,只遂户赋之,曰"户调"制。丁男之户岁输绢三匹,绵三斤;女及次丁男为户者半输;其诸边郡或三分之二,远者三分之一;夷人输賨①布户一匹,远者一丈。盖调本布缕之征,田课即附于调中而征之焉。但以后户调制坏,成帝咸和五年始度百姓田,取十分之一,率亩税米三升,而为粟米之征,皆较汉重。南朝虽未计户授田,而

---

① 賨(cóng):古代四川,湖北等少数民族的赋税名。

仍随户征税,南齐且分户为九等以定税,于是重为民扰,往往合数十家为一户。谓之荫附,实则民逃其税而然。盖侨民无田,仍必有税,自惟以户计之耳。北魏行均田制,亦采户调之法,户一夫一妇,帛一匹,粟二石;民年十五以上,未娶者,四人出一夫一妇之调;奴任耕,婢任绩者,八口当未娶者四,耕牛十头当奴婢八。其麻布之乡,一夫一妇出布一匹,下至牛以此为降。是魏之户调,兼有粟米之征也。北齐北周及隋均行户调之法,彼此各有出入,事涉繁杂,从略。

　　唐初定令,凡民始生为黄,四岁为小,十六为中,二十一为丁,六十为老。丁男岁输粟二石,谓之租。随乡所出,岁输绫绢绝各二丈,布加五分之一;输绫绢绝者,兼调绵三两,输布者麻三斤,谓之调。凡遇水旱之灾,霜蝗之害,田之收获耗十分之四者,免租;十分之六者免租调;仅耗桑麻者免调,其孝顺义节,京师学生,帝室宗亲及五品以上之祖父兄弟,则通免其课役焉。且如户口之版籍,征收之支配,田亩之换易,于每三岁造乡帐,故按籍而征之,颇为简易。追中弃后,法制隳弛,结帐恒不以时,且田亩之在人民者,法不禁其卖买,计丁授田之制既难维持,计丁征赋竟多无田之人。兼以安史乱后,丁口转死,版籍散失,即丁亦无从计之。于是"两税法"起而代之。德宗时,杨炎为相,以户籍隐漏,征求烦多,逐并租庸调而为一,令以钱输税,分两期取之称为两税法。夏税无过六月,秋税无过十一月,置两税使以总之。盖均田之制既坏,租调之法即失,强欲行之,弊不胜言。两税之法,每岁计州县之费,与其上供之赋,量出制入,以定为赋;户不问主客,以见居为簿;人不计中丁,以贫富为差;其不居处而行商者,以所在州县税三十之一;故虽非经国之远图,而实救弊之良法也。但立法之初,不任土所宜,输其所有,乃计绵绢而输钱;既而物价逾下,所纳逾多,遂至输一者过二,而官吏于折耗之中，又可上下其手，此其失一。两税法系依产定赋，于是官吏所报垦田，不尽皆实，多则少之，少则多之，富者仍较贫者为优，此其失二。且租庸调法之精神，在社会之安与均；两税法之精神在于税，其弊之起也，田固无可均，其税亦患不均矣，此其失三。惟以均田制度终不可复，两税之法遂觉称便，然兼并之风又由是而盛焉。观于陆贽之称"京畿田税总五升，而私家收租亩一石"，则私租之重可知；观于韩愈之称"赋出天下，而江南居十九"；则税之不均又可知。至于两税法之分两期征赋，即清世之所谓上忙，下忙，于征取之程序上自较为便，故宋元明清皆兼采之。宋夏税六月起征，得延至十月；秋税十月起征，得延至明年二月。金夏税六月至八月，秋税十月至十二月。元，两税法行于江南，明又通行之；夏税无过八月，秋粮无过明年二月。清上忙，二月开征，五月停征；下忙，八月开征，十一月停征。顾自宋以后，征取之期虽沿用两税法，而其内容则又与唐有异也。

唐两税法之弊也，先期而苛欲，增额而繁征，尤以五代为甚。宋则确定赋之种类，为公田之赋，民田之赋，田税也；城郭之赋，宅税地税也；丁口之赋，身税也；杂变之赋，乃唐以来两税外增取他物复折为赋者也。岁赋之物，分谷、帛、金铁、物产四类，而各有其品属，虽系钱物随征，然实以实物为主。其输有常处，而以有余补不足，则移此输彼，移近输远，谓之"支移"；其入有常物，而一时所输，则变而取之，使其值轻重相当，谓之"折变"。当宋之初，税额较唐为轻，或则二十取一，或则三十取一，复以边患重兵，国用大感不足，王安石遂有理财新法，方由均税即系关于田赋者。安石失败后，惟以苛征为务，支移折变皆变为厉民之政。他如"和籴"[①]，原所

---

① 籴(dí)：买进粮食。

以代漕运,然配户督限,追蹙鞭靰,更甚于赋税;"和买",本所以便民货,然其后则抑勒苛索,且变和买为折帛,竟等于赋税,皆恶税也。金时,官地输租,大率分田之等为九,而差次之。私田输税,夏税亩取三合;秋税,五升,又纳秸一束,束十有五斤。故以本色为重。诸猛安谋克部女真户则仅输"牛具税";每耒牛三头为一具,限民口廿五受田四顷四亩有奇,岁输粟不过一石,其后又减其半。然女真户本不能种,多佃汉人耕莳,而取其私租,汉人苦矣!元初,立十路课税所,中原以户,西域以丁,蒙古以牛马羊;其后括户定税,每户丝二斤,供官田,五户丝二斤,以与贵戚功臣之家;又仿宋之方田均税法,上田亩三升半,中田三升,下田二升半,水田五升。其取之制,取于内郡者曰丁税,曰地税,皆为粟米之征,仿唐之租庸调法也。取于江南者曰秋税,曰夏税;秋税为粟米,夏税为木棉、布、绢、丝绵,惟可折为钱钞缴纳,仿唐之两税制也。而江南之赋为独重,更甚于唐。明初赋于民者,以"黄册"为主;黄册为户籍册。详人户物力,为赋税之所据,丁役亦附焉。其后黄册失修,有司征税编徭,自为一册曰"白册",其中独以田从户,而又未必得实,赋役之法更坏。凡官田征粮每亩五升三合五勺,民田减二升,租田增五升,没官田则一斗二升。其在江南,因张士诚部下田产遍苏松,乃并富民田籍之以为官田,民田以五斗起征,官田以七斗起征;成祖又恶惠帝故,浙西之赋复重,谓其惩顽民,实则泄私愤也。至嘉靖时,始不分官民,一律以三斗起征,然犹较普通田赋为重,至清如故。神宗万历九年,取嘉靖时,数行数止之"一条鞭法"而通行之,则又为一大变更。盖以前税法,田赋丁役土贡方物,名目繁多,民不堪命。一条鞭法,则总括之为一条,计亩征收银两,民稍称便。故虽两税法中已将丁役并入,至是复将两税与丁役并而为一,虽不啻加赋而免其役，但事实已成，役仍难免，则再加赋而去官吏之扰，亦一良法，清初仍沿用之。然在天启崇祯之际，因兵增饷，既行一条鞭法，又复对田赋增加三饷，数倍正供。其招买粮料，始犹官给以银，而或短价克扣；继则按粮加派，竟受勒索追比，则又计亩加征之变态也。清承明制，沿用一条鞭法及两税法。清初，本亦并征地丁两税，丁册五年一编，按户稽查，贫者丁税一分五，富者或一两三四钱，甘肃巩昌有至八九两者。康熙时，诏以续生人丁，但报实数，永不加赋，即以其五十年之丁额为准，于是丁税始轻。雍正时，复将丁并于地，计亩征收，"地丁"始合为一。此种改革，使无田土者，无赋税之负担，而赋税皆出之有产者；且田土有定，丁则滋生愈多，赋额自亦因除丁税，较为确定。但力田者有义务，游惰者无负担，亦其一短。至于光绪时之漕粮，议折银两；地税之外，又加亩捐，则由庚子之役赔款颇巨所致也。

（乙）丁役　丁役即周代力役之征。秦，月为更卒，已复为正，一岁屯戍，一岁力役，三十倍于古；而六国吏卒因屯戍经过秦地者，备受困辱。始皇治墓地于郦山，征六国之民至七十余万人。且长城阿房之建筑，渔洋五领之远戍，徭役繁兴，征发频仍，较诸古代岁役不过三日，且使之亦有其时，相去甚远，秦遂以亡。但自汉后，丁税丁役同时并举，赋其钱并赋其力，实千古一秕政；晚唐以降，役法更坏，并失力役之征之义矣。按汉承秦制，有"更赋"之法，因正卒无常人，皆当迭为之，一月一更，是为正卒，谓之卒更或坐更。贫者欲得雇更钱者，次值者月出钱二千雇之，谓之践更。任何人皆须戍边三日，虽丞相子亦不得免，不行者出钱三百入官，给于戍卒，一年一更，谓之过更。民年二十三而始出役，至五十六而免；景帝时改为二十而役后，凡单丁或老疾者则免之。昭帝又改为二十三始役也。汉之算赋口赋,既有人头税之义,而又课以更赋,贫富皆无所逃,是税之而又役之,乃二层之赋役也。然魏武田租户征之外,余皆不得擅兴,故丁役不著。西晋行户调法,丁役亦不重视。东晋,男丁每岁役不过二十日;南朝各代,役至多仅四十五日,其荫附者,更无徭役之兴。北朝魏民年八十以上,听一子不从役;齐二十充兵,六十免力役。周,司役掌力役之政令,民十八至五十九,皆任于役;丰年三旬、中年二旬、下年一旬。凡起役,无过家一人,其人有年过八十者,一子不从役;百岁者家不从役;废疾非人不养者,一人不从役。隋,十八以上为丁、从役六十免;品爵孝顺义节皆免役。开皇三年,二十一始役,每岁二十日役。炀帝反之,徭役甚重,以迄于亡。唐承隋开皇制,用人之力岁二十日,闰加二日;不役者日为绢三尺,布加五分之一,乃役之代价,谓之庸。有事而加役旬有五日者,免调;三旬,租调俱免;通正役不得过五十日。自六朝至隋唐,丁役虽轻,然贵族及平民仍皆希图免之。于是南北朝,贵族私度其亲族及奴婢,为僧籍者甚伙,实则为保持生产上之劳力,而为徭役之规避耳。唐时,禁止私度,创度牒制度,有牒者即免税役,于是江淮之人户有三丁者,必令一丁落发,意在规避徭役,影庇资产,佛教发达率即由是,而民之避役亦甚显然。故两税法虽自德宗朝而实行之,杂役仍未尽免可知。盖此之所谓役者,已非力役之征,乃庶人在官者之事,皆按民丁口多寡,资产厚薄,以定户之等级,按籍签差,最为扰民,至宋尤甚。

宋承晚唐之弊,行差役之制;分户为九等,著于籍上,四等量轻重给役,余免之,后有贫富随时升降。以衙前主官物,以里正、户长、乡书手课督赋税;以耆长,弓手,壮丁逐捕盗贼;以承符、人力、手力、散从供奔走驱使。在县曹司至押录,在州曹司至孔目官,下至杂职、虞侯、拣掐等人,各以乡户等第差充;百司补吏,须不碍役,乃听。其中衙前,初由里正充之,后另选资高者为乡户衙前,然衙前所主为运官物,典府库,当之者皆赔累不堪,往往破产。韩琦之论里正衙前也,谓至"有孀母改嫁,亲族分居,或弃田与人,以免上等;或非命求死,以就单丁;规图百端,苟脱讲壑之患"。司马光之论乡户衙前也,谓"多种一桑,多置一牛,蓄二年之粮,藏十匹之帛,邻里已目为富室,指抉以为衙前矣。况敢益田畴,葺间舍乎"。至其他诸役,亦均有害种植,荒年则流徙无踪,总归田即复应役,直至破尽家产,方得休闲;戕贼农民,未易遽数。神宗以前,即谋改革补救,而未得根本之法。王安石佐神宗,创募役法,使农民得一意于稼穑,解除向日之困蔽。令当役之户,依等第,夏秋输钱免役,谓之"免役钱"。凡有产业物力而旧无役者,如坊郭等第户、官户、女户、单户、寺观,则出"助役钱"。州县应用雇直多少,随户均取;雇值既已足用,又率其数增取二分,以备水旱欠阙,谓之"免役宽剩钱"。至于人户之分别等第,则以产业为标准,定期考核以为升降。故苏轼亦称言"役法可雇不可差,第不当于雇役实费之外,多取民钱;若量入为出,不至多取,则自足以利民"。司马光虽一度废募役法,但以后则与差法并行之。自募役法采用,胥吏遂成一种专职矣。南渡后,又有所谓"义役"者,众充田谷,助役户轮充,法本便于雇而优于差,但推行未广,且有名为人民所组织,而实豪右所把持者,故亦无何特效。金徭役必按版籍,先及富者,势均则以丁多寡定甲乙。凡仕宦子孙,在籍学生皆免一身之役;三代同居已旌门则免差拨,三年后免杂役。又计民田园邸舍车乘牧畜种植之资,藏镪之数,征钱,曰"物力钱";上自公卿,下逮民庶,无得免者。其推定物力也,则派员分行全国,通检天下物力而差定之,或更推排之。盖以经过多年，则贫富变易，赋役不均，借通检与推排而求科差之平也。然诸使惟胥吏之言是从，轻重不一；或则以苛酷多得物力为功，妄加民业数倍，有申诉者或殒杖下，故扰民最甚。宋之募役法，至元变为"科差"、"丝料"之征；其法各验户之上下而科之。丝料始于太宗时，每二户出丝一斤，输于官；五户出丝一斤，输于本位；本位者，王后妃公主勋臣之采地，由有司征其丝，而如数给之。明之役法，以户计者曰"甲役"。盖百十户为里，里分十甲，推丁粮多者十户为长，十年一周以充乡里之役，皆载之于黄册，十年一修。其鳏寡孤独不任役者附十甲后为畸零。并分户为三等，禁数姓合户附籍，凡避徭役者创曰逃户。以丁计者曰"徭役"，盖民始生，籍其名曰不成丁，年十六曰成丁，成丁而役，六十而免是也。上命非时曰"杂役"。此三等，皆有力役，有雇役。力役如在官人役，于所属民人内签当，称以力差也。雇役系改征力差银，令输银以助役，称以银差也。此外尚有"马差"者，与之并行。迨后，一条鞭法行，"总括一州县之赋役，量地计丁，丁粮毕输于官；一岁之役官为佥募，力差则计其工食之费，量为增减；银差则计其交纳之费，加以赠耗"；民始称便。清丁随地起，只税地亩，无丁无役也。盖丁税丁役皆须有赖户籍之编查，然而其事甚难。且历代调查之目的，惟在征税派役，清初更视其搜集银差之帐簿，司其事者又无所不用其弊，又往往宽于富户而严于贫民，致为识者非议。故康熙雍正间，毅然改革，只须维持康熙五十年之登录丁数，使收入不再为减即足，而不必须有银差之名，于是丁随地起，而以丁银并入于地粮中征取，后之称田亩税为地丁税者，即此故。

（丙）杂税　最早，国家所恃税源，惟以田赋丁税为大宗，其余则多归之地方。以后，则正赋之额既重，或并有其加耗；而杂税收入,除供私人之奉外,国家正项用途亦有赖其供给者在。尤以杂税中之商税关税等,视为最丰;惟拟另及于后,故兹从略。至于杂税为制,代有变迁,税目税额,皆非统一,兹就其著其例示之。

一为"富人税":汉代富商大贾,拟于王后,高祖首重租税以辱之,故算赋每人百二十钱为一算,贾人奴隶则倍;重及奴隶者,以蓄奴之家皆富豪也。武帝时又算缗钱,算舟车;诸贾人未作实货卖买居邑贮积诸物,及商以取利者,虽无市籍,各以其物自占,率缗钱二千而算一;诸作有租及铸,率缗钱四千算一。非吏比者三老北边骑士轺车一算,商贾人轺车二算,船五丈以上一算,匿不自占,占不悉,戍边一岁,没入缗钱,有能告者,以其半畀之;后告者日多,商贾颇多因之破家。北齐之末,财用不给,科境内六等富人,调令出钱。隋,炀帝亦屡课富人,量其资产,市马也驴。唐,自租庸调之法坏,兼以大盗屡起,方镇数叛,用度日增,财赋不足,于是借商进奉献助之事,随之而兴。例如肃宗时,籍江淮蜀汉富商右族,訾畜十收其二,谓之"率贷";诸道亦税商贾以赡军,钱一千者有税。宋金以富户定力役之等;而金凡田园屋舍车马牛羊树艺之数,及其藏镪多寡,皆征物力钱;近臣出使外国,以其受有馈遗,归必增其税额。此又不仅以富人为限,而实类于资本税或所得税也。元、明、清税源日增,聚敛甚易,尚无特别对富人而税之制,但清季盐商之捐输报效,每次多至数百万两,又其似也。

二为"卖爵钱":汉惠帝元年,民有罪,得买爵三十级,以免死罪;此不过为赎罪而设,且所卖者爵耳。文帝用晁错策,民入粟助边六百石者爵上造,其后以四千石为大夫,万二千石为大庶长;虽意在使富人有爵,农民有钱,粟得以贵而均其财,顾终不免以爵为市矣。武帝时,复令民得买爵及赎禁锢等罪,称为"武功爵",于是民得入羊为郎,吏得入谷补官,直与后世捐纳无异。东汉安帝时,用度不足,三公又奏请令吏民入钱谷,得为关内侯。灵帝则在西邸,县鸿都之牓,开卖官之路,公卿以降,悉有等差,则更不堪为问。此例既开于汉,后代多尚用之,吏治遂不可述。北魏庄帝初,承丧乱之后,仓廪虚罄,亦班入粟之制,官爵分授有差。唐,肃宗时,令诸道得召人纳钱,给空名告身,授官勋邑号;官鬻度牒同时举之。宋金入粟补官,卖度牒师号寺观额,皆沿唐旧,而未尽改。元入粟补官,所以救荒;凡江南、陕西、河南等处,定为三等;令其富实民户依例出米,无米者折纳宝钞,实授茶盐流官,如不仕让封父母者,听钱谷官考满,依例升转。四川省富实民户有能入粟赴江陵者,依河南例行之。然最高之官,则皆限于从七品也。明视卖爵钱为正项收入,有河工捐例,海防捐例之类。且在景帝时,诏以边圉孔棘,凡生员纳粟上马者,许入监,限千人而止,是又捐监之始也。清中弃后尤甚,捐官与捐监两并行之。其海防捐更直与以荐简之任;后,袁世凯始奏除之。

　　三为"上供物":地方纳贡献物,自古有之,秦汉以后,更用之以奉一人之私。汉诸州岁贡土产之物,多有定制。东汉明帝,作贡尚轻;迨灵帝则遣先输中署,各为导行,天下贿成,人受其敝。东晋收蛮洞之赕物,裨国用,土贡方物则无恒法。南北朝不改其制;例如北魏,纳民间之方贡,以充仓库;收蕃人之珍物,以充王府是也。隋、炀帝浪游,严为征敛,皮革毛羽之课更甚。唐安史之乱,诸道初有进奉,以资经费;诸贼既平,朝廷无事,常贼之外,进奉不息,上焉者借固恩泽,下焉者兼为中饱。实则皆剥削自民也。至于常贡,唐宋皆无所改,而民往往求副功令,致豪商擅轻重敛散之权,此又王安石新法中,有均输法之拟耳。直至明代,一条鞭法行,始将田赋丁税土贡方物,悉并为一,计田征银,折辨于官。顾宫中市物,内使往往借采造之名,虐取财物,虽屡停辨,终未能除,则与土贡方物之扰同焉。清因之。

其他杂税,除征商税贾与筦①榷等外,较著者,如东晋,凡货卖奴婢马牛田宅,有文券,率钱一万,输以四百入官,卖者三百,买者一百;无文券者,随物所勘,亦百分收四,名为散估。历宋、齐、梁、陈皆以为常。此即后世契税之始,惟两造同输,与今异耳。北朝魏,常赋之外,杂调十五;齐杂税亦重;隋则较轻,迨炀帝时又重敛矣。唐中叶后,广收杂税之利,并有间架税,算及宅居;有除陌钱,算及偭钱;至于青苗钱地头钱,则又系加之于田亩者也。宋有经制钱,月椿钱,板帐钱等,则皆集合各种杂税而成者。其在湖南,则有土户钱,折绢钱,醋息钱,麹引钱,名色不一,各地亦如之,皆杂税也。元之其他杂税,总称曰额外课,与岁课别,盖岁课皆有额,而此课不在额中也。为名共三十有二,河泊、山场、窑冶、契本、麹酵、柴姜之类是也。明以抽分场局税竹木柴薪,河淮所收鱼课,都税所宣课司收商税;而神宗时又有矿税之征焉。清,芦课、渔课、契税、辅税、牙税、典商税、牛马税名目甚繁;其中牙税领之户部,契税属于布政司,余多由地方官征收之。

三、财货之制

自战国以后,贫富悬隔,史不绝书,似中国应早有资本社会之

---

① 筦(guǎn):筦榷,即专卖,垄断。筦也简化为"管"。

演成;顾终不然者,其最大原因,不外恤农之政固早有之,保商之策向鄙视之,故富豪产生,不世而皆衰矣。兼以筦榷之制,历代不改;均平之法,时有所行;而关津市舶之征,亦充分含有抑商轻贾之意,此又其对于商事有阻碍也。而实业亦同不振也。

(甲)筦榷　齐筦山海之利,秦有盐铁之榷;汉置盐铁官以筦(管制)其事,又禁人民酿酒,由官家榷(专卖)之;后世相承,至清末改,惟其范围则有广狭也。王莽六筦,金代十榷,皆最广者;清则仅榷盐茶,为最狭者。筦榷之设,其对特定物品之设官专营,古昔或以其与民争利为病,尝亦罢其禁,以示与民共之;顾其结果,豪贵之家乘势占夺,强梁之徒肆其兼并,且即不裕,国亦不富,于是屡废而终不得废者即此故耳。为确了解筦榷制度之内容,依下例而述其概。

先以榷盐言:汉自武帝以前,煮盐冶铁者多致大富,帝始命东郭咸阳,孔僅筦盐铁事;咸阳周行全国,设场煮盐,以起家于盐之人为盐官。人民有欲煮之者,官给其盆,敢有私者,钛左趾,没收其器物。昭帝时,盐铁之辩,朝野各有所见,桓宽盐铁论记之甚详。王莽篡汉,设立六筦;东汉再兴,废除六筦,而盐与铁皆如故焉。和帝即位,乃废榷盐并铁,但汉末曹操当国,榷盐之制复兴,历两晋南朝,皆榷盐如汉制。其在北魏,设官监卖,旋罢旋立;至永熙时,始于沧瀛幽青四州傍海之地,置灶煮盐,成为官营。北周,掌盐,掌四盐之政令;凡监盐形盐,每地为之,禁百姓取之,皆税焉。隋,开皇三年,通盐池盐井,与百姓共之。唐,盐池十八,井六百四十,皆隶度支;并有盐屯,屯皆有丁有兵;且有盐籍,业盐者姓名皆在之;中叶并置盐铁使,掌收运盐铁之税。乾元时,第五琦初变盐法,就山海井灶,收榷其盐,立监院,其旧业户及游民业盐者为亭户,免杂徭,盗鬻者论以法。及琦为诸州盐铁使,尽榷天下盐,斗加时价百钱,而税重矣。刘晏上盐法轻重之宜,以江岭去盐远者有常平盐。每商人不至,则减价以粜民,官收厚利,人不知贵,于是在通商以外,又有官鬻之法,天下利居其半焉。刘晏去位,盐法渐坏,斗增其钱至三百以上,豪贾射利或时倍之,远乡贫民因高价至有淡食者。且冒法私鬻不绝,虽巡捕之卒遍于州县,并或盗鬻池盐一石者死,或流,而无以阻其风。穆宗时,张平叔议榷盐法弊,请粜盐。韩愈以榷盐系粜盐于商,商再纳之百姓,则任何人皆输钱余官,不过与国家交手付钱,然后为输钱于官也,著论驳之,遂亦作罢。宋以盐铁使属三司使,政和以后,各路置提举茶盐司,掌摘山煮海之利。其为法也,天下盐利皆归县官官鬻,盖用唐张平叔之政策耳。通商则随州郡所宜,然亦变革不常,而尤重私贩之禁。禁榷之地,皆官役,乡户衙前,及民夫,谓之帖头。水陆漕运,称曰东盐;其通商州军之在京西者曰南盐,在陕西者曰西盐,各有经界,以防侵越。初,陕西颗盐,官自搬运,置务拘卖,仁宗时,范祥始为钞法,令商人就边郡入钱四贯八百,售一钞,至解地,请盐二百斤,任其私卖,得钱以实塞下;是为宋代盐钞之始,而又后世盐引之所承也。金之榷货有十,而盐居首,鬻盐以引,行引以界,惟近盐场之地,计口定课,岁课所入,最多时达一千七十余万贯。元盐行引法,重四百斤为一引,税十两,后改收钞,初仅九贯,旋递加而至一百五十贯。凡伪造盐引者斩,籍其家产付告人充赏;犯私者徒二年,杖七十,籍其财产之半,有首告者,于所籍四分半赏之。行盐各有郡邑,犯界者减私盐罪一等。其设官则以置都转运盐使司于两淮两浙等处为著,明清皆因之。明,诸产盐地皆设都转运盐使,或盐课提举;盐仍以引行焉。并有所谓中盐者,则招商输粟于边,按引支盐之谓也。清盐务所榷之税有三,皆由盐运使或盐法道主管之。一曰灶课,为盐灶盐田之地税灶丁所纳者。一曰引课,招商就灶买盐,捆包与售,按引抽其正课加课,故又谓之商课。一曰杂课,如盐厂房租赃罚帑息之类是。其后又有盐厘者,转运所至之处,挂号过掣,设卡盘查,按包抽厘,置运同运判以掌之。凡盐以二百四十斤至五六百斤为一引,盐商须领引券,始可纳税向盐户购盐,故盐称引盐,商称引商,课称引课;而销盐之地则称引地。引商既承认特定地域之引税,在其地界内,则在专卖之权;其已纳引税之盐,曰官盐,未纳者曰私盐。甲引地之盐阑入乙引地销售者谓之占销,或在自己引地而销运逾额者,皆作私盐论。山东浙江两淮等处,则盐引盐票并行,由部印颁者为引,由盐政填给者为票,实皆政府关于盐之专卖权,招商缴价承包之办法而已!

次以榷钱言:在昔以盐铁并举,唐宋皆有盐铁使之设,则其同为重视也可知。顾铁之榷也,元以后,则已去其禁矣。汉武帝时,民敢私铸铁器者,与私鬻盐者同罪;王莽则笼铁之外,铁布铜冶亦及之。魏晋迄隋,铁禁甚弛,《魏书》所载北魏之铸铁为农器兵刃,在所有之,而其证。惟采金采银之事,则见其时,并置银官,常令采铸。唐,银铜铁锡之冶一百六十八,韩洄建议山泽之利,宜归王者,故自德宗时,各冶皆隶盐铁使。宋盐铁使主掌天下山泽之货等事,分置七案,铁案其一,掌金银铜铁朱砂白矾绿矾石炭锡鼓铸之类。凡金银铜铁铅锡监冶场务二百有一。五代及宋皆榷矾,设官典领,有镬户鬻造入官市;私贩者如律治罪。金铁丹矾锡皆榷,至于金银坑冶,许民开采,二十分取为一税。元,不榷铁,惟关于山林川泽之产,若金银珠玉铜铁水银朱砂碧甸子铅锡矾硝碯之类,则有岁课,岁课云者,因土人呈献而定其岁入之课而已!明亦不榷铁,惟关于金银铜铁铅汞朱砂青绿等,则课以税;并有特设之铁冶所及铜场耳。清同然。盖铁之榷也,汉最严厉;后世虽将铁之范围推广,而所限则极通融,故以坑冶附入论之。

又以榷酒言:汉初,有酒酤之禁;律,三人以上无故群饮者,罚金四两。文帝亦诏戒为酒醪以靡谷。武帝天汉三年,初榷酒酤,禁民酤酿,官独开置取利。昭帝虽从贤良文学之士,罢酒酤;但仍令民以律占租,卖酒升四钱;故民之卖酒者,必以其所得利,占而输以税,占不以实,则论如律。王莽篡汉,令官作酒以卖;且尝于每郡置酒士一人,以督察酒利。东汉酒酤罢禁,但魏晋南北朝皆榷之。隋、开皇三年,罢官置酒坊,而解其禁。唐初,无酒禁,民置肆以酤者,每斗税百五十钱,盖已输半于官矣。肃代两朝,以年饥屡禁酤酒。德宗建中三年,初榷酒,禁民酤,置肆酿之,斛收直三千,州县总领醨薄,私酿者论其罪。此外有数处则并榷麹。五代麹税更著,民买官麹,不得私造麹,则与民争锥刀之末矣。宋诸州城内,皆置务酿酒,县镇乡间,或许民酿,而定其岁课,若有遗利所在,多请官酤;三京官造麹,听民纳直以取。其后,兼行扑买之法,酒课召商承买,初仅悬有定额,由商自己承认;旋又易为承买者自己估计,择其估价高者与之,则又清代认捐包厘之类也。至于赵开在蜀,就旧场务设槽,令民以米入官自酿,而收其税,谓之隔酿法;初不过纾一时之急,其后行之诸郡,终不可废。金亦榷酒及麹。初榷酒,尝设军百人,隶兵马司,同酒使副合千人巡察,虽权要家亦许搜索,而防私酿;后,天下院务依中都例,改收麹课,而听民酤;且有由民承课卖酒者。元酒课仍为国赋之一,设场办课,以各州府司县长官充提点官,其课额验民户多寡定之。私造者,依酒曲醋货条禁治罪。明清酒虽有税而不禁酤,且税额亦不若唐宋之苛欲也。

再以榷茶言:唐德宗时,始税茶,前未之有也。盖德宗会纳赵赞议税天下茶漆竹木,十取一,以为常平本钱。后虽罢免,则又因张滂奏水灾减税,国用须储,复税茶,岁得钱四十万缗。穆宗时,两镇用兵,帑藏空虚,王播建议增税,率百钱增五十;后又置榷茶使,徙民茶树于官场,焚其旧积者。且茶商所过州县,既有重税,并增以塌地钱,或剩茶钱。其私运及园户私鬻至一定斤两者皆论死,民颇受其扰。至于番人嗜乳酪,不得茶则困以病,宋明之以茶易马,用制羌戎,唐已开其端,此或唐之所以首税茶,并进而榷之之一诱因也欤!宋榷茶之制,择要会之地,为榷货务六;京师虽有榷货务,但止交钞往还而不积茶。凡制茶之园户,除输定额之茶,以代租税,称曰折税茶外,余则官悉市之。其售于官者,皆先收钱而后入茶,谓之本钱。其淮南十三处,则官自为场,置吏总之,谓之山场。时天下茶皆禁,唯川峡广南,听民自买卖,但不得出境。凡民茶折税外,匿不送官,及私贩鬻者,没入之,计其值论罪。太宗雍熙后用兵,切于馈饷,令商人入刍粟于边,或入钱于京师榷货务,由官给以钞于江淮取茶。再后又令商人专以现钱买茶,官亦以现钱买刍粟,于是停给茶户本钱,使其与商人直接交易,而输息钱三十有一于官,谓之贴射;若岁课贴射不尽,或无贴射者,则官市之。蔡京出,又行榷法,由官制长短引,卖之商人,而听其自买于茶户,则又茶引之所始者。金,其茶除宋人岁贡之外,皆得自宋之榷场,后以费国用而资敌,遂命设官制之。泰和五年,罢造茶之坊,并限七品以上官,其家方许食茶,仍不得卖及馈献,不应留者,以斤两立罪赏。宣宗元光间,更限亲王公主及现任五品以上官素蓄者存之,余人并禁之,犯者徒五年。告者赏宝泉一万贯。元茶有长引短引之制,以三分取一。长引茶一百二十斤,收钞五钱四分二厘八毫;短引茶九十斤,收钞四钱二分八厘,初皆由榷司掌其事;天历二年则归诸州县主之。明以西陲籓篱,莫切于诸番,番人恃茶为生,故严法以禁之,易马以酬之,借制番人之死命。沿边设茶马司三,掌茶马之出纳,稽私茶之阑出;其后又设茶马御史,巡察茶亭。凡商人于产茶地买茶,纳茶请引,别置由帖给之,无由引及茶引相离者,人得告捕。置茶局批验所称较,茶引不相当,即为私茶,犯者与私盐同罪;私茶出境与关隘不讥者并论死。其引有腹引边引之别,然所重者,则以茶马之易为主耳。清因明制,茶亦榷之,但至后期,内地茶引无形废止,惟西北边地尚沿用也。

并以榷香榷醋为言:宋之经费,茶盐矾之外,惟香之为利博,故南宋亦以官为市焉。各地乳香,由国家抽买,取赴榷货务,打套给卖,陆路以三千斤,水路以一万斤为一纲。金对于香亦榷之。至于醋之榷也,始于金大定初,以国用不足,设官榷之;后罢。明昌间又榷;后又罢。承安间复榷,五百贯以上设都监,千贯以上设同监一员。元,醋课与酒课同一法例。至元二十二年始诏免农民醋课,并罢上都醋课。其间,醋课一度并入盐运司,或茶运司,后仍令有司办之。

(乙)均平　不患寡而患不均,既为中国向来之传统思想,故均平之制,时亦见于中国以往之经济立法。《周礼》有司市,以陈肆辨物而平市,以政令禁物靡而均市。魏李悝始创平籴,岁熟则敛粟而籴之,岁饥则发粟而籴之;《史记》所谓"平籴齐物,关市不乏"者是。虽历代所用之方法不尽一致,而其目的,则皆不外通货贿而饶国用,救灾荒而裕民食,制物价之低昂,抑豪商之垄断而已。兹仅举其要者,例示之。一为汉武帝之行均输平准法也。武帝用桑弘羊策,于各郡国置均输官,令远方各以其物贵时,商贾所转贩者为赋,而相灌输。置平准于京师,尽笼天下货物,贵则籴之,贱则买之,使万物不得腾踊,于是富商大贾,无所牟其大利。一为晋武帝之拟行平籴法也。晋武帝时,谷贱而布帛贵,拟立平籴法,用布帛市谷,以为粮储。盖谷贱而上不收,贫弱困于荒年而国无备,豪人富商,挟轻资,蕴重积,以管其利,而农夫苦矣。故有是诏,惜事竟未行也。后魏亦行平籴法,令各官司籴贮,俭则出籴,至于汉宣帝以后,迄于明清,所设之常平仓,其主要目的固在备荒救农,而非尽以抑商为主,顾仍以籴粜为其方法,而含有均平之意也。一为宋神宗之行均输市易法敢。宋依前代之例,人民除担负租税而外,仍以土产充贡,岁有常数而多仰于商贾,以副功令。神宗用王安石策,凡籴买税敛上供之物,皆得徙贵就贱,用近易远,所当供办者,得以从便变易,蓄贮以待上令,是为均输法。又以天下商旋货物,多为兼并之家所困,遂取内藏库钱帛,选官于京师,置市易务,以免富商大贾之操纵,是为市易法。京师置市易务后,并于各路置市易司,而旧有之商税院,杂买务,杂买场胥隶之。

（丙）关市　古代,关市讥而不征,孟子之言可考也。战国,商业发展,征商始行。《周礼》所载廛人掌市肆之税,司门为货贿之征,司关掌关卡邸舍之赋,或系参照战国间事而拟定者。降自秦汉,课商虽重,而关市之征不著。自晋迄唐,令有关市之目,惟皆详不可考。唐中叶后,内地设关既繁,对外贸易又立市舶之制。用举其要焉。

先以关津言:魏文帝时,徙弘都尉治武关,税其出入,以给关吏卒食,此关税也。晋石头津、方山津,设官检察,其荻炭鱼薪过津者,并十分税一以入官,此津税也。淮水北有大市百余,小市十余,大市备置官司,税敛既重,时亦苦之,此市税也。北魏明帝税市人出入者各一钱,店舍分五等,收税有差。齐末,颜之推奏请立关市邸店之税,后主以其所入,供御府声色之费,军国之用不豫焉。周亦有人市之税,隋则尽免之。唐自中叶后,州县置收税之机关,称之曰务,藩镇多便宜从事,擅其征利。五代诸国益务掊聚财货以自赡,征算尤繁。宋州县亦皆置务,关镇间仍有之,大则专置监临之官,小则以令佐兼领。行者赍货谓之过税,值千算二十;居者市鬻,谓之住税,值千算三十。所税之物及其税额,亦因地不同,皆书而揭示之。应算货物,藏匿而为官捕获者,没其三分之一,以半畀捕者,贩鬻而不由官路者罪之。金亦有关税商税,惟大定二年,则罢诸路关税,止令讥察。元关市之征同繁。明关市之征,初务简约,后亦增置渐多。行赍居鬻,所过所止,各有税,其名物件析榜于官署按而征之;惟农具书籍及他不鬻于市者不算。其课为三十而取一,由都税所,宣课司等主之。迨宣德至嘉靖中,因钞法不通,常增加税额,并新设税目,以收钞;于是前后设钞关十二处。凡舟船受雇装载者,计所载料多寡远近纳钞,谓之船料,每船百料,纳钞百贯,钞关之名始此;清因之,遂为重要之税源。清常关虽不复纳钞,犹袭钞关之名。向归户部及工部掌管,后虽渐有删并,然存者尚不少,如北京之崇文门,山西之杀虎口,陕西之潼关,安徽之凤阳,江苏之由扬、淮安等关皆是。此外洪杨之役,并有厘金之设,关卡密布,妨害商运,则又晚清之一大秕政也。

次以市舶言:此系关于对外贸易者。自汉初与越南通关市,而互市之制行焉。后汉通交易于乌桓、北单于、鲜卑;魏徐邈修武威、酒泉盐池以收虏谷,并交通西域,而使财货流通;北魏立市易于南陲;隋、唐通贸易于西北,皆其续也。然对外贸易有其定制,则始于唐。唐开元定令,载其条目;且既有互市监之设,又有市舶使之官,皆所以掌蕃国交易之事也。外人之来中国者,所居地曰蕃坊;依唐律,凡外人之自相犯者,各依其本俗法;异相犯者,以法律论。则其时互市之盛,可推而知。宋于东南设市舶司,广州、杭州、泉州皆有之,华亭则置市舶务,专主对外贸易及抽税,为今日海关制度之先声。凡出海为贸易者,须向市舶司请给官券;外商舶至,须受验抽税,欲入内地者亦须请券。其税十取其一或二不等,香药宝货,须先与官为市,余听市于民,为利颇厚。至私与外人贸易者,则论罪或黥面发配。于辽夏及金,则设榷场以互市,或为条约上之义务,或借此以图抚驭,意则不在牟利,然亦严禁民商之私相交通。金,亦设有榷场,为对宋、夏互市之处,置官主之,但以和战关系,增废不一,所列货物,亦皆因情势而取缔之。元于泉州等处立市舶司外,并设上海市舶司。交易之货以十分取一,粗者十五分取一,或收税,或用抽分之法。每岁招集舶商,于海外贸易,次年回帆,必著其所至之地,验其所易之物,给以公文,为之期日。时客舡自泉福贩土产之物者,同亦征税。惟番货双抽,土货单抽,则隐有保护税则之意。至元二十一年,官又自具船给本,选人入番买易,所得之利,官取七而商取三。凡权势之家,皆不得用己钱入番为贾,犯者罪之,仍籍其家产之半;其诸番客旅就官船买卖者依例抽之。明市舶司掌海外,诸番朝贡市易之事。凡外国商船必称朝贡,乃许其兼营贸易,而由市舶司监督之。西洋诸国琉球、占城诸国,任其时至入贡,惟日本叛服不常,独限其期为十年,人数为二百,舟为二艘。嘉靖间,因倭寇之祸,遂严海禁,此后市舶司之或置或废,皆无一定。清初,废市舶司,于康熙中,始设江粤浙闽四税关,委商人经理,取税殊苛,外人苦之,遂为五口通商之远因。道光末,与英人订约,遂称旧有之关曰常关,新设之关曰新关,或洋关;因有在海口者遂又曰海关。其后沿江沿海陆,屡增开商埠,设关榷税,为数共十。其管理关税也,多以外国人任之,总其事者曰总税务司;政府为挽回税权计,乃于其上,增设税务大臣以统治之。

四、钱币之制

《通志》谓自太昊以来有钱,《通考》从之;实则《汉书·食货志》已云"金钱布帛之用,夏殷以前,其详靡记",太昊高阳之用金,有熊、高辛之用货,自无其事也可知。《春秋》所载,除自昭公以后,其前颇少用金属货币之痕迹,且至汉代,实物交易之习惯犹盛,是货币制度之确定,或始自春秋之末叶。大抵最初货币,当为贝壳,财货从贝,即此故也。五贝排贯,名之曰朋,易有十朋之言,诗有百朋之语,犹之后世缗贯云耳。渐后应用日广,实贝不给,始有以铜仿制者,所谓蚁鼻钱者,重十二铢,或为金属货币之始。再进则仿制为刀形或农器形,为交易之媒介,称之为刀为钱,故"钱"之云者,原为小农器名,若今之铲而已!最后演变,成为圆周方孔之形,仍沿钱之旧名,而珠玉黄金或兼用之,故称古代货币有三品焉。此种情形,齐最发达,而商业亦极繁盛,史称太公立九府圜法,钱圆函方,轻重以铢,行之于齐;管仲相桓公,通轻重之权;纵非太公、管仲之事,当必有其所本,不尽皆为无据。至于《周礼》所载"凡卖价者质剂焉,大市以质,小市以剂";如非汉人之理想,则亦战国间事,盖其进都市兴起,商业发达,或偶有信用交易之举,著者据而为说,则又后世言钞法者之所宗也。

(甲)**钱法** 铜之为币,为时最早,且居本位最久,至清季乃列为辅币。金银历代或废或用不一,其用之者多为生块,清始铸银币,而开银本位之先。铁币、锡币,在汉代偶一用之,其后除锡币

外,铁币则沿至五代宋初犹用,此其大较也。至于历代钱币名称形质,钱谱详矣,不为备举。兹仅就其变迁著者言之;

秦并天下,币为二等,黄金以镒计量,为上币,高祖初赐张良金百镒,尚秦制也。铜钱质如周钱,文曰半两,重如其文,为下币。珠玉龟贝银锡之属,为器饰宝藏不为币,然各随时而轻重无常,盖民间仍用之为易中耳。汉兴,以斤名金,因秦钱重难用,更令民铸"筴钱"。高后时,行铁钱,即"八铢钱"也。顾在其间,尝有钱律之设,铸者惟以铜锡为钱,敢杂以铅铁为它巧者,其罪黥。文帝时,既以筴钱益多轻,更铸"四铢钱";复废钱律,使发放铸。于是吴诸侯也。以即山铸钱,富埒天子,邓通大夫也,以铸钱,财过王者;故吴、邓之钱布天下,铸币权最不统一。降至武帝时,钱益多而轻,物益少而贵,乃作皮币及白金三品,以为救济。旋又命县官铸"三铢钱",并严盗铸之禁,犯者罪皆死。既而又以三铢钱轻,轻钱易作奸诈,遂又令郡国铸"五铢钱",周郭其质,令不可得摩取镕。顾郡国铸钱,民多奸铸,钱仍多轻,又令京师铸官赤仄,一当五赋,官用非赤仄不得行,其后又废。乃悉禁郡国无铸钱,专令上林三官铸之,官用非赤仄不得行,其后又废。乃悉禁郡国无铸钱,更令上林,三官铸之。天下非"三官钱"不得行,前所铸者皆废,输其铜三官。至是铸币权始归统一,而五铢钱行世亦久,轻重之论较定,至平帝元始中,成钱二百八十亿万云。王莽居摄,更造大钱,重十二铢;又造契刀错刀。即真后,罢旧钱,更作金银龟贝钱布之品,名曰宝货。计金货一品,银货二品,龟宝四品,贝货五品,钱货六品,布货十品。钱布皆用铜,杂以连锡,文质周郭,皆仿汉五铢钱;其金银与它物,杂色不纯好,龟不盈五寸,贝不盈六分,皆不得为宝货。然制度屡改不定,而人民挟五铢钱者,则逐放之,人民颇以为苦。光武中兴,罢莽泉货,复铸五铢钱,天下称便。章帝以后,因物贵钱贱,不复铸钱,而得其平。献帝时,董卓坏五铢钱,更铸"小钱",谷一斛至钱数百万。魏武罢小钱,还用五铢,谷贱无已。文帝又罢五铢钱,使百姓以谷帛为市。明帝时,因谷帛之用,巧伪渐多,或竞湿谷以要利,利薄绢以为市,虽处严刑而不能禁,乃更立五铢钱,至晋用之不闻有改。晋南渡后,用吴旧制,大钱一当五百,或一当千,轻重杂行。吴兴、沈充又铸小钱,谓之"沈郎钱"。安帝时,桓玄辅政,又一度欲废钱用谷帛,孔琳之反对,遂罢其议。刘宋,钱法更乱;造"二铢钱",形式既细,尤轻薄者谓之荇叶。南齐又放民私铸,一千钱长不盈三寸,谓之"鹅眼钱";再劣者谓之"綖环钱",入水不沉,随手破碎,十万钱不盈一掬,斗米一万,商贾不行。梁初,唯京师及三吴、荆郢江湘梁并用钱,其余州郡则杂以谷帛交易,交广之域全以金银为货。武帝铸五铢钱,除其肉郭者为"女钱",二品并行,而古钱则百姓私交易焉。嗣又尽罢铜钱,更铸铁钱,于是因铁贱易得,并皆私铸,物价腾贵,交易者以车载钱,不复计数,而唯论贯。顾钱陌之数仍非足额,末叶竟以三十五为百云。陈承梁乱之后,铁钱不行。而两柱钱鹅眼钱则杂用之。后铸五铢,一当鹅眼之十,旋又铸"大货六铢",与五铢并行,人皆不便,遂又废六铢。其岭南诸州,多以盐米布交易,俱不用钱。北朝、魏太和间,始诏民用钱,有太和钱及五铢钱,其后又有永安钱,不禁古钱之用,及民之铸造。河北诸州,旧少钱货,则犹以他物交易耳。齐,迁邺以后,百姓私铸,体制渐别,遂又各以为名;冀州之北,钱皆不行,交易者则绢布焉。周铸布泉之钱,以一当五,与五铢并行,梁益则杂用古钱,河西或用西域金银之钱,而官不禁。其后又铸"五行大布钱",以一当十,并禁其出入四关。凡私铸者绞,从者远配他处。

隋以天下钱货轻重不等，更铸新钱，文曰五铢，钱一千，重四斤二两。凡前代旧钱均禁使用，县令不禁者夺半年禄。但新钱行后，奸狡渐次磨鑢钱郭，取铜私铸，又杂以锡钱，递相仿效，钱遂轻薄。京师及诸州邸肆之上，皆令立榜置样为准，不中样者不入于市。其后又令有司括天下邸肆钱非官钱者皆毁之，其铜入官，私铸颇息。但在大业后，其法又坏，私铸复起，每千钱轻至一斤，或剪铁鍱，裁皮糊纸以为钱，相杂用之，货贱物贵以至于亡。唐武德四年，铸"开元通宝"，十钱一两，千钱六斤四两，得轻重大小之宜；仍依隋制，置钱监于洛、并、幽、益等州。秦王齐王各赐三炉铸钱，裴寂亦赐一炉，敢有盗铸者，身死，家口配没。然私钱犯法，仍不能禁，舟筏铸于江中者有之。置炉铸于深山中者有之。于是取缔恶钱之策，首则令官私为市取，以五恶钱酬一好钱，继又以好钱一文买恶钱两文；然百姓则以恶钱价贱，私自藏之，以侯官禁之弛，弊仍不息。再则诏巡江官督捕载铜锡，过百斤者没官；又命东都粜米粟，斗则纳恶钱百，少府司及毁之，亦未能革其风。中叶以后，盗铸益多，官炉钱又多毁于制器，因之屡有禁用铜器之令，农交易得参用布帛之事云。

宋钱有铜铁二等，而各行之有界，铁钱主用之域为蜀，不得任意出境，铜钱则阑出江南塞外及南蕃诸国者，亦各有罪。然自神宗后，铜禁废弛，出国日多，一时酿成钱荒之患，最后又严禁焉。因铜铁并用，宋之钱法，益为复杂，而因地因时异制矣。其钱之品，有折二、折三、当五、折十；随时立制，亦各不同。行之久者唯"小平钱"耳。夹锡钱最后出，钱法更坏不可收拾。初，太祖铸铜钱曰宋通元宝；太宗改元太平兴国，更铸太平通宝，淳化更铸淳化元宝，自后每改元，必开铸，是为年号铸于铜钱之始。

辽以土产多铜,乃造钱币,府库积钱,久用不穷;并禁诸路不得货铜钱,以防私铸,又禁铜铁卖入回纥,法亦严备。至于因改元而易钱名,辽同然。其末年,因经费浩穰,鼓铸仍旧,而国用始不给焉。金初用辽宋旧钱,虽刘豫所铸,豫废亦兼用之。正隆而降,始议鼓铸。民间禁铜,甚至铜不给用,渐兴窑冶;其民用铜器不可阙者,皆造于官而鬻之。久而官不胜烦,民不胜病,乃听民冶铜造器,而官为立价以售。其对钱之流布也,初恐官库多积钱,不及民,立法广布;继恐民多匿钱,乃设存留之限,开告讦之路,犯者绳以重罚,卒莫能禁。州县钱艰,民间自铸私钱,苦恶特甚,乃以官钱五百易其一千,其策愈下。及改铸大钱,所准加重,百计流通,卒莫获效。于是济以铁钱;铁不可用,权以交钞;钞至不行,权以银货;银弊又滋,最后遂罢铜钱,专用交钞银货,而其弊更甚于铜钱也。元交钞宝钞虽皆以钱为文,而钱则弗之铸也。武帝尝一行钱法,立资国院泉货监以领之,但翌年仁宗复下诏罢之。迨顺帝至正十年,始又再兴钱法。至于生银之用,宋金已开其端,元世祖又从杨湜言,以库银为元宝,每银五十两,易丝钞千两,银之以"元宝"称,自此始也。

明在初期,钱钞并用,禁止金银物货交易;其后钞不通行,钱亦大壅,而又以银为贵矣。先就钱言之:各地设有宝泉局或宝源局铸钱,制凡五等,当十当五当三当二当一;当十重一两,当一重一钱,私铸者禁。每易一帝,多铸新钱,世宗时又补铸累朝未铸者。历代旧钱初兴"制钱"通行,制钱云者时之国朝钱也;神宗初,古钱只许行民间,输税赎罪,俱用制钱。启祯时广铸钱,始括古钱以充废铜,民间市易亦摈不用。于是古钱销毁顿尽,自隋世尽销古钱,至是凡再见云。再就银言之:金银交易,洪武中屡申其禁,惟易钞者听。

成祖时,犯者以奸恶论,后免死,改戍边。宣宗时,因民间交易仍重金银,钞滞不行,益严其禁,交易用银一钱者,罚钞千贯。英宗即位,收赋有米麦折银之令,始弛用银之禁;孝宗以后,各钞关皆改折用银,进而制钱价值又以银为其标准。上品钱七百当银一两,其余或一千,或三千当银一两;银本位渐露其迹,惟所用者仍系铸成元宝或马蹄银。末年西班牙银圆输入,始有银币,而非国家之制也。清,仿明钱法,主用制钱,而以银辅之。末叶始造银圆,而以铜币辅之。就钱而言:历朝皆铸新钱,冠以年号;私铸杂以铅砂,质劣簿,于是有大钱小钱之别。民间用钱,多搀小钱于大钱之中,而顺治康熙钱,复被私毁,改铸铜器者甚伙,钱法日坏;并患钱荒。光绪间,广东始铸铜圆,各省仿行,有当一当二当五当十当二十各种,惟当十行用最广。产额日多,价格日贱;前之患钱荒者,兹又患其滥,物价因之益昂。就银而言:由炉房以生银铸成种种形式,统称为"银两"。银两之使用,其淆乱莫过于平色之差。平为银量之轻重,色为银质之高下,凡买卖兑换一切出入,必须兼计平色,奸商遂借以为利矣。且平之种类名目,亦极繁杂。大抵海关收税所用者,曰关平,其重率载在通商条约,其一两约合库平一两又千分之十三;故各海关尚称一律。部库及北方诸省官司出纳所用者曰库平,其一两约合关平九钱八分七厘二毫;然中央与各省同为库平,则亦不无参差。江南浙江诸省,因征收漕银所通用之平,曰漕平,约合库平九钱八分;至于当地普通公用之平,则曰市平,彼此轻重不一,更无论矣。通商以后,墨西哥银圆继西班牙银圆而输入,因其携带便利,遂流行市廛,渐夺银两之席;兼以生银逐年输出,咸同间,银价涨至一倍以上,由是银日少而日贵矣。光绪间,鉴于墨西哥银圆之流行,乃自设局,仿其重率铸之,以为抵制。当时定其制为五等,但实行铸造者,惟一圆,二角,一角之币而已！自银圆制行,海关增税则仍沿旧制,通商大埠又多存两之名,于是末年,曾拟改定大银币为一两重,次者五钱,小者一钱,或五分,皆按库平银铸造,俾与银两相辅而行。但其制未见实行,于是废两改元之问题,至民初,尚未即能成功。

（乙）钞法　中国钞法之所始,皆推《周礼》之质剂。但质剂者,乃贸易之券契,郑玄谓大市人民马牛之属用长券,小市兵器珍异之属用短券,长券为质,小券为剂;此当然为证券之一种,而非即是后世之钞也。后世之钞虽兴于宋,而唐之飞钱实其滥觞,兹依次言之。

先以唐之飞钱制言:唐宪宗时,商贾至京师,委钱诸道进奏院及诸军诸使富家,以轻装趋四方,合券乃取之,号"飞钱"。此种飞钱颇类今日之汇票,此地之钱得执券至彼地取之,宋之交子,即系仿其意而为之也。然宋时亦尝兼行飞钱之制。太祖时,取唐飞钱故事,许民入钱京师,于诸州便换。其法:商人入钱左藏库,先经三司投牒,乃输于库;开宝三年,置便钱务,商人入钱诣务陈牒,即辇致左藏库给以券,仍敕诸州凡商人赍券至,当日给付,违者科罚。太宗至道末,商人入便钱一百七十余万贯,真宗天禧末,增一百一十三万贯。哲宗时,商旅愿于陕西内郡入便铜钱,给据请于别路者听。"更钱"云者,言取钱便利也。实则唐之飞钱,宋之便钱,皆通考所谓飞券之属耳。

次以宋之交会制言:真宗时,张咏镇蜀,患蜀人铁钱重,不便贸易,乃设楮券,以三年为一界而换之,名曰"交子"。其始令富民十六户主之,后富民赀稍衰,不能偿所负,争讼不息。仁宗时,乃置交子务于益州,发行交子,私造有禁,始成正式之纸币矣。神宗时立伪造罪如官印文书法,并诏行于陕西,其后旋置旋罢。徽宗时,更交子名为"钱引",通行各路,惟闽浙湖广不行;四川交子务亦改为钱引务。南宋,高宗绍兴元年,有司因婺州屯兵,请椿办合用钱,而舟楫不通,钱重难致,乃造"关子",付婺州,召商人入中,执关子于榷货务,请钱,愿得茶盐香货钞引者听。其后又广造关子,行于诸路。末年,帝又命钱端礼造"会子",储见钱于城内外流转,其合发官钱,并许兑会子,输左藏库。旋诏会子务隶都茶场,又定伪造会子法。会子初行止于两浙,后通行于淮浙湖北京西。除亭户盐本用钱,其路不通舟楫处,上供等钱许尽输会子,沿流州军钱,会子半,民间典卖田宅马牛舟车等如之,全用者听。孝宗时,于一千文会子外,更造五百文,三百文二百文会子,直视之代易钱币,其用益广。且虑会子病民,既出内库及南库银一百万收买,使无壅塞,以保均衡;复造新会五百万,换取旧会之破损者,损会贯百钱数可验者,并作上供钱入输,或与兑换,巨室以低价收者坐之。盖交会初行,无非以钱重而制楮,欲暂用而即废,顾流落民间,遂同现镪,此孝宗之所以维持会子信用之甚殷也。然在光宁以后,官府则又因钱乏而制楮,肆意滥发,籴本以楮,盐本以楮,官俸军饷亦以楮,州县支给更无往而非楮;楮愈多而愈贱,官中亦无钱收买,以平其价,兼以纸质不讲,伪造日滋,于是上下交困,衡平无策,遂成为病民之事。

又以金之交钞制言:金以钱币之坏,权用以钞,因行之于交易,故称"交钞",以示别于钞引,故分设两库,各有使副判都监等掌之。印一贯二贯三贯五贯十贯者谓之小钞;一百二百三百五百七百者谓之小钞,与钱并行。初犹循宋张咏四川交子之法,以七年为限,纳旧易新;后令民得常用,若岁久字文磨灭,许于所在官库纳旧换新,或听便支钱,交钞字昏倒换法始自此。凡伪造者斩,告捕者赏钱三百贯,见于钞文。然收缩无术,交钞弊兴;在官利用大钞,而大钞出多,民益见轻,在私利得小钞,而小钞入多,国亦无补。于是禁官不得用大钞,已而恐民用银而不用钞,则又责民以钞纳官,以示必用。及不得已,则限以年数,限以地方;公私受纳,限以分数;由是民疑日深。其间尝易交钞为"宝卷",行之未久,而千钱之券仅直数钱,又作"通宝",准银并用,初则四贯为银一两,后则降为八百余贯,复易之为"宝泉",而跌价如故;更继之织绫印钞,名曰"珍货",珍货未久,复作"宝会",讫无定制,而金祚终矣。

再以元之宝钞制言:中统元年造交钞,以丝为本。是年又造中统"元宝钞",其文以十计者四,以百计者三,以贯计者二;每一贯同交钞一两,两贯同白银一两。又以文绫织为中统"银货",其等为五;每一两同白银一两,而银货则未及行云。至元十二年又添造"厘钞",其例有三,既而作罢。二十四年又作至元"宝钞",自二贯至五文,凡十有一等,与中统钞并行。至大二年以物重钞轻,又造至大"银钞",自二两至二厘,凡十有三等。大抵至元钞五倍于中统,至大钞又五倍于至元;但未及期年,仁宗即位,又以倍数太多,轻重失宜,诏罢银钞,而中统至元两钞,终元之世则常行焉。钞之印也,初为木版,至元十三年始用铜印。各路设有回易库,钞之昏烂者许倒换新钞,除工墨三十文,倒钞之焚毁,有官司监临。如贯百分明有破损者亦令行使,违者罪之。其伪造宝钞者处死,首告者赏钞五锭,仍以犯人家产给之,其法为至善。但以后回易库停闭,伪造者伙;而末年国用不给,每日印造不可数计,价值更低,人视之若弊楮矣。

并以明之宝钞制言:明初置局铸钱,责民出铜,颇近烦扰;而商贾转运,多视为不便。乃于洪武七年设宝钞提举司;翌年诏中书省造大明"宝钞",命民间通行;后中书省废,铸钱属工部,造钞属户部。宝钞凡六等,一贯,五百,四百,三百,二百,一百。每钞一贯准钱千文,银一两;四贯准黄金一两。凡商税课程,钱钞兼收,钱居其三,钞居其七,交易在百文下者止用钱。钞用久而昏烂者,有倒钞法,令所在置行用库,许军民商贾以昏钞纳库易新钞,量收工墨。伪造者斩,告捕者赏银二十五两,仍给犯人财产。仁宗时,罢行用库;民间重钱轻钞,钞滞不行;至宪宗时,钞一贯不能值钱一文,直成废纸。

清初一度行钞,旋即废止,专用制钱,以银辅之。其间虽有票号发行票据,而与钞票则不尽同。惟外国之纸币因通商故,则亦行于通商口岸及沿海各省耳。末年,设立大清银行,交通银行,皆有发行纸币权,自是始进于现代纸币制度之列焉。

第三编　后论

第一章　礼刑合一

中国固有法系之创始,不能不归功于法家,中国固有法系之形成,不能不推重于儒家;法家造就其体躯,儒家赋与其生命也。缘法家以法为目的,特别重刑,而以霸道出之。儒家以礼为规范,积极于化,而以王道任之。刑礼分庭,刚柔对立,此最初之不同道也。迨晋国赵□正法罪,郑国子产铸刑书,魏国李悝著法经,商鞅受之以相秦,改法为律,而使法得其势,创立律统。儒家对此既成事实,莫可否认,乃改弦更张,视法律为道德而服役,不过礼治之工具而已! 于是出礼入刑之论,明刑弼教之说,由是而起矣。刑罚之目的并非"以杀止杀",本身即为目的,而系"刑期于无刑",另有礼治德化之目的在焉。此中国固有之中心人物,世皆称孔子,而不称悝鞅或申韩也。惟刑与礼之发展毕竟如何,前虽提及,但此问题除礼刑合一之结论外,并蕴藏法与刑,法与礼之演变情形在内,故不惮其烦,再分别及之。

一、法与刑

法家之崇法尚刑,原非纯然自我作古,而实有其所由也;盖法之本义即为刑耳。儒家之出礼入刑,亦非屈服于刑,而实有其所见也;盖法之别义又为常耳。法家知之,而狃于习不改,致使法以刑为主,不能扩大法之范围于刑事法以外。儒家知之,而符其意乃用,致使礼取法而代,不能开拓法之领域于民事法以内。此有所退,彼有所取,退而偏于一隅,取而另成一途,此中国固有法系之进展所以不同于其他法系者也。然则法之本义为刑,法之别义为常,又若何乎?

(甲)法的本义为"刑"而原于"兵" 任何民族之法的起源,皆先有刑事法,而后民事法,中国自难外此通例。就法字之古字而观,说文作灋,解曰"刑也,平之如水,从水,廌所以触不直者去之,从廌去"。可知法字一面具有求平之意。一面则指刑罚而言。盖廌即解廌,据《说文》云,"兽也,似山牛一角,古者决讼令触不直"。张楫曰"解荐似鹿而一角,人君刑罚得中,则生于朝廷,主触不直者",所以《尔雅·释诂》遂即以灋释廌,显示法刑之关系。此因为初民并无律文决定是非曲直,惟取决于无意识之事物,"廌所触不直者去之"云云,即成为灋字之构成部分。《易·蒙卦·象传》亦云"利用刑人,以正法也",法与刑之关系更为显然。无非由于初民社会事情简单,除祭祀斗争以外,其当务之急,即系对于破坏秩序者,用刑罚加以制裁,此乃法之所由起也。法既因刑而起,当然以刑为义,不必深求,亦能推知。法既为刑之另一名词,刑又从谁而创立?据《事物记原》卷十称:"尚书吕刑曰,蚩尤作五虐之刑曰法,至舜乃命皋陶作五刑也,世本曰伯夷作五刑误矣,《吕氏春秋》又谓皋陶作刑也"。近人亦据吕刑原文"苗民弗用灵,制以刑,惟作五虐之刑曰法,杀戮无辜,爰始淫为劓、刵、椓、黥";认为刑为苗民所创,而我族袭用之。我族所以袭用此五虐之刑,不外"报虐以威"或"以牙还牙"而已!因而最初之刑,仅系专对异族而设,对于同族有罪者不用五刑也。《舜典》载舜命皋陶之言曰"蛮夷猾夏,寇贼奸宄,汝作士,五刑有服",以刑作为御暴之工具,特对异族而用之意义,昭然若揭。春秋时,仓葛曰:"德以服中国,刑以威四夷"。若论及刑之起源,实为一针见血之言。至于对同类有罪者,则"投诸四夷,以御魑魅","摒诸四夷,不与同中国",此为最大之制裁,《舜典》所称"流共工于幽州,放驩兜于崇山,窜三苗于三危,殛鲧于羽山",虽对异族亦恒用之,而对同族之最大刑罚,则以流刑为限,此即所谓"流宥五刑"也。流宥五刑既非废五刑,易流刑,亦非五刑未废,仅对有罪合于悯恕者改从流刑,实即后世"刑不上大夫"之意,大夫者,贵族也,亦是同族也,自然不用五刑也。放逐以下,为"鞭作官刑,扑作教刑,金作赎刑",官教原皆限于贵族适用,仍为同族也。赎刑更系轻典,异族殊难受惠。此外,尚有象以典刑之事,无论其是否真为画像示辱,代替五刑,或与五刑并存,或观天象以典刑,根本无画像之事,均不影响于刑,系专对与族而用之说法。虽然,五虐之刑,固为刑罚,流鞭扑赎,甚至于画像示辱,仍为刑罚,纵有创作因袭之不同,纵有严峻宽轻之差别,终皆成为法之对象,舍刑而外,在当时亦即无所谓法之存在。

　　法之对象既为刑。又系袭用苗民五虐之刑对待异族,其间并可发现最初兵刑观念的合一,皋陶作士,由于蛮夷猾夏而来,所谓以刑御暴。实际上乃以兵御暴而已!据《舜典》姚琮注:"或言帝者之世详于化而略于政,王者之世详于政而略于化,虞时兵刑之官合为一,而礼乐分为二,成周礼乐之官合为一,而兵刑分为二";理由虽不充足,但说明兵刑合一事实则非臆造。司马迁极有识力,通达古今事变,在《史记》律书即以兵事开始,班固撰《汉书·刑法志》引为同调,亦为"刑始于兵"留有一笔。不特在史实方面如此,并且在古代刑官称谓上及刑罚种类上,亦染有不少痕迹。夏殷对于刑官已有司寇之名,周更然。何故称曰司寇?蛮夷猾夏,劫财曰寇、罪之首、兵之兴,称曰司寇,当然与兵刑合一之事有关。春秋时陈楚,又称司寇为司败,仍不免含有败敌而予以惩罚之意在焉。秦后更以司寇改称廷尉,尉原为武官或捕盗官之名,既称武官之首为太尉,又称刑官之长为廷尉,最古兵刑合一之余味,依然可见,此其一也。《国语》载有臧文仲之言曰"大刑用甲兵,其次用斧钺,中刑用刀锯,其次用钻凿,薄刑用鞭朴";在刑罚之种类方面,依然以甲兵为大刑。《周礼》曰:"大司马以九伐之灋正邦国,冯弱犯寡则眚之,贼民害贤则伐之,暴内凌外则坛之,野荒民散则削之,负固不服则侵之,贼杀其亲则正之,放弑其君则残之,犯令凌政则杜之,内外乱,鸟兽行则灭之"。由古义言,即系大刑,且为主兵之大司马执掌,此又其一也。因五虐之刑专为异族而设,对同族另有流鞭扑赎等法,此已使刑之范围扩大矣。又因异族逐渐顺服,处于我族之下,任何种刑亦渐不易绝对确定对外对内之界限,唯有泛然适用,并且将对外而用之甲兵,称为大刑,此又使刑之适用扩大矣。虽然,在原则上,刑不上大夫,但因军族间贵有纪纲,根据《易经》师卦"师出以律","失律凶也",此际或对大夫亦可为刑之用;果为事实,则刑之适用范围,更不免日趋于广泛,但其事依然为始之于兵也。

(乙)法的别义为"常"而归于"律" 御暴而尚刑,因刑而有法,古人用"常"字解释"法"字,最初当非指一切规范之常,实指"刑以正邪"之常。史称魏李悝撰次诸国法,著法经六篇,此为刑典,既以法名而又视之为经,不难推知,"范天下之不一而归于一"之常,即为刑也。于是进一步由刑字而引伸一个荆字写法。大体言之,刑字指刓经,指罚辜,指刑戮——此系刑的本意。荆字从刀

第一章　礼刑合一

从井,刀固含有刑罚之意,井则为常则之解释——此系刑之别意。试观《周礼·司寇》"佐王刑邦国",《诗经》我将章"仪式刑文王之典",凡此刑字之用法,皆可认系从荆字方面之意义而来也。同时因荆字之意义更一变而为型字之意义,型为模型,指"铸器之法"而言,于是为人类行为模型之事物,亦可脱离刑之观念,而单独称其为法,《易传》有言"见乃谓之象,刑乃谓之器,制而用之谓之法";此之所谓法,即"有物有则"之意,以现代语解释之,"自然法"也。广泛之自然法观念既从"法之为刑","法之为常"中透出而出,何以不能由此而扩大人为法之范围?此因同时儒家对于"礼"之观念亦逐渐成熟,由礼治上为自然法之表现,所以在人为法方面,遂不易由法家求发展矣。观于郑铸刑书,叔尚遂以"先王议事以制,不为刑辟"为谏;晋铸刑鼎,孔子亦以"民在鼎矣,何所尊贵"是叹,对此最狭义之刑法,并其成文地位,而不与之,遑言一切"治众之法"哉?然在法家方面,原承认法之广泛含义,如《管子·七法篇》谓,尺寸也、绳墨也、规矩也、衡石也、斗斛也、角量也、谓之法。对广义之法,已从客观方面而为解释。然在实用上彼宗"不变之法"、"齐俗之法"、"平准之法"以外,特别重视关于庆赏刑罚之"治众之法",俾能符合旧习,易生功效,遂不能化礼而为法,终与儒家为对立焉。从而李悝之法经,虽仅刑典而能见诸实用者,亦由于商鞅利用秦孝公"欲以虎狼之势,而吞诸侯"之机会,为彼宗立一奇勋。迨至汉世,遂由刀笔吏出身之萧何,益之为九章,树立中国二千年间之律统,此乃法家为中国固有法系遗留之辉煌史迹,同时亦因此而为儒家礼治奠定出礼入刑之有效基础。此外,法家既知法之含义甚广;依正当用法,刑书只系法之一部份,绝不能泛称为法,所以商鞅受法经以相秦,遂即改法为律,将法经之盗法、贼法、囚法、捕法、杂法、具法，改为盗律、贼律、囚律、捕律、杂律、具律，表示法与刑并非一种事物。商鞅何故以"律"改"法"？而不用其他名称？闲尝思之，律原为六律六吕之律，亦为度量衡标准之律，罪之轻重不容锱铢之差，此或刑书之以律名欤？或云，古代竹制之器曰律，刑书书于竹简之上，邓析竹刑之得名以此，或为商鞅改法为律之故也欤？然律之如上解释，多为后起之义，尝非商鞅所熟知也。意者，易师卦既有"师出以律"、"失律凶也"之语，乃系对军法而用者，商鞅为避免法刑用语之混杂，遂以军法之律，移作刑典之称，亦不得已而为之耳。其或然欤？

二、法与礼

法家虽将一切规范认之为法，然因种种关系所成就者，仅有律及辅律之令，其结果法与刑仍难断然分开。后汉张敞曰："皋陶造法律"；急就章亦曰："皋陶造狱，法律存也"；推而上之，韩非子内已有"法律"用语；以法与律联用，足见法之重要对象，仍系处在刑书地位上之律而已。徒善固不足以为政，徒法又何能以自行？此即不能不归功于礼之存在，礼由儒家言之，实为一切规范之总称，有劝人为善之道德律，有出礼入刑之社会律，有安邦治国之政事律，其规范之内容及作用，更较法家所认为的法而广泛，而显著。然则礼之起源及其变迁又如何？

（甲）礼肇于"俗"而生于"祭"　最初兵法合一时代，只有报虐以威，求其自保，刑事法则肇始矣，民事法，甚或政事法在同时代似尚不必即有，更无由论及斐然可观之礼制焉。当此之际，同族所营之群的生活,或系沿袭在自然时代所传留之意识,或系本于对自然界一种信仰,做其事情,为其所为,行其所行,所谓"不识不知,顺帝之则"是也。既没有是非的观念,又没有善恶的区别,做的顺利做下去,要不顺利,变个样儿来做,也没有人讲话;纵认为有规范,也不是统一而确定的规范,拿什么标准批评别人做的对或做的不对呢?一个人改样做了,别人照所改的样儿来做,至多只能称是效法的法,绝不含有"'中效则是也,不中效者非也'的意思在内"。有如在婚姻方面,由群婚而趋于偶婚,由内婚而趋于外婚,由掠夺婚而趋于有偿婚,完全随环境之需要而进。假使礼提前于此时成立,即就不免将各地复杂之婚俗,折衷于礼,按照聘娶婚姻之"六礼程序",而有其是非之批评矣。又如在政事方面,因婚姻形态之结果,王位之继承关系,或不免兄终弟及,然而不传弟传子之例,依然存在,当时并无"是此""非彼"之论。迨礼成立以后非仅传子,且须传嫡,唐高祖之立建成为太子,明太祖之使建文继皇位,皆本于此而然。为此传位关系,不知在历史上引起若干争执。然而在礼正式成立以前,此种无绝对是非标准之群的生活中,法既专对兵刑而言,其余之行动表现,吾无以名之,惟有强字之曰俗。俗又因何而进化为礼?此系经过古代祭仪及周初"礼制"段落,而始达于儒家所创的礼,具有统一规范性质,与法家所尚的法分庭相抗。盖初民社会,除斗争刑狱以外,最要者为祭祀,对外系兵刑合一,内部亦系政教合一。部落之长为族长,同时亦为一族之主祀者,以巫觋为称。最初设祭,一切当系顺乎自然而无成规,但在神道设教之情形下,总必有一种表示诚敬之仪式逐渐出现,礼之胚胎即隐藏于此。再后,设教之巫觋为其权势之建立与维持,更不免以祸福说法,为祭仪之确定,宣示依其所示之祭仪而行者得福,否则受祸。"有了祸福的结果，便引起是非的选择，这种确定的祭仪，当然不是想这样做才做，乃是必须这样做才做了。"所以现代学者，追溯礼之来源，皆认为创于殷之祭仪，此不过因殷世卜祭已有确实材料可据，乃如此云；祭如不始于殷，礼之胚胎亦不必肇于殷世，当更在以前矣。礼之起源，无论在殷或在殷以前，终系与祭仪有关，往昔学者对于礼之说明，每多重视此点，《礼记·祭仪》："礼有五经，莫重于祭"；昏义"夫礼，重于祭祀"；即系其证。"礼者履也，所以祀神致福也"，更足表示礼与祭祀之关系。不过，由祭仪所表现之礼，实质上不外礼之仪，礼之文，礼之容，礼之貌，对于礼之义，礼之质，礼之实，礼之节尚未发现。

因礼之起源，仅指祭仪而言，祭仪之举行必以敬表现之，于是敬首先成为"礼之仪"之内容，含有严肃之意味。这一意味之透露，遂为周初封建制度所吸收，由神秘之祭仪，一变而成划分封建等级之标准，为政治上利用品矣。孔子曰："周因于殷礼"，实可借用于此。《礼记》谓"天子祭天地，诸侯祭山川，大夫祭五祀，士祭其先"；在祭之本身上，亦已有其等级矣。《书经》"王用享于西山，小人弗克"，既不许平民参与；而祭天地尤为天子特权，除鲁国外，诸侯不与焉。于是由祭仪而生之礼，遂与刑成为对立。礼只是贵族之规范，对于平民惟以兵刑处治，"礼不下庶人，刑不上大夫"云云，遂由此发生。《荀子·富国篇》谓"由士以上则必以礼乐节之，子庶百姓则必以法术治之"，犹存古意。《礼记》对解释礼曰"众之纪也"，但如就周初社会而言，不过贵族方面如此而已！降至春秋，王室渐衰，诸侯称霸，臣弑其君者有之，子弑其父者有之，礼治发生根本动摇，于是儒家挺身而出，提倡克己复礼之说，发挥正名齐礼之论，视礼为致王道之本，而欲为周初礼治之恢复。然而此仅儒家之一种期望,其实礼在儒家之解释上已经变质,既须将礼适用于任何人,并特别重视礼之义,遂使礼变为国家各方面统一规范,与祭于时代之礼,显然有别。

(乙)礼别于"仪"而归于"法" 礼之所以成为统一规范,在消极原因方面,免使礼之文掩藏礼之质,换言之,使"仪"与"礼"分离而不相混。《礼记·礼器》曰:"礼之所尊,尊其义也,失其义,陈其数,祝吏之事也"。"数"何言哉? 即"仪"也。此非先儒所重,乃俗儒所尚,故仅存其仪而失其义,无非唱礼者之司仪而已! 仪与礼之不同,《左传上》有两件事足资证明。一为鲁侯如晋,自效劳至于赠贿,无失礼,晋侯称其知礼。女叔齐就曰"是仪也,非礼也";盖以鲁侯奸大国之盟,凌虐小国"鲁侯焉知礼"论之。一为子太叔见赵简子,赵简子简揖让周旋之礼,子太叔答曰"是仪也,非礼也",而不以其所问之饮,视之为礼。礼既不以仪为重,自须从仪之中而求其义,并须本于义之所在,而为仪文之损益;如若专尚仪文,即失礼之精神。于是经书中,专记仪之事,称为仪礼,另在礼记中有昏义冠义等篇,以明其义。又如明律中之礼律,分祭祀仪制两篇,乃关于违反礼之仪之制裁;若问违反礼之义之制裁何在? 惟有答曰,吏户兵刑工各律中,皆有其事也。仪与礼既已分开,礼遂成为国家社会统一之规范,除其中一部分可认为当代社会意识之结晶以外,如宋代之贞节观念是;另一部分则与现代政事法、民事法之精神相当,无往而不及矣。惟关于刑事法另有律以当之,而且由儒家观之,失于礼而入于刑,自不归于礼之范围。礼若为仪所掩,其效用何能如此宏大显著! 礼之所以成为统一规范,在积极原因方面,当然是由于儒家学说之独尊,构成中华民族精神之一。然而儒家又根据何种理由,而使礼有此种统一规范之资格耶? 孔子首对于礼提一

"节"字,一"约"字,已含有规律之意,《论语》"不以礼,节之,亦不可行","博学于文,约之以礼"皆是。孔子又曰:"恭而无礼则劳,慎而无礼则葸,勇而无礼则乱,直而无礼则绞";仍不外表示一切须处乎中道,而免"过犹不及",更见其即是规律之意。孟子则重视一"义"字,此仍与礼有关,盖义为应时接物之宜,故"非其有而取之,非义也"。推而言之,亦即不合于礼矣。《礼运》曰:"礼者,事之宜也,协诸义而协,则先王未之有,可以义取也";又"治国不以礼,犹无耜而耕也,为礼不本于义,犹耕而弗种也;及"礼以行义","以义行礼"云云,皆可互相表彰。仲尼燕居上并曰:"礼也者理也";乐记亦曰:"礼也者,理之不可易者也";无论礼之为义,礼之为理,在中国向日偏重自然法主义之情形下,礼之如是解释,更为具有规律之义矣。荀子从孔子之"齐之以礼"中得一"分"字,认为人性本恶,不能无争,争则乱,先王其乱也,故制礼以分之,使人裁其事而各得其宜"。于是"农田分而治,贾分货而贩,百工分事而勤,士大夫分职而听,建国诸侯之君分土而守,三公总方而议,则天子共己而已……是百王之所同也,而礼法之大分也";礼以定分,更自显然,礼运所谓"礼达而分定"此之谓也。从定分之观点而说礼,自必进一步认为"绳者直之至,衡者平之至,规矩者方圆之至,礼者人道之极也";"礼者,人主之所以为群臣寸尺寻丈检式也";此即与法家之见解极为接近,无疑乎韩非能以荀子弟子而为法家之大师!

儒家既认为礼系节制约束之标准,为个人如何守分之标准,而又取事之所宜设为纲纪,此在名义上虽不称其为法,实际上则已为法矣。现代所称之法,认为系关于国家人民各方面一切事物之依据,礼何独不然?《曲礼》曰:"教训正俗,非礼不备;分争辩讼,非礼不决,君臣上下,父子兄弟,非礼不定;宦学事师,非礼不亲;班朝治军,苟官行法,非礼威严不行一"是也。现代所称之法,认为任何人皆应遵守,礼又何独不然?《礼运·上》载孔子之言:"礼义以为纪……示民有常,如有不由此者,在势者去,众以为殃";无异谓一般人不守礼,固被降罚,有势位者不守礼,仍得为人摈弃,故虽"君"也,亦须"事臣以礼"也。现代所称之法,认为必须适合时代环境之需要,俾其成为社会生活之一种规律;礼则又进一步,视其为人类向上的整个生活之一种规律,其结果,仍与社会之需要未曾绝缘。《汉书·礼乐志》曰:"人性有男女之情?妒忌之别,为制婚姻之礼;有交接长幼之序,为制乡饮之礼;有哀死思远之情,为制丧祭之礼;有尊敬上之心,为制朝觐之礼";此即礼以义起,亦即缘人情而制礼,依人性而作仪焉。儒家将礼之地位推崇如此之高,致与现代所称之法相等,于是遂以成年制度表示于冠礼中,以婚姻制度表示于婚礼中,并于丧礼中表示家族及亲属,于军礼中表示军法及战律,于宾礼中表示出国际和平法则,于祭礼中表示宗法社会组织。推而如《周礼》为纪制度者,《礼书》或《礼志》为纪各朝改物立仪者,亦皆以礼是称,礼也者,广义之法也,律亦受其支配也。因而在中国往昔数千年间,由儒家立场言之,刑律以外,不再有法,有之,不问其为成文的,非成文的,皆礼也。

三、刑与礼

　　法之演变结果成为律,已系既定之事实,任何人莫能推翻,此固儒家为礼刑合一运动之一种原因。礼之演变结果成为法,此法也,乃"禁于将然以前"之法,同时由儒家观之,则亦不反对"禁于已然以后"之法,辅礼而为治,此更为以礼正律之基本原因是在也。且在以后之事实上,因法家衰微,儒家得势,礼刑合一之局面,毕竟由呐喊中而实现矣,遂致中国数千年间之律成为"明刑弼教"之工具,价值如何乃另一问题,但礼治与刑治之相互为用,则极显然,然则礼刑合一运动之经过又如何?

（甲）儒家崇礼而视法为末节时代　此乃儒家建树其主张,并与法家及霸道家争雄之经过。儒家崇礼虽与法家极端尚法相反,但亦与道家绝对否认政刑之效力不同;此在儒家本质上,即已伏有礼刑合一之线索。道家主张无为而治,至多只法自然,不特反对人为法,且认为"我无为而民自正"。对于法治则持"法令滋彰盗贼多有","剖斗折衡而民不争"之嫉恶态度。儒家不然,不过认为"道之以政,齐之以刑,民免而无耻"仅系治标办法,遂不能不主张"道之以德,齐之以礼,有耻且格"之治本办法。此种见解,颇与墨子所谓"此岂刑不善哉?用刑则不善也"之言相同。儒家最高理想,如《易经》云"讼则凶",《尚书》云"刑期于无刑";《论语》云"听讼吾犹人也,必使无讼乎";《孔子家语》云"圣人之设防,贵其不犯也,制五刑而不用,所以为至治";皆以罕用刑措为可贵。然而在不得已时,则仍不能不用刑焉。吾人试分析儒家对于礼刑之观点,不问而知,儒家第一步骤,为发展礼之效用,认为礼有其失,罪即多有。《礼记·经解》云"婚姻之礼废,则夫妇之道苦,而淫辟之罪多矣;乡欲酒之礼废,则长幼之序失,而争斗之狱繁矣;丧祭之礼废,则臣子之恩薄,而倍生忘死者多矣;聘觐之礼废,则君臣之义失,诸侯之行恶,而倍畔侵凌之败起矣"。礼既废矣,纵有刑罚,至多亦不过亡羊补牢而已!《大戴礼·感德篇》有言:"刑罚之所从有源,不务塞其源,而务刑杀之,是为民设陷以贼之"是也。所以"不教而杀",在儒

第一章　礼刑合一

家言之,遂"谓之暴";教之道虽繁,而礼则为最要之一端。儒家第二步骤,系于不得已中始用刑以辅礼,凡"化之弗变,德之弗从,伤义以败俗,于是乎用刑矣";亦即"德礼之所不格,则刑以治之"是也。感德篇对此更有言曰:"礼度,德法也;……刑法者所以威不行德法者也"。可见儒家的承认刑之存在,不过为"士制百姓于刑之中,以教祇德"耳。在儒家之全部观念上虽以礼刑合一为说,然而究系以礼为经,以刑为变,凡崇法尚刑之人,儒家对之,一律归之于霸。霸道家以力服人,自然重于兵刑,无待言之。在法家更与儒说立于敌视的地位,"治古宜于德,治今宜于法";礼之适应性,根本被否认矣。"法虽不善,犹愈于无法";"万事皆归于一,百度皆准于法";礼之存在地位,亦根本被推翻矣。"明主之治国也,使民以法禁,而不以廉止",礼之最大效用,又强被勾销矣。所以秦汉以前,王霸之争,在另一意义上,实即"礼刑合一与否"之争是也。

　　(乙)儒家谈法而谋以礼正律时代　此乃法家在实际政治上有其成果,儒家遂以入虎穴取虎子之策,而谋以礼正律之经过。盖当五霸七雄之际,儒家纵将礼治高唱入云,但实际政治为收取急效,大都在功利主义进行中,莫不以儒说迂阔而远于事实,致难见用。战国前后,各国皆渐次有其刑典,虽孟子亦不能不承认"徒善不足以为政",然后始归结于"徒法何能以自行"之本意。各国刑典为魏李悝所本,撰定法经六篇,商鞅受之相秦,韩非李斯皆为秦所用,使秦为纯然依法为治之统一国家。降而至汉,律统延续不衰,宣帝且曰:"汉家自有制度,本以霸,王道杂之,奈何纯任德教,用周政乎"?此种既成事实,莫可推翻,迫使儒家不得不改弦更张,放弃其纯然王道政治之理想,其结果惟有从法律之内部而求质的变化,达于礼刑合一之目的即可。儒家既不反对法律之存在矣,其学说及主张,

第三编 后论

自易为当位者所重视焉。于是法家因此见衰,而以礼正律之工作,迅即取得政治力之支持,而礼刑合一之说,首见诸实用矣。何况商鞅言法,自身不免车裂;李斯言法,及身不免族诛,韩非言法,亦被下狱而死;秦最重刑尚法,而秦统一后,亡国则最速。于是汉虽重霸,仍不得不杂以王道,因而早在武帝时首即罢除百家,将儒家推至最高地位。法理深渊的法家,遂即受其影响,仅存治律专家世修其业,更丧失与儒家对等相敌之形势。于是"出于礼而入于刑"之词,遂在陈龙等人之言语中发现:"礼之所去,刑之所取,失礼则入刑",而为后世之所本。

儒家在汉,最为礼刑合一表现之事迹,得归纳为数点:一为叔孙通定朝仪,严君臣之分,至孝惠帝时,更由其制定种种仪法,并据《晋书·刑法志》载:"益律所不及,傍章十八篇,称傍章律"。叔孙通为儒家,傍章律之内容,当然以礼为归。汉武帝既推崇儒说,愚意张汤之越宫律,赵禹之朝律亦或一本于礼而制定之。一为王莽托古改制,自拟周公,对于《周礼》极表推崇;《周礼》中有三宥、三赦、八仪之说,莽取用之,为后世各律创立最合于礼之先例,虽然不必皆合于现代法律之精神。一为儒臣以经义折狱,如"吕步舒决淮南狱,以春秋之义正之,天子皆以为是","张汤为廷尉,以儿宽为奏谳掾,以古法义决疑狱,甚重之"皆是。他如董仲舒病老致仕,朝廷每有政议,遂遣廷尉张汤亲至陋巷,问其得失,结果著有《春秋决狱·二百三十二事》。后汉应劭集经义折狱之事例而成一书,称曰春秋折狱,此种风气不特盛于两汉,且延续至六朝末期。一为儒家随律家之后,从事解律工作,如叔孙宣、郭令卿、马融、郑玄等,各为章句,十有余家,家数十万言,其从礼之方面立说可知。凡此,皆是证明儒家改变态度后,不仅言礼,而且言法,并进而担任订律解律之任务。

魏受汉禅,下诏但用郑氏章句,不得杂用余家,此时虽然律家尚盛,但儒家之解律则成为正宗。晋文帝嫌魏室独取郑氏章句,失之于偏,乃命贾充等定晋律,然而注解晋律者,律家张裴以外,还有经学家杜预,两家注解并皆行世甚久。南齐尚书删定郎王植,并合两解为一,以齐永明律为称,虽未颁行,但律家与儒家之见解,则又融合为一矣。其实在晋,儒家早已唱出礼刑相济之口号,认为"大道废焉,则刑礼俱错,大道行焉,则礼刑俱兴,不合而成,未之有也"。可见儒家持论,又夺法家而有之。所以律统虽存,而法家则一蹶不振,律家更不能与之抗礼争胜。且在东晋以后,南朝人士竞尚清谈,崇信佛说,以门第相炫,以帝王为轻,论经礼者被称为俗生,说法术者被称为俗吏,法家见衰,早成过去,律家不振,亦成定局,自无从再在解律方面争胜矣。其实胜利早属于儒家焉。北朝情形虽异,但仍偏重儒说,北魏定律数次,参加定律之高允即为董仲舒一派人物;北齐律列重罪十条,为以后各持十恶之所始,儒家以刑正邪之观念更具体化;北周大律,在文字上处处古化,内容模仿周制,可想而知。凡此成绩非仅属于儒家,在新园地上之新收获,并因隋唐以后各律,皆系从北支律一系相承,遂减免儒家之重新开发工作矣。

(丙)儒家战胜而律沦为小道时代 此乃儒家达于以礼正律目的,而因种种原因,不能再有进展,律之地位遂随而沦为小道之经过。唐承隋律,并集以前各律之大成,长孙无忌奉诏而撰律疏,人更莫能置议一辞,惟有沿其所定而遵守之,根本使律家不能再起,儒家求一弱敌而不可得,尚有何争?同时,唐律各例篇既明白表示"以义制律",而律疏所述又最合于礼,兼以"令""格""式""典"之属,其中又多礼之成文的表示,往昔对于律之种种要求均已补充,自然掩旗息兵,退至词章科举队中矣。降而至宋,君权既张,外患又深,儒家群趋于理性之研讨,除北宋王安石变法略有生气外,要皆不重经世之学问,且礼刑合一之局已定,由儒家观之,亦不必无疾而呻吟矣。元入主中国,汉人等于摈弃,竟无正式律章,仅以一时之条格行事,更不容儒家置喙也。明太祖光复中原,制定明律,命儒臣与刑官讲律意,日进二十条,仍不过为君主作解释之事,并无如何建树可言。清入关后,一本明律,除增加新例外,对律亦无如何更改。同时君权更张,士庶钳口,加以种族成见,构成文字狱之祸,儒家遂遁入旧书堆中,而为考据,及训诂工作。于是往古法学盛况,愈成陈迹,后世律学光辉,同难再起,儒家亦认体刑合一已为天经地义,不必再求发展,而缄口免灾,更系自处之道,对于刑书律章遂不过问。其在法律方面之表现者,仅为律例之比附,由舞大弄法之刑名恶幕主持之。律在此种情形下,何由而不变为小道?直至清末,改革之潮流怒如排山倒海奔涌而来,首先激动法律方面改革之波浪,不特在变法一事本身上,有新旧派之一场恶斗,即在实际起草新法案时,亦有新旧主张之不同。无论谁是谁非,终系开启千余年来之沉闷空气,而为礼刑合一与否之最后论战矣。其持有"明刑弼教"之极端守旧见解,虽为沈家本动摇,然而律义究竟未能绝对欧化。民国后,前大理院判例亦恒兼采唐律之精神,可见礼与刑之关系并不因清末变法,完全绝缘。至于礼刑合一,在今日是否仍有价值,事涉法学哲理,于兹从略。

第二章　今古相通

　　理论法学与经验法学应同时并重,不应偏废;因而法律哲学与法律史学,皆为研究现行法制所不可或缺之宝贵知识。吾人固知现行法制之所以存在,实有其哲理上之依据,断非集锦成章,百珍杂陈,徒富悦目之美而无生命之源。但在实际设施与灵活运用方面,亦必有其经验之宗承,有其沿革之省察;温故纵不必即能知新,鉴往则大可因而知来;"前事不忘后事之师",并非陈言腐调,确系行法立制应为注意之准则也。

　　诚然！我国现行法制之哲理依据,谁皆知为五权宪法典章化,三民主义条文化;诚未尽符理想,但逐步望其完全实现,显然以簇新之形态莅临,不再在过去数千年间的旧典成宪内求其出路。兼之,自清末变法以后,受欧风美雨之洗炼,迎合世界潮流,采纳时代精神,早在法制方面受其影响,殊难尽觅现行法制根源于故纸堆中,此为事实无庸讳言。然三民主义既未否认我国传统的哲理,五权宪法并已容纳我国固有制度,而欧美法制之输入,亦由生吞活剥之阶段达于采长补短之境界。吾人虽不能就现行法制之全貌,奢称我国早已如此,但分别就每个法制而论,则亦不能谓在我国史上全无踪迹。此种踪迹之发现,乃人类理智所同然者,不以国别族别而有其异。研究法学者既可从外国史册上探寻当代法制之渊源,又曷不可从我国典籍上察现行法制之滥觞? 两者同在法律史学之范围,未可偏于一端,自居狭隘。不求长进,徒数家珍,诚然不足为训;只知骛外,数典忘祖,则亦不足为法。何况在事实上,我国现行法制,因袭旧规者并不为少,其在过去失败而应引为镜鉴者更属多有,所以中国法制之史的观察,对于现行法制之研究,并非毫无助益,不可作为掌故观也。现行法制之范围极为广泛,且居于法制史的体系下之后一阶段,欲一一探本溯源,求变发微,殊非篇幅所许。愚兹惟有提纲撮要,为我国现行法制之史的观察而已。

一、宪法之治

我国今已进入宪政,为吾人"永矢咸遵"之国家组织百年大法,早于中华民国三十六年(1947年)颁行全国矣。在我国宪政及宪法之本身上,原自有其半世纪来悠长演变历史,乃现代史中必有之叙述,无待烦言。若从过去数千年间之政治情况而观,虽难梦及今日有五权宪法之体制莅临,但确有国父所称一权宪法之实际存在;虽无今日之成文宪法与刚性宪法,但仍确有真正不成文之柔性宪法,为立国施政之所本,不得有违也。《尚书》说命"监于先王成宪,其永无愆";《晋书》"稽古宪章,大厘制度";《唐书》"永垂宪则,贻范后世";皆系对君权之行使划有界限,加以约束。其所据者,或为先王之成宪,或为祖宗之遗制,均不必皆有文字之宣示,得称之为无文字之信条,乃"无字天书"也,后主之圣明者,奉之惟恐不谨,不以朝代更易而有其异,此不啻精神上之宪法也。尤其祖宗遗制,更为任何后主所应遵守者。例如汉高祖之非刘氏不得王,诸吕之见诛者以此;宋太祖之勿妄杀士人,罪臣类多谪流而终者以此。明太祖不许子孙设丞相,遂成定制,此内阁制度之所由兴也;又,不许子孙修改明律,亦莫违命,此《问刑条例》之所由起也。世界各国之宪政开始,尚非重视宪法为国家根本组织大法之意义,实以立法权限制行政权为其要求。我国往昔虽无宪法之为称,人民亦无由为君主权力之限制,但君主既受先王成宪之支配,又受祖宗遗制之约束,则亦不能谓无真正的不成文宪法之限制,惟其所受限制,非直接出之人民耳。此种初期之立宪观念,我固与世界各国在历史过程上有同然也。况关于体国经野设官分职之事项,除《周礼》一书有其所托外,自唐以后,"令","典"所载最为详备,与今日宪法上所规定国家之基本组织,及由宪法授权立法院制定之各机关组织法,仍不无异途同归之想,则一权宪法下之政治组织部分,亦有其可据之典章在焉。由今之法观古之制,当知其时代价值何在;由古之法观今之制,更知其实际运用何从焉。先以两事言之:

(甲) 单一与统一　我国宪法规定,中华民国为民主共和国,中华民国领土依其固有之疆域,并将省县规定于"地方制度"一章,别无"中央政府"之立章,是我国不仅为单一国家,且为统一国家也。盖自秦灭六国后,天下归于一统而行郡县制度,即已然也。以"一"言:过去虽恒有所谓"内轻外重"之形势存在,此乃现实权力之消长问题,至多仅为"集权分治"之形势造成,而中央与地方原系一体,非如过去之封建国家,今日之联邦国家,其权其治各有界限也。今日之省系由元之行中书省而得名,明虽废中书省,而"行省"之名不改,清因之,以迄于今。论其地位实相当于秦汉之郡,东汉之州,唐之道,宋之路,乃中央与地方之连系级层而已;依宪法,地方制度虽必以地方自治之形态出现,而有省自治之存在。然下有县自治与之抗衡,上有省县自治通则为之控制,当亦不致有过去联省自治派之恶果,而省自治法更非所谓省宪也。此种单一国家之形态,既为自秦以来而确定者,对此历史之势力惟有宋承之。且世之由分而合者常道也,由合而分者变局也,除非其所合者不以王道,乃不然耳。至于为地方自治单位之县,远在战国时代,晋楚各国即已见之,县之为言悬也,悬附于外而为之属是也。秦改郡县制度,成为地方基层组织之名称,历二千年未改,故,国父以之为地方自治单位。其不以乡为单位者,固因乡镇财政不足负荷自治重任,且过去乡治仍为官治或绅治之属,殊难与今日地方自治为比,无由利用其原有基础,而为新制之建立也。然如置地方自治观点不论,专从乡村事务之治理而观,自可以今求古,取为镜鉴。《周礼》已有六乡六遂之记载,《管子》又有乡治朝治之说明,两汉乡治最为完备,魏晋隋唐较为衰微,宋行保甲法改革兵制,元行乡社法改善民生,明以乡约为重略近自治,清以保甲为主求其自卫;凡此,无往而不可作为今日地方施治之参证。

以"统一"言:唐虞夏商之部落国家,已有元后之号,免其分离;周初封建国家,继以天王之尊,趋于一统;春秋王纲不振,霸主仍以尊王为号召,战国诸侯争雄,孟子则以"定于一"为期望。秦统一中国,封建之局告终,汉虽偶为行之,致招七国之祸,晋虽再为试之,致有八王之乱,清亦稍为仿之,致有三藩之患。然无论如何,地方犹在中央系统之下,藩国得有置兵特权而已;统一国家之局面,历二千年来而不改,遂认其为立国之天经地义焉。于是正统僭国之观念由是而生,正统云者国家统一之象征也。僭国云者反统一之道,非正也,乃闰也,不能以其事实上之割据一隅,而谓中国之非统一国家也。汉失其政,三国分立,陈寿以魏为正统,朱熹以蜀为正统,无论理由何在,均不承认国家分裂之局面为正常现象,依然有其统一国家之观念在耳。从而东晋南宋之偏安,仍皆成为正统,而魏齐周及辽金夏不与焉。刘宋南齐梁陈虽在事实上不能统一中国,惟以正统是在,应认为中国在其使命上并未分裂,且侨郡之设,又所以表示其为统一国家也。唐失其鹿,逐者非只梁唐晋汉周之递代而传,但史以五代为称,不及其他者,亦因正统属之,显示中国永为统一国家耳。此种历久之历史势力,铸入人心,是故外人"两个中国"之谬论,不特与天下大势,国际正义不合,且按诸我国历史,亦南辕而北辙也。

(乙)**五院与各部** 我国宪法关于中央政府之组织系采五院制。各院之组织则授权立法院以法律定之。其中各院所持之行政权、立法权、司法权,虽系含有外国学说及制度之渊源,莫可讳言;但其组织与运用,依然得在我国史上觅得其直接或间接之线索。至于考试权与监察权之组织与运用,更与我国之史实有密切关系;国父以之创立五权宪法学说,补救欧美三权宪法之缺点,言之详矣。五种治权分工合作,管理众人之事,乃是世界上最新发明之政治制度,诚不可强求于我国古代。然如就五院同等并存之体制而言,亦能在古代求得类似的制度。从唐虞迄于魏晋,卿大夫士,三公九卿,固系官吏本位,不能与机关本位之今制为比。但微论开府治事,曾有其例,而如周礼所载之六官,各率其属分职而听,汉以大司徒大司马大司空为三公坐而议政,皆有分工合作之势。自隋以后,设官分职,渐由官吏本位趋于机关本位。唐宋,曾有三省并重之故事,煊燿于史册之上:尚书省掌全国政务,职在施治;门下省掌献可替否,职在封驳;中书省掌出纳皇命,职在取旨;在机要位置上俨然三权鼎立。而唐玄宗,三省长官集于政事堂商讨国政,其下又设五房分理事务,俨然近代各国国务会议之形式,若今行政院会议

第三编　后论

者则其缩体耳。是故虽在南宋初期权归宰相,仍以"左右仆射同中书门下平章事"为称。元,虽废门下尚书两省,而以中书省总揽政务,然又以兵柄之秉归于枢密院,黜陟之司归于御史台,依然是三权并存,各有职掌。至于五院之"院"的名称,亦系旧有而非新创;唐玄宗时曾置"学士院",掌内命,虽以天子私人,至有内相之称,后演变而为翰林院,清末始废。唐代并以御史台分为台院殿院及察院,演变而至明,废御史台改称察院称都察院,清末废。元代,更重视院之命名,除枢密院外,有太常礼仪院、宣徽院,检阅《元史·百官志》,俯拾即是。此外唐尚有集贤院、参酌院;宋并有审刑院、谏院、登闻鼓院、马步院、司寇院、高税院;清亦有理藩院、典礼院等等之称,则又今日五院以外之其他机关称院之所本也。至于民国后,北政府亦有国务院,审计院、平政院之称附及于此。

　　我国宪法既规定各院之组织,以法律定之,而总统仍为官吏本位,为国家之代表机关,非如五院之处于机关本位,而以院长各为一院之首长耳。总统府之称为府者,特指总统治事之所在而言,民国以来即已如此,与革命阶段中之大元帅府,今日之省、市、县政府之意义相类。往昔秦汉北齐以少府、太府名官,唐有詹事府都护府,明有宗人府、五军都督府,但府之为称,求其与今日相近者,则丞相开府治事之丞相府耳。总统之下为五院,院以下之组织为部为会,宪法既未予以专名,自系沿用旧称。然会者委员会也,向无是制,民国乃然,凡采合议之独立机关,以用此名为宜,姑置不论。部之为称,始于东汉灵帝以侍中梁鹄为选部尚书,魏至南朝有吏部尚书,晋初并有驾部尚书,江左更有祠部尚书。隋唐以后以吏、户、礼、兵、刑、工列为六部,为中央推行政务之重要组织,清末虽有增改,而部之为名如故,直至于今。今日部内之组织为司为科,乃法律所定,不得对外行文。然在往昔,除明以清吏司为部内之组织外,司亦为独立机构之名称,唐宋之市舶司,宋明之茶马司;宋之制置三司,条例司、提刑司、市易司;明之都指挥司、布政司、按察司、宣课司;清,除布按两司外,清末并有投学司,且改按察司为提法司皆是。民初,仍沿明清各省设司之旧,有民政司、交通司等称,实即今日之厅也。厅在往昔为地方区域之称,颇少用以为机关名称,有之,则清末之审判厅、检察厅,以厅为名也。至于科之在往昔,亦仅六科给事中以科为称耳。此外,独立机关如行宪前之地政署、卫生署;清代宫内之升平署,即有此称。如国史馆、国立编译馆;金之详定馆、清之律例馆、修订法律馆即有此称。如检验所看守所;唐末之编敕所、明之都税所,清末之待质所,即有此称。如警察局;明之宝泉局、清之军械局即有此称。反之,往昔以政务之官署称之为省,以九卿之官署称之为寺,以监检之官署称之为台(御史台、司隶台),以专业之官署称之为监(国子监、钦天监),宋并以货币税收之官署称之为务(会子务、钱引务),则非今日所采用也。

二、五权之用

我国宪法在总统一章之后,分别以行政、立法、司法、考试、监察规定于各章,遵行五权宪法之体例而制定也。兹舍宪法理论,不为全体贯通之观察,仅就每一事类,而作今古相通之尝试,择其要者略述如下:

(甲)立法权 在政治制度中,以五种政府权为论,现今立法权之组织与运用,因其系民主政治下之产品,最难在我国史上求得适例。盖我国古昔，一方面"先王议事以制，不为刑辟"，一方面王言即法，君命即令，虽有法而无典，虽有刑而无书。直至春秋时代始有法条书之于简，始有刑书铸之于鼎，遂演变而发生制定律令之事。各代均由盛世明君创制立仪，钦派臣工临时撰修，自不能与现代的立法机构比拟。然若以训政时期立法院为说，立法系由政府任命而为官吏，则宋神宗时所设置之"制置三司条例司"，或近似之。此一机构系由王安石建议，派员编订度支、盐铁、户部三方面之财经法规，虽仅有一年历史，为司马光奏请而裁撤，实为一种纯粹立法机构留在史册之上。而清末之修订法律馆亦然。至于，唐末及五代之编敕所，金之详定馆，清之律例馆，只有编纂职责，并无创制权限，不过处于今日法制局之地位而已！然而无论如何，古代律令规章之立法技术，各有其特到之点，不因时代而有差逊，新旧相照，更可启发我们之思考，而有精确之成就。张斐之晋律表，长孙无忌之唐律疏，明清律之律注，均充分发挥其立法技术之优长，足资吾人参证。例如今日法律上所用之"但书"，其下往往缀以"不在此限"语句，唐明清律则不用"但"字，而用"若"字，其下则恒缀之以"不用此律"，亦可称其为"若书"也。今日法律上所用之"亦同"，唐明清律则为"亦如之"。不过古律并无条次之标明，唐律每条以"诸"字开始，明清律以"凡"字开始，但每条均有标题，载之于目录而已！此外，依中央法规制定标准法，今日立法院制定之法律，称之曰"法"，"律"，"条例"及"通则"，除通则为新名词外，余皆我国往昔法律固有之名称，律无论矣，宋之绍兴贡举法，明之问刑条例皆其例也。

（乙）**行政权** 在政治制度中，以五种政府权为论，现今行政权之组织与运用，足以求证于旧典者，实属至伙；往昔行政部门对代

第二章 今古相通

表亿万人民之君主负责,今日行政院向代表亿万人民之立法机构负责,虽负责对象不同,而负责之道均属相同。此姑不言。行政院有各部会隶属其下,颇与往昔尚书省领有吏户礼兵刑工各部为同——元及明初改由中书省领。今日行政院所属之部会,其职掌亦可免强求之于古:

（1）内政部之职掌,在秦为奉常（宗庙礼仪）,为郎中令（宫廷掖门）；为宗正（亲属）；汉改奉常为太常,郎中令为光禄勋;梁以前者为春卿,宗正同,后者为冬卿;北齐称其官署为太常寺,光禄寺,宗正寺,隋唐因之。然因礼部成立,重要之内政事务多由其掌理。惟宗正不与焉。宋以宗正寺并入太常寺,以光禄寺并入礼部；辽光禄寺称崇禄寺；金,宗正寺改称大宗正府,太常光禄两寺皆无。元,升太常寺为太常礼仪院,并光禄寺于宣徽院。明有宗人府,他不著。清末分户部之一部分为民政部,乃北政府内务部之前身,今内政部之改其名也。

（2）外交部之职掌,在秦为典客。（掌诸归义蛮）。汉改典客为大鸿胪,成帝时并有客曹尚书之设,后与祠部尚书同归礼部。大鸿胪在梁为冬卿,北齐为鸿胪寺,入宋并入礼部。礼部在清末则改为典礼院焉。然外交部之为称,清末即已有之,乃改总理各国事务衙门而然也。

（3）国防部之职掌,在秦为卫尉（门禁屯兵）,汉魏晋同；梁列为秋卿,北齐有卫尉寺；隋唐成立兵部后,宋以之并入兵部；清末,改兵部为陆军部,入民国后乃另有海军部之设。

（4）财政部之职掌,在秦有少府（山海池泽之税,以供给养）,而治粟内使（谷货）就田赋方面而言亦属之；梁以少府为夏卿,北齐以太府易少府,称之曰寺。治粟内史,汉改大司农,梁为春卿,北齐为寺。隋唐户部成立，宋以两者并入户部，户在清末，分为民政部及度支部，度支部即财政部之旧称也。

（5）教育部之职掌，秦无之，汉魏南北朝归太常，隋自太常寺分出，成立国子寺，后有国子监，清末始增设学部。

（6）司法行政部之职掌，秦为廷尉（掌刑辟）以后或改大理，然因汉之三公曹尚书关系，于是廷尉寺或大理寺，则演变而为最高审判机构。三公曹尚书，魏称都官曹郎，南北朝称都官尚书，演变而为隋唐以后之刑部，清末改刑部为法部，北政府司法部之始也。五院成立，避与司法院同名，改称司法行政部。

（7）经济部之职掌，在秦为治粟内使，汉为大司农，前已言之，余职皆散见各官，如汉之盐铁官等等皆是，而六部中之工部，亦有为经济方面之事务者。清末，改农工商部；入民国后称农商部；国民政府成立，称工商部，后一度改为实业部，今之经济部则系合并工商部、农林部、水利部、资源委员会等机构而成立也。

（8）交通部之职掌，在秦为太仆（掌与马），梁为夏卿，北齐以后称太仆寺，宋则并入兵部。清末之邮传部，又其始也。民元临时政府，有交通部之设，国民政府曾改设铁道部，又其变也。

（9）蒙藏委员会，远则归于典客或客曹尚书之类，近则为清之理藩院，清末改为理藩部。

（10）侨务委员会则非古之所有，乃新制也。凡此，皆系略举其例，粗为其拟，不敢以周详确当论也。

不特此也。五权宪法下之行政权，另有其特殊精神，并无三权宪法下之所谓总统制内阁制问题存在；然此被世人对我国行政院误用之"内阁"两字，亦系从我旧有制度而得名。因为明自成祖后，每以翰林兼殿阁大学士，事无大小悉由其参议，等于真宰相，位在六部尚书之上,为遵祖训避用宰相名义,遂称之为内阁耳。类此之源流皆不必论;而其在实际行政上,既积有数千年经验,尤不难从史籍橱下选出识途之老马。例如抗战期间为适应当时环境,所为种种设施,若交通方面的驿站,役政方面之征工,粮政方面之征实,财政方面之专卖,其中不少系将"老祖母的马褂翻新,成了摩登女郎的时装"!惟惜最初创办之际,尚未尽温旧课,不免迂回其途,经久始有成效。一位办理粮政者,谓在三年经验中乃洞悉征实之弊端,而予以补救;实则如能早对过去数千年间征实之史实温习之,即不必待至三年以后始了如指掌也。专卖亦然,学者专家曾在事前集会研讨甚久,然而所研讨者,除理论外,无非欧美各国之成例,而将我国数千年间筦榷政策之经验,置而不问,于是在实施方面,除盐专卖外,一切光明,皆系从经久之黑暗中摸索而得焉。

(丙)司法权　在政治制度中,以五种政府权为论,现今司法权之组织与运用,原于中国史上本有其卓尔不群之体系,列为世界各法系之一。审判与行政,虽集权于君主而未划分,此只最后之决定权而已。中央政府方面,不仅司法别于庶政,甚至审判,司法行政,行政诉讼及官吏惩戒亦各有其所掌者在。秦汉首有职司刑辟之长官,曰廷尉,汉并有尉律为其治狱之法规;后改称大理,进而置大理寺,乃民国后大理院前身,今日最高法院之地位也。司法行政由汉之三公曹尚书起,演变而为隋唐之刑部尚书,刑部之设置由此,直至清末变法更名为法部,乃民国后司法部之前身。今日司法行政部命名之所本也。行政诉讼及官吏惩戒归于御史台,明改设都察院,与大理寺、刑部合称"三法司";清末虽废都察院,但北政府之平政院,及其一度所设之肃政厅,仍系御史台、都察院在行政诉讼及官吏惩戒方面之一种支流。是故,今日之最高法院,司法行政部,以及行政法院,公务员惩戒委员会等机构,自不能谓在中国史上无其根据。至于司法权运用于地方方面,其情形较为错综复杂,大体言之:县以下乡老啬夫里正一类人,管理一乡一里婚姻田土之讼争,涉及犯罪情等,则归于有司办理,论其性质乃一调解机构。实为今日乡镇调解制度之直接渊源,其关于轻微刑事等件,亦可施以薄惩,此又不啻今日警务机构所施用之违警罚焉。其由州县管理民刑案件,无容讳言者,司法与行政之界限不明。然秦汉南北朝间,长吏虽有专杀之权,但不必亲自听囚问案,另有专职司理其事。隋唐间,治狱之官,县有"司法",州有"司法参军事",府有"法曹参军事",各有佐史辅之,俨然今日法院之组织;隋有司隶台,唐有巡察使,均系地方司法之监督者。宋及辽金的地方狱讼,由提点刑狱等官主持,宋且创州县官亲自鞫讯制度,自此始将行政与司法混而为一,但亦仅在州县一级如此而已;元,各路狱讼由廉访使及推官主持,与行中书省无涉;明清省设提刑按察使,与布政使分理刑政与庶政,且为一省最高法司,则在省级亦渐分职,司法行政及审判,不再与庶政混淆。清末改设提法使,主持省司法行政之事务,另有各级审判衙门负责审判事务。今日之县司法处,仍系旧制之逐渐蜕变,尚未完全合于理想。然在过去之司法无论为何种形态之组织,法官断案故出入,失出入均负有绝大责任,而讼案滞淹不决,稽延时日,自宋以后亦有刑责,此一光明的火炬,则为现代法未注意焉。

(丁)考试权　在政治制度中,五权政府权之组织与运用,最能与我国古制有关系者,首推考试权。今日之考试院负有两个重大任务,一为考选,一为铨叙;前者属于过去礼部之一部分职掌,后者属于过去吏部之全部职掌。吏部始自汉成帝时之尚侍曹,主公卿事,二千石曹主郡国二千石事。魏晋南北朝均有吏部尚书,隋唐,六部制度建立吏部与焉。清末,以吏部归入内阁,不复置。

先从考选方面言:乃考试权之主流,旧制之所以有考试制度者,原系补救选举之穷也。时在汉代盛行乡举里选,如董仲舒、贾谊皆系选举出身,然恐当选者名不符实,遂在选出后须经皇帝面试,"对策"始予任用,此为考试制度之嚆矢。六朝,阀阅势力增长,选政改用九品官人之法。士无真才,流品混杂,隋唐乃开科取士,一反其制,而为我国考试制度之建立。虽以后对于博学鸿儒,由乡里推荐,但仍须经过廷对而以"制举"称之。今日选举固能宣达民意,实亦不必公正,国父鉴于欧美选举制度流弊,倡公职候选人考试之论,此较我国汉代补救于事后,更为合理,讵料竟未为制宪国民大会采纳,实为今后选政上一大遗憾,事实俱在,无庸多言。然无论如何,除公职候选人外,其在任官命职升等及专门职业资格之取得方面,则皆必须经过考试途径,符合我国固有考试制度之精神。试观唐代吏部选官均用考试,韩愈三试无成,十年依然布衣!明清,科甲出身之官吏,皆系经过考试之正途,举人贡生如欲就业,亦可考取公职;而胥吏积资拟入仕途,亦须经过考试;甚至典领乡试之学官依然由考试中而选拔之。且每隔三年并大考翰林官一次,无往而不有考试矣。虽在季世有保举、有捐班,但均以从考试中而得之功名是最光荣。故显宦之子孙虽能取得荫士优遇,得在国子监读书,然终以科甲为贵。且必经过种种考试,且须曾在翰林院供职,死后方可于谥法上能争取一个"文"字,如曾文正公、李文忠公、阎文介公之类皆是。

往昔科举乃分科而举之意,以考试方法行之,唐有明经、进士、明法、明字、明算、三史、开元礼等五十余科,虽以后由宋代重视经义,演成明清的八股文章,其内容日渐空虚,但考试方法则日渐完备,如入闱,如密封,如誊录,如磨勘,以及监检各制,均足为今日之参证,且在实际上亦有采用者。过去考试虽为礼部所掌,但考官为试差性质,乃系临时选派;今日考试院之考选部,虽掌考试事务,但各种考试,除检核外,皆于临时设置典试委员会机构,派典试委员长及典试委员主持,并由监察委员监试,皆系传统之作风。至于"按省区分别规定名额,分区举行考试",更系旧事重提,使全国各区域之人才,不因省区之文教标准如何,均能参与公务,平均发展,因而变为宪法之条文。他如沿用过去仪式,为放榜典礼之隆重举行,拜榜也,送榜也,用以表示为国求才之慎重;资格考试与任用考试之各立疆界,使考试效能不限一途;凡此,皆系有宗于古而非新创,一时殊难尽言也。

从铨叙方面言:此为人事行政之总汇,亦为建立文官制度之枢纽,与考政互相配合而发挥考试权之作用也。公务人员非经考试及格不得任用,不得计等;平时又有考绩迁降之办法,所有公务员方面法规之执行,大部份与考试权有关。此在过去属于吏部职掌,已如前述,自唐迄于清末,所累积之宝贵经验,不胜枚举。但吏部所掌之人事行政只限于文官,武官则归兵部处理,另有其章则与经验。今日文职人员铨叙归铨叙部,武职人员铨叙归国防部,正与古制相同。然在公务人员方面之各类法规中,亦有同时通用于文武职人员者,则史籍关于吏部兵部之施政纪录,殊不少可供吾人参证者在。诚然!人事行政在外国同有极为进步之新理论新作法,如职务分类等事,已为吾人仿行,但旧有经验,亦不能谓其对现行制度改进全无作用,而视同隔年之黄历!

（戊）**监察权** 在政治制度中，五种政府权之组织与运用，次于考试权而兴，我国古制有相当关系者为监察权。吾人固不敢将行宪后之监察院拟为过去之御史台或都察院，然监察权所以成为五种政府权之一，予以相当独立地位，确系由于我国过去之监察制度所启示也。训政时期监察院之作风，得称其系向往御史制度，当时社会人士曾称，监察委员提出弹劾案，何必贵有确切证据？幸而取得证据使弹劾案成立，又不能由自己掌理惩戒，移送出去，往往竟无处分云云，皆系本于往昔御史"闻风奏事"，及御史台或都察院之诉审合一影响而然。今日，监察院之组织及其性质诚与训政时期不同，但在行使职权之方法与精神上，改弦更张者固伙，萧规曹随者亦非必无。尤其在弹劾权，纠举权及其纠正权，限之运用方面饱含着往昔御史制度的风味。御史制度自秦设御史大夫，为副丞相职以后，演变而为明代之都察院，设有左右都御史，左右副都御史，左右签都御史及十三道监察御史等一百十员。清并以六科给事中并入都察院，以"科道"称；于是"整饬纲纪，谏言得失"，成为都察院之职掌，不仅纠察于事后，并得建言于事先，自不能不认为系今日监察院弹劾权、纠举权及纠正权在我国史上一种伏线。至于唐时巡察州县之察院，元时全国分设之行御史台，既系训政时期各区设置监察使行署之先例；而今日监察委员行署之设置，又为监察使行署之演变矣。他如监察委员临时分组巡视各地，其任务不特近似汉之刺史，唐之采访处置使，观察处置使，亦与明代之巡按御史不无相似。训政时期，曾有人主张监察委员应仿用过去"分道治事"之法，各领一省或数省之监察案件，但以后既遍设监察使于各区，遂将此一建议撤销。然在今日，宪法上既规定"监察院得按行政院及其各部会之工作，分设若干委员会……"云云，此固非"分道"之形态,依然"分科"之精神也。

三、民刑之法

由宪法之授权而制定"法律",由立法之授权而制定之"命令"以及在宪法法律范围内所为之"法律"及"命令",此皆循法规之正轨而为之也。然在实用上则或因解释而伸缩法条涵义之范围,或由判例而为具体事实之适用,此又实质的立法作用也,无论民事刑事皆然。今之为义如此,古亦何尝有异。汉以"奇请"而请后主所是之令,以"他比"而理事类相近之案,皆今日之解释例及判例也。五代两宋破律之敕条及都堂指挥皆近于今日解释例之性质;宋元之断例,明之问刑条例,清之例,皆近于今日判例之性质也。然今日之判例虽系最高法院之判决,必须经过一定程序乃成,判决非皆判例也。往昔亦有其事,古代皇帝关于法令之诏,认为经久可行者,则有"著为例"或"著为令"一语以缀之。唐之敕必编之为格乃可续用,明清之例亦必存之而后为法。且律有明文者亦不能用令或例,另自有其适用法则之为当也。今日无论民事判决皆须依据法条而为之,往昔断案,亦必须具引律令格式或律例,否则有罚,更较今日为严格也。今日,审级有定,不能逾越,违者驳回而已;往昔对越级诉讼不特禁止,且负刑责也。凡此种种,不过为其例示,详则非篇幅所许也。然仍分别就民事法及刑事法两方面之显而见者,为今古相通之探试焉。

（甲）民事法　纯粹的民事法规,在今日仍富于国内性,与商事法规之具有国际性不同。商事法规中如海商、票据、公司、保险等法,虽系国内法,而国际贸易既占商业方面重要地位,且往往又受国际间或各国相互间商事公约或通商条约之限制,即不能各行其是,而以本国固有惯例为尚。在纯粹的民事法规方面,虽曰须符合时代性,但对本国固有公安良俗,仍应依旧维持之。习惯之宜改善者,固不必曲予迁就,习惯之宜保存者,也不可一笔抹煞。现行民法物权编恒有规定:"但另有习惯者依其习惯",而习惯在法律无明文规定时,于不违反公安良俗之情形下,并具有法律之效力,又为民法第一条所明示;凡此习惯由于过去法制及礼制孕育而成者甚伙也。其采入现行条文者,如赘婿制,如家制,如典制,如亲属会议事例,如诚实信用原则,皆为极显著之证明。纵系与外国同有规定之条文,往往亦可从正反两方面在我国古籍上求得足供参证,或研讨之资料。例如我国往昔采宗祧继承制度,以男系为限,今则采财产继承制度,不分男女皆得为继承人,显然有其所异。但宗祧继承虽以继承祭祀为主,而全部遗产则归属之,其户绝财产有亲女者,仍由亲女承受,则亦不无财产继承之迹象也。又如往昔六礼中之纳征,表明婚约已成,称曰定婚,今则以婚约不能强迫履行,而以订婚称之,彼此参证,愈见其各有特性之是在也。更如今日之称离婚,乃男女婚姻关系之解除,往昔则指男女两姓之断绝关系而言。如单指男女之身则仅曰"离",而今日之两愿离婚,亦即往昔之所谓"两愿离"或"和离"也。至于单方面之请求离婚,今日系以判决离婚行之;往昔除特例外,则为男子一方之特权,而称之为"出妻"或"休妻"。凡合于"七出"之条件者,男子即可行其离异之特权。七出之者,无子,一也;淫佚,二也;不事舅姑,三也;口舌,四也;盗窃,五也;妒忌,六也;恶疾,七也。此当然为极不合理,且天子诸侯之后妃,无子不出,亦失平允,但七出之条件中,如淫佚、不事舅姑、恶疾等，亦有暗合今之离婚原因者在。且往昔，男子虽得自由离婚，仍受三不去条件之限制；三不去者，有所取无所归，与更三年之丧，前贫贱后富贵是也。此乃对女子之保障，今则以赡养费救济矣。凡此，皆今制与古制之在民事法方面得以互相参证而研讨者也。不过往昔关于民事之表现，因我国向以义务为本位，极端摈弃权利观念，自无以权利为本位之民法存在。从而往昔民事法之表现，或系无文字的信条，见之于习惯风尚，或系成文的礼书，并不视之为法律而已；且，因出乎礼而入于刑之故，遂在得刑律中，从违反礼制方面反映出民事法之具体规律。说者忽视往昔民事法归入礼之范围，仅见刑律中此类条文，即认为我国古代民刑不分，实非正确之论。试观现代的刑法中，如遗弃罪，妨害婚姻及家庭罪等等，以及有关亲属身分刑法条文，皆与民法条文有关，而就其违反行为，在刑法上予以制裁，能谓今亦民刑不分耶？故从现行之民事制度方面溯及我国过去史迹，加以研究，自可知其来龙去脉，即不能谓无一顾之价值。

（乙）**刑事法** 我国自商鞅受李悝之法经以相秦，改法为律，为秦变法，开创二千余年间之律统，于是汉律、魏新律、晋律、梁律、陈律、北魏律、北齐律、北周律，隋开皇律及大业律、唐律、后周刑统、宋刑统、金律、明律、清律，递因朝代之兴替而为制定；以外并有令、比、科、格、式、例之属，统称之为刑书。关于政事法、民事法之观察，固应从礼制典章方面而为搜求，关于刑事法之观察，一部中国法典史，即为最丰富的资料。且自秦亡汉兴，儒家一变而法家化，经生谈法，出礼入刑，直至唐代，由长孙无忌制定唐律疏，而集礼刑合一之大成，我国刑律已自隋唐排除采威吓报复主义成功，而以健全社会生活为主要目的。换言之，是重视"刑教"，而非独偏"刑政",能谓非吾人处理刑事问题的宝藏耶？今日刑事法规虽因清末变法,以外国制度为蓝本,然如自首减免其刑,亲属容隐,恤囚慎狱,大赦特赦,我国早有其制,而刑之轻重,刑之加减,刑之种类,更有其精深之理论与效用,纵不尽合于今之世,但如经吾人细心参证,实有大量珍宝得发掘焉。例如徒刑之命名究何取义,没收之立场究何是在,倘不研究我国过去刑制,即无由得一正确之答案。又如,恐吓罪,掠人勒赎罪,窃盗罪之成立要件,今日刑法学者根据国外通说,言之固皆成理,但在我国古义上已有认识,不必专恃新说,亦可得其真象。法律学系课程,以中国法制史为必修,以古律研究为选修,无非为达此一目的而然。

四、财经之道

今日之财经理论,政策及财经立法,诚然有其新背景,新体系,新作风,不应受传统观念之拘束。但往昔我国在财经方面之三大信条——强本、薄敛、节用,如何估价姑置不论,而有助于当时国富民殷之情事,自亦有其所处之道。吾人如能师其要旨,采其精粹,就其与时代需要相符合者而作镜鉴,亦即非属完全束于高阁之废料。何况从每件财经行政之事件观之,仍有翻陈出新者在焉。数千年间之利弊得失,圆亏整欠,在在可供吾人之参证,非必求之外国法例及经验而始知其究竟也。

以"强本"言,我国原系农业国家,富国之本重在农桑,这固与现代进入工业化不同,然"不患寡而患不均"之理论,则未尝绝无一顾价值;"防止强梁兼并"之土地立法,更系今日解决土地问题之先导。过去以农立国固须强本,今后以工立国,又何尝不应强本,强本之道则一也。而其作法自可彼此参照也。

以"薄敛"言,此原系特对君主政治而有之论,赋税不啻皇室私财,故认为不能无取于民,亦不可过取于民,当然与现代情势不合。然"不夺民之时,不穷民之力"之观点,正与今日培养税源及不可杀鸡取卵之说为同,从而往昔各种税课设施自有参证必要。

以"节用"言,国家支出原非私人经济,应支出者仍支出之,节用为言,不过求取"生之者众,食之者寡,为之者疾,用之者舒"之实现;以免预算之失去平衡而已!尤其在国难当前,节约之道不能不讲,勿将有用之财置于无用之地,谁谓旧制对于现行财经行政完全无用?兹再不惮其烦,而简述食货制度与财经立法有关者于下:

(甲)地政与税政　因以防止强梁兼并为策,自汉以后,即注意于土地平均分配,而使耕者有其田。如西汉之限田论,新莽之王田制,以及晋代之占田,北魏之均田,唐代之班田,皆为著例。惜在唐后,此类制度不再复活,而官田为害与夫异族之圈取民田,由其族人雇农民耕种,才使土地成为问题。但除汉之代田制外,宋有方田制,金有区田制,元有经理法,明清有垦田法。虽其目的在用内充之法使税收得其平,而在农耕方面增加生产之成效,亦不无参证之处。其在赋税方面,田赋口赋,在唐宋以前视为正税,至清合称曰地丁。论其经过,两汉"田租"计亩而税,"算赋""口赋"属于丁税;由晋迄于唐初,或计户授田,亦即计户征税,称做"户调制";或计丁授田,亦即计丁取征,称做"租(庸)调制"。唐中叶后创"两税法",历宋元明清著为定例;而宋时田丁之赋种类有五,岁赋之物种类有四,并有"支移""折变"等制;明初以"黄册""白册"行两税法,钱物并征,万历以后改行一条鞭法,征银不征物,迄清末变。此外,各代又有丁役之赋,杂税之制,内容复繁,各有其道,检阅数千年间经过之事例,仍对现行税法及国民劳动义务之法则有不少帮助。

（乙）**资本与货币**　往昔不特防止土地集中于地主,且防止资本集中于私人。统制经济,计划经济与发展国家资本,虽是现代之新名词,但其事实在我国史上,早已如荼如火实现矣。纵在今日或以自由经济之国策为尚,似与古义不合,但亦可观察旧制所以成功之原因何在,而知其非属定论。我国自战国以后直至清末,所行之筦榷政策,虽范围有广有狭,但均收有实效。筦者,管也,即经济之统制也;榷者,独木为桥也,即货物之专卖也。如前所述。汉榷盐铁并榷茶、宋并榷香、金并榷醋,元明清皆不榷铁,而山泽之产如金银珠玉等,历代亦往往成为国营事业。对于国际贸易更系如此,唐宋之市舶司,宋明之茶马司,皆为国际贸易机构。尤其富于社会政策色彩之设施,像均输法、平籴粜法、市易法,又实现一"均"一"平"字之光芒,今日仍多沿用其制,但社会人士则每忘其来源矣。其他若唐之飞钱制,宋之便钱制,开世界票据制度之先声,惜以后未向此一途径发展,致使今日票据法规竟参酌外国成例而为制定。然继飞钱、便钱之后,而于宋真宗时则发展于纸币方面。宋之交子、钱引、关子、会子;金之交钞、宝券、通宝、宝泉、珍货、宝会;元明的宝钞;皆为纸币之名称。因滥发漫无限制,各代均有通货膨胀恶果,如何使钞票回笼,各代亦均费尽心机。金更屡以废旧钞,换新币,但因根本问题未能解决,终难建立其钞票之信用。明在宪宗时,宝钞贬值,一贯竟不能值一文,于是设立常关收税而使钞票回笼,遂有钞关之称。总之,宋元明三代之纸币制度虽无成绩,但其通货膨胀之恶劣情况,足可供给后世行使纸币制度之警惕。吾人从欧美使用纸币成功之国家,固可求得其成功之要诀,仍可从我国史上追索其失败之原因;正反两面的资料皆备,更有助于通货之合理发展,自无待言。

陈顾远先生学术年表[①]

1896 年(光绪二十二年)

出生于陕西三原县。幼读私塾。

1911 年

少年时即受于右任影响,考入中学,加入"同盟会"三原支部。在中学发起组织"警钟社",宣传革命;喜欢秦腔,试编戏剧唱本。

1915 年

在西安中学时参加反对袁世凯"称帝"、驱逐陕西督军陆建章活动,几乎遭遇捕杀;经于右任帮助,到北京。

1916 年

考入北京大学法学预科,"接受西方文化洋装书之教育",对中国经史子集"仍心喜或有涉猎"[②]。喜爱话剧、平(京)剧,组织实验剧社,创办人艺戏剧专门学校。

1919 年

升入北大政治系本科。参加"五四"运动。转入法科"从程树德先生修习中国法制史,颇感兴趣"[③];并研究历代律例与刑名,撰

[①] 本年表系依据相关资料编定。其中引语,凡未注明者,均取之陈顾远先生《回顾与远瞻——八十自述》一文。
[②] 陈顾远:《中国文化与中国法系》,中国政法大学出版社2006年版,第64页。
[③] 同上。

写著作。

1920 年

与北大同学郭梦良、朱谦之等共同编辑《奋斗》杂志(旬刊),出版 9 期。又与郭梦良、黄觉天等同学创办《评论之评论》(季刊),出版 4 期。12 月,以"奋斗社"身份列为李大钊创办的"北京大学社会主义研究会"8 位发起人之一。

参加当年"文官考试",以"优等中式"成绩分配到北洋政府平政院任候补书记官,后来调任农商部秘书处帮办。著《孟子政治哲学》,由上海泰东书局出版。

1921 年

《墨子政治哲学》,由上海泰东书局出版。

1922 年

在北大加入中国国民党。又参加最先反对"西山会议"派的"民治主义同志会"。著《地方自治通论》,由上海泰东书局出版。

1923 年

北大毕业,获法学学士学位。留校任政治系助教,并在北平中国大学、平民大学等私立大学兼课。曾与同学邓鸿业、苏锡龄等组成(政治考察)"十人团",赴广州晋见孙中山,"亲聆其讲授三民主义及五权宪法,深知中国固有文化并不因五四运动前后之新文化运动而全部变为僵石,仍与西洋文化有其互相参照者在,尤以法制方面为甚。余毕生决心为中国法制史之深入研究,实植因于此"[①]。著《五权宪法论》,由北平孙文学会发行。

---

① 陈顾远:《中国文化与中国法系》,中国政法大学出版社 2006 年版,第 64 页。

1924 年

在北大任助教,兼任上海《民国日报》、东北《民报》驻北平记者,从事反军阀活动。

1925 年

与"梅丽女士由热恋而成婚"。因加入国民二军到天津欢迎孙中山,并创办国民革命军第二军《国民通信社》,遭奉军张宗昌通缉,"遂与妻微服逃沪,而结束三十年间之北方生活"。著《中国古代婚姻史》,由商务印书馆出版。

1926 年

在上海法科大学(上海法学院)任教,后为系主任。"奠定余个人五十余年来之教书命运"。

1928 年

审计院成立,于右任为院长;任于院长机要秘书,"为余任国民政府之始"。后又随于右任辞职返上海法学院教书。

1930 年

安徽大学成立,接受杨亮功校长聘请,任法学院(院长张慰慈)法律系主任。

1931 年

《国际私法总论》上册、下册,由上海法学编译社出版。

1932 年

任国民党中央党部民众运动指导委员会特种委员及办公室主任,三年。著《国际私法本论》上册、下册,由上海法学编译社出版。

1934 年

《中国法制史》、《中国国际法溯源》,商务印书馆出版。

1935 年

以专家资格任训政时期立法院立法委员。之后继任立委达 14

年之久。著《土地法实用》,由商务印书馆出版。

1936 年

《中国婚姻史》,由商务印书馆出版。《国际私法》,上海民智书局出版。

1937 年

在(重庆)立法院工作期间,又在复旦大学(北培北温泉)、朝阳学院及法官训练所(兴隆场)、中央政治学校(南温泉)、高等警官学校(弹子石)、立信专科学校(北培)等兼课;十几年一直未断。抗战期间,"匆忙入陕",曾在西北大学讲学。所著《国际私法要义》,由上海法学书局出版。

1939 年

《中国法制史》(日文),译者西冈弘,由东京岩波书局出版,"开日本人翻译近代中国学人此类著作之创例"。

1940 年

《中国婚姻史》(日文),译者藤泽卫彦,由东京山本书店出版。

1942 年

《立法要旨》,由重庆中央训练委员会发行。

1943 年

《保险法概论》,由重庆正中书局出版。《公司法概论》,重庆正中书局出版。

1946 年

抗战胜利后返回南京,当选"国民大会"制宪委员,筹备宪法制定和宪政实施。著《民法亲属实用》,由上海大东书局出版。

1948 年

当选宪政时期第一届立法院立法委员。著《政治学概要》,由上海昌明书局出版。

1949 年

随迁台湾,继任"立法委员"。

1950 年

在担任立法委员同时,又任台湾大学、政治大学、文化大学、东吴大学、中兴大学等大学兼职教授,仅在台大任教达 25 年之久;"将心力集中于中国法制史、中国政治思想史及现实法学之讲述"。还作为律师,承办案件与法律事务。

1953 年

《政治学》,由中国台湾中国法政函授学校发行。

1955 年

《法律评估》,由中国台湾法律评论社出版。《海商法要义》,中国台湾中国交通建设学会发行。

1956 年

《民法亲属实用》、《民法继承实用》,由中国台湾法官训练所发行。

1958 年

《中国政治思想史绪论》,由中国台湾政工干部学校发行。

1961 年

《立法程序之研究》,由中国台湾国民大会发行。

1964 年

《中国法制史概要》,由中国台湾三民书局出版。

1966 年

《商事法》,由中国台湾复兴书局出版。

1969 年

《中国文化与中国法系》,由三民书局出版。

1976 年

受聘为国民党第十一届、继任十二届中央评议委员。

1981 年

因病在台北去世,享年 85 岁。

一生所任大学 30 多所,从教 55 年,"出于门下者最保守之计算厂或不下于三万人";任"立法委员"约 45 年,"为中央民意代表对国家立制,对政府建言"。

1982 年,《陈顾远法律论文集》上、下册,由中国台湾联经出版事业公司出版。

不可不读的《中国法制史概要》

段秋关

中华传统,源远流长,其人文精神,至今弥足珍贵;法治国家,民主富强,其构建创设,务必合乎国情。

对我们来说,传统可称为故旧,法治则是新的目标;虽然温故未必能够完全知新,但推陈出新却是我国走向法治的必由之路。在中华传统文化之中,法律制度的真实情况如何?传统法律又如何转型为现代法律?是我们必经重视并应该解决的课题。前事不忘,后事之师。因此,法律史往往成为法学的入门学科,中国法制史更为系统习研法学者所必修。

论及中国法制史及其研究,便不能不提商务印书馆1934年版的陈顾远著《中国法制史》,更不可不读中国台湾三民书局1964年版的陈著《中国法制史概要》。前书为中国法制史学科的开山之作,以现代法学立场审视古代法律,阐发其内容与沿革,奠定了法制史研究的框架和基础;1939年日译本由东京岩波书店出版,结束了中国大学用外国人著《中国法制史》教材的状况,开创了日本翻译出版中国法学著作的先例。后书是前书的重要补充与重新编订,是陈氏从事中国法制史教学与研究40余年的结晶,以其内容简明、水平高超,既把握全面又突出重点而受学界关注;在中国台湾地区长期作为大专学校教材和各类考试用书,在中国大陆地区及国外亦是法律学者案头的必备之书。

陈顾远先生既为法学教授,又是法律专家。他出生陕西,毕业北大,一生曾在30余所大学任教,主讲中国法制史、政治思想史、现代法学等;在政府工作多年,任"立法委员"45年;著述涉及法制史、国际法、民法、商法、保险法、婚姻法、立法学以及政治学、政治思想史等各方面,著作等身,多才多艺。《中国法制史概要》是其学术的代表作。

《中国法制史概要》,由中国台湾三民书局1964年出版。全书分三编:第一编为"总论",有开宗明义、探源索流、固有法系、重要典籍四章;第二编为"分论",包括组织法规、人事法规、刑事法规、宗法制度、婚姻制度、食货制度六章;第三编为"后论",含礼刑合一、今古相通二章。从篇目即可看出其编著用心和体例特点。

读其书,识其人,知其成就。作为陈先生的同乡、同行、校友和晚辈,笔者不揣浅陋,从先生对中国古代法制的现代解读、系统研究、全面考察、深入探析、误区辩正与卓越建树诸方面向读者介绍推荐《中国法制史概要》(以下简称《概要》),以便认识这位学贯中西、博古通今的法学大师。

对中国古代法制的现代解读

法史学的使命是尽可能地反映法律与法律思想在历史中的真实状况,然而如何编著近五千年延续未断的中国法制史,用王朝年代体例还是问题范畴体例?怎样阐述解析其内容与特质,是以古说古、自我中心还是以今释古、参照西方？以何标准或立场对其进行归纳评说,以维护政权为准还是以适应社会发展为据？这些都是治中国法制史者长期争议而又必须确定的问题。陈先生经深思熟虑,以增加知识,了解过去、把握现今、面向未来为目标,以当代大学生和法律工作者为主要受众,以现代法学作为基本的立场和出发点,均采取后者而不用前者,对于中国古代法律制度进行现代解读。

首先,《概要》采取"问题研究法",为中国法制范畴史。

在上个世纪30年代,随着"西法东渐",法学研究深入到各分支学科,已有中国法制史的成果面世。薛允升(1820—1901)《读例存疑》、沈家本(1840—1913)《历代刑法考》、程树德(1877—1944)《九朝律考》考证史实,驳误存正,是依朝代为序进行的断代研究;杨鸿烈《中国法律发达史》、康宝忠《广义中国法制史》则直接取"法(律)制史"为名,而其体例仍按历史时期、王朝兴替排列,其内容基本上是史料的搜集与归类,以符合传统"史学"的要求。陈先生认为,这些均属"时代研究法",虽能够明确前后沿革,但易写成"流水账",失之于重复繁琐,不得要领。"与其采时代研究法而失之紊,无宁采问题研究法而得之专",作为法学专门史,应该把史料搜集与法史研究区别开来,把历史分期与法制发展分别对待,阐述中国法制的主要问题与范畴,此为"问题研究法"。即将中国法制按照"问题",划分为现代法学的分支部门、范畴进行阐述,如"组织"、"人事"、"刑事"等法规,"婚姻"、"食货"等制度;在每个"问题"中可以按时期顺序进行叙述,但"不应依朝代兴亡为断"。《概要》就是以此体例编著的。

显然,这种研究方法是对西方法学方法的借鉴和引入,陈先生率先用于中国法制史的研究,在当时为创体例之新,在今日的法史著作中仍别开生面。虽然新中国成立后大陆学者多依马克思主义的社会分期论,按奴隶制度、封建制度、资本主义制度和社会主义制度为体例研究法制历史,并取得了骄人的成果;但并不能否定或取代"问题研究法"、"范畴史"体例的优势,近20年来法史教材或著作纷纷采用此方法,表明了它的旺盛生命力。

其次,《概要》对古代的名词概念,进行现代的解说或对比。

例如:关于"法制",陈先生既指出其古义为禁令,日本则专指民事、刑事制度;又按现代的理解,认为"法制"是法律制度的简称,其内容有法律和制度两个方面。关于史实史料,先生认为"必须兼备史学法学之知识,采用科学方法处理",如推测之辞不可为信、假设之辞不可为据、传说之辞不可为证,以及学术见解不应据以为史、个人观点不应擅以为史等。关于变法,既指出商鞅变法"结束封建制度,……传其系统二千余年",又造成"法治与君治相混,两千年来君主专制之形成"。王莽变法,"不外以政治力量行经济革命之事",因"迷信周礼"、"效法秦皇"、急切仓促而失败。清末变法,"其变法精神,似倾向于民治主义",虽因皇族亲贵的守旧而未果,但应确认"1902年修订法律馆成立之际,为中国新法统之始页"。关于法系,先生认为,大陆法系"以罗马法为基础",英美法系"以习惯法为法源",印度法系"以阶级制度为其背景",伊斯兰法系"以可兰经典为其依附";中国法系"源于神权而无宗教化色彩","源于天意而有自然法精神",以及古代的"民本思想,只具有现代民有、民享两个观念,并无民权观念在内"。关于国体政体,先生指出,"法制为史,其在'制'之具体对象方面,得从国体(国之组织形态)、政体(政之组织形态)两端而论",周代以前为部落制,西周至秦为封建制,秦代之后为单一国家;同时,"大体而观,自周之衰,为寡头政体,自宋之兴,为专制政体"。先生又据史断言:"中国永为统一国家,此种历久之历史势力,铸入人心,是故外人'两个中国之谬论',不特与天下大势、国际正义不合,且按诸我国历史,亦南辕而北辙也"!关于学校,先生认为,"学校之设,中国向已有之",与现代学校相比,都是教育机构,但性质不同,内容有别;其形式有"国学"亦有"地方学",其内容偏重于道德修养,还有养老、养士的职能,"而非以学为主,更非重视实科。"① 关于婚姻制,先生运用现代社会学方法实际分析后,精辟指出:"中国婚姻制度之发生并其发展,由'婚源'而'婚俗'而'婚礼'而'婚律',亦不外由自然现象而社会现象而法律现象之演变"。关于家族制,先生反复强调,虽然今日已属陈迹,但它在中国社会已有近三千年的历史,"与民族固有生活息息相关","中华民族之固有道德皆化于家族生活中,……就私的关系言,为个人道德之养成处所;就公的关系言,为良好公民之训练基础,对于国家之治理及社会之安定,更大有其帮助";等等。

再次,《概要》将中国法制与西方进行对照或比较分析。

例如:关于中国法系,陈先生认为,早在尧、舜以前便有"五刑之用",应作为中国法系的起点;即使以尧帝时起算,"其即位在西元前2357年,距今(1964年)亦有4320年历史"。退一步说,按照商鞅入秦时计算,"乃西元前365年,马其顿腓列王第二即位之时,距今依然有2322年之历史。……在世界各法系中,则仍具有悠久之历史"。先生又指出,西方的"一个大帝国的建立,往往是文化衰

---

① 指应用学科。

落的象征"现象并不适用于中国,"汉、唐两大帝国之建立,中国文化不特未曾衰落,且更显著";原因在于中国的礼法文化,能够吸收和包容各种因素而充实自身;如今"法学家所说的正义法、自然法、社会法就是中国人所说的天理","习惯法以及经验法则上的事理,就是中国人所说的人情",而"制定法或者成文法"就是中国人说的"国法"①。关于法律法学形式,中国法律表现为"泛文主义",与西方相对照,"说它是成文法系,却因临时设制,有例、有比、有指挥、有断案,殊难为比;谓其近于英美法系,仍因常法俱在,有律、有令、有刑统、有会典,更难并论。总括起来,是成文而不成文,不成文而成文,兼具欧陆法系与英美法系的优点"②。法学方面西方是"神权法说与受其洗礼之法律在先,自然法说与因之而成之法律发生在后,分析法学派之理论与实例又在其次,再经演进而至现代之社会法学派与社会本位之法律";中国"最早当然为神权法,继之而有抽象的天意政治之自然法,法家兴起,秦用其说,俨然分析法学派在中国出现"。而中国法系"与罗马法系以权利为本位,迥然不同",是以"义务为本位";"今日世界法学趋势,已进入社会本位时代。……中国法系之义务本位,因其非如埃及、希伯来、印度法系之宗教化,既有教会之势力存在,而君权又受天道及民本思想之限制,其非片面之义务",所以接近现代的社会本位理论。又认为中国的天道尤其天人合一观念相当于西方的自然法观念,"所谓天道天理乃现代自然法之代名词","箕子所陈之洪范,周易所述之变化,皆自然法之原理原则"③,天道观在中国一直长盛不衰,而自然

---

① 陈顾远前揭书,第 54 页。
② 陈顾远:《中国文化与中国法系》,中国政法大学出版社 2006 年版,第 54 页。
③ 同上书,第 544 页。

法学派遭遇分析法学重创之后很难振兴;西方的卢梭、洛克、格老秀斯或普芬道夫等自然法学家有的主张民权、有的鼓吹君权、有的强调君民共主、有的依据国际规则,中国无论儒、道、墨家,均以"人"即民意作为本位。关于刑罚的执行,先生指出,"现代各国法律,既定刑之执行犹豫之规定,又有对于大赦特赦亦相当予以承认,俾济刑罚失当之穷。中国向有此种制度,而其用意则在慎刑恤囚,与刑之宥减相互为表里",如"今之称缓刑之语,首见于周礼"。关于财经法制,陈先生认为,古代以农为本,重农抑商,"与现代进入工业化不同,然'不患寡而患不均'之理论,则未尝无一顾价值;'防止强梁兼并'之土地立法,更系今日解决土壤问题之先导。……'不夺民之时,不穷民之力'之观点,正与今日培养税源及不可杀鸡取卵之说为同";等等。

对中国传统法律制度的系统研究

法制史是历史学与法律学的边缘学科,作为专门史,应注意时代与社会实际,依据史实、史料及其沿革变化进行研究,即"知人当论其世,论世当知其时,不然即有时代错误,而失史之真实价值"[①];作为法律史,应注意其内容与性质特点,阐明其法律形式、体系内容、理论基础及其思想表现,即"有某种文化,形成某种法律。……由中国固有文化而为中国法系之观察,乃为探本追源之论"。《概要》兼顾这两方面的要求,不仅纠正了商务印书馆1934年本《中国

---

① 同上,第557页。

法制史》仅以儒家思想为说的偏向,将中国传统文化作为传统法律的思想基础,而且在范围上将法与制结合起来,在内容上将制度规定与思想学说结合起来,在特征上将性质效果与价值趋向结合起来,进行系统的研究分析。

首先,确定"法制史"广义范围,进行系统研究。

陈先生强调应该明确中国法制史的研究范围。虽法史著作或教材有采广义,有取狭义,"然广至何种程度,狭至何种界限,各家选材,亦难一致"。如有的教材,按照狭义要求仅以历代法典为限,但却"将法家思想与之并列,则狭而广矣";先生的商务本按广义范围虽然标题为政治制度、经济制度,但内容只限组织法规与财经立法,"则广而狭矣"。出现这种体例与取材的混乱或表里不一的主要原因,在于对"法制"二字的理解不同,观点各异。因此,《概要》开宗明义,先回答"何为法制":"简言之,法制即法律制度之简谓;详释之,则有'法律化的制度'及'法律与制度'之别。古人对此解释有狭有广不一,今人对此认识有简有繁各别";先生坚持广义法制的立场:"与其狭而失偏,不如广而得全"。① 同时重申了从现代法学角度对法制概念的明确定义:"为社会生活之轨范,经国家权力之认定,并具有强制之性质者,曰法;为社会生活之形象,经国家公众之维持,并具有规律之基础者,曰制。条其本末,系其始终,阐明其因袭变革之关系者,是为中国法制之史"。

这显然是陈先生的创见。在20世纪,无论是30年代或者60年代,无论在大陆或者海外,都罕见这种将"法"与"制"分别定义,

---

① 陈顾远:《中国文化与中国法系》,中国政法大学出版社2006年版,第559页。

同时又将二者结合起来,从形式与内容、表现与本质、萌发与衰落、因袭与变革等方面进行研究的模式。有鉴于此,在1934年商务本《中国法制史》出版之后,陈先生曾经设想以总论、政事法、民事法、刑事法、民国法制的总框架,分五卷重新编著中国法制史,但终未实现;后来接三民书局约稿,又"受《概要》为名之限制",考虑到教材的内容不宜太多,遂形成现在的体例内容。先生对此深以为憾,我们也为之惋惜。

其次,将制度规定与其思想观点结合起来,进行系统分析。

这是陈先生的又一创见。虽然法制史与法律思想史为二个学科,但同属法律史学或法律文化学;在现实中,二者相互影响,密不可分。中华法系的标志性成果——《唐律疏议》便是二者结合的典范。然而,作为专门史,从梁启超、沈家本,到程树德、杨鸿烈,都是将二者分别阐述的。尤其在大学教学中,作为两门课程,又促成了二者"井水不犯河水"的、截然相分的关系,从而影响到、限制了对法史系统性和真谛的把握。

陈先生认为,从史学的视角看,制度是思想的表现与标志,而思想为制度的源本或摇篮;从法学的角度说,"理论诚为事实之母,经验亦为理论之基",法史研究应该理论与经验同时并重,不可偏废。因此,探明法律与制度的源流、内容和演变,洞悉法制的思想基础与精神,"为中国法制史之要端"。在《概要》中,陈先生既以礼、刑、律、令、典、格、例、式等史料为依据,又引证孔丘、孟轲、荀况、董仲舒等儒家,李悝、商鞅、韩非、李斯等法家,郑玄、马融、杜预、张斐、长孙无忌等律家,以及王安石、张居正、丘濬、沈家本、张之洞、孙中山等思想家的著述进行论证,以求对古代法制的系统把握。正是这样将制度史与思想史的研究结合起来,陈先生得出了

"中国法系之体躯,法家所创造也;中国法制之生命,儒家所赋予也"的结论;并强调"礼刑合一",是"中国法制史之缩影";认为探明"法与刑"演变和"法与礼"结合的根本原因,是中国法制史学者必须重视并加以解决的问题。

再次,将法制史研究纳入传统文化系统,进行总体性概括。

为了"探本追源",陈先生强调:"论及中国固有法系之基础所在,即不能不提及中国文化";"中国法系为世界各大法系之一,其存在、其形成、其特征,皆与中国文化有关。外人或有误解,国人应知底蕴"。他主要从传统文化怎样影响古代法制、中国法制又如何反映中国文化两方面进行论述。一方面,以"天下为一家"与"和合共生"为本质特征的中国文化,决定了中国法系在本土历经数千年而不衰,对域外周边地区产生重要影响并能为其继受。另一方面,法律制度本身亦与文化相融合,成为中国文化的一部分,从而与其他法系相比,具有"一帜独树之特质与卓尔不群之精神"。并依此为"中国法系简要造像","透视"其本质,揭示其核心精神,"素描"其表现特征。

《概要》认为,中国法系是农业社会的产物,"中国固有法系之法律,一方面无论刑或礼之起源皆在四千年前,且经过神权阶段,然而并未留下宗教色彩;一方面迅速跃过神权法时代,即与自然法发生不解之缘";而这一过程,又完全是在中华本土的范围内,在没有受到外来影响的环境中完成的。正由于中国传统文化坚持"人本",未形成以"天主"或"上帝"为主宰的宗教及其信仰,所以"人文主义"成为传统法律的一大思想基础。又因为儒家"天人合一"观念的影响,"天意"实为"民意","天理"实为"民心",使得国法与天理、人情结合起来。陈先生认为儒家的这一观念,与道家的"道法自然"观念、墨家的"天志""兼爱"观念,均具备西方自然法思想因素,并称其为中国式的"自然法"观念。以此为基础,造就了传统法制"天下为公的人文主义,互负义务的伦理基础,亲亲仁民的家族观点,扶弱抑强的民本思想"这"四大精神"。

《概要》指出,在中国文化的熏陶之下,传统法制"始终把握人文主义、民本思想而不曾松懈一步",所以将天理、人情、国法同时并重,具体表现为礼教中心、义务本位、家族观点、保育设施(抑强扶弱)、崇尚仁恕、减轻讼累、灵活其法、审断有责等"八大特征"。先生后来在其《中国固有法系之简要造像》一文中又缩减为六大特质:其"神采为人文主义,并具有自然法之意念",其"资质为义务本位,并具有社会本位之色彩",其"容貌为礼教中心,并具有仁道、恕道之光芒",其"筋脉为家族观点,并具有尊卑歧视之情景",其"胸襟为弭讼至上,并具有扶弱抑强之设想",其"心愿为审断负责,并具有灵活运用之倾向"。

先生之论,虽为一家之言,但在当时却厘清了不少学界的误解或忽视;时至今日,仍须关注。相比而言,法史著述之中,从体系结构、概念范畴、执法司法等方面总结中华法系性质特点的学者不少,但像陈先生这样将其与思想文化结合起来进行提炼概括的尚不多,而能够做到既揭示本质灵魂又兼顾表现形式进行论证的尤为少见,因此更显珍贵。

对古今法制沿革变化的全面考察

众所周知,中国是具有近五千年未曾中断的历史的大国,有其未曾中断的、自成体系的法律制度和传统。五千年来,时代延续似川流不息,王朝更替如沧海桑田,有关的史实、史料堆集如山,令人望而生畏。对于法史学者来说,如何把握这个"传之未断,统而不乱"的法律体系,怎样认识这种"有分有合,有存有废"的动态过程,其中有无规律可依、线索可寻?都是必须面对而又不易解决的问题。

陈先生认为,"时代演变,事之常也,历史叙述,莫非变也",应该以古今法律的演变为着眼点进行研究。在研究中,一要注意源与流、主与次之间的联系,二要重视具有根本性、全局性变化,三要把握变化的原因和依据,四要关注变化的宗旨与目标。前两个方面即先生所强调的"条其本末,系其始终",重在阐明演变的过程与方式;后两个方面即先生所谓"变中之不变者",重在揭示演变的内容本质。在《概要》中,先生不拘泥于具体制度或规定的细致考辨,而是高屋建瓴,先对中国法制从形成到蜕变作简要的时期划分,然后在全面考察传统法制的基础上重点探讨其根本的、关键的变化,即:"但舍一法一制之变,而就整个的中国法制史言之,其变有三种,此并非别于各种法制之变而独立,实乃各种法制变之所本也";"中国法制之史的变动,最重要者为变法之变,律统之变,法学之变"。

首先,对传统法制的发展阶段进行新的划分。

在历史研究中,学人多因循《汉书》及二十四史惯例,按照年代顺序、王朝兴亡作为历史分期的依据;马克思主义史学则以原始、奴隶、封建、资本主义、社会主义等社会形态作为历史分期的臬圭;至今,法史研究亦多沿用此方式。有的学者意在突出"法制"内容,从"法学"立场出发,将中国法制史分为萌芽、成立、发达、变革、修明、进化、颠沛、完成等"八个时代";有的以律典刑书为依据,分为创造、因革、完成、沿袭、变动"五个时期"。

陈先生认为以王朝兴替为序与按社会形态分期均不适合法史学科:"自班固以来,断代为史之法列于正宗,于是一姓兴亡之事迹,遂成今人治中国普通史或专门史划分阶段之普遍标准"。这种分期方法弊端有二:一是只见史料,难知史实,所谓"详则不啻搬运史料,徒觉繁复取厌;简则亦难提要钩沉,无由知其原委"。二是叙述重复,不得要领,所谓"历代法制彼此相因之点,密密相接,如环无端,实居其大部分。……依朝代而横断之,究不知其一代之别于他代者何在"?因此,他赞同以法制本身作为分期依据,把握"专门史之制作,尤其中国法制史"的要求,按照"会通古今,得知源委,明事物之沿革,序法制之变迁"的宗旨划分时期。

在对法制发展进行分期时,陈先生又强调三点:一是紧紧把握"中国法制变迁"的主线,以"变革"分"延续";二是"不应专依或种标准而言中国法制之变迁",因法制史不同于政治史或经济史,甚至有别于法律思想史,所以不宜套用其他学科的划分标准;三是"不应偶依个人主观而述中国法制之变迁",认为上述"八个时代"或"五个时期"所依据的主要是个人见解或学派论断,虽可为一家之言,但不能据以为准。由此,陈先生提出了自己对"中国法制经过之阶段"的划分:

"第一阶段暂起于殷而终于战国,可称曰创始期",包括殷商、西周、春秋时期,以"礼与刑"为主,战国时开始转型。陈先生指出,"暂起于殷"是因为殷商之前的历史仅为传说,"以后于殷之上发现真实史料,亦可推而远之"。"第二阶段应起于秦而终于南北朝,可称曰发达期",包括秦创立统一法制,汉晋相承,至南北朝开始转变。"第三阶段始起于隋而终于清,可称曰确定期",包括隋唐集前代法制之大成,宋、元、明、清承继唐代法制,至清末开始蜕变。"第四阶段则自民国起,或自清末壬寅年(1902年)起,可称曰变革期",主要指"一变中国旧日法制之面目与精神,而与世界各国以俱新也"。陈先生反复说明,这仅是他治中国法制史的心得,并非定论。关于分期问题,学界仍在争议之中;"况广义中国法制史,内容广大无限,每一阶段是否能皆包括之,亦成问题",需要继续探索、研究。

其次,法制体系与内容的"变与不变"。

我们知道,从西周"礼治"到法家"法治"再到正统儒家的"礼法合治",是中国传统法律文化"演进"的历史轨迹。陈先生也从"演变"的角度对法制沿革进行文化考察,认为自古及今,作为中国文化的组成部分,中国法制受思想文化的支配曾出现三大变化:法律制度最先由法家对礼、刑的改造而创设,第一次变化在汉代以后,"以儒家思想为灵魂,儒家既借用法家体躯,完成中华法系之生命,是中国文化之一变也"。第二次变化的标志是宋明理学的形成,正统儒学吸收融合了道家学说和外来的佛教思想,构建了自然、社会与人生,天理、人情与国法"三位一体"的思维模式并渗透到社会各个方面,即"东汉佛教传至中国,唐代又崇奉道教,演变而为宋明理学,社会礼仪,受其熏陶,循吏用法,蒙其影响,是中国文化之二变也"。第三次变化是国门打开,"西法东渐",西学输入,古代法制向现代法制转型,即"明代西学输入,清代门户开放,最后变法倾向其制。",思想方面表现为孙中山"内承中国之固有文化,外有采各国之进步学说,……是中国文化之三变也"①。

---

① 陈顾远:《中国文化与中国法系》,中国政法大学出版社2006年版,第548页。

值得强调的是,陈先生从文化变迁角度叙述法制演变时,着眼于"融合";而具体阐述法制沿革时,又以"变动"作为着眼点。《概要》以"从变法上言其变"为专节,论述了中国法制的四次重大变动。先生认为,中国历代法律均有变化,但是具有"法制"意义的屈指可数。应该依内容、性质、效果及对后世的影响确定"重大"与否,而不以"成败"或变法者的"名声"为取舍。同时,盛世的法律并不等同于重要的"变法",如"唐之法制,虽上集秦汉魏晋之大成,下树宋元明清之圭臬,此不过中国法制之确立阶段,其精神则乃秦汉之续",可属文化变动,不宜计入"变法"之中。由此,"得知中国法制之最大变动,不外秦也、莽也、北宋也,清末也"四次变法;其中"秦代变法与清末变法,乃中国法制史上最显著之两大变动"。先生指出,秦代变法的意义,在于"结束封建制度,使中国之律统有所创立";秦虽速亡,但汉承其制,造成"数百年有秩序之发展,且递次传其系统二千余年",都应"归功于秦之变法"。西汉王莽变法,"偏于经济革命,使中国之法制一现异彩","其变法之精神,似倾向于社会主义";虽然变法未能成功,但先生认为中国在公元9年时出现了以"经济改革"为内容的"变法改制",是值得重视的。宋代王安石变法,全面"实施社会政策,使中国之法制再留奇迹","其变法之精神,似倾向于国家主义";陈先生认为,王安石用人不当,实施不力招致新政受挫,身败名裂,"后世言政者且以安石为戒,而其新政之精神则实振往古、惊后世,在中国法制史上固有其光荣地位与显著成绩"! 清末变法,开启了中国法律现代化之门,"兼采西制,使中国之法律开其新端","其思想远承于黄(宗羲)黎洲之鼓吹,其行动发于康有为之第一次变法,其结果继续于民国成立";当时虽未见效,但其影响深远。

在论证"变"的同时,陈先生还从全局出发,关注"变中之不变",即"万变不离其宗"。他认为,在中国法系的框架内,法制的"任何变动均莫离乎其宗,最大变动之中仍有不变者在"。这种"不变"或"共性",从总体看,农业社会的环境未变,受传统文化的支配未变。具体的说,表现在两个方面:"一曰法虽变,但有一中心势力未变",即儒家的影响未变。中国传统文化的理论基础、中国古代法制的核心精神是儒家思想及其学说,中国法系由其决定,重大变法受其制约。秦代变法,虽依法家思想用官僚等级取代血缘等级,但在区别等级、维护君权方面与儒家是一致的;法家的"循名责实"与荀子"定名分"亦同出一辙。王莽照搬《周礼》、王安石推崇"王道",清末"礼教派"亦居上风,都说明了法制的"每一变动均与儒家有其关系"。"二曰法虽变,但关于历史上之势力未变",即前后延续承继,基本的目标、框架、方式未变,而且历史愈久,影响愈大。陈先生指出,如商鞅改法为律,所据《法经》,其本身亦是春秋各国法令的集合;王莽的"六莞之令,实不外汉武帝榷盐铁之续";宋代变法,号称恢复古制,但其青苗法、保甲法实际是宋初《常平法》、《乡兵制》的变种,等等。可见"传之未断,统而不乱",有承有革,逐步完备,正是中国法制演变的路径。

再次,"律统"之变与"法(律)学"之变。

《概要》以独特的视角,阐述了中国古代刑事法和刑事法学的演变、发展过程。先看"律统"即刑事法之变,陈先生指出:"中国法制之在昔,除礼之外,以律为主","律虽不必皆在每代中占优势之地位,然其蜿蜒起伏之路线,自秦以未尝断也"。如果以李悝《法经》作为中国刑事法典的开始,那么商鞅携《法经》相秦,改"法"为"律",则"创立中国二千年之律统"。"律统"的首次变化是汉魏,既承秦制，又改秦法，形成《晋》律；第二次变化为南北朝，南朝承《晋律》，北朝采《汉律》，而有《北齐律》折衷综合，"继之为隋开皇律、唐律"，呈现出变中有承有合的轨迹。第三次变化见之于明律、清律；"自唐以后，称律统一贯时期"，五代、辽金皆沿用《唐律》，宋刑统元《条格》皆未出《唐律》范围，"到了明朝，中国过去的古律，大半都已佚失，只有唐以后的刑书还保留着"，所以成为《明律》的蓝本。《清律》因袭《明律》而成。明清律形式篇目与《唐律》不同，故称为第三次变化；但"其内容所损益者甚微，唐律之精神依然保存未失"。

再说"法学"之变。《概要》所称"法学"，系指对"明刑饬法，正罪定罚"的"法理"探讨与"条文"整理；因最早是战国的法家主张，所以称其"法学"，实际同于现代的刑事法学。陈先生特意强调，这种"纯正法学之在中国，严格言之，后代未曾有也"；汉代以后所"有之，则为儒家法学，及历代参与律事者之律家而已"。《概要》指出，中国自古代直至清末，对"法"理的探讨仅限于战国时期，以法家为主体，并盛于一时。其内容涉及到"法"的公开性、平等性、客观性、进化性、统一性、安定性、强制性等各个方面；并认为，"凡此，较诸今日欧西之法学殊无多让，惜其所说，皆偏重于法律之形式方面，而疏于法律目的方面"。汉代之后律学昌明，著述层出不穷，是当时立法执法司法的经验总结。隋唐时期亦重视律学，但只维持正统，不准争议，可称之为仅"明律"而不"言学"；宋元明清，律学继续"衰微"，形成"刑为盛世所不能废，亦为盛世所不尚"的尴尬处境。陈先生感叹道：由于儒家思想成为正统，致使"法家之学固早衰微，律家之盛亦难恢复"，"更难望及士子之论法立学"；"此种衰局，直至清末变法，始见转机，顾其经过已千百年矣"!

对中华法系精神与特征的深入探析

比较法学家依照各自的标准将世界各国的法律制度划分为不同的类型,并称之为"法系";学界公认,中华法系是其中之一。在《概要》及其他著述中,陈先生称中华法系为"中国固有法系"或"中国法系"(在1966年之后则直称"中华法系"),并运用比较方法进行专章论述。先生将中国法系置于中国文化的背景中进行考察,对其作"简要造像"、形成过程与结构分析、本质界定与特点概括、历史作用及与现代的对接、与西方对照及精神、价值评说等;并从其与法家思想、儒家学说、天道观念、家族伦理等的关系入手,进行深入剖析论证,提出自己的见解。

首先,对中国法系的文化考察。

陈先生的观点主要有:其一,应该从文化角度观察中国法系,"论及中国固有法系之基础所在,即不能不提及中国文化,由中国固有文化而为中国法系之观察,乃为探本求源之论"。其二,中国法系在本土独立形成,是中华民族创设的。因为"中国文化创自本土"并"独立发展",即使外族侵入仍"坚立不拔",从而一直决定并维持着中国法系。其三,以形成过程看,"中国固有法系之创始,不能不归功于法家,中国固有法系之形成,不能不归功于儒家";其关键是把握刑、法与礼的融合和"礼刑合一"的结构。其四,中国文化"天下一家"的宽宏大度和"仁爱和谐"的和平共处精神,造成了中国法系融合他制他说而自成体系,又对周边产生重要影响。其五,在本质方面,中国法系受中国农业社会文化的熏陶,与其他法系有所不同。它既"无宗教化色彩",又"有自然法灵魂"。"因无宗教化法律,早即重视人情;因有自然法灵魂,早即重视天理。国人今日仍以天理人情国法并称,可知此种意念之深"。其六,中国法系以"人文主义"和"民本思想"为宗旨而表现出"八大特征";对此"不能完全以今日之眼光批评其优劣,",应该强调,它是"为适合当时之需要而产生"的,反映的是当时的社会条件和民族精神。其七,要建立中国新的法系,若仍持"中国本位",则必须从国情出发,"不必另起炉灶";"实际上就是中国固有法系的更新重建,仍然与中华民族所表现的中国文化一脉相承"①。

其次,中国法系的核心精神与价值取向。

《概要》中的目的论、固有法系、家族制度以礼刑合一等章节都论及到这一问题,为了"钩玄提要",陈先生又撰写专文进行论述,并以"从中国法制史上看中国文化的四大精神"作为题目发表。先生认为,中国法系体现出中国文化的人文精神、伦理精神、家族精神和民本精神,反映出天下为公、互负义务、仁民爱物和扶弱抑强的价值取向。其一是"天下为公的人文主义",先生指出,生活在黄河流域各大平原的中华民族"胸襟阔大","养成泱泱大国的气概";农耕文化注重人事的勤惰、智愚与经验,"促进了人文主义的抬头",提倡以人为本,以圣人、贤者和君子为榜样或目标,成为"修身齐家治国平天下"的前提与条件。"法制有其统一性,自易受其

---

① 陈顾远:《中国文化与中国法系》,中国政法大学出版社2006年版,第32页。

影响",能够兼容并收。因此,中国法系得以融合天与人、国与家、礼与法、儒、道、佛三教、域内与域外等各种因素,采纳多种法律形式,利用教化、引导、强制、惩罚多种方式,体现了"以人类幸福为范围,以天下为公为居心"的人文价值。其二是"互负义务的伦理基础",先生指出,伦理属道德范畴,在古代又成为法律的内容,这并非中国法制的缺陷而正是优点之所在,"今后既应如此"。儒家伦理在法制中表现为"礼教中心",在行为上应遵循"忠恕之道"。尽己谓忠,推己谓恕;"求其在己,而不责于人,可说是以义务为本位"。这种义务不是单向或偏向的,而是"在人伦之序方面重视其相互间所负的义务",强调"君礼臣忠,父慈子孝,夫良妇顺,兄友弟恭,朋友有信",构成了双方义务的伦理基础。其三是"仁民爱物的家族观念",先生指出,在中国,无论政治、经济、民生或者法律,"都与家族制度结了不解之缘";如政令以家、户为依据,赋役以家、户为单位,考选以家世为标准,婚姻、丧葬以氏族亲疏为条件,财产分割、继承以嫡庶亲等为准则,族诛、缘坐则将家族关系直接用于科刑。在国人看来,"家族不外国家的缩小"、"个人的扩充",而"国家不外家族的扩大,互为体用,不可分离"。天地、男女、夫妇、父子、君臣、礼义、法制之间是明确的先后承启关系;忠、孝、仁、恕均"出于人性,本于人情","天下为公必须从家族做起";传统的"仁民爱物"便是这种家族制度的观念信条。其四是"扶弱抑强的民本思想",先生指出,"民主思想源自泰西,民本思路创自中国,在历史上彼此各有源流,各成体系"。古代的"民本",意在强调民众的重要性,对国家来说,拥有民众、取得民力是根本;对君主来讲,注重民生、获得民心是根本。陈先生认为,"民本思想是由天治观念中蜕化而来",是与"君治观念"并存而又对其进行补充的一种思想。它在政治方面促成了反对暴君苛政的"开明君权",在法制方面则表现为各种"保育立法"与"政策"。保育法律的宗旨即扶弱抑强:"抑强以求其平,扶弱以见其公"。例如官吏犯法皆从严治罪,尤其严惩贪赃枉法的行为;土地方面打击强梁兼并,商业方面禁止财富集中;关注贫苦民众及妇孺儿童,轻罪不究,刑罚从减等等。

再次,中国法系的结构特征。

世界各大法系,均有其构成特点,如大陆法系的公法、私法体例,英美法系的普通法、衡平法体例,伊斯兰法系的神权法、人定法体例等。陈先生认为中国法系是礼制与刑(法)制的统一。从形成过程看,表现为"法家造就其体躯,儒家赋予其生命";从法律形式看,表现为成文法与不成文法并存,礼书与刑书并用,依律定罪与经义决狱,罪刑法定与君可擅断并行;从内容性质看,政事法、民事法、刑事法、程序规定与经济规范均各有所本,并表现不同。由此,陈先生不同意当时国内外学人对中国法系诸如公法多私法少、繁琐散乱而不成体系,以及"有人治无法治"、"有刑事法无民事法、政事法"等批评,认为这些说法,有的是不了解中国实际的臆断,有的是仅就史学或法学立场观察的偏见,有的则是"以今废古",用"现代之眼光"和标准苛求古人。先生强调,"古今相通",对西方制度学说不能"生吞活剥",全盘照搬;对古代法制与思想亦不能彻底抛弃,全盘否定。应该以了解过去、把握现在、预计将来的态度,"根据中华民族在现阶段和其未来的需要","对于中国固有法系有一番精密的研究检讨",重新评价。中国传统文化和中国法系本来就具有包容性、变革性,儒家尚能借法家之"法",创设礼法新制,今人为什么不能借欧陆之法使"中国固有法系"获得新生呢？

对中国法制史的误区辩正

古往今来，人们从各个角度认识、理解或表述"法"或"法制"这种社会现象，形成了对法的基本认识。中国古代法制形成于本土，很少受外来的影响，所以古代中国人使用自己独特的语言、文字、术语和范畴进行表达，与西方的法律概念有别，与今人的理解亦不同。

很多人以今释古，以为只有称为"法"、"律"的规定才算得上古代的法律，而古代的法律均为"刑"或只有刑法；甚至有人以西方或现代法制为标准，断言中华法系的特征是"诸法合体"，或者"中国法制史只是中国刑法史"。陈先生强调指出："世人对于中华法系之认识每多误解，以为律统、刑书、刑官之类，乃中华法系之应有面目；而不知礼书、礼制之中，更有一大部分属于中华法系之领域"，又"如谓中华法系民事、刑事不分，如谓中华法系道德、法律混淆"①，等等。

陈先生分析了产生"误解"的原因，从客观方面讲，在于中国法系的"历史最悠久，存在最广泛，而内容又最充实、最复杂"；因其历史长达五千年，所以难免顾此失彼；因其范围广泛，所以很难全面观察；因其内容复杂，所以常常出现以假充真、以偏盖全、以讹传讹的现象，造成了中国法制史研究的诸多误区。从主观方面看，或者

---

① 陈顾远前揭书，第54页。

出于立场,或者由于方法,而"一般人对中国法系的误解,乃是只见其偏不见其全所致";其中既有"古人之误"的遗留,也有"今人的主观"或一知半解的新论。① 对此,先生考证史料,依据史实,专题论证,有针对性地进行质疑、反驳、厘清、辨明与纠正。诸如:

关于"礼即道德"。在古代,礼是一个含义笼统、使用广泛、包容量极大的概念,也是今人最容易将它与道德相混淆、与法律相对立的概念。作为中华法系的核心范畴,它贯穿于中国古代法制的始终。礼自周代确立,虽经春秋衰落、战国崩溃和秦时禁绝,但自汉中期复兴之后便一直稳居正统地位;它被视为天、地、人和国、家、民的"纲纪",虽然否定者责其为"乱之首"而尊崇者赞其为"治之经",但都认为它是判定国家治、乱的重要依据;它的表现形式,多样化而不统一,有时为思想言论,有时为制度条文,有时为容貌举止或生活仪式,但它的本质要求或基本原则却始终如一;它一直作为中国古代社会主要的行为规范、思想原则和判断标准而存在。在《概要》及其他著述中,陈先生基于"礼"与中国法制的关系,明确提出自己的见解:

礼在性质上既是古代道德原则又是法律规范,既不能将古代的"礼"与现代的道德或法律划等号,也不宜将礼仅仅视为古代的道德。所谓"我国往昔数千年间,特别重视礼,……成为社会生活的统一规范,成为深入人心的合理信条,自天子以至庶人,一切人事上的关系无不以礼是归。虽然没法之名,但在实质上却是最广泛的法律,而为典章制度、风俗习惯所由成立或形成的基础"②。在

---

① 陈顾远前揭书,第12页。
② 同上书,第54、319页。

内容上，古人以"德法"、"礼度"称呼礼所包含的法律。"往昔除刑律外，法多归之于礼，尤以民事准绳，非礼莫求"；政事法规，初期"尽在礼中"，后来部分入"典"；"以军礼同邦国，又涉及外交军事方面之法制"等。在地位上，礼所体现的法律，往往是根本大法；礼所强调的原则，又成为立法的指导或司法的准则；"国人今日仍以天理、人情、国法并称"，而此三者均"与礼有关"，即礼为其主要内容。

总之，陈先生提醒学界学人：一者，礼是一个范围广泛、内容复杂的概念，古人在运用时并未像今天这样作出道德、法律或政治领域的划分；切不可望文生义或先入为主。二者，在现代社会科学的用语中，很难找到与"礼"一致的范畴或概念，以致在翻译成外文时常发生无对应语词的困难；不宜简单从现代汉语或西方概念出发去套用。三者，"礼"中确实包含了法律和法律思想，而且具有浓厚的、显明的中国文化特色，反映了中国传统法制的义务本位特点。四者，将"礼"纳入法律制度和法律思想中考察分析，不仅可以加深对中华法系内容和特征的把握，而且能够纠正断言中国古代"诸法合体"、"民刑不分"，或者只有"刑律"、没有民事或政事法律等误读误解。这确属一言中的之论！有鉴于此，笔者将礼喻为打开中国法律史之门的钥匙。①

关于"法即法律"、"律即法典"、"刑即刑法"。如果视"礼"为开启之钥匙，那么"法"、"律"、"刑"则是中国法律史门上的几把大锁。由于现代汉语仍然用法、法律来表示具有国家强制力的、以权

---

① 这仅是笔者对陈先生观点的概括。受先生启发，笔者亦对礼与古代法制、法律思想的关系进行深入探析，详见拙著《新编中国法律思想史纲》，中国政法大学出版社2008年版。

利和义务为内容的社会行为规范,所以今人容易习惯地将"法"与"律"、"刑"视为中国古代全部的法律。陈先生指出,"古人对法之范围,并不限于刑于律而已";而"世人对于中国固有法系之观察每以刑制刑官刑书刑狱为中国法系之本体所在",属于误解。

《概要》认为,在中国古代,是先有礼与刑,而后起法与律,它们都有今日法律的含义,但又不完全等同。"刑为苗民所创,而我族袭用",包括"五虐之刑"与"流鞭扑赎,甚至于画像示辱",是中国最早的不成文的刑罚规定;当时其他的制度在不成文的"礼"之中。"法"本来仅是一种判断与惩戒方式,春秋之后被赋予新的性质,"法之本义为刑,法之别义为常",即"法"是成文的、普遍适用的刑罚制度。法家把"法"扩充为所有制度和治国方略的代名词,"将一切规范认之为法",以取代儒家的"礼";同时又用"律"来专门表示定罪量刑方面的制度与规定。所谓"法家既知法之含义甚广,刑书只系法之一部分,绝不能泛称为法;所以商鞅受法经以相秦,遂即改法为律"。因此,虽然法家在中国历史上最早用"法"字来概括国家制定的行为规则,"法律"二字作为一个专有名词使用也是从法家开始的;但是还应注意,法家之"法"与现代的法律概念之间仍有不少差距。法家不仅用"法"表示行为的规则,而且还多用来表示他们所主张的统治策略与方法。"法"有广、狭二义,广义之"法"泛指一切制度,所谓"变法"、"壹法";狭义之"法"即刑罚的规定,与现代刑法的内容相类似,但还包括赏施规定,比"刑"的范围更大一些。陈先生指出,古代的"律统创于秦,已成定论",主要内容为刑事法;但秦汉之律,尚有"正律"(九章律)、"副律"(傍章律、越宫律、朝律)和"杂律"之分;可见其内容不仅仅是刑法,还有行政、朝仪、户籍、营造等方面的规定。魏晋之后,律才成为刑法典的代名词,而刑事方面还有令、敕、例、刑统等法律形式。

总之,古代的"刑"即今语的刑罚,"刑书"同今日的刑法。古代的"法"含义较今语法律广泛,相当于广义法即一切制度;但却将礼制、德法等民事法、政事法排除在外。而"律"指刑法典,却不包括刑事单行法规,不包括民事法律,更不代表全部法制。说"法"、"律"、"刑"是中国的古代法律尚可,强调中国古代的法律仅是"法"、"律"、"刑"则误;运用文字学、文化阐释方法探究"法"字的本质为"刑"则是,断言中国古代只有刑法没有民事、政事等法律则非;以"律"为据分析中国古代刑法典的结构、特点固然无可厚非,认定"诸法合体"是中华法系或中国古代法制的特点却属虚妄之论。① 这是治中国法制史者必须辨明的。

关于"道德与法律不分"。由于礼是古代道德与法律的混合体,法家之法又对立于儒家之礼,容易使人将礼等同道德、将"法"视为法律;陈先生指出,"中外学者,每根据唯法主义的理论,认为中国过去法制、法律与道德不分,是中国法系的最大缺点,致难与近代各国法制比美云云。这不啻进而浅识了为中国法制来源的中国文化的价值,自应对其误解予以澄清"。②

《概要》认为,只要如前所述准确把握了礼、法(刑)的性质,便知中国古代实际上是将道德、法律区别对待的。中国法系将天理、人情与国法相结合,把属于道德的天理、人情与国法并列,可见中国古代正是在将道德与法律分开的前提下,按照立法、执法、司法、守法等不同需要,又将二者结合在一起。中国法系"八大特征"中

---

① 详见拙文"中国古代法律与法律观略论",载《中国社会科学》1989 年第 5 期,拙著《新编中国法律思想史纲》,中国政法大学出版社 2008 年版。
② 陈顾远前揭书,第 55、319 页。

的礼教中心、义务本位、家族观点、崇尚仁恕、扶弱抑强便是这种结合的主要表现。先生指出,从理论上分析,"道德与法律的关系乃一个本质两个概念,国家社会需要道德而为治时,便归之于道德;需要法律而为治时,便归之于法律"。从现实中考察,"各国均如此","学者预测第21世的法律当为新自然法时代,所谓自然法,其内容实为与道德有密切关系";"今后既应如此,又何独罪古代"?①陈先生强调,应该关注的并非是中国法制将道德与法律结合在一起,而是以礼教为中心所形成的法律制度礼教化及"明刑弼教"原则,是与"权利本位迥然不同"的人伦"义务本位"及"互负义务"原则,是以家、家族作为基本单位与权利主体的处理政事、民事规范与司法原则,是"仁恕之道"在法制中的"三纵"(减、免、赦刑)、"三赦"(赦幼弱、老旄、蠢愚)、"三宥"(不识、遗忘、过失从轻)、"八议"及"原情定罪"原则等。这些规定、原则或制度,反映了中国古代法制的显著特点,然而其是否能适应现代的需要,还应该慎重地对待。

关于"诸法合体","民刑不分"。如上所述,出于对礼、刑、法、律的误解,便会得出中国古代民刑不分或诸合体的结论。陈先生从对中华法系全貌的整体考察出发,指出,"一般人谈起中国固有法系,总是想到汉律、唐律、清律方面去,尤其外国学者对中国法系的认识是这样的。因而不少人说,中国过去只有威吓性的刑罚,没有法治可言";"又有人说,儒家是主张德治、礼治和人治的,是反对法治的";这都"是重视刑而忘记了礼,甚或仅仅重视了律而忘记了

---

① 陈顾远前揭书,第55、319、350页。

其他的刑。第一个原因是以古人之误而忽略了礼的部分,第二个原因是本于今人的主观而忽略了刑的全部"①。为此,陈先生在《概要》出版之后,又撰写《从中国文化本位上论中国法制及其形成发展并予以重新评价》一文,对此种误解专题反驳,进行纠正。他认为,从法律的形式及性质看,中国古代法制不是"民刑不分"而实为"民、刑相分";从法律的制定与法典的编纂看,古代法律体系不是"诸法合体"而恰为"诸法分离"。

  先说"民刑相分":先生从实体法与程序法两方面进行分析,"就实体法意义"而言,所谓"民刑不分,则非事实问题,乃学者之错觉问题"。刑属刑事法,而民事法在礼,自西周开始礼与刑就分属两个领域,"出于礼"方能"入于刑";秦汉之后,规范财产、户口、婚姻、继承等民事的礼,更与作为刑事法或刑法典的律并行不悖。先生指出,"这个为古代政事法、民事法所在的礼,在秦汉以后,也有一部分渐次以成文法的形式出现",如西汉的《汉仪》,唐、宋存事制的"令",历代树体制的"式",明、清的《教民榜文》与《赋役全书》,均是"与礼有合"而"与刑无关"。"就程序法意义"而言,所谓"民刑不分,即否认讼狱有其划分"。早在西周便有"争罪曰狱,争财曰讼",将刑事、民事争执区分开来;历代的民事纠纷多由乡规民约、家族法规以及囊括国家制度与民间习惯的礼来调整处理。虽然古代没有刑诉、民诉的明确立法,刑、民案件亦由一个衙门审理,"但无论如何,两事在历代每有管辖或审级不同,各有诉讼上之相异"②。我们今天怎么能将这些法律制度排除在古代法制之外呢?

---

  ① 陈顾远前揭书,第 55、319、350 页。
  ② 同上书,第 55、319、350 页。

又怎能无视这些史实而言"民刑不分"呢?!

再看"诸法分离":先生认为,中华法系在立法体例和编纂形式方面的特点表现为"泛文主义",即形式多样、内容繁复;并非世人或外人所言的仅有律典,"诸法合体"。一者,从"整体观察",中国古代法制由礼包括的民事法、刑律代表的刑事法、令典标志的政事法,以及民约家规习惯法等所构成;除刑制刑书外,还有礼制礼书、政令政典、乡规民约与家法族制的存在;不能取此而舍彼,或者"只见树木,不见森林"。二者,看法律形式,古代之法,其范围广泛,不拘于成文法;其表现多样,"不限于刑与律"。既有"成文性之典籍"如律、令、典,又有"命令性之典籍"如敕、格、式,还有"伸缩性之典籍"如科、比、例,以及具有特殊性的誓、诰、榜等等;在历代先后出现,选择使用,各显效果,"既能灵活运用而又不失其所据焉"。三者,看刑律编纂,《概要》指出,汉晋之后,以"律"为名的法律,可称之为刑法典;然而律并非中国古代的全部刑事法律,在律之外还有其他刑事法典与刑事单行法规。"律、令、典,在大体上属于成文法典,而不以成文法典称之者,一则律或另易其名,再则令或各别其制,三则律令或与格式合为法典,四则例或附于律后而以律例并称"。因此,仅就刑事法典的编纂而言,已明显是"诸法分离"而非"诸法合体";如再将具有民事法、政事法的礼,尤其堪称古代行政法典的《唐六典》,以及历代各种单行法规与汇编等包括在内全面审视,"诸法合体"之说纯属不顾史实的妄断。

陈先生还就中国古代是否存在"行政司法合一"、"罪刑法定"原则及其实施、"人治"或"法治"的定性、是非优劣的判断标准等问题进行深入探讨,限于篇幅,不再一一阐明。先生之用心,纠错正误而显示良苦;先生之所论,据实求是乃真知灼见。值得强调的是，由于上个世纪60年代两岸尚处于敌对与隔绝状态，陈先生的见解不为大陆学者所知或知之者少，《概要》和相关著述已经提出并予以澄清、纠正的误解，在大陆80年代后的法史、法学著述，尤其大学教材中又重新显现出来。其势之强，不但有的著名学者重陷误区而不得自拔，而且使上述虚妄断言几成定论，作为研究中国法律法史的前提与评判标准；其影响之烈，虽然近十年来有一些学者继陈先生之志之说对误区误解进行反拨厘正，[1]但至今仍属争议问题，未得最终解决。由此更可体现先生的慧眼识真与学术过人。

博古通今，学贯中西的法学大师

中国自古有"文如其人"，"字如其人"之比喻；只读其书而不知其人，未免遗憾。因此，在说了陈先生的书、论并学术贡献之后，有必要让读者进而了解陈先生其人与活动经历。纵观陈先生一生事业所为，可以用革命志士、法律专家、法学大师作为简要概括，正是革命经历，法律实务和法学教学与研究，铸造了其学术成就与卓越贡献。

革命志士陈顾远

陈先生名顾远，字晴皋，汉族。1896年生于地处陕西关中腹地的三原县。如今中国的"大地中心点"便定在这里，民主革命之先行者、民国元老于右任（1879—1964）也是三原人。先生父母务农，家境艰辛，幼入私塾启蒙。少年时受于右任的影响，反对维新，向往民主革命。在初中时与同学发起组织"警钟社"，宣传革命道理。

---

[1] 倪正茂主编：《批评与重建：中国法律史研究反拨》，法律出版社2002年版。

1911年,因身在三原未能参加省城西安的辛亥起义壮举,遂秘密加入"同盟会"三原支部,渴望建立民国,进入革命行列。1915年在西安上高中时反对袁世凯"称帝",表现突出,成为革命学生骨干。时任陕西督军的直系军阀陆建章坐镇西安,凶狠镇压革命,人称"陆屠伯"(袁世凯称帝后封陆为一等伯爵);青年陈顾远因积极投入"反袁逐陆"活动,几乎在"西华门惨案"中遇难。逃离西安后,经过于右任的帮助,到达北平(北京)。1916年,经考试合格,入北京大学法学预科学习,三年后升入北大政治系本科。处于民主、科学思潮的中心地带,先生以极大的革命热情学习和宣传新知识、新思想,与北大郭梦良、朱谦之等同学编辑《奋斗》,共出9期旬刊;又与黄觉天等同学创办《评论之评论》,出版4期季刊。1919年5月,反对丧权辱国的《二十一条》,参加"五四"运动。又作为学生《奋斗社》的代表,与李大钊等七位师生代表共同发起创办《北京大学社会主义研究会》。1922年,在北大正式加入国民党,并且是最早反对"西山会议"派的国民党《民治主义同志会》成员。1923年,北大毕业,获法学学士学位,留校任政治系助教。与邓鸿业、苏锡龄等人组成赴广州进行政治考察的"十人团",受到孙中山接见并座谈,深受鼓舞;并接受伺机发动"首都起义"的秘密任务返京。在教学同时,又创办国民革命军第二军《国民通讯社》,并应聘兼任上海《民国日报》与东北《民报》的驻北平地下记者,揭露军阀割据,进行革命报道,险遭以在"马桶上办公"而出名的北平卫戍司令王怀庆的捕杀。1925年,先生30岁,经自由恋爱,与梅丽女士结婚,伉俪情深至白头偕老。是年又因加入到国民第二军行列赴天津迎接孙中山北上,而被奉系军阀张宗昌通缉,无法藏身;便与妻子一起改装离京,投奔在上海的于右任。从此,先生结束了30年的北方生活,也告别了作为革命志士的宣传、行动阶段。

法律专家陈顾远

先生在北大读书期间,因家道中落并慰藉父母"望子成龙"之心,曾参加1920年的文官考试,以优等成绩录取分派到北洋政府的平政院,任候补书记官;不久调到农商部,先任秘书处帮办,后调任会计处帮办。1926年到上海后,在法科大学任教。1928年,国民政府审计院成立,于右任为院长,派先生为机要秘书,开始了在南京国民政府任职的生涯。后因于右任辞职,又离开审计院回上海到大学教书。1932年起,担任国民党中央党部民众运动指导委员会特种委员与办公室主任三年。1935年,以专家资格任"训政时期"立法院立法委员,之后每届均获连任,达14年之久;曾被派为立法院民法委员会的召集人,参加制定土地法,赴西南各省会、县市考察司法等。抗战胜利返回南京后,1946年,作为国民党代表参加制宪国民大会,经艰难竞选而当选"国大制宪委员",筹备宪法的制定和宪政实施工作。1948年,当选"宪政时期"第一届立法院立法委员,到台湾后继续连任。其间还作为律师,承办案件并参与法律实务。最引人注目的是,在1963年胡秋原(国民党元老、作家)诉李敖"诽谤罪"的案件中,担任胡的律师却不为之护短,成为时人趣话。1976年,80岁高龄的先生还受聘担任了国民党第十一、十二届的"中央评议委员"。这种长达40年之久的党、政、立法、法律实务经历,使先生具备了广阔的社会阅历和深邃的洞察、处理与解决难题的能力,积累了丰富的法律经验,从而成为进行法学研究,取得卓越成就的不竭动力和实践基础。

法学大师陈顾远

据先生自述,"以苦学出身,意在笔耕";幼时入私塾已接受线装书的熏染,考入北大预科又接受洋装书的教育,对经史子集学问深感兴趣并开始研究古代哲学。"五四"运动后转入北大法科,师从程树德修习中国法制史,大有收获。1920年、1921年、1922年,所著《孟子政治哲学》、《墨子政治哲学》、《地方自治通论》相继由上海泰东书局出版。一个本科学生三年连出三部学术著作,不论在当时或者如今,都是罕见的。1923年北大毕业,组团南下广州晋见孙中山,聆听三民主义及五权宪法,深知中西文化结合之必要;从此下定决心毕生从事中国法制史研究。

在北大政治系担任助教的三年中,潜心向学,愈为勤勉。讲坛"舌耕之余",继续研究学问。期间学校欲安排出国深造,因家境贫困未能成行,遂成先生"终身所憾"。然而这位"生于斯土,长于斯土,学于斯土,未尝一日离开国门"的中国学者,却站在现代科学的立场上,以"维系中国文化之精神,发扬中国法制之责任"目标,学无止境,笔耕不已。1923年,所著《五权宪法论》,由北平孙文学会印行,1925年,《中国古代婚姻史》,由商务印书馆出版。

由于从事反军阀、护(宪)法活动而被通缉,夫妇二人"微服逃沪",在上海法科大学继续从教,从而"奠定余个人50余年来之教书命运"。1930年,被刚成立的安徽大学聘为法律系主任;后来,在担任党、政、立法委员公职的同时,又受聘为兼职法学教授,先后在复旦大学、中央大学、朝阳大学、高等警官学校、辅仁大学、西北大学、法官训练所等大专院校任教;1949年迁到台湾后,又在台湾大学、政治大学、中兴大学、东吴大学、军法学院等任教;其中在台大法学院已有24年之久,为本科讲授并指导博士研究生。据先生估算,一生所任大学有30多所,从教长达55年;"出于门下者最保守之计算或不下于30,000万人",将全部"心力集中于中国法制史、中国政治思想史及现实法学"的教学与研究之中。

1931年,1932年,所著《国际私法总论》上、下两册,《国际私法本论》上、下两册,共四卷本由上海法学编译社出版。1934年,所著《中国国际法溯源》,代表作即第一部由中国学者编写的大学教材《中国法制史》,分别由商务印书馆出版,影响久远;经日本学者西冈弘翻译,五年后(1939年)由东京岩波书局出版,"开日本人翻译中国学人著作之创例"。1935年,所著《土地法实用》,由商务印书馆出版。1936年,所著《中国婚姻史》,由商务印书馆出版;《国际私法》,由上海民智书局出版;1937年,所著《国际私法要义》,由上海法学书局出版;1940年,所著《中国婚姻史》(日译本),由藤泽卫彦翻译,东京山本书店出版;1942年,所著《立法要旨》,由重庆中央训练委员会发行;1943年,所著《保险法概论》,《公司法概论》,由重庆正中书局出版;1946年,所著《民法亲属实用》,由上海大东书局出版;1948年,所著《政治学概要》,由上海昌明书局出版;1953年,所著《政治学》,由中国法政函授学校发行;1955年,所著《法律评估》,由法律评论社出版,《海商法要义》,由中国交通建设学会发行;1956年,所著《民法亲属实用》,《民法继承实用》,由法官训练所发行;1958年,所著《中国政治思想史绪论》,由政工干部学校发行;1961年,所著《立法程序之研究》,由国民大会发行;1964年,本文推荐的《中国法制史概要》,由三民书局出版;1966年,所著《商事法》,由复兴书局出版;1969年,所著《中国文化与中国法系》,由三民书局出版;1982年,即先生逝世的第二年,所著《陈顾远法律论文集》上册、下册,又由联经出版事业公司出版,等等。

以上仅是先生出版的法学著作,先生尚有大批法学学术论文发表,主要的论文已收入《中国文化与中国法系》一书与《陈顾远法律论文集》中。仅从其题目,如"中国固有法系之简要造像"、"从中国法制史看中国文化的四大精神"、"儒家法学与中国固有法系之关系"、"法治与礼治之史的观察"、"从中国文化本位上论中国法制及其形式发展并予以重新评价"、"中华法系之回顾与前瞻"、"研究中国法制史之耕耘与收获概述"等即可看出先生的学术关注与见解。此外,先生兴趣广泛,多才多艺。在少年时,便喜爱秦腔并编写戏本。到北大后"更嗜此道",组织实验剧社,创办人艺戏剧学校,担任角色演出新式话剧;并且致力戏剧研究,发表"行头编"、"脚色编"等文章,还拟出取名为《鞠部要略》的戏剧专著。由此,先生认为做学问亦应注意文思文采,不宜板着面孔教训人。遂将其50岁前的写作称为"文章写我时代",为文不脱旧调,商务本《中国法制史》便如此;而50岁后始进入"我写文章时代",如三民本《概要》,既在体例、内容、观点上弥补了前书之不足,又在语言文字方面力求深入浅出,明白畅达,令人回味。年届八十,先生仍抱"老而不衰、衰而不废"之旨,表示若天假以年,则除了重写五卷本的《中国法制史》之外,还要将"法学、美学、神学揉合而为一",写部《中国法律思想史》!先生后来还以"戏创人生观"相自嘲,说自己一生是"假戏真做,择善固执;真戏假做,为而不恃"。

无须多言,只要看到上述陈先生的学历、教历,等身的著述,以及人生感悟,一位法史教授、一代法学大师的品格风范,便已跃然于纸上!

为了记住的推荐

最后,再用点笔墨,追述陈先生对我的影响和我写此文的缘由。我是30多年前在北大读研究生时,从导师张国华教授那里得知陈顾远之名的。我来自陕西,张先生说他很赞赏曾在北大任教的两位陕西人,一为张奚若(陕西大荔人,民国元老,著名政治学家,讲授西方政治及思想史),敢讲真话;一为陈顾远,真有学问。继而在图书馆中寻到商务本《中国法制史》一看,果然不同寻常!毕业后回到故乡的西北政法学院任教,借到内部影印(当时大陆尚不准公开出版台湾书籍)的三民本《概要》,更加佩服。在受命担任全国高等教育自学考试,中国法制史《大纲》与教材(北京大学出版社2004年版)的主编时,有意打破原先的"朝代顺序"体例,采用陈先生的"问题研究法",以主要立法活动、刑事法律制度、民事法律制度、职官法律制度、司法监察制度为章目进行阐述。正是在先生启发之下,我也着眼于中华传统文化的背景,从整体上把握体系,厘清线索,突出重点与特征,进行中国法律思想史的教学与研究。对于拙著《新编中国法律思想史纲》(中国政法大学出版社2008年版)来说,《概要》起着"表率"的作用,其中不仅多处引用了陈先生的观点,把思想史研究与制度史结合起来;同时也以"范畴史"的写法,既未以"时期"即王朝更替为篇目,也未以思想家即"人头"为章节,而是采取了纵观演变转型、横看内容特征的安排,着重阐述中国古代的六大法律观念、十大法律学说。因此,虽然未曾相见,读其书,受其教,循其学,陈先生实为我"神交"已久、十分敬佩的专业导师。

说来也巧,我生于陕西渭南,长于西安,亦在北大读过书,专攻中国法律史;后来长期在大学当教书匠,除在兰州医学院、西北政法大学、汕头大学、西北大学教学并任职外,还到国内外诸多大学讲学、授课或作访问学者;并且担任省、市政府法律顾问或法院、检察院咨询专家,亦身为兼职律师;与陈先生是真正的乡党、校友和同行,经历亦颇多相似。所以,当商务印书馆王兰萍博士征求《中华现代学术名著丛书》的选书意见时,我毫不犹豫地推荐陈氏之《概要》;但是,当她诚邀我撰写导读时,却犹豫了:担心有负重托,写不好。

在重读《概要》,尤其陈先生的"八十自述"后,我才应允动笔。主要出于两点考虑:一是认为《概要》的学术地位理当列入丛书,尤其先生业已提出并解决的学术误解,如今不仅再次出现而且误区更深,①很有必要再次澄清与纠正。二是有感而发:看到先生1948年竞选"国大"制宪委员时的境遇,尽管著作等身,任职"立委"十有四年,但离开故乡甚久,地方人士竟虽闻其名却不知他是陕西人!在艰难努力之后,才得到陕西军政界的支持而当选。有感于此,我虽后辈,学识浅薄,但亦应该使时人知道并记住陈顾远其人其书,所以鼓足勇气,接受稿约。

陈先生曾说过,若"百年以后,同与历史名人为不占空间之生存,亦甚辛矣"!今年是先生逝世30周年,重印出版《中国法制史概要》,是对先生的最好纪念。鲁迅当年纪念五位青年作家的文章,取名"为了忘却的纪念";不妨套用一下:我写此文,是为了记住的推荐。

---

① 杨一凡:"对中华法系的再认识——兼论'诸法合体,民刑不分'说不能成立",载倪正茂主编:《批评与重建:中国法律史研究反拨》,法律出版社2002年版。